Über die Herausgeberin:

Anneliese Poppinga war von 1958 bis 1967 Mitarbeiterin Konrad Adenauers. Nach seinem Tod im April 1967 führte sie die Arbeiten am dritten Band seiner *Erinnerungen 1955–1959* (1967) zu Ende und gab im Anschluß die *Erinnerungen 1959–1963 / Fragmente* (1968) heraus. 1970 erschien ihr Buch *Meine Erinnerungen an Konrad Adenauer.* Ihr Studium der Politischen Wissenschaften, der Geschichte und des Völkerrechts beendete sie 1974 mit der Promotion. Von 1974 bis 1990 war Anneliese Poppinga Geschäftsführerin der Stiftung Bundeskanzler-Adenauer-Haus.

Weitere Bücher von Anneliese Poppinga im Programm des Bastei-Lübbe-Verlags:

Band 61387 »Das Wichtigste ist der Mut« –
            Konrad Adenauer – die letzten fünf Kanzlerjahre
Band 61389 Konrad Adenauer
Band 61397 Meine Erinnerungen an Konrad Adenauer

Konrad Adenauer

»Seid wach für die kommenden Jahre«

Grundsätze – Erfahrungen
Einsichten

Herausgegeben
von Anneliese Poppinga

BASTEI-LÜBBE-TASCHENBUCH
Band 65108

© 1997 Gustav Lübbe Verlag GmbH, Bergisch Gladbach
Lizenzausgabe im Bastei-Verlag Gustav H. Lübbe GmbH & Co.,
Bergisch Gladbach
Printed in Germany, April 1999
Einbandgestaltung: Manfred Peters
Titelfoto: Josef A. Slominski
Satz: Kremerdruck GmbH, Lindlar
Druck und Bindung: Clausen & Bosse, Leck
ISBN 3-404-65108-1

Sie finden uns im Internet unter
http://www.luebbe.de

Der Preis dieses Bandes versteht sich einschließlich
der gesetzlichen Mehrwertsteuer.

Für Ria Reiners-Adenauer in Dankbarkeit

Die persönliche Freiheit ist und bleibt
das höchste Gut des Menschen!

Konrad Adenauer, 28.8.1948

INHALTSVERZEICHNIS

Vorwort _____ 9

1. Erfahrungen, Beobachtungen und Einsichten _____ 15
2. Geistige Grundhaltung _____ 32
3. Verhältnis zur Geschichte _____ 44
4. Grundsätze politischen Handelns und zum Wesen
   der Politik _____ 49
5. Demokratie und Demokratieverständnis _____ 74
6. Staat und Staatsauffassung _____ 95
7. Deutsche Vergangenheit und deutsche Zukunft –
   Der Weg aus der Isolierung _____ 108
8. Zur Einheit Deutschlands _____ 142
9. Neutralisierung Deutschlands? _____ 177
10. Berlin – »Vorposten der freien Völker des Westens« ___ 190
11. Sicherheit und Verteidigung _____ 200
12. Innenpolitische Leitlinien _____ 217
13. Wirtschafts-, Finanz- und Sozialpolitik _____ 235
14. Außenpolitische Grundsätze, Methoden und Motive ___ 256
15. Der lange Weg zum vereinigten Europa _____ 281
16. Deutschland und Frankreich _____ 320
17. Zu Israel und dem jüdischen Volk _____ 345
18. Zu Großbritannien _____ 356
19. Zu Polen und Osteuropa _____ 365

20. Zur Sowjetunion _____ 372
21. Zu den USA _____ 404
22. Herausforderungen und Gefahren _____ 424

Anhang

Zeittafel _____ 447
Abkürzungen _____ 466
Quellenverzeichnis _____ 469
Personen- und Ortsregister _____ 472
Sachregister _____ 478

Vorwort

Es war in Cadenabbia, im August 1964. Konrad Adenauer
war mit der von ihm so wenig geliebten Arbeit an seinen Memoiren beschäftigt. Die gerade von ihm behandelte Zeit
betraf die Situation nach dem Kriegsende 1945. Sie betraf den
materiellen und geistigen Trümmerhaufen, den der Nationalsozialismus hinterlassen hatte. Ich bemerkte, wenn er nicht
gewesen wäre, dann hätte sich das, was sich in den folgenden
Jahren an erstaunlichem Aufstieg vollzogen hatte, nie so entwickelt.

Konrad Adenauer protestierte energisch. Doch dann: »Man
soll sein Licht ja nicht unter den Scheffel stellen, das erwartet
unser Herrgott nicht von uns, denn da ist doch immer ein
gutes Quentchen Heuchelei dabei.« Er gab zu, daß er einiges
geleistet habe. Es hätte sich darum gehandelt, so seine Erläuterung, eine Konzeption zu haben, die großen Linien deutlich
zu machen, die Kräfte in die rechten Bahnen zu lenken. »Aber
das Entscheidende«, fügte er mit Nachdruck hinzu, »das hat
das deutsche Volk selbst getan.«

Die großen Linien, nach denen die Entwicklung gemäß
seinen Vorstellungen und Überlegungen verlaufen sollte, in
welche Bahnen die Kräfte zu lenken waren, dies spiegelt sich
in seinen Reden, Interviews, in parteiinternen Verhandlungen,
in Ausführungen vor dem Deutschen Bundestag sowie in

Aufsätzen und Briefen aus den Jahren 1945 bis 1967 deutlich wider. Dies herauszuarbeiten und zusammenzustellen, war mein Anliegen. Zugleich werden bei der Wiedergabe der hiermit vorgelegten Zitate auch Züge der Persönlichkeit Adenauers sichtbar, zum Beispiel sein Humor, auch seine Härte bei der Verfolgung der von ihm gesetzten Ziele und vor allem sein Blick für das Wesentliche und seine Fähigkeit, komplexe Sachverhalte auf einen einfachen Nenner zu reduzieren und in den Bürgern verständliche Worte zu fassen.

Die Zitate sind nicht nur ein authentisches Zeugnis über die politischen Ziele und Motive Konrad Adenauers, sondern sie geben auch Aufschluß über die Methodik, mit der er sie in die Wirklichkeit umzusetzen versuchte. Außerdem sind nicht nur Kerngedanken seiner Politik eingefangen, sondern die Zitate vermitteln zugleich Hinweise auf die Wurzeln, aus denen sie hervorgingen. Sie geben Zeugnis von seiner geistigen Grundhaltung und von seinen Erfahrungen, Beobachtungen und Einsichten, gewonnen in dem selbst durchlebten Auf und Ab der deutschen Geschichte.

Es werden jedoch nicht nur allgemeine Gedanken und Handlungsmaximen Adenauers wiedergegeben, sondern einige der Kapitel vermitteln einen spannend zu lesenden Einblick in das Geschehen der unmittelbaren Nachkriegszeit und in die Aufbaujahre der Bundesrepublik, in denen grundlegende Weichenstellungen für den künftigen Weg Deutschlands gelegt wurden. Viele Kapitel lesen sich wie ein Geschichtsbuch über diese Jahre, geschrieben von einem Politiker, der maßgebend dazu beitrug, Deutschland aus dem Chaos und aus der Isolierung nach einem Zusammenbruch unseres Volkes von bisher ungekanntem Ausmaß herauszuführen. Sie vermitteln eine lebendige Vorstellung von der Fülle und auch der Schwere der Aufgaben, die es während seiner Regierungszeit zu bewältigen galt. Sie vermitteln einen Eindruck von der Willensstärke, dem Weitblick und dem Mut, die erforderlich waren, um das deutsche Volk hinüberzuretten in eine bessere Zukunft.

Verblüffend ist die hohe Aktualität vieler Zitate. Sie zeigen, wie über Jahrzehnte hinweg zahlreiche essentielle Probleme und Notwendigkeiten die gleichen bleiben. Manche Zitate, und zwar sowohl auf dem Gebiet der Innen- wie dem der Außenpolitik, lesen sich wie Leitsätze für die heutige Zeit.

Bei der Auswahl der Zitate wurde ich vor allem geleitet von dem, was ich unmittelbar von Konrad Adenauer während meiner neunjährigen Tätigkeit für ihn als richtunggebend und entscheidend für seine Politik gehört habe. Dieser »Kompaß« war eine große Hilfe angesichts der überwältigenden Fülle seiner Äußerungen und angesichts der Notwendigkeit zur Begrenzung des Umfanges der hiermit vorgelegten Auswahl.

Die Zitate sind aufgegliedert in zweiundzwanzig Kapitel; innerhalb der einzelnen Kapitel gilt eine chronologische Ordnung. Die Aufgliederung war ein Erfordernis für die systematische Wiedergabe der Zitate, wenn auch einige Themenbereiche eng miteinander verknüpft sind und sie eigentlich zusammengehören. Beispiele hierfür sind u. a. die Kapitel »Zur Einheit Deutschlands« und »Zur Sowjetunion«, die beide wiederum auch eng verzahnt sind mit den Kapiteln »Deutsche Vergangenheit und deutsche Zukunft«, »Neutralisierung Deutschlands?« sowie »Der lange Weg zum vereinigten Europa«.

Die der Zitatensammlung beigefügte Zeittafel soll zur zeitgeschichtlichen Orientierung des Lesers beitragen, auch zur Erläuterung bestimmter Ereignisse.

Bei manchen Reden Adenauers liegen mehrere Überlieferungen vor mit zum Teil unterschiedlichen Texten. Ich bin bei der Auswahl dem Grundprinzip gefolgt, möglichst die das tatsächlich gesprochene Wort enthaltenden Überlieferungen zu benutzen. Als solche beurteile ich vor allem stenographische Niederschriften und nicht die in vielen Fällen vorliegenden Redemanuskripte. Denn Konrad Adenauer hatte die Angewohnheit, sich während einer Rede vom vorbereiteten Text zu lösen und frei zu formulieren. Aus diesem Grund versteht es sich, daß ich bei Zitaten aus Reden und Interviews möglichst immer aus den im Bulletin des Presse- und Informationsamtes der Bundesregierung (Bundespresseamt) veröffentlichten Fassungen zitiert habe. Diese Wiedergaben beruhen mit wenigen Ausnahmen auf den Niederschriften eines vom Bundespresseamt beauftragten Stenographen, oder aber es handelt sich um die Wiedergabe von durch Adenauer vorbereiteten Redetexten, in denen das tatsächlich gesprochene Wort Berücksichtigung fand.

In Fällen, in denen die betreffende Rede nicht im Bulletin veröffentlicht wurde und auch anderweitig keine stenographische Niederschrift auffindbar war, habe ich das Redemanuskript Adenauers benutzt. Dies ist aus den Quellenangaben zu den Zitaten jeweils genau ersichtlich. Als »Redetext« bezeichne ich in diesen Fällen abweichend vom »Redemanuskript« den Wortlaut von Reden, die vorab zur Verteilung an die Presse und die Veranstalter gelangten und bei denen ein Vergleich und gegebenenfalls eine Korrektur gemäß dem tatsächlich gesprochenen Wortlaut nicht erfolgt ist.

Übrigens sei bemerkt, daß Konrad Adenauer während seiner Kanzlerschaft für seine Reden keinen Ghostwriter hatte, wie spätere Bundeskanzler. Allerdings forderte er bei besonderen Anlässen, wenn es sich zum Beispiel um Reden vor Fachkongressen handelte, vom Bundespresseamt einen Redeentwurf an, den er jedoch in den meisten Fällen gründlichst umarbeitete und zudem dann doch nicht benutzte, sondern seine Gedanken in freier Rede vortrug.

Bei der Wiedergabe von Äußerungen, in denen ich mich

als Quelle anführe, handelt es sich um noch am gleichen Tag von mir schriftlich festgehaltene Bemerkungen Adenauers.

Korrekturen zur Interpunktion sowie zur Rechtschreibung wurden nur vorgenommen, wenn es sich um stenographische Niederschriften handelte wie zum Beispiel von Reden oder Sitzungen des CDU-Bundesparteivorstandes oder -ausschusses, und dies auch nur bei groben Fehlern. Grundsätzlich keine Änderungen erfolgten bei Zitaten aus Briefen Adenauers, aus seinen Redemanuskripten (d.h. von ihm während einer Rede benutzten Manuskripten, die zum Teil handschriftliche Korrekturen enthalten), aus gedruckt vorliegenden Reden aus den ersten Jahren nach 1945, aus gedruckt vorliegenden Protokollen der CDU-Bundesparteitage, aus Bundestagsprotokollen sowie aus Bulletins des Presse- und Informationsamtes der Bundesregierung.

Erläuterungen zum Text durch mich innerhalb eines Zitates sind gekennzeichnet durch eckige Klammern; das gleiche gilt für Auslassungen oder Ergänzungen im Text. Sind im Original Auslassungen, gekennzeichnet durch Pünktchen und diese gegebenenfalls in runden Klammern gesetzt, so ist dies in der Wiedergabe des Zitats unverändert belassen. Ob es sich um eine Rede oder Ansprache handelt, ist nur bei wichtigeren Anlässen angeführt, nicht jedoch bei Wahlveranstaltungen der CDU oder CSU. Bei den Anmerkungen richtet sich die Bezeichnung Rede oder Ansprache nach der entsprechenden Bezeichnung im Bulletin, in der stenographischen Niederschrift oder dem Redemanuskript. Im Original fett gedruckte, gesperrt geschriebene oder durch Unterstreichungen hervorgehobene Wörter beziehungsweise Passagen sind ohne Unterschied kursiv gesetzt.

Wiederum fand ich auch bei diesem Buch große Unterstützung durch zahlreiche Persönlichkeiten und Institutionen,

die mir durch Rat sowie durch die Erteilung von Benutzungs-
genehmigungen halfen. Vor allem gilt mein Dank dem Präsidenten des Bundesarchivs Herrn Prof. Dr. Friedrich P. Kahlenberg sowie Herrn Abteilungspräsident Dr. Klaus Oldenhage
und Herrn Archivdirektor Dr. Heinz Jürgen Real, dem Ministe-
rialdirektor im Presse- und Informationsamt der Bundesregierung Herrn Dr. Klaus Gotto, der Vorsitzenden des Kuratoriums
der Stiftung Bundeskanzler-Adenauer-Haus Frau Dr. Dorothee
Wilms, Bundesministerin a. D., sowie dem Archivar der von
ihr geleiteten Institution Herrn Engelbert Hommel M.A. und
dessen Mitarbeiterin Frau Christiane Ketterle M.A., dem Leiter
des Archivs für Christlich-Demokratische Politik der Konrad-
Adenauer-Stiftung Herrn Dr. Günter Buchstab und seinem
Stellvertreter Herrn Prof. Dr. Hans-Otto Kleinmann sowie
deren Mitarbeitern Frau Karin-Christa Biel, Herrn Wilhelm
Dahms, Frau Dagmar Nelleßen-Strauch und Herrn Harald
Odehnal, dem Leiter der Pressedokumentation des Deutschen
Bundestages Herrn Prof. Dr. Walther Keim sowie seiner Mit-
arbeiterin Frau Oberamtsrätin Silvia Funke, dem Historischen
Archiv der Stadt Köln, insbesondere Frau Ulrike Fäuster, sowie
der Swarthmore College Peace Collection, Pennsylvania.

Ganz besonderen Dank für ihre Anregungen und das Interesse bei dem Entstehen der hiermit vorgelegten Zitatensammlung schulde ich Frau Ria Reiners-Adenauer, Herrn
Oberstadtdirektor i. R. Dr. Max Adenauer, Herrn Prof. Dr.
Hans-Peter Schwarz, Herrn Prof. Dr. Rudolf Morsey, meiner
Schwägerin Marianne, meinem Vetter Dr. Peter Behnck sowie
seiner Frau Ingrid, meiner Jugendfreundin Ellen Pluschke-
Clasen und vor allem Herrn Botschafter a. D. Dr. Heinz Naupert. Die Ermutigung, die sie mir während der Arbeit gaben,
war für mich von großer Bedeutung.

Rhöndorf, im Dezember 1996   Anneliese Poppinga

1 ERFAHRUNGEN, BEOBACHTUNGEN UND EINSICHTEN

... keiner ist im Besitze der alleinigen Wahrheit. Nur durch Rede und Gegenrede und durch gegenseitigen Austausch kann man hoffen, doch der Wahrheit möglichst nahe zu kommen.

In Köln auf einer Veranstaltung der CDU am 11.8.1946, st. N., S. 1, ACDP S.Ad.

Gewalt erzeugt immer wieder Gewalt, wenn nicht jetzt, dann in einer späteren Zukunft.

In Mühlheim/Ruhr auf einer Veranstaltung der CDU am 29.9.1946, st. N., S. 10, ACDP S.Ad.

Die persönliche Freiheit ist und bleibt das höchste Gut des Menschen!

Auf dem 2. Parteitag der CDU der britischen Besatzungszone in Reckling-hausen am 28.8.1948. Druck: Neuaufbau auf christlichen Grundlagen. Zweiter Parteitag der CDU für die Britische Zone, *Opladen 1948, S. 7.*

Kranke geistige Auffassungen wirken wie ansteckende Krank-heiten, sie greifen über und stecken an.

Auf dem 2. Parteitag der CDU der britischen Besatzungszone in Reckling-hausen am 28.8.1948. Druck: Neuaufbau auf christlichen Grundlagen. Zweiter Parteitag der CDU für die Britische Zone, *Opladen 1948, S. 7.*

Man soll nicht nur immer auf das hinstarren, was man noch nicht hat, sondern auch mal rückwärts sehen und feststellen, was denn nun erreicht ist.

In Heidelberg auf einer Veranstaltung der CDU und CSU am 21.7.1949, st. N., S. 4, ACDP S.Ad.

Im übrigen habe ich, als alter Mann, die Tugend der Geduld gelernt. Man darf nicht zuviel von heute auf morgen erwarten, nicht zu schnell enttäuscht werden.

Interview mit Die Zeit, *erschienen am 3.11.1949, Nr. 44, 4. Jg.*

Wenn man immer nur an die Schwierigkeiten denkt, dann tut man überhaupt nichts.

In Dortmund auf einer Veranstaltung der CDU am 13.5.1950, st. N., S. 15, StBKAH 02.06.

Letzten Endes hat auch keiner die Weisheit für sich allein gepachtet, und fast alle Aufgaben lassen sich unter verschiedenen Gesichtspunkten betrachten und erfahren dann auch eine verschiedene Würdigung. Also eine Uniformität kann es nicht geben und darf es nicht geben, das wäre Stillstand, das wäre geistiger Tod.

Vor maßgebenden Politikern der CDU-Kreisparteien Rheinland und Westfalen in Bonn am 13.1.1951, st. N., S. 5, StBKAH 02.08.

… es gibt politische Notwendigkeiten, die so zwingend sind, daß sie sich auf lange Sicht durchsetzen müssen. Mein sogenannter Optimismus ist nichts anderes als das Vertrauen in die Kraft dieser Notwendigkeiten.

Interview mit Ernst Friedlaender im NWDR am 5.3.1952, Bulletin Nr. 27/52, S. 261.

Dynamik, die nicht verbunden ist mit dem Blick in die Vergangenheit und mit dem Blick in die Umwelt ist *sehr gefährlich*.

Ansprache in der Frankfurter Universität am 30.6.1952, Bulletin Nr. 81/52, S. 825.

Was schon für den einzelnen Menschen gilt, daß die Meinung, die er sich einmal im Laufe der Zeit von einem anderen gebildet hat, erst langsam und allmählich sich ändern kann, das gilt erst recht von den Ansichten und Meinungen und Überzeugungen, die sich in breiten Volksschichten festgesetzt haben.

Ansprache in der Frankfurter Universität am 30.6.1952, Bulletin Nr. 81/52, S. 826.

Verlust der persönlichen Freiheit ist *das Schlimmste*, das dem Menschen widerfahren kann. Verlust der Freiheit des Einzelnen ist auch das Schlimmste, was der Menschheit widerfahren kann, denn der Verlust bringt Abstieg und Niedergang auf allen Gebieten menschlichen Seins.

Ansprache in der Frankfurter Universität am 30.6.1952, Bulletin Nr. 81/52, S. 826.

Man sieht nur zu leicht im menschlichen Leben vor sich alle die Sorgen, die die künftigen Monate und Jahre bringen werden. Aber was man nicht sieht, das ist die Kraft, die jeder Tag und jeder Monat und jedes Jahr dem Menschen, der die Kraft haben will, von neuem schenkt.

Ansprache in der Frankfurter Universität am 30.6.1952, Bulletin Nr. 81/52, S. 826.

Sie wissen doch alle, daß man einen Menschen nur dann gewinnen kann, wenn man ihm Vertrauen zeigt; aber ich gewinne ihn niemals, wenn ich ihm nur mit Mißtrauen gegenübertrete.

Verhandlungen des Deutschen Bundestages, 1. Wahlperiode, 222. Sitzung am 10.7.1952, S. 9911.

Sehen Sie, meine Damen und Herren, jeder Mensch, wir alle miteinander und jede Fraktion und jede Partei hat ein Recht, was zu den Menschenrechten gehört, und das ist das Recht, klüger zu werden.

In Dortmund auf einer Veranstaltung der CDU am 12.10.1952, st. N., S. 6, StBKAH 02.11.

... die innere Konstruktion des Menschen bringt es mit sich, daß er nur zu oft eine Besserung seiner Lage als eine Selbstverständlichkeit hinnimmt.

Auf dem 3. Bundesparteitag der CDU in Berlin am 18.10.1952, Protokoll des Parteitages, hrsg. v. der CDU, Bonn o. J., S. 24.

Der Mensch vergißt zu leicht und vergißt zu schnell, und er hat gewöhnlich noch die besondere Gabe, das zu vergessen, woran er nicht denken will.

In Köln auf einer Veranstaltung der CDU am 2.11.1952, st. N., S. 7, StBKAH 02.10.

Friede ohne Freiheit ist kein Friede!

Weihnachtsansprache am 25.12.1952 über die deutschen Rundfunksender. Druck: Martin Verlag, Buxheim/Allgäu o. J., o. S.

Es ist nun einmal so im Leben und insbesondere im politischen Leben, daß geschaffene Tatbestände oft stärker sind als das Recht.

Schreiben vom 9.11.1953 an den baden-württembergischen CDU-Landtagsabgeordneten Josef Vogt, StBKAH 10.25.

Dem Machtstreben kann man nur mit entschlossener Stärke begegnen, dem falschen Weltbild nur mit geduldiger Überzeugungskraft.

Interview mit Ernst Friedlaender im NWDR am 22.2.1954, Bulletin Nr. 37/54, S. 298.

Man muß in dieser denkwürdigen Zeit, in der wir leben, immer wieder versuchen, sich nicht durch die Ereignisse des Tages oder der Woche beeindrucken zu lassen, man muß bemüht bleiben, tiefer zu sehen und den Entwicklungsstrom zu erkennen.

Rede anläßlich eines Banketts des Vereins der Auslandspresse in Bad Godesberg am 6.4.1954, Bulletin Nr. 67/54, S. 579.

Politische Tageserfolge können im Bewußtsein eines Volkes verblassen. Was aber bleibt und weiter wirkt, ist die Kraft und Geschlossenheit einer Haltung, hinter der eine Idee steht.

Geleitwort zu dem Protokoll des 5. Bundesparteitages der CDU in Köln (28.-30.5.1954), Protokoll des Parteitages, *hrsg. v. der CDU-Bundesgeschäftsstelle, Bonn o. J., S. 7.*

Maßhalten in allem ist eine der besten und wertvollsten Eigenschaften des Menschen.

Ansprache in der Technischen Universität Berlin am 19.7.1954, Bulletin Nr. 133/54, S. 1198.

… ein Rückschlag und eine Krise, ist das der Beweis dafür, daß das, was man getan hat und was man weiter tun wird, falsch war?

Nach dem Scheitern des Vertrages zur Schaffung der Europäischen Verteidigungsgemeinschaft (30.8.1954) in einer Rede in Offenbach am 24.9.1954 vor dem Gemeinschaftsausschuß der hessischen gewerblichen Wirtschaft, »Mitteilung an die Presse« Nr. 1063/54 des BPA vom 25.9.1954. S. 1.

… der Mensch soll bewußt leben, er soll sich Rechenschaft ablegen über die Höhen und Tiefen des Weges, den er wandert. Nur wenn er das tut, weiß er die Güter zu würdigen, die ihm geschenkt wurden, nur dann auch wird er sich klar über seine Verantwortung, seine Pflichten, seine Aufgaben. Nur dann auch gewinnt er den Mut, die Kraft und die Zuversicht, die Aufgaben, die unsere gefahrvolle verwirrte Zeit ihm stellt, zu erfüllen.

Weihnachtsansprache am 25.12.1954 über die deutschen Rundfunksender. Druck: Martin Verlag, Buxheim/Allgäu o. J., o. S.

Erscheint nicht Zufriedenheit vielen als Gegnerin des Fortschritts, und ist nicht für viele noch immer der Fortschritt der Götze, den sie anbeten? Und doch ist das eine Auffassung, die den Menschen niemals zur Freude kommen läßt, die ihn dazu verführt, das Erreichte gering zu erachten, die ihn immer weiter treibt, bis er schließlich am Ende seiner Tage erkennen muß, daß sein Leben schöner und froher gewesen wäre, wenn er sich dessen gefreut hätte, was er besessen hat.

Weihnachtsansprache am 25.12.1954 über die deutschen Rundfunksender. Druck: Martin Verlag, Buxheim/Allgäu o. J., o. S.

Ich vergesse nicht so leicht, nur zeige ich es nicht immer.

Vor dem Bundesparteivorstand der CDU am 5.2.1955, st. N., S. 82, ACDP VII-001-004/1.

Greife niemand an, der abwesend ist und sich nicht verteidigen kann. Wenn er da ist, zieh ruhig gegen ihn los. Lege unangenehme Dinge sofort auf den Tisch des Hauses!

Gegenüber Dr. Paul Otto, CDU-Politiker aus Osnabrück, in: Paul Weymar, Konrad Adenauer. Die autorisierte Biographie, *a. a. O., S. 310 f.*

Gegensätze sind nicht dadurch aus der Welt zu schaffen, daß man sie verschweigt. Sie lassen sich eher überwinden, wenn man sie offen ausspricht.

Verhandlungen des Deutschen Bundestages, 2. Wahlperiode, 101. Sitzung am 22.9.1955, S. 5644.

... leider Gottes ist es ja häufig in der Welt so, daß die zuverlässigen und klügeren Leute zu still sind und die anderen, die Unzuverlässigen und weniger Klugen, zu laut sind – eine Erfahrung, die man ja immer wieder beobachtet.

Vor dem Bundesparteiausschuß der CDU am 1.10.1955, st. N., S. 12, ACDP VII-001-020/5.

Kritik muß man sich im privaten und im amtlichen Leben gefallen lassen.

Schreiben vom 8.12.1955 an Bundesaußenminister Dr. Heinrich von Brentano, StBKAH III/24.

Erfahrungen, wenn man einigermaßen offenen Auges durch das Leben geht, sind eigentlich durch nichts zu ersetzen, nicht durch Wissenschaft, nicht durch Lernen, nicht durch angeborene Klugheit. Das ist es alles nicht, sondern wenn man durch eine wechselvolle Zeit hindurchgeschritten ist, bald an höherer, bald an weniger höherer Stelle, und das alles in sich aufgenommen hat, dann bekommt man doch ein Gefühl dafür, was das Echte, das Wahre und das Bleibende ist. Man bekommt ein viel stärkeres Gefühl dafür, als wenn man sich das mit dem Verstand zurecht legt oder aus irgendeinem anderen Motiv heraus. Man hat es dann selbst erlebt und an sich erfahren.

Vor dem Bundesparteivorstand der CDU am 13.1.1956, st. N., S. 5, ACDP VII-001-005/1.

… man denkt, man überlegt sich, und eine andere Kraft greift einen dann und führt einen. Ich glaube, der Mensch kann da nichts Besseres tun, als sich dieser Führung zu überlassen, um auf alle Fälle die Aufgaben, mögen sie groß oder klein sein, zu erfüllen, die ihm nun aufgetragen sind.

Das ist das Wesentliche für den Menschen, und das ist auch das Wesentliche für den Christen. Es ist aber auch das Wesentliche für den Politiker, obgleich die Politiker nach meinen Erfahrungen schlechte Christen sind. Ich schließe mich ein und schließe keinen von uns aus!

Vor dem Bundesparteivorstand der CDU am 13.1.1956, st. N., S. 7, ACDP VII-001-005/1.

Die rechte Hand muß wissen, was die linke tut. Ja, im allgemeinen, sie braucht ja nicht zu sagen, daß sie es weiß, aber sie muß es wissen.

Informationsgespräch mit Harry Kern (North American Newspaper Alliance, NANA) am 29.9.1956, st. N., S. 5, ACDP NL von Eckardt I-010-002/1.

Ich habe oft das Empfinden, als ob manche, auch kluge Leute aus allen Ständen, insbesondere aber die Jüngeren, nicht die Labilität unseres ganzen Seins kennten. Das Leben eines jeden einzelnen Menschen schließt in sich ein Auf und Ab. Dieses Auf und Ab gilt auch von der Wirtschaft, gilt auch vom politischen Leben. Manchmal scheint es mir, als ob man an die Möglichkeit eines Abwärtsgehens nicht denkt oder nicht denken will.

Auf dem 4. Ordentlichen Bundeskongreß des DGB in Hamburg am 1.10.1956, Bulletin Nr. 185/56, S. 1763.

Wenn die innere Ordnung fehlt, fehlt die innere Kraft, fehlt die Gelassenheit, fehlt die Ruhe, die Zufriedenheit.

Weihnachtsansprache am 25.12.1956 über die deutschen Rundfunksender. Druck: Martin Verlag, Buxheim/Allgäu o. J., o. S.

Innere Ordnung hat der, der zwischen Gut und Böse unterscheidet und der fest entschlossen ist, immer dem Guten treu zu bleiben. Diese innere Ordnung muß man sich selbst erwerben. Es bedarf dazu vieler Arbeit an sich selbst und vielen Widerstands gegen nicht gute Einflüsse, die aus dem eigenen Innern und von außen kommen. Wenn wir diese innere Ordnung nicht haben, hilft uns weder Erwerb noch Genuß, noch äußerer Erfolg, um zu einem inneren Gleichgewicht zu kommen und damit zu dem höchsten Glück, das uns dieses Leben gewähren kann.

Weihnachtsansprache am 25.12.1956 über die deutschen Rundfunksender. Druck: Martin Verlag, Buxheim/Allgäu o. J., o. S.

Der Mensch muß weiterstreben, ständig und unermüdlich. Von früher Jugend an hat mir mein Vater das eingeprägt.

Weihnachtsansprache am 25.12.1956 über die deutschen Rundfunksender. Druck: Martin Verlag, Buxheim/Allgäu o. J., o. S.

In unserer erschütterten Zeit ist der Mensch zu sehr geneigt, sein Urteil über Wert oder Unwert seiner Tätigkeit, ja, seines ganzen Seins abhängig zu machen von seinem Urteil über eine kurze Zeitspanne. Er ist sehr geneigt zu glauben, daß die Last immer so bleibt, wie sie gerade jetzt auf ihm lastet und daß auch die Annehmlichkeiten immer so bleiben, wie gerade jetzt. Aber das Leben auf der Erde unterliegt einem ständigen Wechsel, und nur wer diesen ständigen Wechsel ebenfalls beachtet, kann sich ein zutreffendes Urteil bilden …

Ansprache anläßlich der Eröffnung der Grünen Woche in Berlin am 2.2.1957, Bulletin Nr. 24/57, S. 210.

Besinnung auf die inneren Güter des Menschen ist so selten möglich in dieser stürmischen Zeit. Doch der Mensch braucht sie so notwendig, um zur Ruhe und zur Zufriedenheit zu gelangen. Mit Entschlossenheit müssen wir uns die Stunden, die wir zur inneren Besinnung nötig haben, abringen, sonst wird unser Leben, trotz aller äußeren Erfolge, unbefriedigend und unglücklich – ein sinnloses Leben.

Weihnachtsansprache am 25.12.1957 über die deutschen Rundfunksender. Druck: Martin Verlag, Buxheim/Allgäu o. J., o. S.

... der Durchschnittsmensch ist kein Idealist, sondern er lenkt seine Nase immer dort hin, wo er glaubt, etwas zu erreichen. Er fragt sich immer, was habe ich davon.

Vor dem Bundesparteivorstand der CDU am 17.1.1958, st. N., S. 23, ACDP VII-001-007/1.

Die Grundlage für ein gutes christliches Leben ist weder die Armut noch der Reichtum, sondern ein mäßiger Besitz.

Vor dem Bundesparteivorstand der CDU am 17.1.1958, st. N., S. 88, ACDP VII-001-007/1.

Ich finde, die deutsche Geschichte hat seit Jahrzehnten doch keine Leute hervorgebracht, die man nun über alles in der Welt bewundern könnte, und, ehrlich gestanden, ich finde einen Mann oder eine Frau, die aus Nächstenliebe alles für die Nächsten tun, größer als einen Staatsmann.

Informationsgespräch mit Serge Groussard (Le Figaro) *am 27.3.1958, st. N., S. 4, ACDP NL von Eckardt I-010-002/1.*

Ich wünsche sehr, daß die Deutschen die Musik, auch den Gesang, wieder mehr pflegen. Ich freue mich immer, wenn ich einen Männerchor höre. Die Leute, die in einem Männerchor sind, sind noch Leute mit Gemüt, die nicht nur politisieren, und das ist mir sehr sympathisch.

Informationsgespräch mit Herbert Altschull (Associated Press) am 14.5.1958, st. N., S. 13, BPA-Pressearchiv F 30.

Haydn brauche ich immer, wie man ein Glas frisches Wasser trinkt. Tschaikowsky höre ich, wenn ich aufgeregt bin, das regt mich dann noch weiter an.

Informationsgespräch mit Herbert Altschull (Associated Press) am 14.5.1958, st. N., S. 15, BPA-Pressearchiv F 30.

Das Recht war auf die Dauer immer stärker als die Gewalt und wird es auch in Zukunft sein.

Weihnachtsansprache am 24.12.1958 über die Deutsche Welle, Bulletin Nr. 238/58, S. 2376.

Ein rätselhaftes Wesen ist der Mensch. Wie oft handelt er gegen seine eigene bessere Erkenntnis, mißachtet er die Wahrheit und das Gute und frevelt gegen Gott.

Weihnachtsansprache am 25.12.1958 über die deutschen Rundfunksender. Druck: Martin Verlag, Buxheim/Allgäu o. J., o. S.

Die Dummheit ist die größte Macht in der Welt und die Feigheit; das sind die beiden größten Mächte.

Informationsgespräch mit Walter Lippmann (New York Herald Tribune) am 17.3.1959, st. N., S. 15, BPA-Pressearchiv F 30.

Mir scheint diese Verwilderung der deutschen Sprache, die nach meinen Beobachtungen eingesetzt hat namentlich durch eine unbedenkliche Nachfolge der amerikanischen Presse, einer gewissen amerikanischen Presse, ist das Zeichen einer gewissen Verwilderung des geistigen Denkens.

Vor der Unions-Presse in Bonn am 17.10.1959, st. N., S. 4, StBKAH 02.20.

Erfahrungen, Beobachtungen, Einsichten

Seit ich hier tätig bin, habe ich immer das Gefühl, daß die Angehörigen eines Volkes, die nie unter einer Diktatur gelebt haben, gar nicht die Mentalität des Volkes verstehen, das unter einer Diktatur gelebt hat.

»Presse-Tee« mit britischen Journalisten am 8.1.1962, st. N., S. 3, StBKAH 02.26.

… um neue Freunde zu gewinnen, darf man nicht alte Freunde vor den Kopf stoßen.

Informationsgespräch mit Flora Lewis Gruson (Washington Post) *und Sydney Gruson* (The New York Times) *am 20.2.1962, st. N., S. 11, StBKAH 02.26.*

Ich habe seit vielen Jahren immer gesagt, Gott ist eigentlich ungerecht gewesen; er hat der menschlichen Dummheit keine Schranken gesetzt, wohl aber der menschlichen Klugheit.

Informationsgespräch mit Dr. Kurt Lachmann (US News and World Report) *am 2.3.1962, st. N., S. 6 f., StBKAH 02.26.*

Man darf nie vergessen: Jeder Baum wird klein gepflanzt!

Gegenüber der Herausgeberin im April 1962, vgl. Das Wichtigste ist der Mut!, *a. a. O., S. 405.*

Die entscheidenden moralischen und politischen Werte und Eigenschaften des Menschen werden in der Jugend geprägt. Nach ihnen richtet sich der Mensch später in hohem Maße in seinen Empfindungen, in seiner Opferbereitschaft, in seinem ganzen Tun und Handeln.

Ansprache vor dem Stadtrat von Paris am 4.7.1962, Bulletin Nr. 121/62, S. 1050.

Alles Negative wird gelesen und bleibt haften, aber alles Positive wird als selbstverständlich hingenommen.

Vor dem Bundesparteiausschuß der CDU am 13.7.1962, st. N., S. 39, ACDP VII-001-022/3.

... man soll nie sagen, daß man jemanden überzeugt habe, der Betreffende hat das nicht gern.

»Kanzler-Tee« mit der »Teerunde« am 27.7.1962, st. N., S. 7, StBKAH 02.27.

Es ist mit den Menschen wie mit allem, was wächst: Es dürfen keine Sprünge vorkommen. Wenn ein Mensch aus der Armut plötzlich zu großem Reichtum kommt, bekommt ihm das meistens schlecht. Ebenso geht es einem reichen Menschen, der plötzlich verarmt, der sich dann viel unglücklicher fühlt als ein anderer, der immer ohne Mittel gewesen ist. [...] Auch der jetzige Aufstieg nach dem Zusammenbruch und nach der Zerstörung ist für meinen Geschmack etwas zu schnell gegangen, und das verdirbt den Menschen, das verträgt er nicht. Deshalb glaube ich, daß wir Deutsche an uns selbst noch eine große Aufgabe der Erziehung haben und daß wir unserem Volk – und jeder auch sich selbst – beibringen müssen: Maßhalten! Weder himmelhoch jauchzend, noch zu Tode betrübt, sondern maßhalten, nicht zuviel verlangen, aber auch nicht nichts verlangen, sondern alles mit Maß. [...] Jeder einzelne muß sich erziehen. Wenn jeder einzelne sich erzieht, dann wird auch das Maßhalten im Politischen und im Wirtschaftlichen Allgemeingut. Das ist also nach meiner Meinung eine der größten Aufgaben, die uns Deutschen noch bevorstehen, daß wir unser Volk zum Maßhalten erziehen.

Interview mit Daniel Schorr (CBS) am 21.8.1962, st. N. der Fernsehaufnahme, Teil 3, S. 2 f., StBKAH 02.27.

... treue Freunde sind sehr selten. [...] Das kann man erst feststellen, wenn man so tief unten ist wie ich war.

Interview mit Daniel Schorr (CBS) am 22.8.1962, st. N. der Fernsehaufnahme, Teil III, S. 26, StBKAH 02.27.

Wer Aufgaben anpackt, die zusammengenommen seine Kraft übersteigen, erreicht nichts, er erleidet Schiffbruch.

Verhandlungen des Deutschen Bundestages, 4. Wahlperiode, 39. Sitzung am 9.10.1962, S. 1636f.

Das, meine verehrten Damen und Herren, ist wirklich mit die Wurzel aller Unzufriedenheit, daß wir gar nicht mehr sehen können, daß es einem anderen besser geht und daß auch noch immer Unterschiede auf der Erde bleiben müssen. Ich habe noch keinen darüber klagen gehört oder den Staat verantwortlich dafür zu machen gehört, daß der eine einen anderen, besseren Magen hat. Das wird immer bleiben. Und was viel wichtiger ist: Der eine wird ein besseres Gehirn haben als der andere, und der eine wird fleißiger sein als der andere, und wer fleißiger ist und ein besseres Gehirn hat, der wird naturgemäß in diesem Leben weiterkommen. Das muß sein im Interesse auch unseres ganzen Geschlechts. Denn die Faulheit und die Dummheit wollen wir doch nicht prämieren.

Ansprache auf einem Festakt anläßlich der 10. Sommertagung des Politischen Clubs an der Evangelischen Akademie in Tutzing am 19.7.1963, st. N., S. 10, StBKAH 02.31.

Ja, der Mensch will, aber er hat keine Macht über sich. Es wird ihm etwas über die Schultern gelegt, und das muß er tragen.

Informationsgespräch mit Cyrus L. Sulzberger (The New York Times) am 22.7.1963, st. N., S. 8, StBKAH 02.31.

Ich kann mir nichts Grausameres, nichts Schrecklicheres denken – wir haben es doch zum Teil an uns selbst erlebt – als ein Leben in der Diktatur und in der Sklaverei.

In Berlin bei dem Abschiedsbesuch als Bundeskanzler während einer Feierstunde im Schöneberger Rathaus am 10.10.1963, Pressemitteilung Nr. 199 vom 10.10.1963 des Pressedienstes des Landes Berlin, st. N., S. 8.

… nur vom Sprechen und vom Zuhören kann etwas Gutes werden, nicht vom Sprechen allein; das Zuhören gehört dazu.

Verhandlungen des Deutschen Bundestages, 4. Wahlperiode, 86. Sitzung am 15.10.1963, S. 4166.

… man soll nicht zuviel sprechen. Wer immer spricht, dessen Wort wird wenig geachtet.

Verhandlungen des Deutschen Bundestages, 4. Wahlperiode, 86. Sitzung am 15.10.1963, S. 4166.

… nicht nachkarten, warum! Das soll man nicht, sonst ärgert man sich wieder.

Informationsgespräch mit Jean Botrot am 22.11.1963, st. N., S. 1, StBKAH 02.32.

Ich beobachte die Presse und die Nachrichten, die ich so vom Presse- und Informationsamt bekomme, sehr genau und sehr argwöhnisch. Als ich Bundeskanzler wurde, war ich viel weniger argwöhnisch als jetzt; da habe ich den Leuten viel mehr geglaubt. Ich bin durch diese Tätigkeit etwas verdorben, das gebe ich ohne weiteres zu, ich bin nun argwöhnisch geworden.

Pressekonferenz in Bonn am 4.8.1964, st. N., S. 14, StBKAH 02.34.

... wir werden klüger, indem wir Erfahrungen sammeln. Die Erfahrungen sind die Samenkörner, aus denen die Klugheit emporwächst.

Interview mit Wolfgang Bretholz für Welt am Sonntag, *erschienen am 18.7.1965, Nr. 29, Ausgabe W, 18. Jg.*

Gaus: Man hat Sie gern, Herr Dr. Adenauer, den großen Vereinfacher der Politik genannt. Halten Sie diese Charakterisierung für lobend oder für abwertend?
Adenauer: Das halte ich für ein ganz großes Lob, denn in der Tat, man muß die Dinge auch so tief sehen, daß sie einfach sind. Wenn man nur an der Oberfläche der Dinge bleibt, sind sie nicht einfach; aber wenn man in die Tiefe sieht, dann sieht man das Wirkliche, und das ist immer einfach.

Interview mit Günter Gaus, gesendet im ZDF am 4.1.1966. Druck: Günter Gaus, Zur Person, *Band II, a. a. O., S. 53.*

Kennen Sie das Motto des Kölner Karnevals seit hunderten von Jahren? Das heißt: Jeck loss Jeck elans! Das heißt also: laß den vorbei! Sie können es feiner ausdrücken: Was du nicht willst, das man dir tut, das füg auch keinem andern zu. – Das Wort ist nach meiner Meinung eine der größten Lebensweisheiten!

Interview mit Will McBride (Twen) *am 17.2.1966, st. N., S. 13, StBKAH 02.37.*

2 GEISTIGE GRUNDHALTUNG

Es ist doch so, die Geschichte der letzten Jahrhunderte hat
es eindeutig gezeigt: nur die Befolgung christlicher Grundsätze
vermag die Menschheit vor dem Rückfall in schlimmste Barbarei, ja vor der Selbstvernichtung zu retten.

*In Bonn auf einer Veranstaltung der CDU am 7.4.1946. Druck: Franz
Anton Uckelmann, Rhöndorf o. J., S. 6.*

Aus dem Christentum folgt, daß wir ausgehen müsen von dieser Wahrheit: daß der Mensch, die Einzelperson, der Ursprung
alles dessen sein muß, daß auf ihn alles hinzielen muß, was
an Recht, an Ordnung, an Wirtschaft geschaffen wird.

*In Wuppertal/Elberfeld auf einer Veranstaltung der CDU am 5.5.1946,
st. N., S. 5f., ACDP S.Ad.*

Aber das Christentum und die christlichen Grundsätze sind
nicht dafür da, um sonn- und feiertags hervorgehoben zu
werden; sie müssen im täglichen Leben gelten, sie müssen im
öffentlichen und besonders im politischen Leben gelten. Wir
haben gesehen, wohin wir gekommen sind, da man die
Grundsätze des Christentums verlassen hat: zu der Tiefe, in
der wir uns jetzt befinden.

*In Wuppertal/Elberfeld auf einer Veranstaltung der CDU am 5.5.1946,
st. N., S. 6, ACDP S.Ad.*

Geistige Grundhaltung

Ich glaube, für denjenigen, der auch nur in etwa rückwärts zu schauen vermag, um die tieferen Ursachen unseres grenzenlosen Zusammenbruches, aber nicht allein unseres Zusammenbruches, sondern auch den einer ganzen Welt, zu erkennen, muß feststellen, daß das Verlassen des christlichen Fundamentes letzten Endes Europa mit dem Untergang bedroht.

In Osnabrück auf einer Veranstaltung der CDU am 28.7.1946, st. N., S. 1, ACDP S.Ad.

Wir achten in jedem Menschen die von Gott gesetzte Person; ihre Würde, ihre Freiheit ist die Grundlage für unsere gesamte Arbeit im Staat, in der Wirtschaft, in der Kultur. Erst die Person und dann der Staat, erst die Person und dann die Wirtschaft.

In Osnabrück auf einer Veranstaltung der CDU am 28.7.1946, st. N., S. 3, ACDP S.Ad.

Das Glück des Menschen besteht nicht in Geborgensein und Wohlstand, das Glück besteht in getreuer Pflichterfüllung, besteht darin, daß man klar und entschlossen zu dem steht, was man als richtig erkannt hat.

Auf der Zonentagung der Jungen Union der CDU in Recklinghausen am 4.8.1946. Druck: Schriftenreihe der Jungen Union, H. 1, Heider Druck, Bergisch Gladbach, 1946, S. 2 f.

Nur die Erfassung des ganzen Menschen, insbesondere auch eine religiös-seelische Erneuerung, kann uns aus unserem Chaos heraushelfen.

Schreiben vom 27.2.1948 an den Westdeutschen Verband der Katholischen Arbeiter- und Knappenvereine in Recklinghausen, StBKAH 07.25.

Eines möchte ich aber sagen: In Zeiten wie den unsrigen, in denen nicht nur auf dem Gebiet der Wirtschaft, sondern auf allen Gebieten außerordentlich viel Trümmer sind und in denen vielfach die letzten moralischen und ethischen Hemmungen fallen und auf der einen Seite vom Osten her gegen das Christentum gewollter Kampf droht [...], kommt man mit einem rein wirtschaftlichen Programm nicht mehr aus (Zuruf: Sehr richtig). In solchen Zeiten muß man schon in weltanschauliche Tiefen steigen und von dort aus sich die Kraft und die Ziele holen, die Kraft, mit der man kämpft, und die Ziele, für die man kämpft.

In Bonn auf einer Veranstaltung der CDU am 30.1.1949, st. N., S. 12, StBKAH 02.05.

Es liegt eine sehr schwere Aufgabe vor mir, und ohne göttliche Hilfe kann sie nicht gelingen.

Schreiben vom 7.11.1949 an Schwester M. Raymunda, Dominikanerinnenkloster Neusatzeck bei Bühl, StBKAH 07.08.

Die Grundlage des Gemeinschaftslebens im Staate und unter den Völkern muß wieder die Hochachtung und der Respekt vor den Rechten der Einzelpersonen und der Völker werden, vor Rechten, die nicht willkürlich geschaffen, sondern die tief im Naturrecht verankert sind.

Auf dem 1. Bundesparteitag der CDU in Goslar am 20.10.1950, Protokoll des Parteitages, hrsg. v. der CDU, Bonn o. J., S. 21.

Schrankenlose, hemmungslose Ichsucht, Sucht nach Betrieb und Genuß bringen kein Glück. Verinnerlichung, Besinnung auf sich selbst, Arbeit und Sorge für Andere und für das

Gemeinsame, das ist, was uns not tut und was uns glücklich macht.

Weihnachtsansprache am 25.12.1951 über die deutschen Rundfunksender. Druck: Martin Verlag, Buxheim/Allgäu o. J., o. S.

Jede Beschäftigung mit geistigen Dingen trägt bei zur Ausbildung der Persönlichkeit, aber vor allem gilt das von der Beschäftigung mit metaphysischen Dingen, mit metaphysischen Fragen. Unter gar keinen Umständen darf die Beschäftigung mit der metaphysischen Seite des menschlichen Seins vernachlässigt werden. Hier liegt die Wurzel der Persönlichkeitsbildung, und hier liegen in Wahrheit die unerschütterlichen Fundamente der Persönlichkeit.

Ansprache in der Frankfurter Universität am 30.6.1952, Bulletin Nr. 81/52, S. 826.

Gegenüber dem allgemeinen Verlust an Tradition und gegenüber der sich im Zuge befindenden vollständigen gesellschaftlichen Umwälzung im deutschen Volke sind klare Grundsätze nötig, um eine staatliche Ordnung in Deutschland lebensfähig zu halten. Diese können nur den christlichen Ordnungsprinzipien entstammen.

Artikel unter der Überschrift »Christentum und Staatsgesinnung« in Echo der Zeit, *erschienen am 1.1.1953, Nr. 1, Jg. 1953.*

Die Verpflichtung zu Treue und Glauben, die Anerkennung einer für alle verbindlichen Rechtsordnung, die Ablehnung der Staatsomnipotenz und des einzelstaatlichen Egoismus, die Bejahung der Solidarität aller Menschen und Völker und der daraus erwachsenden Verantwortung, die Verteidigung des Bonum Commune der internationalen Ordnung, die Ablehnung des Rassenwahns, die Achtung vor der Würde und gottgegebenen Freiheit des Einzelnen sind alles Gedanken, die von christlichen Ideen maßgebend geformt und weiterentwickelt wurden.

Rede in der Georgetown University in Washington, D.C., anläßlich der Verleihung der Ehrendoktorwürde der juristischen Fakultät am 7.4.1953, Redetext, S. 2, StBKAH 02.11.

Wir haben gelernt, an das Walten Gottes zu glauben. Oft ist es sichtbar im Leben des einzelnen, es ist auch sichtbar in dem Ablauf der Menschheitsgeschichte. Gebe es die Lenkung durch die uns entrückte, noch spürbare überirdische Kraft nicht, die Menschheit wäre längst gescheitert; sie wäre zu Grunde gegangen an einer der zahlreichen Gefahren, die sie selbst von Zeit zu Zeit herbeiführt.

Artikel unter der Überschrift »Unsere politischen Aussichten«, Bulletin Nr. 74/54 vom 21.4.1954, S. 649.

Wir müssen die religiösen und geistigen Kräfte der abendländischen Welt mobilisieren. Denn nur, wenn wir stark sind im Geist, werden wir unsere Lebensform behaupten.

Artikel unter der Überschrift »Festigung der Demokratie«, Bulletin Nr. 1/55 vom 4.1.1955, S. 3.

Nun bin ich ja für Gottvertrauen, aber nur in beschränktem Umfang, weil Gott dem Menschen freien Willen gegeben hat und Gott nicht lediglich verlangt, Vertrauen zu ihm zu haben, sondern er will auch den freien Willen und die eigene Arbeit des Menschen.

Vor dem Bundesparteivorstand der CDU am 13.1.1956, st. N., S. 151, ACDP VII–001–005/1.

Geistige Grundhaltung

... Christ sein ist etwas Großes und so Schweres, daß man bescheiden sein und sagen sollte, wir wollen versuchen, Christen zu sein. Wir wollen unter keinen Umständen von uns behaupten, daß wir die Christen schlechthin seien. Wir wollen versuchen, Christen zu sein, und wir wollen versuchen, auf diesem Wege langsam zu weiterer Vollkommenheit zu gelangen. Dabei müssen wir uns immer dessen bewußt sein, daß Vollkommenheit etwas ist, was nur den aller-, allerwenigsten Menschen auf dieser Erde beschieden sein kann.

Ansprache vor der Hermann-Ehlers-Gesellschaft in Düsseldorf am 22.6.1956, Bulletin Nr. 123/56, S. 1228.

Das Recht der Persönlichkeit ist nun aber ein Recht, das auf christlichem Boden erwächst, das nur gedeihen kann, wenn uns der christliche Boden als Grundlage unseres Daseins erhalten bleibt. Denn nur vom Christentum – vom Glauben her, daß jedem Menschen eine unsterbliche Seele gegeben ist – kann man sich in Glauben und Tat dazu bekennen, daß wir vor Gott alle gleich sind und alle ein Recht haben auf Entwicklung und Freiheit unserer Person.

Ansprache auf der Schlußkundgebung der Tagung der Gemeinschaft katholischer Männer Deutschlands in Bamberg am 2.6.1957, st. N., S. 3, StBKAH 02.15.

Nirgendwo prägt sich das Christentum, die christliche Überzeugung stärker aus als in dem Verlangen nach Freiheit, in dem Verlangen der freien, innerlich gefestigten Persönlichkeit.

In Dortmund auf einer Veranstaltung der CDU am 30.6.1957, st. N., S. 20, StBKAH 02.15.

Alles ist in Frage gestellt, aber alles liegt doch mit Gottes Hilfe in unserer Hand. Ja, die Zukunft liegt in unserer Hand, aber nur mit Gottes Hilfe. Seine Hilfe steht für uns bereit, aber nur dann, wenn wir bereit sind, sie zu gebrauchen.

Weihnachtsansprache am 25.12.1957 über die deutschen Rundfunksender.
Druck: Martin Verlag, Buxheim/Allgäu o J., o S.

Die tiefste Grundlage unserer Erfolge war die Erkenntnis, daß in Jahrzehnten wie in den unseren, in denen der Materialismus bald mit brutaler Gewalt, bald durch kalten Krieg, bald im Gewande einer Pseudowissenschaft ein Volk nach dem andern zu erobern sucht, nur das Volk und nur die Partei ihm widerstehen können, die eine geistige, eine ethische Konzeption und Grundlage haben.

Auf dem 8. Bundesparteitag der CDU in Kiel am 19.9.1958, Protokoll des Parteitages, *hrsg. v. der CDU-Bundesgeschäftsstelle, Bonn o. J., S. 22.*

Es ist auch so: Die Wirtschaft kann nicht diese ethische Grundlage ersetzen.

(Zurufe: Sehr richtig!)

Und wenn wir diese Grundlage verlassen und einfach eine Wirtschaftspartei werden, dann sage ich Ihnen, leben wir keine vier Jahre mehr.

(Beifall.)

Dann brechen wir alle auseinander. Dann hat der eine dieses und der andere jenes, was ihm am meisten am Herzen liegt. Natürlich gibt es bei uns widerstrebende materielle Interessen. Aber diese widerstrebenden materiellen Interessen können nur dann vereinigt werden – und eine Vereinigung ist nötig –, wenn sie alle auf einer ethischen Grundlage beruhen. Und diese Grundlage muß bleiben die christliche Überzeugung, auf die wir unsere Politik gründen wollen auch in der Zukunft.

Vor dem Bundesparteiausschuß der CDU am 28.9.1959, st. N., S. 21f., ACDP VII-001-021/5.

Frieden ist ja nicht nur der Frieden nach außen, Frieden muß auch im Innern des Menschen sein, wenn er wirklich ein menschenwürdiges Leben führen soll, und den Frieden im Innern, meine Freunde, den hat der Mensch nicht, wenn er nicht frei ist, weil die Freiheit dem Menschen angeboren ist.

Auf dem 10. Bundesparteitag der CDU in Köln am 27.4.1961, Protokoll des Parteitages, hrsg. v. der CDU-Bundesgeschäftsstelle, Bonn o. J., S. 324.

Angesichts der weltweiten Bedrohung durch den Materialismus ist eine Besinnung auf die Grundlagen des Christentums nötiger denn je.

Telegramm an den 10. Evangelischen Kirchentag in Berlin, Bulletin Nr. 132/61 vom 20.7.1961, S. 1290.

Ich frage mich manchmal, ob wir wirklich unsere Pflicht erfüllt haben, ob nicht die Not, in der wir uns nach dem Zusammenbruch befunden haben, uns alle miteinander dazu gebracht hat, zu materiell zu denken, so daß der geistige Aufbau, wie ich fürchte, noch in seinen ersten Anfängen steckt.

Vor dem Bundesparteivorstand der CDU am 10.5.1962, st. N., S. 108, ACDP VII-001-011/3.

Das Christentum ist die stärkste gesellschaftsbildende und gesellschaftserhaltende Kraft.

Interview mit der Deutschen Tagespost, *Würzburg, erschienen am 24./25.8.1962, Nr. 102, 15. Jg.*

Im Sommer 1963 zu dem baptistischen Evangelisten Billy Graham:

Ich freue mich über alle, die Menschen zu Gott führen, aber nehmen Sie mir bitte eine Bemerkung nicht übel: wenn ich sehe, wie sicher Sie im Glauben sind, bin ich froh, daß ich katholisch bin. Wissen Sie, als Katholik muß man nicht so sicher sein; da genügt es, wenn man den aufrichtigen Wunsch hat, glauben zu können. Glauben ist eine Gnade, die man nicht erzwingen kann.

Wiedergegeben durch Horst Osterheld in: Konrad Adenauer. Ein Charakterbild, *a. a. O., S. 102.*

Es ist vielleicht ein Geschenk Gottes, daß ich sehr wenig, wenn überhaupt, Furcht kenne. Daher stehe ich dem Gedanken an den Tod auch ziemlich gleichmütig gegenüber. Ich kann mir nicht vorstellen, daß nun das, was wir den Geist und die Seele eines Menschen nennen, daß das Leben mit dem Tode einfach ein Nichts wird. Irgendwie wird es auch existent bleiben, wie, das wissen wir Menschen nicht, aber ich denke, daß es sein wird. Sehen Sie mal, das Werden des Lebens ist ein ebenso großes Geheimnis wie der Tod. Wir können weder das eine erklären noch das andere.

Informationsgespräch mit Cyrus L. Sulzberger (The New York Times) *am 22.7.1963, st. N., S. 7, StBKAH 02.31.*

Mein oberstes Gesetz war immer etwas, was mein Vater uns eingeprägt hat: Seine Pflicht erfüllen!

Informationsgespräch mit Cyrus L. Sulzberger (The New York Times) *am 22.7.1963, st. N., S. 7, StBKAH 02.31.*

Vertrauen erwächst vor allem aus der ethischen Basis des politisch Handelnden. Wird sie verlassen, sind die Folgen verheerend. Orientierungslosigkeit und Verlust an Glaubwürdigkeit gehören dazu. Durch eine ethische Grundlage des Handelns nur gewinnt man Vertrauen in der Welt und auch das Vertrauen der Bürger im eigenen Land.

Ende August 1963 gegenüber der Herausgeberin, vgl. Das Wichtigste ist der Mut!, *a. a. O., S. 539 f.*

Ich fühle mich und meine Weltanschauung geprägt von den beiden großen Komponenten der abendländischen Kultur, dem Christentum und dem Humanismus der griechisch-römischen Antike. Von der letzteren soll hier die Rede sein. Keime des Schöpferischen liegen in allen Völkern, aber nie und nirgends haben sie so stark die Gesamtheit allen menschlichen Daseins bestimmt, wie es durch die Griechen geschehen ist. Das Geniale an ihnen war, daß sie mit unbeirrbarer Sicherheit das Wesentliche, den Kernpunkt, die reine Idee gefunden haben. Alle unsere geistigen Betrachtungen, die Philosophie, die Wissenschaft, die Kunst, die Dichtung, der Begriff des Rechtes und Gesetzes, die Formen der Staatsverbände, die Gestaltung der Gemeinde, die Regelung der Erziehung, ja auch die Mathematik und die Naturwissenschaften, leiten sich von den Griechen her. [...]

Aus diesen Worten ist zu entnehmen, daß ich dem klassischen Erbe eine ganz besondere und entscheidende Bedeutung beimesse. Wenn sich heute so vieles ins Chaotische entwickelt und der Sinn für das Harmonische schwindet, so dürfte eine Ursache unter anderem darin liegen, daß jene in den Geburtszeiten des Abendlandes konzipierten Gedanken im Bewußtsein der Menschen im Vergehen zu sein scheinen.

Das alte Gymnasium, jene Schulart, in der ich groß geworden bin, war noch in der Lage, etwas vom klassischen Erbe uns einzuprägen. Die Akropolis in Athen und das Kapitol in Rom waren für uns geistige Sinnbilder für Freiheit und Ordnung. Das Recht des Individuums, die Würde des Menschen, die Idee der Gerechtigkeit, der Sinn für das Maß, das Verständnis für Kosmos im Sinne einer geistig erfüllten Ordnung, die angstvolle Scheu vor dem Chaos, die Vertrautheit mit dem Kairos (das Notwendige zur rechten Zeit zu tun, auf die richtige Stunde warten zu können, diese dann aber auch richtig zu ergreifen) sind Ideen, die mir so vermittelt wurden und denen ich sehr Wesentliches meiner Ausprägung verdanke.

Beitrag für Wort und Wahrheit. Monatsschrift für Religion und Kultur, *erstes Halbjahr 1964, 19. Jg., Thomas-Morus-Presse im Verlag Herder, Wien 1964, S. 11.*

Unsere, die christliche Weltanschauung [...], geht davon aus, daß jeder einzelne Mensch von Gott stammende, im Naturrecht begründete Rechte gegenüber jedem, auch gegenüber seinem Staat und seinem Volk hat. Wir sind des Glaubens, daß die Würde und die Freiheit des einzelnen Menschen geachtet werden müssen und von niemandem verletzt werden dürfen.

Auf dem 12. Bundesparteitag der CDU in Hannover am 15.3.1964, Protokoll des Parteitages, *hrsg. v. der CDU-Bundesgeschäftsstelle, Bonn o. J., S. 31.*

Geistige Grundhaltung

Unsere Partei – ich wiederhole es – steht fest und unverbrüchlich auf dem Boden dieser, der christlichen Weltanschauung, daß es für den Menschen Normen gibt, die aus dem Wesen und Sein Gottes selbst fließen und daher unverbrüchlich sind und nicht angetastet werden dürfen. (Lebhafter Beifall.) Wenn man das Bestehen solcher Normen nicht anerkennt, dann gleitet ein Volk abwärts in Diktatur und in Gewalt. In einer Zeit wie der unsrigen, die Veränderungen und Entwicklungen jeder Art, zum Guten und zum Schlechten, in rasendem Tempo bringt, braucht jeder einzelne feste, unabdingbare Normen für sein Leben, damit er Herr seiner selbst bleibt und nicht abgleitet.

Auf dem 12. Bundesparteitag der CDU in Hannover am 15.3.1964, Protokoll des Parteitages, *hrsg. v. der CDU-Bundesgeschäftsstelle,* Bonn o. J., S. 32.

Die allgemeinen Gebote des Christentums sind ja im Grunde genommen Erfahrungen, die durch Jahrhunderte hindurch gereift sind. Wenn man sich im großen und ganzen an diese Erfahrungen, die der menschlichen Natur entsprechen, hält, kommt man am weitesten. Alle diese Gebote und diese Lehren der christlichen Kirche – das ist ein altes, durch Erfahrungen aufgespeichertes Gut.

Interview mit Will McBride (Twen) *am 17.2.1966, st. N., S. 23,* StBKAH 02.37.

3 VERHÄLTNIS ZUR GESCHICHTE

Sie dürfen niemals die geschichtlichen Zusammenhänge vergessen. Glauben Sie mir, auch im Ablauf des Lebens des Volkes folgt das eine aus dem anderen, das Heute aus dem Gestern und das Morgen aus dem Heute. Und so ist es sehr wertvoll, die Fäden zu verfolgen, wie sie durch das ganze Geschehen hindurchlaufen, dann erst bekommt man die richtige Einstellung auch zu dem Heute.

Auf der Zonentagung der Jungen Union der CDU in Recklinghausen am 4.8.1946. Druck: Schriftenreihe der Jungen Union, *H. 1, Heider Druck, Bergisch Gladbach, 1946, S. 5.*

... es gibt in der Geschichte ewige Gesetze. Eines der vornehmsten Gesetze ist, daß auch in der Geschichte Recht Recht bleibt. Auch in der Geschichte folgt dem Bruch des Rechts die Strafe. Wann die Strafe folgen wird, wann die schädlichen Folgen des Rechtsbruches sich zeigen, das weiß man nicht vorher.

In Köln auf einer Veranstaltung der CDU am 13.4.1947, st. N., S. 2, ACDP S.Ad.

Verhältnis zur Geschichte

Genau wiederholt sich nichts in der Geschichte. Aber immerhin wiederholen sich doch oft in gewissem Sinne Tatbestände und Perioden, die einander gleichen, und die Geschichte ist und bleibt eine Lehrmeisterin für verantwortliche Staatsmänner.

In Berlin auf einer Veranstaltung der CDU am 18.4.1950, st. N., S. 14,
StBKAH 02.06.

Die Arbeit und die Entwicklung eines jeden Tages baut sich auf und schließt sich an an die Entwicklung der dahinterliegenden Zeit. Man verliert die Übersicht, und man verliert das Urteil, den richtigen Maßstab, wenn man die Dinge nicht im Zusammenhang und in ihrer Entwicklung betrachtet.

Auf dem 2. Bundesparteitag der CDU in Karlsruhe am 19.10.1951,
Protokoll des Parteitages, hrsg. v. der CDU, Bonn o. J., S. 13.

Man kann nach meiner Auffassung nicht in der Zukunft gut wirken, wenn man nicht aus der Vergangenheit lernt und das aus der Vergangenheit mit sich nimmt, was wert ist, mitgenommen zu werden.

Ansprache auf dem Deutschen Handwerkstag in Düsseldorf am 27.4.1952,
Bulletin Nr. 48/52, S. 502.

Es ist unmöglich, eine geschichtliche Situation allein aus den Tagesvorgängen und den Tagesereignissen heraus zu beurteilen. Auch im Leben der Völker bilden die Verhältnisse eine zusammenhängende Kette.

In Wetzlar auf einer Veranstaltung der CDU am 30.4.1952, Bulletin
Nr. 50/52, S. 528.

Es gibt nicht nur ein Heute, oder gar, wie es Dynamiker gern sehen möchten, nur ein Morgen, sondern es gibt eben auch ein Gestern, das das Heute und das Morgen stark, ja, manchmal sogar entscheidend beeinflußt. Man muß das Gestern kennen, man muß *auch an das Gestern denken,* wenn man das Morgen wirklich gut und dauerhaft gestalten will.

Ansprache in der Frankfurter Universität am 30.6.1952, Bulletin Nr. 81/52, S. 825.

... die Vergangenheit ist eine Realität. Sie läßt sich nicht aus der Welt schaffen, und sie wirkt fort, auch wenn man die Augen schließt, um sie zu vergessen.

Ansprache in der Frankfurter Universität am 30.6.1952, Bulletin Nr. 81/52, S. 825.

Ich habe versucht und versuche es weiter, Deutschland und die deutsche Politik in neue Wege zu führen. Aber gerade darum, weil ich auf diese meine Tätigkeit hinweisen darf, darf ich Sie bitten, über den Gedanken an die Zukunft nicht den Gedanken an die Vergangenheit einfach auszulöschen, sondern den Versuch zu machen, aus der Vergangenheit für die Zukunft zu lernen.

Ansprache in der Frankfurter Universität am 30.6.1952, Bulletin Nr. 81/52, S. 825.

Man sollte die historischen Vorgänge nicht von einem bestimmten Tage ab gut oder schlecht beurteilen, sondern man muß die ganze Kette der Ereignisse sehen.

Vor dem Bundesparteivorstand der CDU am 23.11.1956, st. N., S. 15, ACDP VII-001-005/7.

Verhältnis zur Geschichte

... eine gewisse Kenntnis der Geschichte ist ja doch die Grundlage jedes politischen Denkens.

Informationsgespräch mit Herbert Altschull (Associated Press) am 14.5.1958, st. N., S. 14, BPA-Pressearchiv F 30.

Wenn auch Gewalt und Terror den Frieden zu gefährden drohen, wir wissen aus einer langen Geschichte, daß Gewalt und Terror keinen Bestand haben und keinen Bestand haben können.

Weihnachtsansprache über die Deutsche Welle am 24.12.1958, Bulletin Nr. 238/58, S. 2376.

Ein Volk muß sich klar und bewußt darüber werden, daß es in weitem Umfang selbst sein Geschick formt. Es kann sich dessen aber nicht bewußt werden, wenn es seine Geschichte nicht kennt.

Ansprache über den deutschen Rundfunk am 20.9.1959 aus Anlaß des zehnjährigen Bestehens der Bundesrepublik Deutschland, Bulletin Nr. 174/59, S. 1757.

In der Geschichte gibt es so viel Dummheiten, das können Sie sich gar nicht vorstellen!

»Presse-Tee« mit britischen Journalisten am 8.1.1962, st. N., S. 13, StBKAH 02.26.

Auf die Frage, was die Regeln wären, die ein junger Politiker zu beachten hätte, um Erfolg zu haben:
Geschichte studieren, das würde ich zuerst sagen. Nicht einfach Tagesereignisse auf sich wirken lassen allein, sondern nun zu sehen die geschichtlichen Kräfte, die Konstellationen

hervorgerufen haben und welche Konstellationen, und ob man diese Konstellationen ändern kann.

Informationsgespräch mit Dr. Kurt Lachmann (US News and World Report) *am 29.1.1963, st. N., S. 10, StBKAH 02.30.*

Die Geschichte wirkt auf lange Sicht hin zwangsläufig im Sinne der Gerechtigkeit, und zwar mit oder ohne Einwilligung des Betroffenen, wer es auch immer sei.

Interview mit der brasilianischen Zeitung O Globo, *erschienen am 2.8.1964, zitiert nach einer Übersetzung des Auswärtigen Amtes, S. 6, StBKAH 02.34.*

Ein Rückblick hat nur dann Sinn, wenn durch ihn die Ansätze künftiger Entwicklungen bloßgelegt werden und er damit der Zukunft dient.

Im August 1964 gegenüber der Herausgeberin, vgl. Meine Erinnerungen an Konrad Adenauer, *a. a. O., S. 128.*

Ein Volk kann seine Gegenwart und seine Zukunft nur gestalten, wenn es seine Vergangenheit versteht und daraus seine Lehren zieht.

Konzept für eine Tonbandaufnahme für den Sender Rias, Berlin, datiert vom 30.12.1965, S. 1, StBKAH 02.36.

4 Grundsätze politischen Handelns und zum Wesen der Politik

Für mich ist Politik nicht lediglich Methode, Umweg, Ausweg; für mich ist Politik und für die gesamte CDU ist Politik das Verfolgen von Zielen, die man sich gesetzt hat auf Grund der Weltanschauung, die man in sich trägt.

In Mönchengladbach auf einer Veranstaltung der CDU am 2.6.1946, st. N., S. 6, ACDP S.Ad.

Macht ist an sich nichts Böses, aber Macht kann etwas sehr Böses werden in der Hand derjenigen, die die Macht besitzen.

Darum wollen wir von der CDU nirgendwo, weder im wirtschaftlichen noch im politischen noch im staatlichen Leben, eine Zusammenballung von Macht, die die Freiheit des Volkes oder des einzelnen gefährden könnte.

In Köln auf einer Veranstaltung der CDU am 13.4.1947, st. N., S. 9, ACDP S.Ad.

Dieses machtverteilende Prinzip wird sowohl auf wirtschaftlichem Gebiet wie im politischem Leben das ausschlaggebende Prinzip der neuen Ordnung werden müssen. Es wird auch ausschlaggebend werden müssen für das Verhältnis der einzelnen Völker und Staaten zueinander.

Auf dem 1. Parteitag der CDU der britischen Besatzungszone in Reckling-hausen am 14.8.1947. Druck: Erster Zonenparteitag der CDU der briti-schen Zone, hrsg. v. Zonensekretariat der CDU der britischen Zone, Köln o. J., S. 8.

Vom Boden unserer christlichen Weltanschauung aus müssen wir betonen, daß das Recht vor der Macht gilt, daß die Macht an sich nichts Böses ist, aber daß die Macht den Menschen sehr leicht dazu verführt, Mißbrauch mit ihr zu treiben, und daß sie dann böse wird.

Auf dem 2. Parteitag der CDU der britischen Besatzungszone in Reckling-hausen am 28.8.1948. Druck: Neuaufbau auf christlichen Grundlagen. Zweiter Parteitag der CDU für die Britische Zone, Opladen 1948, S. 7.

Die Gemeindepolitik, die Kommunalpolitik ist eine Schule auch für die große Politik.

In Mönchengladbach auf einer Veranstaltung der CDU am 12.10.1948, st. N., S. 1, ACDP S.Ad.

Eine Partei muß auch Kraft zeigen, nicht nur bei der Wahl, sondern auch in der Verfolgung ihrer Ziele. Dabei muß sie unter Umständen, meine Freunde, auch rücksichtslos sein und darf nicht immer nur mit dem Hut in der Hand dastehen und sich mit dem letzten Platz bescheiden.

In Bonn vor maßgebenden Politikern der CDU-Kreisparteien Rheinland und Westfalen am 13.1.1951, st. N., S. 8, StBKAH 02.08.

Aber, meine Freunde, man muß doch nicht immer nur nach den Bergen weit weg sehen, die man einmal zu erreichen hofft, sondern man soll auch einmal auf den Punkt sehen, von dem aus man den Wiederaufstieg begonnen hat, und soll auch bedenken, daß die Strecke, die man zurückgelegt hat, etwas Großes ist, wenn man sie an der Tiefe des Punktes bemißt, von dem aus man den Weg angetreten hat.

In Bonn vor maßgebenden Politikern der CDU-Kreisparteien Rheinland und Westfalen am 13.1.1951, st. N., S. 14, StBKAH 02.08.

›Die Politik ist die Kunst des Möglichen‹, sagt man. Das heißt: sie muß mit einem gesunden Realismus ihre Handlungen den Gegebenheiten anpassen. Sie muß, wenn das Ganze nicht erreichbar ist, den Teil davon verwirklichen, der möglich ist, und darf im übrigen der Kraft der Entwicklung vertrauen. Ein Politiker würde falsch handeln, der das Gute nicht tut, weil das Bessere noch nicht erlangbar ist, oder der den Schritt, der heute möglich ist, unterläßt, weil er glaubt, daß ihm der größere Schritt wohl morgen gelingen wird.

Rede vor der Beratenden Versammlung des Europarates in Straßburg am 10.12.1951, Bulletin Nr. 21/51, S. 158.

Es gibt tatsächlich politische Gelegenheiten, wo man mit Teilmaßnahmen stecken zu bleiben droht und dann nur den Mut zum Ganzen haben muß, um doch weiterzukommen. Mut und Angst wohnen zuweilen nahe beieinander.

Interview mit Ernst Friedlaender im NWDR am 5.3.1952, Bulletin Nr. 27/52, S. 262.

... ein verantwortlicher Politiker, ein Staatsmann, kann eins ganz gewiß nicht, er kann nicht einfach in das Nichthandeln ausweichen, nur, weil es keine Möglichkeit des Handelns ohne Schattenseiten gibt; dann nämlich handeln andere über diesen Politiker und sein Land hinweg, und dann kommt dieses Land bestimmt ins Hintertreffen.

Interview mit Ernst Friedlaender im NWDR am 5.3.1952, Bulletin Nr. 27/52, S. 262.

Aber nur mit Wünschen läßt sich keine Politik machen. Aus der Schwäche heraus läßt sich erst recht keine Politik machen.

Interview mit Ernst Friedlaender im NWDR am 5.3.1952, Bulletin Nr. 27/52, S. 262.

Man verhandelt immer besser aus der Stärke als aus der Schwäche.

Interview mit Ernst Friedlaender im NWDR, Bulletin Nr. 47/52 vom 26.4.1952, S. 488.

Für mich ist Stärke immer nur Mittel zum Zweck und niemals Selbstzweck.

Interview mit Ernst Friedlaender im NWDR, Bulletin Nr. 47/52 vom 26.4.1952, S. 489.

... man kann in einer politisch so bewegten Zeit nicht den mathematisch schlüssigen Beweis für irgend etwas erbringen. Wir haben bei all unseren Entscheidungen immer nur eine Möglichkeit und müssen uns fragen, was wird dann, wenn

Grundsätze politischen Handelns und zum Wesen der Politik 53

wir diese Entscheidung nicht fällen. Das ist die einzige Frage, die man sich stellen muß.

Vor dem Bundesparteiausschuß der CDU am 14.6.1952 in einem Diskussionsbeitrag nach einer zweistündigen Rede, st. N., S. 5, ACDP VII-001-019/10.

Sachlich unbegründete Verzögerung ist nichts anderes als eine in eine andere Form gekleidete Ablehnung, und sie wird auch dementsprechend empfunden werden.

Verhandlungen des Deutschen Bundestages, 1. Wahlperiode, 221. Sitzung am 9.7.1952, S. 9793.

Verträge allein schaffen noch kein Vertrauen unter den Vertragschließenden. Gemeinsame Arbeit, Sichkennenlernen, das schafft Vertrauen.

Verhandlungen des Deutschen Bundestages, 1. Wahlperiode, 222. Sitzung am 10.7.1952, S. 9911.

… nicht verzagen, wohl die Dinge sehen, wie sie sind, klar in die Zukunft sehen und die Entschlüsse fassen, die nötig sind; dann aber auch zu diesen Entschlüssen stehen, konsequent dazu stehen.

Ansprache auf der Schlußkundgebung der Tagung der Gemeinschaft katholischer Männer Deutschlands in Bamberg am 20.7.1952, Bulletin Nr. 95/52, S. 936.

Nicht über Einzelheiten stolpern und sich nicht in Einzelheiten aufhalten. Das ist in Zeiten wie den unsrigen einfach nicht möglich und ist unverantwortlich.

Ansprache auf der Schlußkundgebung der Tagung der Gemeinschaft katholischer Männer Deutschlands in Bamberg am 20.7.1952, Bulletin Nr. 95/52, S. 936.

Ich bin der Auffassung, daß das moralisch Gebotene mindestens so verpflichtend ist wie das juristisch Gebotene.

> Auf dem 3. Bundesparteitag der CDU in Berlin am 18.10.1952 im Zusammenhang mit dem »Luxemburger Abkommen« vom 10.9.1952 (Wiedergutmachungsabkommen mit dem Staat Israel und der Conference on Jewish Material Claims against Germany); Protokoll des Parteitages, hrsg. v. der CDU, Bonn o. J., S. 25.

… in der Politik ist Konsequenz und Geduld, und das gilt namentlich in der Außenpolitik, die stärkste Waffe.

> In Köln auf einer Veranstaltung der CDU am 2.11.1952, st. N., S. 17, StBKAH 02.10.

Wollen schließt in sich Bereitsein zum Handeln. Wer ernsthaft will, muß auch bereit sein, zu handeln und Opfer zu bringen. Jene, die nur reden und kritisieren, aber nicht bereit sind zu handeln, haben keinen Willen. Zagen und Zaudern, nur das Negative sehen und nicht das Positive sehen, heißt nicht wollen.

> Weihnachtsansprache am 25.12.1952 über die deutschen Rundfunksender. Druck: Martin Verlag, Buxheim/Allgäu o. J., o. S.

Es gibt Dinge, die logisch unmöglich sind, und trotzdem sind sie psychologisch möglich. Auch irrationale Kräfte wirken in der Politik.

> Interview mit Ernst Friedlaender im NWDR am 6.3.1953, Bulletin Nr. 45/53, S. 382.

Grundsätze politischen Handelns und zum Wesen der Politik 55

Ich glaube, zwei Dinge sind in der Politik notwendig: Man muß die Gabe, in seiner Betrachtungsweise und in seinem Herantreten an Probleme realistisch zu sein, mit einer gewissen Eingebung vereinen und verbinden, einer gewissen Möglichkeit, die Dinge so zu sehen, wie sie aller Wahrscheinlichkeit nach in Zukunft eintreten werden.

Rede vor dem Außenpolitischen Ausschuß des US-Senates in Washington, D.C., am 9.4.1953, Bulletin Nr. 77/53, S. 653.

In der Vorstellung vieler ist der Politiker und Staatsmann ein Mensch, der mit dem Verstand und mit kühler Berechnung arbeitet. Das ist wahr. Das muß er auch. Aber es ist nicht *ganz* wahr. Wer für das Wohl eines geschlagenen, zerrissenen Volkes verantwortlich ist und dafür arbeitet, es zurückzuführen zu Freiheit und zu Wohlstand, der muß ein warmes Herz haben, ein heißes Herz haben für sein Volk und für sein Land. Nur dann, wenn ihn die Liebe zu seinem Vaterland immer wieder treibt, das anscheinend Aussichtslose zu versuchen und Schritt für Schritt weiterzugehen, nur dann kann er etwas erreichen.

Rede aus Anlaß der Inbetriebnahme eines neuen Stahlwerkes in Watenstedt-Salzgitter am 27.6.1953, Bulletin Nr. 120/54, S. 1017.

Das ist eine der Hauptsachen in der Politik, daß man nicht Phantasien oder Utopien nachläuft, sondern, genau so wie es der Handwerker, der Kaufmann, der Landwirt in seinem Beruf tun muß, klar die realen Gegebenheiten und Möglichkeiten erkennt.

In Dortmund auf einer Veranstaltung der CDU am 26.7.1953, Auszüge aus der Rede, S. 2, SbBKAH 16.12.

Große Vergangenheit zählt in der Politik nicht viel. In der Politik der Staaten zählt die Bedeutung, die sie gegenwärtig haben und die für sie in der Zukunft erhofft werden kann.

Ansprache vor der Association de la Presse Diplomatique Française und der Association de la Presse Étrangère in Paris am 11.12.1953, Bulletin Nr. 238/53, S. 1973.

Wir müssen eine stetige Politik führen, denn nichts ist mehr dazu angetan, Vertrauen zu erwerben, als Zuverlässigkeit und Stetigkeit der Politik, und nichts ist mehr dazu angetan, die ersten Keime des Vertrauens wieder zu zerstören, als eine Zick-Zack-Politik, als Unstetigkeit.

In Düsseldorf-Oberkassel im Rahmen eines Staatsbesuches im Land Nordrhein-Westfalen am 13.5.1954, Bulletin Nr. 92/54, S. 813.

Macht, meine Damen und Herren, verlangt Klugheit, Mäßigung und ein gesteigertes Verantwortungsgefühl. Macht, die mißbraucht wird, ist etwas Verderbliches. *Macht aber, die von Verantwortung getragen wird, ist ein Geschenk Gottes.*

Auf dem 5. Bundesparteitag der CDU in Köln am 28.5.1954, Protokoll des Parteitages, hrsg. v. der CDU-Bundesgeschäftsstelle, Bonn o. J., S. 163.

Wie kann man konsequente und gute Politik machen, wenn man sich nicht klar ist über die geistige Struktur der Zeit, in der wir leben?

Auf dem 5. Bundesparteitag der CDU in Köln am 28.5.1954, Protokoll des Parteitages, hrsg. v. der CDU-Bundesgeschäftsstelle, Bonn o. J., S. 164.

Grundsätze politischen Handelns und zum Wesen der Politik 57

Man muß die Verantwortung fühlen, aber man darf sich nicht von ihr erdrücken lassen.

Auf dem 5. Bundesparteitag der CDU in Köln am 28.5.1954, Protokoll des Parteitages, hrsg. v. der CDU-Bundesgeschäftsstelle, Bonn o. J., S. 164.

Vielfach kann man beurteilen, ob eine Absicht oder Tat gut ist oder nicht, wenn man sich klarmacht, was geschehen würde, wenn sie nicht getan wäre.

Auf dem 5. Bundesparteitag der CDU in Köln am 28.5.1954, Protokoll des Parteitages, hrsg. v. der CDU-Bundesgeschäftsstelle, Bonn o. J., S. 165.

Kein Sicherheitssystem, es mag noch so gut gemeint, noch so gut ausgedacht sein, wird der Welt den Frieden geben, wenn nicht wenigstens der Beginn einer allgemein kontrollierten Abrüstung Wirklichkeit wird.

Ansprache in der Harvard-Universität in Cambridge/USA anläßlich der Verleihung der Ehrendoktorwürde der juristischen Fakultät am 16.5.1955, Bulletin Nr. 110/55, S. 914.

Lüge nie, auch nicht in der Politik! Denn du kannst ja doch nicht alles behalten, was du gesagt hast.

Gegenüber Dr. Paul Otto, CDU-Politiker aus Osnabrück, in: Paul Weymar, Konrad Adenauer. Die autorisierte Biographie, a. a. O., S. 310.

In der Politik muß man sich dann und wann sicher mal Luft machen, aber dann muß man wieder mit kühlem Kopfe die ganze Sachlage überlegen.

In Bochum auf einer Veranstaltung der CDU am 2.9.1955, Bulletin Nr. 166/55, S. 1390.

Neue Mittel zum Austrag von Differenzen und Konflikten müssen gefunden werden, Mittel, die internationales Solidaritätsgefühl und internationale Zusammenarbeit zur Grundlage haben. Das ist die vornehmste Aufgabe, die die Staatsmänner von heute zu erfüllen haben.

Grundsatzerklärung während der Verhandlungen mit der sowjetischen Regierung in Moskau am 9.9.1955, Dokumentation zur Deutschlandfrage, Hauptband I, Siegler & Co. KG, Bonn, Wien, Zürich 1970, S. 362.

Meines Erachtens sollten auch gut und ernst gemeinte Auseinandersetzungen zwischen zwei Männern deren persönliche Beziehungen nicht trüben. Den schriftlichen Weg halte ich bei solchen Klarstellungen für besser als ein Gespräch, weil er mehr als dieses zur Präzision und zur Klarheit zwingt.

Schreiben vom 8.12.1955 an Bundesaußenminister Dr. Heinrich von Brentano, StBKAH III/24.

... der Fehler in der heutigen Zeit heißt Perfektionismus –, daß wir alles bis aufs Feinste austüfteln und alles gedanklich ausarbeiten und womöglich saecula saeculorum und Gott weiß alles erklären. Die Situation ändert sich.

Vor dem Bundesparteivorstand der CDU am 24.2.1956, st. N., S. 68, ACDP VII-001-005/2.

Gewiß, alles menschliche Denken und Handeln ist vielfach zeitgebunden und dem Wechsel unterworfen. Aber wenn man eine politische Partei aufbaut, die nur auf zeitgebundenen Voraussetzungen beruht, dann wird eine solche Partei steril und vergänglich sein. Gerade auch Parteien oder – besser – gerade politische Parteien müssen in der Tiefe aufbauen, wenn sie

Grundsätze politischen Handelns und zum Wesen der Politik 59

Dauer haben sollen. Sie müssen aufbauen auf unvergänglichen Werten.

Auf dem 6. Bundesparteitag der CDU in Stuttgart am 27.4.1956,
Protokoll des Parteitages, *hrsg. v. der CDU-Bundesgeschäftsstelle,*
Bonn o. J., S. 20.

Alle Probleme gleichzeitig in Angriff nehmen, heißt keinem Problem wirklich gerecht zu werden.

Auf dem 6. Bundesparteitag der CDU in Stuttgart am 27.4.1956, Protokoll
des Parteitages, *hrsg. v. der CDU-Bundesgeschäftsstelle, Bonn o. J., S. 22.*

Mir ist jemand, der mein erklärter politischer Gegner ist, viel lieber als derjenige, der heute so und morgen so spricht, und der sich allem fügt, gerade wie der Wind ihn trägt.

Ansprache vor der Hermann-Ehlers-Gesellschaft am 22.6.1956, Bulletin
Nr. 123/56, S. 1227 f.

Politik läßt sich nicht treiben ohne Wirtschaft, aber Wirtschaft läßt sich noch viel weniger treiben ohne vernünftige Politik.

Vor dem Bundesparteivorstand der CDU am 20.9.1956, st. N., S. 80,
ACDP VII-001-005/6.

Im politischen Leben jedes Volkes drängen unablässig neue Kräfte nach vorne. Sie dem staatlichen Leben zunutze zu machen, gehört zu den wichtigsten Aufgaben des verantwortlichen Regierungschefs; in Deutschland ist das nicht anders als in anderen Ländern.

Ansprache über den Rundfunk am 16.10.1956, Bulletin Nr. 196/56,
S. 1866.

Initiativen, die nur gemacht werden, damit etwas gemacht wird, richten Schaden an. Initiativen dürfen nur ergriffen werden, wenn Situationen sich ergeben, die Hoffnung auf Erfolg bieten.

Ansprache in Berlin anläßlich der Eröffnung der Grünen Woche am 2.2.1957, Bulletin Nr. 24/57, S. 211.

Vox populi, vox Dei! – Das ist nicht immer richtig, aber wenn es paßt, ist es ein sehr gutes Sprichwort.

Vor dem Bundesparteivorstand der CDU am 7.2.1957, st. N., S. 10, ACDP VII-001-006/1.

Übrigens ist die Beschäftigung als Gärtner eine ausgezeichnete Schulung für den Politiker, weil sie zur Geduld zwingt!

Rede anläßlich der Eröffnung der Bundesgartenschau in Köln am 26.4.1957, Redemanuskript, S. 2, StBKAH 02.15.

… das Unterlassen ist die negative Seite des Handelns (Beifall). Durch ein Unterlassen kann man genau so schuldig werden wie durch ein Handeln (Starker Beifall).

Das ist ja die unendlich schwere Aufgabe aller derjenigen, die auf politischem Gebiet Entschlüsse zu fassen oder zu unterlassen haben, daß sie vor ihrem Gewissen abwägen müssen: Was ist Gewissenspflicht? Zu handeln oder zu unterlassen? Denn, meine Freunde – ich wiederhole –, das Danach gilt in gleicher Weise für das Handeln wie für das Unterlassen.

Sagen möchte ich nun, daß mir diese Gewissenskonflikte wahrhaftig nicht fremd sind.

Auf dem 7. Bundesparteitag der CDU in Hamburg am 12.5.1957, Protokoll des Parteitages, hrsg. v. der CDU-Bundesgeschäftsstelle, Bonn o. J., S. 131.

Grundsätze politischen Handelns und zum Wesen der Politik

Man kann nicht siegen im politischen Kampf in der Defensive; man kann nur siegen in der Offensive.

Vor dem Bundesparteiausschuß der CDU am 15.5.1957, st. N., S. 15, ACDP VII-001-020/10.

Politik ist die Kunst, das auf ethischer Grundlage als richtig Erkannte zu verwirklichen.

Rede vor dem US-Senat in Washington, D.C., am 28.5.1957, Bulletin Nr. 100/57, S. 901.

Der Erfolg des politischen Handelns ist ganz wesentlich, ja entscheidend bestimmt von einer klaren Erkenntnis des Notwendigen, der eigenen Kräfte und von einer Stetigkeit und Klarheit des politischen Handelns, damit dadurch Vertrauen geweckt wird.

In Dortmund auf einer Veranstaltung der CDU am 30.6.1957, st. N., S. 16, StBKAH 02.15.

Nicht nur im Leben des einzelnen, auch im Leben der Völker ist gegenseitiges Vertrauen die Grundlage aller gemeinsamen Arbeit und aller gemeinsamen Erfolge.

In Nürnberg auf einer Veranstaltung der CSU am 7.7.1957, st. N., S. 4, StBKAH 02.16.

Der Politiker kommt allzu leicht in den Verdacht, daß er der Welt des Geistes und der Kultur zu wenig Bedeutung beimißt. Der politische Alltag wird zumeist von wirtschaftlichen und sozialen, innen- und außenpolitischen Problemen beherrscht. Tatsächlich kann aber der Politiker auch den Aufgaben der konkreten Realität nur dann gerecht bleiben, wenn er sich des Zusammenhanges *aller* Lebensäußerungen, einschließlich der kulturellen, bewußt bleibt.

Rede anläßlich der ersten Tagung der Europäischen Kulturstiftung in Amsterdam am 23.11.1957, Bulletin Nr. 219/57, S. 2021.

Aus der leidigen Politik kommt man ja nun leider nicht heraus. Von außen drängt sie sich an einen heran, und auch im Inneren beschäftigt man sich unwillkürlich ständig damit. Der Fluch unserer Zeit.

Schreiben vom 20.2.1958 aus Vence an Bundespräsident Prof. Dr. Theodor Heuss, StBKAH III/47.

Ich halte es für sehr unklug in der Politik, nicht klar zu sagen, was man will, denn alle Erfolge in der Politik beruhen auf Vertrauen.

Informationsgespräch mit Serge Groussard (Le Figaro) am 27.3.1958, st. N., S. 6, ACDP NL von Eckardt I-010-002/1.

Würden Sie von mir einen guten Rat annehmen! Sehen Sie bitte nicht auf Ihre Person, sondern sehen Sie nur auf die Sache. Man muß auch einmal einstecken, was einem sehr unangenehm ist – das tue ich auch von morgens bis abends –, wenn man in der Sache weiterkommt.

Vor dem Bundesparteivorstand der CDU am 27.11.1958, st. N., S. 179, ACDP VII-001-007/6.

Nun weiß ich nicht, ob Krach immer das richtige Anzeichen einer guten Sitzung unter Parteifreunden ist, aber ich gebe zu, daß ein reinigendes Wort auch in unseren Parteigremien sehr erwünscht ist.

Vor dem Bundesparteiausschuß der CDU am 28.11.1958, st. N., S. 2, ACDP VII-001-021/4.

... man soll seine Enttäuschung niemals zeigen.

In Berlin auf einer Veranstaltung der CDU in der Deutschlandhalle am 5.12.1958, unter Anspielung auf einen Wutausbruch von Nikita Chruschtschow, st. N., S. 4, StBKAH 02.18.

... manchmal erweist einem der Feind einen guten Dienst, indem er seinem Herzen mal Luft macht, damit man genau sieht, was darin vorgeht.

In Berlin auf einer Veranstaltung der CDU in der Deutschlandhalle am 5.12.1958, st. N., S. 8, StBKAH 02.18.

Unsere Zeit ist ja viel ungeduldiger, als frühere Zeiten gewesen sind. Wenn Sie in der europäischen Geschichte mal weiter zurückgehen, ins vorige Jahrhundert, aber auch noch bis in dieses Jahrhundert hinein, da war man viel geduldiger, als man jetzt ist. Das kommt eben durch die ganze Hast und Unruhe unserer Zeit, daß die Leute, auch die Politiker, die Geduld verlieren und immer meinen, jeden Tag etwas Neues sagen zu müssen.

Informationsgespräch mit Flora Lewis Gruson (Washington Post) *und Sydney Gruson* (The New York Times) *am 16.12.1958, st. N., S. 5, BPA-Pressearchiv F 30.*

Sie wissen, daß ich die Politik für ein notwendiges Übel halte und daß ich der Auffassung bin, die intensive Beschäftigung mit ihr trägt nicht sehr zur inneren Hebung des Menschen bei.

Schreiben vom 30.1.1959 an Bundespräsident Prof. Dr. Theodor Heuss, StBKAH III/47.

Wer die Last politischer Verantwortung zu tragen hat, muß sich jeder Art von Wunschdenken verschließen. Ein Hang zum Wunschdenken ist vor allem in der Außenpolitik lebensgefährlich, da sie das Schicksal nicht nur der gegenwärtigen, sondern auch künftiger Generationen bestimmt. Wir alle wissen, wie bitter und oftmals blutig sich Illusionen in der Außenpolitik zu rächen pflegen, wie aussichtslos es ist, gerade auf diesem Gebiet jeden einmal begangenen Fehler korrigieren zu wollen.

Ansprache über die Sender der deutschen Rundfunkanstalten und über das Deutsche Fernsehen am 8.4.1959, Bulletin Nr. 65/59, S. 626.

... es ist ja nicht die Arbeit, die den Menschen so mitnimmt – die ist es nicht –, sondern es ist die mit der Macht verbundene Verantwortung ...

Verhandlungen des Deutschen Bundestages, 3. Wahlperiode, 74. Sitzung am 11.6.1959, S. 4017.

Man lebt ja auch von den Fehlern der anderen.

Informationsgespräch mit Geo Kelber (Paris Match) am 12.6.1959, st. N., S. 7, StBKAH 02.19.

Es ist nun einmal Tatsache, daß politische Emotion als Antriebskraft zwar unabdingbare Voraussetzung zur Erreichung eines großen Zieles ist, konkrete politische und wirtschaftliche Probleme sich jedoch nur mit beherrschter Klugheit, geduldiger Zähigkeit und nüchternem Sachverstand lösen lassen.

Zitiert nach S. 2 eines Manuskripts für eine Schallplattenaufnahme der Europa et Schola Edition, Herder Verlag, datiert vom 2.10.1959, StBKAH 02.20.

... was will ein Bundeskanzler machen, wenn er keine gute Presse hat! Meine verehrten Herren, er kann dann gegen den Strom ruhig anschwimmen, auch wenn der Strom Presse heißt, weil die Bevölkerung dann vielfach sagt: Es sind die schlechtesten Früchte nicht, an denen die Wespen nagen.

Vor der Unions-Presse in Bonn am 17.10.1959, st. N., S. 1, StBKAH 02.20.

Kritik muß anerkennen das, was sie glaubt, im Innern für richtig zu halten, und das zu tadeln, was sie für falsch hält. Das kann jeder, der im öffentlichen Leben steht, lernen, meine Damen und Herren. Er kann sich durch die Kritik gestärkt fühlen – so geht es mir in der Regel (Heiterkeit) –, oder kann die Kritik zum Anlaß nehmen, nun über das, was kritisiert wird, nachzudenken. Und das tue ich auch, aber zu welchem Ergebnis ich dann komme, brauche ich Ihnen nicht zu sagen, also zum Anlaß nehmen, noch einmal zu überdenken, ob er auf dem richtigen Wege ist. [...] Also: Kritik in Ehren, ohne Negation, früher Nihilismus genannt; nihilistische Gesinnung ist ein Krebsschaden für das ganze Volk.

Vor der Unions-Presse in Bonn am 17.10.1959, st. N., S. 2f., StBKAH 02.20.

Und nun sage ich Ihnen, wer in der Politik in den großen Fragen kein gutes Gedächtnis hat, der bleibt besser daraus!

Vor dem Bundesparteiausschuß der CDU am 23.5.1960, st. N., S. 4, ACDP VII-001-021/8.

... nach meiner Meinung ist es von Zeit zu Zeit in einer Partei nötig, daß man die Dinge mal beim Namen nennt, auch wenn der Name unangenehm klingt, aber man muß eine offene Aussprache herausfordern, damit die Gegensätze sichtbar werden und somit schließlich klargestellt wird, was die große Mehrheit will.

Vor dem Bundesparteiausschuß der CDU am 23.5.1960, st. N., S. 69, ACDP VII-001-021/8.

... was die Gerissenheit angeht, so muß man die von Zeit zu Zeit haben. Wer sie nicht hat, der hat ein Manko.

Vor dem Bundesparteivorstand der CDU am 15.8.1961, st. N., S. 4, ACDP VII-001-010/4.

Es ist keine Katastrophe da, aber sie kann kommen. Es ist doch viel besser, man sieht das rechtzeitig, ehe es auftaucht, und trifft Maßnahmen dagegen, daß die Katastrophe nicht kommt, als daß man einfach die Hände in den Schoß legt und abwartet, bis die Katastrophe da ist.

»Kanzler-Tee« mit der »Teerunde« am 16.3.1962, st. N., S. 12, StBKAII 02.26.

Auf die Frage, ob Adenauer im allgemeinen sehr pragmatisch sei:

Geduldig!

Grundsätze politischen Handelns und zum Wesen der Politik

Auf die Frage, ob er ohne große Pläne arbeite:

Ich will mich einmal so ausdrücken: Ich bin darauf gefaßt, daß jeder Plan heute oder morgen überhaupt über Bord geworfen werden muß ...

Interview mit Daniel Schorr (CBS) am 23.8.1962, st. N. der Fernseh-aufnahme, Teil II, S. 42, StBKAH 02.27.

Jede politische Frage wie auch sonstige Fragen werden, wenn sie zu lange liegen bleiben, irgendwie langweilig oder uninteressant. Und das ist mit einer der Hauptgründe für mich, warum ich sage, erst anfangen ist die Hauptsache, auch wenn man zuerst klein anfängt. Man kann nicht sofort etwas Perfektes schaffen. Man fängt klein an, und die Dinge tragen dann das, was angefangen ist, weiter.

Fernsehpressekonferenz mit Rolf Menzel, Rüdiger Proske, Mathias Walden, Karl Willy Beer und Reinhard Appel, ausgestrahlt am 28.8.1962 u. a. im NDR, zitiert nach Anhang I zum Nachrichtenspiegel I des BPA vom *29.8.1962, S. 6.*

... besonders in der Politik sollte man nie den Versuch machen, irgendwelche Voraussagen zu machen. Deshalb bleibe ich geduldig und verteidige, was ich als wahr und korrekt und richtig gefunden habe, und selbst, wenn es etwas lange Zeit braucht, bevor der Erfolg kommt, muß man bei dem bleiben, was man als richtig und wahr erkannt hat. Das erfordert natürlich Geduld, und das ist meiner Meinung nach die einzige Politik, die dem Kommunismus gegenüber erfolgreich sein kann.

Pressekonferenz im National Press Club in Washington, D.C., am 15.11.1962, Bulletin Nr. 220/62, S. 1873.

Wer Verantwortung für das allgemeine Wohl hat, muß alle Erscheinungen im Leben des Volkes sorgfältig beobachten und versuchen, ihre Ursachen, ihr Wesen zu erkennen.

Weihnachtsansprache am 25.12.1962 über die deutschen Rundfunksender. Druck: Martin Verlag, Buxheim/Allgäu o. J., o. S.

Ich habe öfter empfunden, daß Frauen für politische Fragen ein viel größeres Verständnis zeigen als Männer. Aus einem Grund, meine lieben Zuhörerinnen und Zuhörer, der sehr einfach ist, weil sie unmittelbarer denken und empfinden als der Mann und weil manchmal doch beim Mann mehr als bei der Frau der persönliche Erfolg an erster Stelle steht und nicht das allgemeine Wohl.

Weihnachtsansprache am 25.12.1962 über die deutschen Rundfunksender. Druck: Martin Verlag, Buxheim/Allgäu o. J., o. S.

Bei heiklen Sachen ist es wirklich am besten, wenn Sie zu einem guten Ende kommen wollen, etwas ruhig und geduldig zu sein. Je mehr man da Wind macht, desto heller gehen die Flammen hoch und desto schwerer ist es nachher, das Ganze wieder zu dämpfen.

Auf einer Pressekonferenz in Bonn am 23.1.1963, st. N., S. 17, StBKAH 02.30.

Lüge ist eine sehr schlechte Politik, eine sehr kostspielige Politik, denn im Grunde genommen beruht doch alles auf Vertrauen.

Informationsgespräch mit Dr. Kurt Lachmann (US News and World Report) am 29.1.1963, st. N., S. 11, StBKAH 02.30.

Grundsätze politischen Handelns und zum Wesen der Politik 69

Gehen Sie mit Ihrer Aufregung sparsam um. Regen Sie sich nur in Wahlversammlungen auf, aber außerhalb von Wahlversammlungen überhaupt nicht.

Vor dem Bundesparteivorstand der CDU am 14.3.1963, st. N., S. 47, ACDP VII-001-012/1.

Stetigkeit in der Politik ist mit die Hauptsache, um glaubhaft zu erscheinen.

Informationsgespräch mit Dr. Lorenz Stucki (Die Weltwoche, Zürich) am 6.6.1963, st. N., S. 2, BPA-Pressearchiv F 30.

Wenn welche Krach gehabt haben und man legt den Krach bei, dann will jeder sein Gesicht wahren und nicht als der Sünder dastehen; das ist doch so klar wie etwas. [...] jeder will sein Gesicht behalten, auch wenn er nachgibt, auch wenn er unrecht hat.

Informationsgespräch mit Daniel Schorr (CBS) am 15.8.1963, st. N., S. 17f., StBKAH 02.31.

Sie finden sehr selten – denken Sie selbst einmal darüber nach –, daß sich das wirtschaftliche Denken und das politische Denken in einem Menschen wirklich in der richtigen Weise vereinen.

Informationsgespräch mit Daniel Schorr (CBS) am 15.8.1963, st. N., S. 20, StBKAH 02.31.

... derjenige, der nie einen Konflikt gehabt hat, meine verehrten Damen und Herren, der taugt auch nicht viel. Nun, man muß Konflikte haben, man muß sie ausfechten. Wenn sie ausgefochten sind, gehören sie der Vergangenheit an ...

In Berlin bei dem Abschiedsbesuch als Bundeskanzler während einer Feierstunde im Schöneberger Rathaus am 10.10.1963, Pressemitteilung Nr. 199 vom 10.10.1963 des Pressedienstes des Landes Berlin, st. N., S. 7.

Und das ist das Entscheidende in der ganzen Politik: Nicht immer hin und her, sondern das, was man als richtig erkannt hat, immer wieder weiter betonen und verfolgen.

Auf der Abschiedsveranstaltung der CDU für Konrad Adenauer als Bundeskanzler in Köln am 12.10.1963, st. N., S. 8, StBKAH 02.31.

Das Wichtigste ist der Mut! Meine Herren, der gute Politiker, der muß nicht nur vieles wissen, er muß nicht nur realistisch denken, er muß überlegen können, aber er muß auch Mut haben, dasjenige, was er als richtig erkannt hat, nun anderen zu sagen, zu vermitteln und durchzuführen.

Interview in einer Sendung des ZDF unter dem Titel »Adenauer blickt zurück – Stationen einer vierzehnjährigen Kanzlerschaft«, gesendet am 15.10.1963, Anhang I zum Nachrichtenspiegel *des BPA vom 16.10.1963, st. N., S. 1.*

Man darf niemals sagen ›zu spät‹. Auch in der Politik ist es niemals zu spät. Es ist immer Zeit für einen neuen Anfang.

Im März 1964 gegenüber der Herausgeberin, vgl. Meine Erinnerungen an Konrad Adenauer, *a. a. O., S. 89.*

Grundsätze politischen Handelns und zum Wesen der Politik 71

Es ist immer eine Vielzahl von Strömungen vorhanden, gute
und weniger gute. Man muß sie erkennen und beobachten.
Einige werden von anderen überschattet und daher unterbe-
wertet. Sehr plötzlich werden sie dann sichtbar und nehmen
Gestalt an durch Ereignisse oder durch bestimmte Männer.
Meine Auffassung von der Aufgabe des Politikers ist, die Strömungen zu erkennen, zu beobachten und zu beeinflussen;
er muß es, und er kann es. Man darf sie nicht treiben lassen.
Hier liegt die Aufgabe des Politikers, wie ich sie sehe.

Ende Februar 1965 gegenüber der Herausgeberin, vgl. Meine Erinnerungen an Konrad Adenauer, *a. a. O., S. 217.*

Das letzte Wort – lassen Sie es mich riskieren, das zu sagen –
haben aber nicht die Völker, sondern die Politiker. Deswegen
muß man auf die Politiker aufpassen.
(Heiterkeit und anhaltender Beifall.)
Einige Politiker können nämlich vieles von dem verderben,
was bei den Völkern aus sich heraus gewachsen ist.

In Düsseldorf auf einer öffentlichen Kundgebung am 28.3.1965. Druck:
Protokoll des 13. Bundesparteitages der CDU, *hrsg. v. der CDU-Bundes-*
geschäftsstelle, Bonn o. J., S. 27.

Erfahrung kann eine Führerin des Denkens und des Handelns
sein, die durch nichts zu ersetzen ist, auch nicht durch
angeborenen Intellekt. Das gilt insbesondere für das Gebiet
der Politik.

Erinnerungen 1945–1953, a. a. O., S. 13.

Alle politischen Verhandlungen können nur zu einem fruchtbaren Ergebnis führen, wenn man sich gegenseitig vertraut.
Man vertraut sich aber nur gegenseitig, wenn man den Geg-

ner, den Vertragsgegner, den Verhandlungsgegner kennengelernt hat als einen Mann, der ehrlich ist und wahrhaftig ist.
Also nach meinen Erfahrungen ist Ehrlichkeit und Wahrhaftigkeit die Grundlage des Vertrauens, des gegenseitigen Vertrauens, und das gegenseitige Vertrauen ist wieder die Grundlage
zu fruchtbaren Verhandlungen.

Interview mit Günter Gaus, ausgestrahlt im ZDF am 4.1.1966. Druck:
Günter Gaus, Zur Person, *Band II, a. a. O., S. 55.*

Adenauer wurde eine differenzierte Sicht der Wahrheit zuge-
schrieben. Nach ihm soll es die reine, die lautere und die stati-
stische Wahrheit gegeben haben. Am Vorabend seines 90. Ge-
burtstages hierauf angesprochen, gab er die folgende Antwort:
Diese dreifache Art von Wahrheit habe ich nicht erfunden,
sondern mein verstorbener Freund Robert Pferdmenges. Und
als Scherz haben wir manchmal dann die Redewendung von
ihm gebraucht. Nun werden Sie sagen, der Politiker kann
nicht immer alles sagen; da haben Sie recht. Aber das, was er
sagt, muß wahr sein. Natürlich kann er nicht alles immer
sagen; das ist so selbstverständlich, daß ich kein Wort dazu zu
sagen brauche. Aber der Politiker soll in dem, was er sagt,
ehrlich sein.

Gaus: Er soll nicht schwindeln, meinen Sie.

Adenauer: Er soll nicht schwindeln. Lügen haben kurze
Beine.

Gaus: Notlügen sind erlaubt?

Adenauer: Notlügen gibt es dabei nicht. Man ist immer in
Not und würde dabei immer lügen, wenn Notlügen erlaubt
wären.

Interview mit Günter Gaus, ausgestrahlt im ZDF am 4.1.1966. Druck:
Günter Gaus, Zur Person, *Band II, a. a. O., S. 55.*

Grundsätze politischen Handelns und zum Wesen der Politik 73

Auf die Frage, ob man nicht in seiner Position, umdrängt von
Menschen, die etwas werden und haben wollten, zu einem
Menschenverächter werden müsse:

Nun, ich würde den Ausdruck ›Menschenverächter‹ nicht
gebrauchen. Aber natürlich, daß man die Schwächen der
Menschen, mit denen sie nun einmal behaftet sind, als Kalkül
bei allen Überlegungen einschaltet, das ist wohl klar.

Interview mit Günter Gaus, ausgestrahlt im ZDF am 4.1.1966. Druck:
Günter Gaus, Zur Person, Band II, a. a. O., S. 57.

Man überredet am besten die Leute, wenn sie müde sind.
Aber bis sie mal müde sind, dazu gehört Geduld!

Im Februar 1967 gegenüber der Herausgeberin, vgl. Meine Erinnerungen
an Konrad Adenauer, a. a. O., S. 345.

Klugheit ist gut bei einem Politiker, aber Erfahrung ist noch
besser.

Interview mit Conte Henri de Kergolay (Le Figaro) am 10.2.1967, st. N.,
S. 7, StBKAH 02.38.

5 DEMOKRATIE UND DEMOKRATIE-VERSTÄNDNIS

Die Demokratie erschöpft sich für uns nicht in der parlamentarischen Regierungsform oder gar in der Herrschaft einer Mehrheit über eine Minderheit. Wie die parlamentarische Regierungsform sogar zur Herbeiführung der Diktatur mißbraucht werden kann, wenn die Menschen nicht wirklich demokratisch denken und fühlen, das haben uns die ersten Monate des Jahres 1933 gezeigt. Demokratie ist mehr als parlamentarische Regierungsform; sie ist eine Weltanschauung, die ebenfalls wurzelt in der Auffassung von der Würde, dem Werte und den unveräußerlichen Rechten eines jeden einzelnen Menschen, die das Christentum entwickelt hat. Demokratie muß diese unveräußerlichen Rechte und den Wert eines jeden einzelnen Menschen achten im staatlichen, im wirtschaftlichen und kulturellen Leben. Wer wirklich demokratisch denkt, muß sich immer leiten lassen von der Achtung vor dem anderen, vor seinem ehrlichen Wollen und Streben.

In Köln auf einer Veranstaltung der CDU der britischen Besatzungszone am 24.3.1946. Druck: Schriftenreihe der CDU des Rheinlandes, *H. 8, Köln o. J., S. 6f.*

Das Volk ist politisch reif, in dem sehr viele in der Lage und gewillt sind, sich eine eigene unabhängige Meinung über die

Demokratie und Demokratieverständnis 75

wesentlichsten, die fundamentalsten politischen Angelegenheiten zu bilden. Jedenfalls ist das Volk nicht politisch reif, das das Gebiet der Politik ausschließlich denjenigen überläßt, die sich dauernd, ich möchte fast sagen berufsmäßig, damit beschäftigen. Auch diese Frauen und diese Männer, die sich dauernd mit politischen Angelegenheiten und Fragen beschäftigen, bedürfen unbedingt der Stütze, der Beeinflussung und unter Umständen der Korrektur durch die politischen Einsichten und Erkenntnisse weiterer Kreise des Volkes.

In Bonn auf einer Veranstaltung der CDU am 7.4.1946. Druck: Franz Anton Uckelmann, Rhöndorf o. J., S. 2.

Es ist ja unser großes Unglück in der Vergangenheit gewesen, daß wir uns viel zu wenig mit Politik befaßt haben, daß wir nicht nur in den Jahren seit 1933, sondern auch schon vorher uns von der Parteipolitik zu einem großen Teil mehr oder weniger zurückgehalten haben. Ich selbst bekenne mich dessen schuldig, daß ich es getan habe. Auch ich habe seit 1918 – vorher spielte die Politik nicht die Rolle – mich von der Parteipolitik in sehr starkem Maße zurückgehalten und mich lediglich meinen Berufspflichten gewidmet. Das war nicht richtig. Parteipolitik ist nicht schön, und Parteipolitik bringt nicht viel Freude; aber die Beschäftigung mit ihr ist eine Pflicht. Wir sollten darum aus der Vergangenheit lernen.

In Wuppertal/Elberfeld auf einer Veranstaltung der CDU am 5.5.1946, st. N., S. 2, ACDP S.Ad.

Mäßiger Besitz möglichst vieler ist der sicherste Schutz der Demokratie und der Freiheit.

In Münster/Westf. auf einer Veranstaltung der CDU am 8.9.1946, st. N., S. 20, ACDP S.Ad.

Auch, wenn man keinen Fraktionszwang hat, so ist es doch eine selbstverständliche Pflicht, dass die Minderheit einer Fraktion sich in entscheidenden Fragen dem Willen der Mehrheit fügt. Jede politische Betätigung ist sonst unmöglich.

Schreiben vom 19.4.1948 an die CDU-Politikerin Maria Meyer-Sevenich, StBKAH 07.23.

Es ist immer besser, eine kleinere Fraktion zu haben, die in den entscheidenden Fragen geschlossen ist, als ständige Quertreibereien.

Schreiben vom 2.5.1948 an die CDU-Politikerin Maria Meyer-Sevenich, StBKAH 07.23.

Wenn ein Parteimitglied glaubt, sich dem Willen der Mehrheit nicht fügen zu können, so soll er je-nach-dem ausscheiden oder sich still verhalten.

Schreiben vom 2.5.1948 an die CDU-Politikerin Maria Meyer-Sevenich, StBKAH 07.23.

Ich bin der Ansicht, dass jedes Mitglied einer jeden Partei wenigstens einen gewissen Grad von Parteidisziplin besitzen muss, dass es keinesfalls bei einer an sich vorübergehenden Meinungsverschiedenheit der Partei, mit der es ein Treueverhältnis hatte, den Rücken kehren darf.

Schreiben vom 15.5.1948 an die CDU-Politikerin Maria Meyer-Sevenich, StBKAH 07.23.

Mangelnde Folgerichtigkeit im Handeln ist allerdings das geeignetste Mittel, um den Zerfall einer Partei in schnellster Weise herbeizuführen. Die Wähler haben gerade dafür ein sehr sicheres Empfinden und schenken keiner Partei ihr Vertrauen, die in entscheidenden Fragen ihre Stellungnahme so schnell ändert.

Schreiben vom 12.6.1948 an den CDU-Politiker Dr. Günther Gereke, StBKAH 07.19.

Ich weiss aus eigener Erfahrung, welche Überwindung oft nötig ist, um noch weiter mitzuarbeiten. Man muss dann eben doch die Zähne zusammenbeissen und seine Kraft in den Dienst des grossen Ganzen stellen.

Schreiben vom 5.7.1948 an den CSU-Politiker Dr. Otto Seeling, StBKAH 07.23.

Ich halte es bei grossen Organisationen für absolut notwendig, dass lebendige Kritik im eigenen Lager sich geltend machen kann, auch hinauf bis zu den höchsten Leitungsgremien.

Schreiben vom 21.8.1948 an Domkapitular Wilhelm Böhler, StBKAH 07.17.

Die deutschen Politiker oben und unten, und vielleicht in allen Parteien, sind vielfach zu doktrinär. Die beste Vorschule für Politik ist und bleibt die kommunale Arbeit.

In: Kommunalpolitische Blätter, *Organ der Kommunalpolitischen Arbeitsgemeinschaft der CDU/CSU Deutschlands, 1. Jg., H. 1 vom 1.1.1949, S. 1.*

Ich bin der Auffassung, daß die *Opposition* eine Staatsnotwendigkeit ist, daß sie eine staatspolitische Aufgabe zu erfüllen hat, daß nur dadurch, daß Regierungsmehrheit und Opposition einander gegenüberstehen, ein wirklicher Fortschritt und eine Gewöhnung an demokratisches Denken zu erzielen ist.

Verhandlungen des Deutschen Bundestages, 1. Wahlperiode, 5. Sitzung am 20.9.1949, S. 22.

Ich stehe nicht an zu erklären, daß jede Regierung, insbesondere auch die von mir geführte Regierung, von einer klugen Opposition sehr viel lernen kann und lernen wird.

Verhandlungen des Deutschen Bundestages, 1. Wahlperiode, 10. Sitzung am 29.9.1949, S. 187.

Ich halte eine gute Opposition in einem Parlament für eine absolute Notwendigkeit, ohne eine wirklich gute Opposition entsteht Stickluft und Unfruchtbarkeit.

In Bad Ems auf einer Veranstaltung der CDU am 22.4.1950, st. N., S. 2, StBKAH 02.06.

Eine Oppositionspartei hat die Gesamtinteressen des deutschen Volkes zu berücksichtigen, und sie muß sich die Fähigkeit bewahren, über ihren Parteiinteressen das Gesamtinteresse des Volkes zu sehen.

Verhandlungen des Deutschen Bundestages, 1. Wahlperiode, 68. Sitzung am 13.6.1950, S. 2461.

Jeder Bundestag hat für die Zeit seiner Wahl das Recht und, meine Damen und Herren, auch die Pflicht,

(Lebhafte Zustimmung bei den Regierungsparteien.)

alle Aufgaben zu erfüllen, die während dieser Zeit an ihn herantreten,

(Sehr richtig! bei der CDU/CSU.)

gleichgültig, ob diese Aufgaben bei der Wahl schon erkennbar waren oder nicht.

Verhandlungen des Deutschen Bundestages, 1. Wahlperiode, 98. Sitzung am 8.11.1950, S. 3566.

Es ist ja der große Segen der Selbstverwaltung, meine Damen und Herren, daß, gleichgültig, welcher Partei man angehört, wenn man nur den Willen hat, seiner Stadt zu nützen, man letzten Endes zusammenkommt und zusammenarbeitet. (Bravo! Beifall) In dem Sinne ist die Selbstverwaltung die Hohe Schule der Demokratie.

Dankesrede aus Anlaß der Verleihung des Ehrenbürgerrechts der Stadt Köln am 4.1.1951. Druck: Lang'sche Druckerei, Köln 1951.

Nichts ist schlimmer, als wenn eine Partei Uneinigkeit zeigt.

In Bonn vor maßgebenden Politikern der CDU-Kreisparteien Rheinland und Westfalen am 13.1.1951, st. N., S. 41, StBKAH 02.08.

Wir müssen in wichtigen außenpolitischen Fragen gemeinsam mit der Opposition handeln. Dabei darf man niemals die Geduld verlieren, auch wenn man persönlich angegriffen wird. Man muß kühlen Verstand behalten im Interesse des deutschen Volkes. Aber trotzdem es wünschenswert ist, in vielem mit der Opposition eins zu sein, gilt doch der Grundsatz, daß die Mehrheit die Verantwortung für die Politik trägt. Sie darf sich nicht abhängig machen vom Willen der Opposition. Hat man aber nicht den Mut zur Verantwortung, dann ist man nicht wert, die Mehrheit zu haben.

Vor dem Bundesparteiausschuß der CDU am 12.2.1951, st. N., S. 10, ACDP VII-001-019/9.

Der Begriff der Freiheit hat in unserer Zeit einen erweiterten Inhalt bekommen. Er umschließt neben der politischen und religiösen Freiheit auch die soziale Freiheit, ich meine damit die Freiheit von Hunger und Not, die Freiheit zu persönlicher und wirtschaftlicher Entfaltung. Die Verwirklichung dieser sozialen Freiheit ist auch eines der wesentlichen Ziele unserer Demokratie.

Ansprache vor dem Royal Institute of International Affairs im Chatham House in London am 6.12.1951, Redemanuskript, S. 5f., StBKAH 02.09.

Die Tragik in der Entwicklung der deutschen Demokratie liegt darin, daß, obwohl der demokratische Gedanke im Volk und auch in der Schicht der Gebildeten tief verwurzelt gewesen ist, er auf nationaler Ebene nur schwer Gestalt und Form finden konnte. 1848 schien es, als könnte das Werk gelingen. Aber die absolutistischen Kräfte erwiesen sich als stärker. Dem kaiserlichen Deutschland ist die Möglichkeit einer ruhigen Evolution in Richtung auf eine echte Demokratie versagt geblieben. Die Weimarer Republik, deren Politiker und Staatsmänner von lebendigem demokratischem Geist erfüllt waren, wurde durch die Auswirkungen des Ersten Weltkrieges mit seinen außerordentlichen wirtschaftlichen Lasten geschwächt und schließlich vom Nationalsozialismus überwältigt, der Deutschland in die furchtbar verhängnisvolle Zeit der Diktatur führte.

Vor der Foreign Press Association in London am 7.12.1951, Bulletin Nr. 19/51, S. 134.

In dem demokratisch-parlamentarisch regierten Staat, in dem dieses System der Demokratie bis in die letzte Gemeinde hinein verwirklicht wird, trägt ein jeder von uns Verantwortung, der eine mehr, der andere weniger; aber jeder hat Verantwortung; wir tragen sie alle; und diese Verantwortung kann uns niemand abnehmen. Wenn wir dieser Verantwortung nicht gerecht werden, dann kommen die Folgen, und diese

Folgen können furchtbar sein, für uns, für unsere Kinder und Kindeskinder.

Ansprache auf der Schlußkundgebung der Tagung der Gemeinschaft katholischer Männer Deutschlands in Bamberg am 20.7.1952, Bulletin Nr. 96/52, S. 935.

Ich war bereit – das muß man immer sein –, auch von politischen Gegnern zu lernen; denn jeder von uns hat das Recht, klüger zu werden!

Auf dem 3. Bundesparteitag der CDU in Berlin am 18.10.1952, Protokoll des Parteitages, hrsg. v. der CDU, Bonn o. J., S. 32.

Es müßte im Interesse der Demokratie ernsthaft versucht werden, gewisse Grenzen bei der Auseinandersetzung einzuhalten, innerhalb und außerhalb des Parlaments.

Interview mit Ernst Friedlaender im NWDR am 17.12.1952, Bulletin Nr. 203/52, S. 1771.

Eine freiheitliche Ordnung ist unserem Volk immer ein wichtiges Element seines gesellschaftlichen Lebens gewesen. Dieser Freiheitssinn hat sich in bedeutenden Ereignissen unserer Geschichte immer wieder manifestiert. Er ist vor allem in der Selbstverwaltung lebendig geblieben. Daran haben auch die zwölf Jahre nationalsozialistischer Gewaltherrschaft nichts grundlegend ändern können.

Artikel unter der Überschrift »Deutschland und Europa« (»Germany and Europe«) in der amerikanischen Zeitschrift Foreign Affairs, erschienen im April 1953, Nr. 3, 31. Jg., S. 361–366, zitiert nach Bulletin Nr. 61/53, S. 514.

Das deutsche Volk hat im Angesicht einer ständigen und
unverhüllten kommunistischen Drohung, leidend, arbeitend
und glaubend aus dem Chaos der Niederlage einen demokratischen Staat aufgebaut. Es will ihn mit allen seinen Kräften
bewahren und verteidigen.

*Artikel unter der Überschrift »Deutschland und Europa« (»Germany and
Europe«) in der amerikanischen Zeitschrift* Foreign Affairs, *erschienen im
April 1953, Nr. 3, 31. Jg., S. 361–366, zitiert nach Bulletin Nr. 61/53, S. 515.*

Das uns überkommene demokratische Gedankengut ist dem
deutschen Volk nicht so fremd, wie man in Amerika oft meint.
Es stimmt, daß uns die Erfahrung und Tradition der Regierungen der angelsächsischen Länder fehlt, jedoch haben in
unseren Städten und Gemeinden zum Beispiel freie und demokratische Einrichtungen seit dem Mittelalter geblüht. Dies
demokratische Gedankengut ist lebendig und stark.

*Vor dem National Press Club in Washington, D.C., am 8.4.1953, Rücküber-
setzung aus dem Englischen, S. 7, StBKAH 02.11.*

Eine Regierung, die keine Kontrolle hat in einer Opposition,
die läuft Gefahr, in die Irre zu gehen.

*In Dortmund auf einer Veranstaltung der CDU am 26.7.1953, Auszüge aus
der Rede, S. 15, StBKAH 16.12.*

Wie ich bereits bei den Besprechungen ausgeführt habe, ist
eine Koalition eine Sache des Vertrauens. Ist dieses Vertrauen
vorhanden, wird die Koalition glücken, ist es nicht vorhanden,
helfen auch vorherige ausdrückliche Abmachungen nicht.

*Schreiben vom 19.10.1953 an den Bundesminister für besondere Aufgaben
Waldemar Kraft (Gesamtdeutscher Block/BHE), BA, B 136/4652.*

Demokratie und Demokratieverständnis 83

Jeder Bundestag hat den Auftrag und die Pflicht, die Aufgaben zu lösen, die im Laufe seiner Legislaturperiode an ihn herantreten.

Verhandlungen des Deutschen Bundestages, 2. Wahlperiode, 3. Sitzung am 20.10.1953, S. 9.

Demokratie bedeutet Macht des Volkes. Jeder von uns ist ein Teil des Volkes. Macht bedeutet Verantwortung. Jeder von uns muß sich bewußt sein, daß er mitverantwortlich ist auch für das gesamte politische und wirtschaftliche Geschehen.

Ansprache in der Technischen Universität Berlin am 19.7.1954, Bulletin Nr. 133/54. S. 1198.

Der Mensch ist ein einheitliches Wesen, und wer nicht an den Bundestagsverhandlungen teilnimmt, der tut auch in seinem Wahlkreis nicht viel. Faul ist faul, und fleißig ist fleißig!

Im Zusammenhang mit einer von Adenauer erteilten Rüge wegen des Fehlens von Bundestagsabgeordneten bei wichtigen Bundestagssitzungen; vor dem Bundesparteivorstand der CDU am 3.6.1955, st. N., S. 123, ACDP VII-001-004/3.

Es ist unmöglich, daß ein Bundeskanzler nur mit Richtlinien arbeitet. Man kann auch nicht – verzeihen Sie den Ausdruck – für jeden Dreck eine Richtlinie fabrizieren. Richtlinien beziehen sich auf große Dinge. Da muß notfalls der Bundeskanzler, gleichgültig wie er heißt, sagen: Das ist unsere Politik, und dem müßt ihr euch anpassen. – Aber nun jede Sache so zu machen, das ist unmöglich. Man muß auch daran denken, daß man damit dieses Recht verbraucht.

Vor dem Bundesparteivorstand der CDU am 12.7.1956, st. N., S. 61f., ACDP VII-001-005/5.

Der Perfektionismus unserer Parlamente ist allmählich untragbar geworden. Wenn zum Beispiel ein Gesetz vom Bundesrat an den Bundestag geht, und das Gesetz – ich weiß nicht, wie es heißt – hatte schon 250 Paragraphen – für meinen Geschmack waren hundert Paragraphen zuviel –, und es kommt dann aus dem Bundestag heraus mit 500 Paragraphen, dann kommt allmählich ein Perfektionismus in die Gesetzgebung, der die ganzen Dinge so schwierig und kompliziert macht, daß es einfach nicht mehr zu ertragen ist. Das gleiche gilt auch von den Steuergesetzen.

Vor dem Bundesparteivorstand der CDU am 20.9.1956, st. N., S. 28, ACDP VII-001-005/6.

Wahlen sind immer gewissermaßen ein Lotteriespiel. Wer weiß, was noch alles in der Außenpolitik kommt bis dahin.

Vor dem Bundesparteiausschuß der CDU am 15.5.1957, st. N., S. 10, ACDP VII-001-020/10.

Nach meiner festen Überzeugung haben wir die sichere Aussicht zu siegen, wenn wir geschlossen und einig sind und wenn wir einmal aggressiv werden!

(Starker Beifall.)

Ich bin auch für eine anständige Behandlung des anderen. Aber ob die anständige Behandlung darin besteht, daß ich still halte, wenn er mich verprügelt, das weiß ich nicht; denn dann gebe ich meinem Nächsten nur die Möglichkeit zur Sünde. Und es ist christlich gedacht, wenn ich ihm diese Möglichkeit nehme. Und die nehme ich ihm durch den Angriff.

Vor dem Bundesparteiausschuß der CDU am 15.5.1957, st. N., S. 15, ACDP VII-001-020/10.

Demokratie und Demokratieverständnis   85

Nach meiner Erfahrung wird Demokratie am besten in den
Gemeinden gelehrt, weil dort die praktische Arbeit und das Ergebnis einer Abstimmung unmittelbar sichtbar wird. Die Arbeit im Dienst der Gemeinde ist daher die beste Vorstufe für
die Arbeit auf politischem Gebiet überhaupt.

Ansprache aus Anlaß eines Empfangs im Wiener Rathaus am 14.6.1957,
Bulletin Nr. 116/57, S. 1083.

... wie kann man die Wähler bei der Bundestagswahl an die
Wahlurne bringen, wenn man keine Gegensätze zu anderen
Parteien ihnen vor Augen führen kann? Wenn nämlich der
Wähler in den Kommunen und in den Landtagen vier Jahre
lang ein im großen und ganzen harmonisches Zusammenarbeiten zwischen der SPD und der CDU sieht, woher soll er
dann die Kraft nehmen, nun bei der Bundestagswahl in der
Sozialdemokratie den Gegner der CDU zu sehen, den er mit
seiner Stimme besiegen muß?

Man sollte also die psychologischen Zusammenhänge
zwischen den Landtagswahlen und den Bundestagswahlen
viel mehr als bisher berücksichtigen.

Vor dem Bundesparteivorstand der CDU am 17.1.1958, st. N., S. 26f.,
ACDP VII-001-007/1.

Vor allem aber müssen wir darauf drängen, daß eine Politik
eingeschlagen wird, die verhindert, daß Mammutgebilde
immer größer werden, damit nicht die kleinen und kleineren
industriellen Existenzen von ihnen aufgefressen werden.

(Zuruf: Sehr richtig! – Schmücker: Darum Fernsehen!)
Ich halte dies für eine absolute Notwendigkeit. Die Zeichen
für diese Gefahr sind deutlich.

Wir müssen verhindern, daß eine Anzahl von Mammutgebilden in der Wirtschaft – ich gebrauche diesen Ausdruck bewußt noch einmal – entsteht, damit nicht die kleineren Betriebe einfach verschwinden; denn das wäre auch das Ende der Demokratie.

Vor dem Bundesparteivorstand der CDU am 17.1.1958, st. N., S. 35f., ACDP VII-001-007/1.

Daß sich bei den Gewerkschaften Mammutgebilde entwickelt haben, das müssen wir bedauern; denn dort ist – fast noch gefährlicher – eine Konzentration von Macht vorhanden, die für die Demokratie wahrhaftig nicht gut ist. Von den 18 Millionen Beschäftigten sind zwar nur 6 Millionen in Gewerkschaften organisiert, aber diese 6 Millionen beherrschen die anderen 12 Millionen, so daß im großen und ganzen die 18 Millionen geschlossen dastehen. Das ist eine wenig erfreuliche Entwicklung. Ich wollte hier nur die Gefahr, die darin liegt, andeuten.

Vor dem Bundesparteivorstand der CDU am 17.1.1958, st. N., S. 36, ACDP VII-001-007/1.

Mit dem Sieg einer Bundestagswahl ist es nicht getan, sondern man muß auch an die Arbeit gehen für die nächste Wahl. Niemals fällt einem der Sieg in einer Wahl von selbst in den Schoß. Der Sieg in einer Wahl muß erkämpft werden.

Vor dem Bundesparteiausschuß der CDU am 17.1.1958, st. N., S. 3, ACDP VII-001-021/1.

Die Demokratie ist ja in Deutschland gar nicht etwa so neu, wie vielfach geglaubt wird. Wir waren doch jahrhundertelang ein demokratisches Land, und wir hatten auch später noch, namentlich in den Städten, eine wirklich gute Demokratie.

Die Demokratie brauchte uns eigentlich nicht beigebracht zu werden, nachdem der Nationalsozialismus hinweggefegt war, sondern da brauchen eigentlich nur die alten demokratischen Traditionen wieder hervorgerufen zu werden.

Informationsgespräch mit Herbert Altschull (Associated Press) am 14.5.1958, st. N., S. 18, BPA-Pressearchiv F 30.

Es gibt viele tüchtige Frauen, die es mit ihrer Pflicht als Hausfrau und Mutter eben nicht vereinbaren können, in Bonn, in Kiel, in Düsseldorf oder sonstwo in einem Lande wochen- oder monatelang tätig zu sein; aber die Frauen werden, auch wenn sie durch ihre Pflichten als Hausfrau und Mutter belastet sind, fast immer die Möglichkeit haben, in den Kommunen tätig zu sein. Dort liegt nach meinen Erfahrungen das halb praktische, halb politische Tätigkeitsgebiet, das der Frau nach ihrem ganzen Wesen am sympathischsten sein muß.

Vor dem Bundesparteiausschuß der CDU am 11.7.1958, st. N., S. 47, ACDP VII-001-021/2.

Regierung und Opposition sind im gewissen Sinne polare Kräfte: wir von der Regierungsseite befruchten die Opposition, und die Opposition befruchtet uns.

Ansprache im Plenarsaal des Bundesrates, Bonn, am 23.5.1959 aus Anlaß des 10. Jahrestages der Verabschiedung des Grundgesetzes, Bulletin Nr. 93/59, S. 901.

Ich erblicke demokratische Freiheit darin,
 (Beifall bei der CDU/CSU.)
daß man unter Umständen auch gegen die Meinung seiner Parteifreunde handelt.

Verhandlungen des Deutschen Bundestages, 3. Wahlperiode, 74. Sitzung am 11.6.1959, S. 4015.

Sie wissen, daß die Bundestagskandidaten [der CDU] aufgestellt werden ohne jeden Einfluß durch die Bundespartei. Die Kandidaten fangen bei Halbzeit an, darüber nachzudenken, ob sie auch in dem betreffenden Land wieder aufgestellt werden. Und wenn Sie etwa glauben, daß die Kandidaten im Lande aufgestellt werden nach den Bedürfnissen der Partei im Bund und im Bundestag, dann sind Sie im Irrtum. Die werden nach ganz anderen Gesichtspunkten aufgestellt, nur nicht nach dem Gesichtspunkt: Was muß eine Bundestagsfraktion der CDU für Leute haben? Daher kommt es, daß in manchen sehr wichtigen Sparten der Gesetzgebung der arme Herr Krone* einfach nicht die Leute mit dem nötigen Sachverständnis und der nötigen Zeit zur Verfügung hat.

Also, das ist auch ein sehr ernstes Moment: Wie kann man dafür sorgen, daß bei der Aufstellung der Bundestagskandidaten in den Ländern nun auch die Bedürfnisse einer Bundestagsfraktion entsprechend berücksichtigt werden? Wenn man dem Vorsitzenden oder dem Vorstand der Bundestagsfraktion nicht die richtige Mannschaft zur Verfügung stellt, was will er dann machen? Das ist eine sehr wichtige Frage. Wie man das eventuell im Parteiengesetz sichern kann und machen soll, das muß man überlegen.

Vor dem Bundesparteiausschuß der CDU am 28.9.1959, st. N., S. 29 f., ACDP VII-001-021/5.

* Dr. Heinrich Krone: Vorsitzender der CDU/CSU-Bundestagsfraktion 1955 bis 1961.

Ich bin der Auffassung, daß unbequeme Parlamentarier, unbequem sowohl für die eigene Fraktion wie für die Bundesregierung, gar nicht die schlechtesten sind.

Rede anläßlich der Vollversammlung des Zentralverbandes des Deutschen Handwerks in Bad Godesberg am 7.7.1960, st. N., S. 2, StBKAH 02.22.

Sie kommen wahrhaftig nicht weiter, wenn Sie Gott weiß wieviel Sachen den Leuten sagen. Das verstehen sie nicht, und das wollen sie auch nicht. Aber machen wir die Sache einfach! Beschränken Sie sich in der ganzen Propaganda auf einige wenige unwiderlegliche Tatsachen und Wahrheiten. Dann werden wir – davon bin ich überzeugt – auch die Wahlen gewinnen ...

Vor dem Bundesparteiausschuß der CDU am 18.11.1960, st. N., S. 20, ACDP VII-001-021/9.

Es kann niemand ein starker Bundeskanzler sein, wenn ihm ein schwaches Parlament gegenübersteht.

(Beifall bei der CDU/CSU.)

Ein Bundeskanzler – und das kann ich jetzt aus einer fast zwölfjährigen Erfahrung wirklich voll Überzeugung sagen – braucht ein starkes Parlament, auch wenn das Parlament nicht in allem seiner Meinung ist. Ein Bundeskanzler hat nicht die Wahrheit für sich gepachtet.

(Heiterkeit.)

Ich bin Zeuge dafür, daß es so ist.

(Heiterkeit und Beifall.)

Deswegen, meine verehrten Damen und Herren, braucht er Widerspruch. Er braucht aber auch Widerspruch, um an diesem Widerspruch zu erstarken.

Verhandlungen des Deutschen Bundestages, 3. Wahlperiode, 138. Sitzung am 18.1.1961, S. 7852.

Wenn eine Partei in der Opposition ist, dann äußert sie manche Ansicht, um der Regierungspartei Schwierigkeiten zu machen, die sie aber nicht beibehält, wenn sie selbst in der Regierung ist.

Informationsgespräch mit Charles Hargrove (The Times) *am 13.12.1961, st. N., S. 9, StBKAH 02.25.*

Auf die Frage: Wenn eine Gefahr ist für die Demokratie, was müßte die Demokratie tun?

Dann muß die Demokratie von den Mitteln, die sie hat, wirklich Gebrauch machen, um die Demokratie zu halten. Sie darf diese Gefahr, auch wenn sie im Parlament auftaucht, nicht behandeln wie irgendeine Opposition behandelt werden muß. Opposition gehört zum Parlament. Aber wenn eine Partei auftaucht, die alles umstürzen will, dann muß die Demokratie von der Macht Gebrauch machen.

Auf die Frage: Auch wenn es antidemokratisch scheint?

Scheint – ich möchte den Ausdruck ›scheint‹ betonen; denn in Wahrheit ist es die Rettung der Demokratie.

Interview mit Daniel Schorr (CBS) am 23.8.1962, st. N. der Fernsehaufnahme, Teil II, S. 37f., StBKAH 02.27.

Ich darf hier nochmals sehr nachdrücklich feststellen, daß keine Regierung etwas leisten kann, wenn nicht das Parlament das Siegel auf die Arbeit der Regierung drückt. Die Regierung ist vom Parlament abhängig. Ihre Erfolge sind abhängig vom Parlament, und da wir doch alle für das deutsche Volk in seiner Gesamtheit arbeiten wollen, richte ich an das gesamte Parlament die dringende Bitte, die Arbeit der Regierung, sei es kritisierend, sei es fördernd, zu unterstützen, aber auf alle Fälle zügig zu unterstützen.

Verhandlungen des Deutschen Bundestages, 4. Wahlperiode, 53. Sitzung am 14.12.1962, S. 2333.

Demokratie und Demokratieverständnis

… jeder, der einmal eine Regierung gebildet hat, und erst recht jeder, der weiß, was es heißt, eine Koalitionsregierung zu bilden, […] weiß auch, daß dabei Opfer gebracht werden müssen, die oft sehr schwerfallen.

Verhandlungen des Deutschen Bundestages, 4. Wahlperiode, 53. Sitzung am 14.12.1962, S. 2334.

Eine Koalitionsbildung und eine Kabinettsbildung, meine Herren, das ist wie ein Rösselsprung. Man setzt sich hin mit einem Programm, und dann wird überlegt; dann wird der etwas so geschoben, der wird etwas so geschoben, der fällt dann ganz aus; von vornherein kann man das nie sagen.

»Kanzler-Tee« mit der »Teerunde« am 19.12.1962, st. N., S. 1, StBKAH 02.29.

Ein Parlament, in dem nicht zügig gearbeitet wird, gräbt sich sein eigenes Grab.

»Kanzler-Tee« mit der »Teerunde« am 19.12.1962, st. N., S. 6, StBKAH 02.29.

… Demokratie kann man nicht nach dem Katechismus lehren.

Informationsgespräch mit Cyrus L. Sulzberger (The New York Times) *am 22.7.1963, st. N., S. 4, StBKAH 02.31.*

… ich war von Kindesbeinen an ein eingefleischter Demokrat, und ich habe nichts anderes getan als gehandelt, wie meine innere Anschauung es mir vorschrieb.

Informationsgespräch mit Cyrus L. Sulzberger (The New York Times) *am 22.7.1963, st. N., S. 6, StBKAH 02.31.*

Ich habe mehrfach den Gedanken geäußert, eigentlich sollte man vorschreiben durch Gesetz, daß jeder, der als Kandidat zum Beispiel für den Bundestag aufgestellt wird, vorher ein kurzes Examen zu bestehen hat.

Informationsgespräch mit dem amerikanischen Historiker Prof. Dr. Klaus Epstein am 13.8.1963, st. N., S. 1, StBKAH 02.31.

Ich bin nicht der Auffassung, daß nicht geschimpft werden soll. Das macht gar nichts, das ist oft sehr gut, manchmal überflüssig, aber es ist ganz gut. Aber die Leute an die Wahlurne zu kriegen und die Leute für bestimmte Sachen da stimmen zu lassen, das ist doch Demokratie.

Informationsgespräch mit dem amerikanischen Historiker Prof. Dr. Klaus Epstein am 13.8..1963, st. N., S. 11, StBKAH 02.31.

Im allgemeinen haben mich Wahlkämpfe sehr erfrischt.

Informationsgespräch mit Daniel Schorr (CBS) am 15.8.1963, st. N., S. 27, StBKAH 02.31.

Diese Opposition in parlamentarisch regierten Staaten, diese Pflicht der Opposition ist notwendig für das Parlament, für das Volk und für dessen Regierung.

Wir brauchen alle eine Kontrolle, eine Kontrolle, ob wir auf dem richtigen Wege sind. Und es ist wirklich nicht so – das darf ich in diesem Augenblick sagen –, als ob ich allen und jeden Satz, der von der linken Seite des Hauses gekommen ist, ohne weiteres beiseite geschoben hätte.

(Heiterkeit.)

Keineswegs, meine Damen und Herren! Erstens ist das Dasein der Opposition prophylaktisch.

Demokratie und Demokratieverständnis

(Heiterkeit.)

Dieses prophylaktische Wirken der Opposition wird leider in der Öffentlichkeit zu wenig veranschlagt. Aber es ist da.

Das Vorhandensein einer Opposition äußert sich nicht nur in Zeitungsartikeln oder etwa in Reden hier im Parlament, sondern jeder Regierungschef, der ein Volk führen will, muß sowohl darauf achten, daß er eine Mehrheit hat, wie auch darauf, daß er eine Opposition hat.

Verhandlungen des Deutschen Bundestages, 4. Wahlperiode, 86. Sitzung am 15.10.1963, S. 4166.

Die Demokratie lebt vom parlamentarischen Kampf, das ist ganz klar, sonst erstarrt alles, und politische Gleichgültigkeit tritt ein.

Interview mit Dr. Max Schulze-Vorberg für den BR am 29.10.1963, st. N., S. 5, StBKAH 02.32.

Ich habe immer auf dem Standpunkt gestanden, wir wollen keinen Fraktionszwang haben, aber ich habe auch immer von Anfang an ausgesprochen, daß für jedes Parteimitglied der Beschluß der Fraktion – oder wer es sei – eine ernste Mahnung ist, sich zu fragen, ob er nun unter allen Umständen auf seinem Kopf beharren muß, oder ob er nicht die Geschlossenheit der Abstimmung darüber stellen kann. Das ist nach wie vor meine Meinung.

Vor dem Bundesparteivorstand der CDU am 25.2.1964, st. N., S. 141 f., ACDP VII-001-013/2.

Auf die Frage, ob Adenauer die Bezeichnung »Kanzler-Demo-kratie« für berechtigt halte und ob seine Führung ein bewußter Versuch gewesen sei, die Schwächen der Weimarer Republik zu verhindern:

Wir haben die Bestimmungen des Grundgesetzes absichtlich so gefaßt, daß die Fehler der Weimarer Republik nicht wieder auftreten können. Deshalb haben wir die Position des Kanzlers gestärkt, indem wir das konstruktive Mißtrauensvotum einführten, d.h. ein Kanzler kann nur gestürzt werden, wenn gleichzeitig ein neuer Kanzler mit der großen Mehrheit des Parlaments aufgestellt wird. Außerdem ist eine weitere Neuheit, daß es nicht mehr möglich ist, wie zur Zeit der Weimarer Republik, einzelne Minister aus der Regierung auszuschließen. Wir wollten auch dem Bundespräsidenten nicht die Macht geben, die der Reichspräsident gehabt hat, weil wir mit Hindenburg* keine guten Erfahrungen gemacht haben.

Gespräch mit dem kanadischen Historiker Prof. Dr. Richard Hiscocks am 11.6.1964, st. N., S. 10f., StBKAH 02.33.

* Paul von Beneckendorff und von Hindenburg: Reichspräsident von 1925 bis 1934.

Auch in der Demokratie macht man Fehler. Auch ich habe Fehler gemacht. Aber ohne Demokratie gibt es keine Existenz für die Menschheit.

Interview mit Raphael Barschan für die israelische Zeitung Maariv *am 6.5.1966 in Tel Aviv, zitiert nach einer Übersetzung des BPA, S. 2, StBKAH 16.52.*

6 STAAT UND STAATSAUFFASSUNG

Zum staatsrechtlichen Gefüge des nicht von Russland besetzten Teiles Deutschlands. Ein vernünftiges staatsrechtliches Gefüge besteht zur Zeit überhaupt nicht, es muss wiederhergestellt werden. Die Schaffung eines zentralisierten Einheitsstaates wird nicht möglich, auch nicht wünschenswert sein, der staatsrechtliche Zusammenhang kann lockerer sein als früher, etwa in der Form eines bundesstaatlichen Verhältnisses.

Anlage zu einem Schreiben vom 31.10.1945 an Oberbürgermeister
Dr. Heinrich Weitz, Duisburg, StBKAH 07.03.

Das deutsche Volk krankt seit vielen Jahrzehnten in allen seinen Schichten an einer falschen Auffassung vom Staat, von der Macht, von der Stellung der Einzelperson. Es hat den Staat zum Götzen gemacht und auf den Altar erhoben. Die Einzelperson, ihre Würde und ihren Wert hat es diesem Götzen geopfert. Die Überzeugung von der Staatsomnipotenz, von dem Vorrang des Staates und der im Staat gesammelten Macht vor den ewigen Gütern der Menschheit, ist in zwei Schüben in Deutschland zur Herrschaft gelangt. Zunächst breitete sich diese Überzeugung von Preußen ausgehend nach den Freiheitskriegen aus. Dann eroberte sie nach dem siegreichen

Krieg von 1870/71 ganz Deutschland. Der Staat wurde durch den von Herder und den Romantikern aufgedeckten Volksgeist, vor allem durch Hegels Auffassung vom Staat als der verkörperten Vernunft und Sittlichkeit, in dem Bewußtsein des Volkes zu einem fast göttlichen Wesen. Mit der Überhöhung des Staates war zwangsläufig verbunden ein Absinken in der Bewertung der Einzelperson.

Rede am 6.3.1946 über den NWDR. Druck: Balduin Pick, Köln o. J., o.S.

Sinn des Staates ist es, die schaffenden Kräfte des Volkes zu wecken, zusammenzuführen, zu pflegen und zu schützen. Das ganze Volk soll zu Verantwortungsbewußtsein und zu Selbständigkeit erzogen werden. Der Staat soll sein eine auf Recht und Freiheit ruhende Schicksalsgemeinschaft verantwortlicher Personen, die die verschiedenen Interessen, Weltanschauungen und Meinungen zusammenfaßt. Wir wollen Erziehung, aber nicht zu der Bereitwilligkeit, sich kontrollieren und führen zu lassen, sondern zu dem Willen und der Fähigkeit, sich als freier Mensch verantwortungsbewußt in das Ganze einzuordnen. Diese Erziehung soll in christlichem und demokratischem Geist geschehen, und sie soll insbesondere allen jüngeren Menschen den Zugang in ihnen bisher verschlossene, jedoch allgemein gültige menschliche Überzeugungen und Haltungen öffnen.

In Köln auf einer Veranstaltung der CDU der britischen Besatzungszone am 24.3.1946, Druck: Schriftenreihe der CDU des Rheinlandes, *H. 8, Köln o. J., S. 6.*

Macht ist mit dem Wesen des Staates untrennbar verbunden.

In Bonn auf einer Veranstaltung der CDU am 7.4.1946. Druck: Franz Anton Uckelmann, Rhöndorf o. J., S. 4.

Der Staat besitzt kein schrankenloses Recht; seine Macht findet ihre Grenze an der Würde und den unveräußerlichen Rechten der Person.

In Bonn auf einer Veranstaltung der CDU am 7.4.1946. Druck: Franz Anton Uckelmann, Rhöndorf o. J., S. 5.

Wir wollen einen Bundesstaat, dessen Zentralgewalt alles das bekommt, was zum Bestehen des Ganzen vernünftigerweise nötig ist, aber auch nicht mehr als das! Wir wollen, daß die einzelnen Länder dieses Bundesstaates weitgehende eigene Verantwortung tragen auf allen Gebieten, in denen eine zentrale Verwaltung nicht erforderlich ist.

In Bonn auf einer Veranstaltung der CDU am 7.4.1946. Druck: Franz Anton Uckelmann, Rhöndorf o. J., S. 14.

Die Gemeinde ist für uns die Keimzelle jedes staatlichen Lebens, in ihr üben sich die politischen Kräfte, und durch sie erst, durch die Arbeit in ihr erhält der Bürger ein konkretes Staatsgefühl und ein konkretes Verantwortungsgefühl.

In Bonn auf einer Veranstaltung der CDU am 7.4.1946. Druck: Franz Anton Uckelmann, Rhöndorf o. J., S. 15.

Staaten kommen, Staaten vergehen, Staaten werden künstlich gemacht, sie wachsen und brechen wieder auseinander, aber der Mensch, dem sein Schöpfer eine unsterbliche Seele gegeben hat, der ist das Wesentliche, das Beste und Kostbarste auf der Erde.

Auf der Zonentagung der Jungen Union der CDU in Recklinghausen am 4.8.1946. Druck: Schriftenreihe der Jungen Union, H. 1, Heider Druck, Bergisch Gladbach 1946, S. 5.

Wir wollen, wenn wir die Zusammenballung der großen wirtschaftlichen Macht in wenigen Händen in der Vergangenheit mit Recht mitverantwortlich machen für das Elend, das über das deutsche Volk gekommen ist, auch für die Zukunft verhindern, daß ähnliche Machtzusammenballungen wieder entstehen. Derartige Machtzusammenballungen sind gleich gefährlich für einen Staat und für ein Volk, wo sie auch immer entstehen mögen, sei es bei Privaten, sei es bei einer Gewerkschaft, sei es beim Staat.

Wir wollen, daß nirgendwo über Lebensfragen des deutschen Volkes entschieden werden soll von einer kleinen Gruppe von Menschen.

Stenographischer Bericht über die 5. Vollsitzung des Landtages Nordrhein-Westfalen, 4.3.1947, S. 21.

Wir wollen das Prinzip der verteilenden Macht auch im staatlichen Leben angewendet wissen. Darum wollen wir, wenn irgend möglich, überall die Selbstverwaltung eingeschaltet wissen, einmal, weil wir glauben, daß die Selbstverwaltung eine ausgezeichnete Erzieherin der Männer und Frauen zu Bürgern ist, die in ihr tätig sind, und zweitens, weil wir durch diese Einschaltung der Selbstverwaltung verhindern, daß sich in staatlicher Hand zuviel Macht ansammelt.

In Köln auf einer Veranstaltung der CDU am 13.4.1947, st. N., S. 11, ACDP S.Ad.

Es ist uns ernst mit der Forderung nach einem förderalistischen Aufbau Deutschlands. Das Wesen des Föderalismus ist vielen der heutigen Deutschen unbekannt und fremd, weil seit 1918 die zentralistische Staatsauffassung, das zentralistische Denken in immer steigendem Maße zugenommen hat, bis diese Entwicklung in der nationalsozialistischen Zeit ihren Kulminationspunkt erreichte. Föderalismus, föderalistisches Denken ist eine Anwendung der Forderung des Prinzips der Machtverteilung auf den staatlichen Organismus.

Auf dem Ersten Zonenparteitag der CDU der britischen Besatzungszone in Recklinghausen am 14.8.1947, Protokoll des Parteitages, hrsg. v. Zonensekretariat der CDU der britischen Zone, Köln o. J., S. 10.

Ein Ziel des Föderalismus ist es, in den Ländern Felder staatsbürgerlicher Betätigung zu schaffen, die für den Durchschnittsmenschen überschaubar sind. Das ist ein sehr wesentliches Ziel; denn allein dadurch können wir die Menschen zur politischen Betätigung erziehen und sie dafür gewinnen.

Auf dem Ersten Zonenparteitag der CDU der britischen Besatzungszone in Recklinghausen am 14.8.1947, Protokoll des Parteitages, hrsg. v. Zonensekretariat der CDU der britischen Zone, Köln o. J., S. 10.

Wenn der Staat zuviel verlangt, ist er es selbst mit schuld, wenn ihm die Untertanen nicht mehr gehorchen.

Schreiben vom 10.2.1948 an den Korrespondenten der Neuen Zeitung *(München) Karlheinz Treiss, StBKAH 07.25.*

Städte haben eine längere Lebensdauer als Staaten. Das liegt wohl auch mit daran, daß Staatsgründungen oft künstlicherer Natur sind als städtische Gemeinwesen. Städte sind mit ihren Wurzeln tiefer in das Erdreich, auf dem sie stehen, versenkt und ziehen aus ihm immer neue Kräfte.

Beitrag zur 1900-Jahrfeier der Stadt Köln als Anlage zu einem Schreiben vm 29.12.1949 an Dr. Eduard Hemmerle, Redakteur der Kölnischen Rundschau, *StBKAH 07.07.*

Wenn wir nicht den Staat wieder seiner Allmacht entkleiden, wenn wir uns nicht von der Vorstellung wieder freimachen, daß der Staat willkürlich Recht schaffen und Recht aufheben kann, wenn man nicht für den einzelnen Menschen wie für Völker Rechte anerkennt, die, weil im Naturrecht verankert, nicht geändert und entzogen werden können, wird keine Ruhe, keine Ordnung, keine Sicherheit mehr auf Erden sein. Unsere christliche Überzeugung verpflichtet uns, diesen Gedanken des Rechts zu stärken und neu zu beleben.

Auf dem 1. Bundesparteitag der CDU in Goslar am 20.10.1950, Protokoll des Parteitages, *hrsg. v. der CDU, Bonn o. J., S. 21.*

Erst wenn die Begriffe der Freiheit und der Ordnung für jeden einzelnen Staatsbürger Teil seiner selbst geworden sind, ist die demokratische Staatsform gesichert. Erst dann ist sie die Gewähr für den Ausgleich zwischen den unverletzlichen Rechten des Einzelnen und den Rechten des Ganzen, des Staates.

Ansprache vor dem Royal Institute of International Affairs im Chatham House in London am 6.12.1951, Redemanuskript, S. 4, StBKAH 02.09.

Der Begriff Föderalismus wird oft viel zu eng gefaßt. Man versteht darunter nur das Verhältnis zwischen – ich bleibe jetzt einmal bei Deutschland – den Ländern und zwischen dem Bund. Nein! Das ist viel zu eng gedacht. Der föderalistische Gedanke reicht viel weiter. Er besteht darin, daß alles dasjenige, was das kleinere Organ tun kann, vom kleineren Organ getan werden muß. Der föderalistische Gedanke steht in starkem Gegensatz zum Zentralismus.

In Heidelberg auf einer Veranstaltung der CDU am 1.3.1952, Bulletin Nr. 26/52, S. 251.

Staat und Staatsauffassung

Wir müssen dafür sorgen, daß die *Autorität des Staates* nicht
mit Füßen getreten wird, und wir müssen dafür sorgen,
daß wir in Deutschland endlich zu dem Zustand kommen,
daß jeder *Achtung hat vor der ehrlichen Meinung des anderen,*
auch wenn sie nicht die seine ist.

*In Bonn auf einer Veranstaltung der CDU am 28.3.1952, Bulletin Nr. 38/52,
S. 385.*

Der Nationalismus, gleichgültig wo und gleichgültig in
welcher Form er auftritt, verstößt gegen die göttliche Ordnung. Er macht den Staat, und zwar in jedem Volk seinen
eigenen Staat, zum Götzen. Eines der Grundprinzipien des
Christentums ist die Liebe zum Nächsten, die Achtung
vor dem Nächsten. Nun, dieses Prinzip gilt nicht nur für den
Einzelmenschen; es gilt auch für die Haltung von Völkern
gegenüber einem anderen Volk. Und gegen dieses Prinzip des
Christentums verstößt der Nationalismus, und deswegen,
meine Freunde, darf niemals wieder unser neuer Staat vom
Nationalismus beherrscht werden.

*Ansprache auf der Schlußkundgebung der Tagung der Gemeinschaft
katholischer Männer Deutschlands in Bamberg am 20.7.1952, Bulletin
Nr. 95/52, S. 935.*

Der Nationalismus verführt die Völker dazu, zu vergessen, daß
alle Völker ein Recht auf ihre Existenz haben und daß allein
ein harmonisches Zusammenleben der Völker auch den Interessen des eigenen Volkes am besten dient.

*Rede anläßlich eines Banketts des Vereins der Auslandspresse in Bad
Godesberg am 6.4.1954, Bulletin Nr. 67/54, S. 579.*

Mit dem Verblassen der nationalstaatlichen Idee muß und wird die Erkenntnis von der Richtigkeit des europäischen Gedankens sich immer mehr Bahn brechen. Man wird dabei das Ziel nicht aus den Augen verlieren, aber auch nichts überstürzen dürfen. Mit Klugheit und Beharrlichkeit wird das Ziel der europäischen Integration erreicht werden, sobald die Zeit hierfür reif geworden ist, und alle Völker erkannt haben, daß im Zeitalter der Großräume und Weltmächte das Festhalten an nationalstaatlichen Ideen im Interesse jedes einzelnen Volkes nicht mehr verantwortet werden kann.

Interview mit der Politisch-Sozialen Korrespondenz, *erschienen am 1.4.1955, Nr. 7, IV. Jg., S. 3.*

Die Zeit des Nationalstaates ist vorüber. Wir haben nur noch zwischen Untergang und Einigung zu wählen.

Artikel unter der Überschrift »Einigung Deutschlands – Einigung Europas«, Bulletin Nr. 69/55 vom 14.4.1955, S. 569.

Eine breite, geistig und wirtschaftlich unabhängige Mittelschicht des Volkes ist ein unentbehrliches Fundament des Staates.

Telegramm vom 18.9.1955 an den Deutschen Genossenschaftstag in Wiesbaden, Bulletin Nr. 176/55, S. 1471.

Ich bin immer der Auffassung gewesen – von Jugend auf –, daß die *Grenzen der Staatsgewalt* nicht über das Notwendige hinaus erweitert werden dürfen.

Verhandlungen des Deutschen Bundestages, 2. Wahlperiode, 122. Sitzung am 12.1.1956, S. 6488.

Staat und Staatsauffassung

Die wachsame Bewahrung der Freiheit ist eine gemeinsame Aufgabe aller Staatsbürger. Sie beginnt bereits im persönlichen Bereich und muß unser gesamtes staatliches Leben durchziehen. Denn auch von innen her ist die Freiheit stets durch Gegenkräfte bedroht. Moralische und soziale Bemühungen müssen mit dem militärischen Verteidigungsbeitrag Hand in Hand gehen.

Ansprache aus Anlaß des Besuches bei der ersten Einheit der Bundeswehr in Andernach am 20.1.1956, Bulletin Nr. 16/56, S. 125.

Wenn ich zurückblickend das Geschehen seit 1945 übersehe, so kann ich sagen, daß der wirtschaftliche und damit auch der staatliche Aufbau unseres Volkes nicht gelungen sein würde ohne das immer wieder gezeigte Verantwortungsbewußtsein der Gewerkschaften.

Rede bei Eröffnung des 4. Ordentlichen Bundeskongresses des DGB in Hamburg am 1.10.1956, Bulletin Nr. 185/56, S. 1763.

Wir wollen unter gar keinen Umständen eine Allmacht des Staates. Wir wollen aber auch unter gar keinen Umständen eine Allmacht des Kollektivs, möge es einen Namen tragen, wie er auch sei (Beifall), sondern wir wollen die Freiheit der Persönlichkeit haben.

Auf dem 7. Bundesparteitag der CDU in Hamburg am 15.5.1957, Protokoll des Parteitages, hrsg. v. der CDU-Bundesgeschäftsstelle, Bonn o. J., S. 214.

Freiheit beruht auf Recht, auf dem Recht, das jeder einzelne auch gegenüber dem Staate und der Staatsgewalt hat.

In Berlin auf einer Veranstaltung der CDU in der Deutschlandhalle am 5.12.1958, st. N., S. 15, StBKAH 02.18.

Wir wollen nicht zu einem Volk mit einer kleinen oberen Schicht von Leitern der Wirtschaft und einem ungeheuren Heer von Arbeitnehmern werden. Nein, meine Damen und Herren, die Sicherheit eines Staates, das gute Gedeihen eines Volkes, das Wachsen und Blühen eines Volkes beruht vor allem auf einer guten mittleren Schicht.

In Regensburg auf einer Veranstaltung der CDU und CSU am 14.8.1961, st. N., S. 11, StBKAH 02.24.

… sind doch kommunale Freiheit und verantwortlicher Bürgersinn die geschichtlichen Urzellen der modernen Demokratie und das solide Fundament staatlicher Ordnung …

Ansprache vor dem Stadtrat von Paris am 4.7.1962, Bulletin Nr. 121/62, S. 1050.

Man muß dafür sorgen, daß im Volk ein starkes Gefühl der Verpflichtung gegenüber dem Staat besteht. Der Bürger darf den Staat nicht als seinen Feind betrachten, sondern er muß sich darüber klar sein, daß er den Staat tragen muß, gleichgültig, welcher Partei er angehört. Aber damit Sie mich nicht falsch verstehen: Ich denke jetzt nicht an Nationalgefühl, sondern an Staatsgefühl; ich denke daran, daß der einzelne weiß: er ist ein Bürger des Staates, und er ist diesem Staate verpflichtet und muß dafür eintreten. Das fehlt leider Gottes in der heutigen Zeit ziemlich stark. Die allermeisten denken nur an sich und denken nicht daran, daß sie selbst gar nicht existieren können, wenn nicht das Ganze festgefügt ist.

Interview mit Daniel Schorr (CBS) am 21.8.1962, st. N. der Fernsehaufnahme, Teil I, S. 3, StBKAH 02.27.

Staat und Staatsauffassung · 105

Der Staat kann seine Aufgaben nur erfüllen, wenn er eine Aufgabe nach der anderen unter richtiger Einschätzung seiner finanziellen Kraft in Angriff nimmt.

Verhandlungen des Deutschen Bundestages, 4. Wahlperiode, 39. Sitzung am 9.10.1962, S. 1637.

Was hat der Deutsche für ein Verhältnis zum Staat? Sie können es sich ja auch erklären, wenn Sie bedenken, was wir seit 1914/18 alles erlebt haben, jenen Krieg, dann die Weimarer Zeit, die aber lange nicht so schlecht war, wie sie gescholten worden ist; dann die nationalsozialistische Zeit, und dann diesen Krieg, der uns doch schwer mitgenommen hat, mit seinen Zerstörungen und den Besatzungen. Auf einem solchen Boden wächst natürlich sehr schwer Liebe und das Gefühl der Verpflichtung gegenüber dem Staat.

»Kanzler-Tee« mit der »Teerunde« am 19.12.1962, st. N., S. 11, StBKAH 02.29.

Kein Staat kann stark sein, wenn er nicht getragen wird von der Überzeugung der Bürger, daß der Staat im Interesse aller geachtet und gestärkt werden muß.

Weihnachtsansprache am 25.12.1962 über die deutschen Rundfunksender. Druck: Martin Verlag, Buxheim/Allgäu o. J., o. S.

Noch immer liegt die Erinnerung an das Hitler-Regime als schwere Last auf unserem Volk. Nach der Pervertierung des Staatsgedankens und der Staatsmacht in dieser Zeit setzen heute viele unserer Bürger die demokratische Lebensform der Schwäche des Staates gleich, jede Mahnung zur Stärkung der Staatsgesinnung sehen sie als verkehrtes obrigkeitliches Denken. Diesem Irrtum muß begegnet werden, und zwar nicht nur in den Unterrichtsstunden auf den Schulen, sondern durch die Bereitschaft der Bürger, selbst auf allen Stufen der demokratischen Ordnung mitzuwirken.

Interview mit dem Dienst mittlerer Tageszeitungen (Dimitag), schriftliche Fassung vom 11.10.1963, zu Frage 4, StBKAH 02.32.

Wir müssen so weit kommen, daß jeder einzelne Bürger unabhängig von seiner parteipolitischen oder konfessionellen Bindung, sich als verantwortlich für den Staat empfindet. Interesselosigkeit aber, Mangel an Liebe und Achtung gegenüber Volk, Heimat und Vaterland, Kritik um der Kritik willen, zerstören auf lange Sicht bewußt oder unbewußt die Grundlage einer gewachsenen Einheit von Bürger und Staat und damit die Grundlage einer parlamentarischen Demokratie.

Interview mit dem Dienst mittlerer Tageszeitungen (Dimitag), schriftliche Fassung vom 11.10.1963, zu Frage 4, StBKAH 02.32.

Daß wir das letzte Ziel, die Einheit Deutschlands in Frieden und Freiheit, noch nicht erreicht haben, wirft einen großen Schatten auf den heutigen Tag. Und doch dürfen wir stolz sein auf das, was wir erreicht haben: Wir haben durch die Schaffung des Grundgesetzes nach einem Zusammenbruch ohnegleichen das Wachsen eines freien demokratischen deutschen Staates ermöglicht. Das Grundgesetz ist von dem Geiste der Freiheit, der eine demokratische Staatsführung in sich schließt, geprägt. Er war schon früher dem deutschen Volk eigen, aber die bösen Erfahrungen unter der nationalsozialistischen Herrschaft haben den Wert der Freiheit dem deutschen Volke noch tiefer zum Bewußtsein gebracht.

Es ist uns gelungen, den in diesem Staate lebenden Men-

Staat und Staatsauffassung

schen die Freiheit und den Frieden zu bewahren. Wir haben dadurch wesentlich beigetragen zur Konsolidierung Europas, zur Stärkung der Freiheit und des Friedens in der Welt.

Ansprache aus Anlaß des 15. Jahrestages der Verabschiedung des Grundgesetzes bei einem Abendessen für die noch lebenden Mitglieder des Parlamentarischen Rates in Bonn am 25.5.1964, st. N., S. 5, StBKAH 02.33.

Auf die Frage, ob Adenauer mit dem föderativen System der Bundesrepublik Deutschland zufrieden sei:

Man kann auch zu föderativ sein.

Gespräch mit dem kanadischen Historiker Prof. Dr. Richard Hiscocks am 11.6.1964, st. N., S. 12, StBKAH 02.33.

7 DEUTSCHE VERGANGENHEIT UND DEUTSCHE ZUKUNFT – DER WEG AUS DER ISOLIERUNG

Nach der Kapitulation der Deutschen Wehrmacht, unterzeichnet am 7. Mai 1945 in Reims und am 9. Mai 1945 in Berlin-Karlshorst, vereinbarten die vier Siegermächte Frankreich, Großbritannien, die Sowjetunion und die Vereinigten Staaten von Amerika in »Deklarationen« vom 5. Juni 1945, die Einheit Deutschlands zu wahren und keine Gebiete Deutschlands zu annektieren. In Punkt III der »Deklarationen« heißt es: »Deutschland wird innerhalb seiner Grenzen, wie sie am 31. Dezember 1937 bestanden, für Besatzungszwecke in vier Zonen aufgeteilt.« Für Berlin galt eine Sonderregelung. Eingeteilt in vier Sektoren sollten diese von Streitkräften jeweils einer der vier Siegermächte besetzt werden. Hierzu wurde in Punkt III festgelegt: »Zwecks gemeinsamer Leitung der Verwaltung dieses Gebietes wird eine Interalliierte Behörde (russisch: Komendatura) errichtet, welche aus vier von den entsprechenden Oberkommandierenden ernannten Kommandanten besteht.«

Ein von den vier Siegermächten eingesetzter Kontrollrat war zuständig für Fragen, die Deutschland als Ganzes betrafen. Für seine Beschlüsse galt Einstimmigkeit.

Bei Abschluß der Potsdamer Konferenz (17.7.–2.8.1945) der Regierungschefs Großbritanniens, der Sowjetunion und der Vereinigten Staaten ging man ebenfalls – wie schon in den »Deklarationen« vom 5. Juni 1945 – in dem am 2. August 1945 unterzeichneten Kommuniqué, dem sogenannten »Potsdamer Abkommen«, von der Einheit Deutschlands aus.

Die Westmächte und die Sowjetunion waren während des Zweiten Weltkrieges durch das gemeinsame Interesse an der Niederringung Deutschlands miteinander verbunden. Je sichtbarer der Zusammenbruch Deutschlands wurde, desto deutlicher trat die grundsätzlich unterschiedliche Interessenlage der Kriegsverbündeten wieder zutage. Die auf die Weltherrschaft des Kommunismus ausgerichtete Politik der Sowjetunion zeigte sich wieder unverhüllt, namentlich in den Europa und insbesondere Deutschland betreffenden Fragen. Die Politik der Westmächte hingegen basierte auf der Verwirklichung und Erhaltung einer freien, demokratischen Lebensform, wie sie sich im Laufe der Jahrhunderte in Europa herausgebildet hatte.

Der Gegensatz zwischen den Westmächten und der Sowjetunion hat Deutschland, das an der Nahtstelle zwischen Ost und West liegt, besonders schwer getroffen. Die Deutschen in der sowjetisch besetzten Zone und in Berlin sind Opfer dieses politischen Gegensatzes. Er ist für die Politik von maßgebender Bedeutung gewesen.

Erinnerungen 1953–1955, *a. a. O., S. 15.*

Ich sehe die Entwicklung in Deutschland mit steigender Sorge. Rußland läßt einen eisernen Vorhang herunter. Ich glaube nicht, daß es sich bei der Verwaltung der Hälfte Deutschlands, die ihm überantwortet ist, von der Zentralen Kontrollkommission* irgendwie beeinflussen lassen wird.

Schreiben vom 5.7.1945 an Dr. Hans Rörig, Bern, 1915–1945 Redakteur der Kölnischen Zeitung, 1940–1945 in Bern tätig, HAStK 1290.

* Vgl. S. 108.

Die Verhältnisse sind ausserordentlich ernst, und die Zukunft
liegt sehr schwarz vor uns.

Schreiben vom 6.7.1945 an seinen langjährigen Freund Dannie N. Heine-
man, London, StBKAH 07.01.

Der Beschluß der Potsdamer Konferenz, Deutschland als eine
wirtschaftliche Einheit zu behandeln, erwies sich als nicht
durchführbar. In dem Abkommen der Siegermächte war für
jeden Beschluß des Kontrollrates Einstimmigkeit verlangt. Der
Kontrollrat war das Organ der vier Alliierten, das über alle
Deutschland als Ganzes angehenden Fragen zu entscheiden
hatte. Die vier Mächte haben aber in ihrer Deutschlandpolitik
niemals übereingestimmt, insbesondere hat Sowjetrußland
eine eigene Deutschlandpolitik verfolgt. Auch die drei westlichen Mächte waren sich zunächst nicht einig in ihrer Haltung
und in der einzuschlagenden Politik gegenüber Deutschland.

Die vier Besatzungszonen Deutschlands trieben wirtschaftlich immer weiter auseinander, das wirtschaftliche Chaos
wuchs ständig seit dem Zusammenbruch im Frühjahr 1945.

Erinnerungen 1945–1953, a. a. O., S. 63.

Am 5.10.45 waren ein Vertreter des News Chronicle und der
Associated Press (Miss Barbara Page) empfohlen durch Herrn
Stern-Rubarth bei mir. Ich habe ihnen [im Original: Ihnen] in
sehr unterstrichener Weise meine Befürchtungen wegen der
Absicht der Alliierten[,] der deutschen Bevölkerung keine
Kohle zum Kochen zu geben zur Kenntnis gebracht. Ich habe
auf die sehr verwerflichen Folgen, Tod ungezählter Tausender,
Schwächung der Übrigen[,] Krankheiten, Epidemien, hinge-
wiesen. Ich habe ihnen [im Original: Ihnen] weiter gesagt,
de Gaulle* habe in diesen Tagen eine Rede in Saarbrücken

gehalten, und laut Londoner Sender in ihr gesagt, Franzosen und Deutsche müssten einen Strich unter die Vergangenheit machen, zusammenarbeiten und eingedenk sein, dass sie Europäer seien. Die Journalisten sagten, sie seien bei dieser Rede zugegen gewesen, de Gaulle habe sogar gesagt, Franzosen und Deutsche müssten eingedenk sein, dass sie Westeuropäer seien. Ich erwiderte, ich wollte, dass einmal ein englischer Staatsmann von uns als Westeuropäer gesprochen hätte.

Aktennotiz vom 9.10.1945, offenbar von Konrad Adenauer selbst maschinenschriftlich festgehalten, StBKAH 05.01. Am 6.10.1945 wurde Adenauer von der britischen Militärregierung seines Amtes als Oberbürgermeister von Köln enthoben; vgl. Zeittafel, S. 465.

* Charles de Gaulle: Ministerpräsident Frankreichs von 1944 bis 1946.

Der nicht von Russland besetzte Teil Deutschlands ist ein integrierender Teil Westeuropas. Wenn er krank bleibt, wird das von schwersten Folgen für ganz Westeuropa[,] auch für England und Frankreich sein. Es liegt im eigensten Interesse nicht nur des nicht von Russland besetzten Teiles Deutschlands, sondern auch von England und Frankreich[,] Westeuropa unter ihrer Führung zusammenzuschliessen, den nicht russisch besetzten Teil Deutschlands politisch und wirtschaftlich zu beruhigen und wieder gesund zu machen.

Anlage zu einem Schreiben vom 31.10.1945 an Oberbürgermeister Dr. Heinrich Weitz, Duisburg, StBKAH 07.03.

Die tieferen, die wirkenden Ursachen der Katastrophe liegen klar zutage. Sie reichen weit zurück vor das Jahr 1933. Der Nationalsozialismus hat uns zwar unmittelbar in die Katastrophe hineingeführt, aber der Nationalsozialismus hätte in Deutschland nicht zur Macht kommen können, wenn er nicht in

breiten Schichten der Bevölkerung vorbereitetes Land für
seine Giftsaat gefunden hätte.

Rede über den NWDR am 6.3.1946. Druck: Balduin Pick, Köln o. J., o. S.

Nach der Gründung des Kaiserreiches unter preußischer Vorherrschaft wandelte sich der Staat aus einem ursprünglich
lebendig gefühlten Wesen mehr und mehr in eine souveräne
Maschine. Die großen äußeren Erfolge, die dieser Auffassung
vom Staat und der Macht zunächst beschieden waren, die
schnell zunehmende Industrialisierung, die Zusammenballung
großer Menschenmassen in den Städten und ihre damit verbundene Entwurzelung machten den Weg frei für das ver-
heerende Umsichgreifen der materialistischen Weltanschauung
im deutschen Volk. Die materialistische Weltanschauung hat
zwangsläufig zu einer weiteren Überhöhung des Staats- und
Machtbegriffes, zur Minderbewertung der ethischen Werte
und der Würde des einzelnen Menschen geführt.

Der Nationalsozialismus war eine bis ins Verbrecherische
hinein vorgetriebene Konsequenz dieser sich aus der materialistischen Weltanschauung ergebenden Anbetung der Macht
und Mißachtung des Wertes des Einzelmenschen.

Rede über den NWDR am 6.3.1946. Druck: Balduin Pick,
Köln o. J., o. S.

Das Deutsche Reich besteht faktisch nicht mehr; es besteht
keine Regierungsgewalt aus eigenem Recht; die Alliierten besitzen die volle Gewalt. Unser Ziel ist die Wiedererstehung
Deutschlands. Aber es soll nicht wiedererstehen das zentralistische, auch nicht das von Preußen als Vormacht geführte
frühere Deutschland. Deutschland soll ein demokratischer
Bundesstaat mit weitgehender Dezentralisation werden. Wir

glauben, daß eine solche staatliche Gestaltung Deutschlands auch die beste ist für die Nachbarländer.

Rede über den NWDR am 6.3.1946. Druck: Balduin Pick, Köln o. J., o. S.

Aktiver Militarist ist nicht der Soldat, gleichgültig welchen Ranges, ob Offizier oder nicht, der in anständiger Weise seine Pflicht erfüllt und nichts anderes getan hat; er darf deswegen keine Zurücksetzung erfahren.

Wenn man harmlose Mitläufer und Soldaten, die glaubten, ihre Pflicht zu erfüllen, deswegen zurückstößt, so züchtet man geradezu einen verstiegenen und extremen Nationalismus.

Rede über den NWDR am 6.3.1946. Druck: Balduin Pick, Köln o. J., o. S.

Das deutsche Volk ist seelisch und materiell in einer Tiefe angelangt, die Schrecken erregend ist. Es wird einer sehr langen, sehr mühsamen und sehr planmässigen Aufbauarbeit bedürfen, die natürlich in erster Linie vom deutschen Volke selbst geleistet werden muss, bei der es aber der Hilfe anderer Nationen bedarf.

Schreiben vom 16.3.1946 an William F. Sollmann, Pennsylvania, in der Weimarer Republik sozialdemokratischer Politiker und Publizist, HAStK 1120–596; Original in der Swarthmore College Peace Collection, Pennsylvania, VIII-1-21 und VIII-1-21 a Box 8 DG 45.

Das deutsche Volk trägt diese schwerste Zeit seiner Geschichte mit heldenhafter Stärke, Ausdauer und Geduld, mit einer geduldigen Stärke, die stärker ist als alle Not. Ich habe mich seit 1933 oft geschämt, ein Deutscher zu sein, in tiefster Seele geschämt; vielleicht wußte ich mehr als manche andere von den Schandtaten, die von Deutschen an Deutschen begangen wurden, von den Verbrechen, die an der Menschheit geplant wurden. Aber jetzt, jetzt bin ich wieder stolz darauf, ein Deutscher zu sein. Ich bin so stolz darauf, wie ich es nie zuvor, auch nicht vor 1933 und nicht vor 1914 gewesen bin. Ich bin stolz auf den Starkmut, mit dem das deutsche Volk sein Schicksal erträgt, stolz darauf, wie jeder einzelne duldet und nicht verzweifelt, wie er versucht, nicht unterzugehen, sich und die Seinigen aus diesem Elend hinüberzuretten in eine bessere Zukunft.

In Köln auf einer Veranstaltung der CDU der britischen Besatzungszone am 24.3.1946. Druck: Schriftenreihe der CDU des Rheinlandes, *H. 8, Köln o. J., S. 3.*

… eine Gewissenserforschung müssen wir für uns anstellen in unserem eigenen Interesse, damit wir den richtigen Weg finden zum Wiederaufstieg.

In Köln auf einer Veranstaltung der CDU der britischen Besatzungszone am 24.3.1946. Druck: Schriftenreihe der CDU des Rheinlandes, *H. 8, Köln o. J., S. 4.*

In einem Volk, das so erst durch die preußische überspitzte und übertriebene Auffassung vom Staat, seinem Wesen, seiner Macht, den ihm geschuldeten unbedingten Gehorsam, dann durch die materialistische Weltanschauung geistig und seelisch vorbereitet war, konnte sich, begünstigt durch die schlechte materielle Lage weiter Volkskreise, verhältnismäßig schnell eine Lehre durchsetzen, die nur den totalen Staat und die willenlos geführte Masse kannte, eine Lehre, nach der die eigene Rasse die Herrenrasse und das eigene Volk das Herrenvolk ist und die anderen Völker minderwertig, zum Teil vernichtungswürdig sind, nach der aber auch in der eigenen

Rasse und im eigenen Volk der politische Gegner um jeden
Preis vernichtet werden muß.

*In Köln auf einer Veranstaltung der CDU der britischen Besatzungszone
am 24.3.1946. Druck:* Schriftenreihe der CDU des Rheinlandes, H. 8,
Köln o. J., S. 5.

Das deutsche Volk hat trotz der Untaten des Nationalsozialismus einen Anspruch darauf, nicht allein nach dieser Epoche
seiner Geschichte beurteilt zu werden.

*In Köln auf einer Veranstaltung der CDU der britischen Besatzungszone
am 24.3.1946. Druck:* Schriftenreihe der CDU des Rheinlandes, H. 8,
*Köln o. J., S. 22. Dieser Satz steht wörtlich im handschriftlichen Entwurf
Adenauers für das Programm der CDU der britischen Besatzungszone
vom 1.3.1946 (Neheim-Hüsten).*

Die Lasten, die der verlorene Krieg Deutschland gegenüber
anderen Ländern auferlegen wird, sollten so bemessen werden, daß Deutschland sie tragen und ihnen gerecht werden
kann, denn auch der Besiegte behält das Recht auf Leben und
Arbeit. Bitterste Not ohne Hoffnung ist das stärkste Hindernis
jeder friedlichen Entwicklung.

*In Köln auf einer Veranstaltung der CDU der britischen Besatzungszone
am 24.3.1946. Druck:* Schriftenreihe der CDU des Rheinlandes, H. 8,
*Köln o. J., S. 22. Diese Passage steht wörtlich im handschriftlichen Ent-
wurf Adenauers für das Programm der CDU der britischen Besatzungszone vom 1.3.1946 (Neheim-Hüsten).*

Wenn wir uns klar werden darüber, woher das Unheil
gekommen ist, welchen Weg das deutsche Volk gegangen
ist, und wenn wir uns klar werden, wie tief es gesunken
ist, dann werden wir auch klar darüber, welchen Weg

wir einschlagen müssen, um aus der Tiefe wieder zur Höhe
zu kommen.

In Wuppertal/Elberfeld auf einer Veranstaltung der CDU am 5.5.1946,
st. N., S. 5, ACDP S.Ad.

Das Flüchtlingsproblem ist eines der schrecklichsten Kapitel in
der modernen Geschichte unserer Zeit. Ich glaube nicht,
daß jemals zuvor zehn, vielleicht sind es zwölf Millionen
Menschen, man weiß es gar nicht, so von Haus und Hof und
Heim vertrieben worden sind und jetzt hineingepreßt werden
in ein Land, das hungert, zum Teil zerstört und das überbevöl-
kert ist. Ein englischer Bischof hat mit Recht meines Erachtens
darauf hingewiesen, daß diese Maßnahme ein Ausfluß dessel-
ben Nationalismus ist, der den Nationalsozialismus ausgezeichnet hat.

In Wuppertal/Elberfeld auf einer Veranstaltung der CDU am 5.5.1946,
st. N., S. 16, ACDP S.Ad.

Was sind wir staatsrechtlich? Nichts! Alle staatsrechtlichen
Bindungen in Deutschland bestehen nicht mehr. Alles, was
zur Zeit in Deutschland an Behörden und behördenmäßigen
Einrichtungen besteht, leitet seine Autorität lediglich her
aus den Vollmachten, die ihm gegeben worden sind von den
Alliierten.

In Düsseldorf auf einer Veranstaltung der CDU am 12.5.1946, st. N., S. 3,
ACDP S.Ad.

Sie wissen. daß man in dem alliierten Kontrollrat in keiner
Weise einig ist, daß aber diese ganze Uneinigkeit auf unserem
Rücken sich abspielt und daß dadurch wir mit zwingender

Notwendigkeit in einen Abgrund hineingeraten, der für ganz
Europa verheerend ist. Wenn ich deswegen einen Appell an
die Alliierten richte, dann tue ich das nicht als Deutscher, ich
tue das als Europäer: Rettet Europa! Laßt Deutschland arbeiten! Nehmt ihm sein Kriegspotential, aber laßt Deutschland
arbeiten für sich selbst und für Europa, sonst wird dieser
ganze Erdteil, der unersetzlich ist in seinen geistigen Werten
für die ganze Welt, hoffnungslos in den Abgrund hineinkommen!

In Düsseldorf auf einer Veranstaltung der CDU am 12.5.1946, st. N., S. 16,
ACDP S.Ad.

Der Sieger hat aber nicht nur Rechte, auch er hat Plichten, ich
wiederhole es, er hat Pflichten nach menschlichem und nach
göttlichem Recht. Und das erweist die Geschichte, daß die
göttlichen Gesetze, nach denen die Geschicke der Menschheit
abrollen, niemals ungestraft verletzt werden. Deutschland hat
das Recht nicht geachtet, wir müssen's bekennen, aber, meine
Damen und Herren, wenn die Sieger das ungeschriebene,
das göttliche Gesetz nicht beachten, dann werden die letzten
Dinge auf der Erde schlimmer sein als die ersten!

Auf einer Veranstaltung der CDU in Düsseldorf am 12.5.1946, st. N., S. 18,
ACDP S.Ad.

Was die Entnazifizierung angeht, so stehen wir wohl alle auf
dem Standpunkt, daß die leitenden Nationalsozialisten und
alle diejenigen, ob sie in der Partei waren oder nicht, die sich
bereichert haben, die andere geschädigt haben usw., daß alle
diese Leute rücksichtslos bestraft werden müssen, und zwar
so schnell wie möglich von deutschen Gerichten. Aber es geht
nicht an, daß ein Entnazifizierungsverfahren das Volk in Un-

ruhe hält und daß die harmlosen Parteimitglieder, die Leute, die dem Druck gefolgt sind, der auf sie ausgeübt worden ist, und die in die Partei eingetreten sind, nun derartig schwer bestraft werden, wie das jetzt geschieht. Das Entnazifizierungsverfahren der britischen Zone kennt nur zwei Strafen: entweder Freispruch oder wirtschaftlicher Tod. Und das ist nicht richtig. Es muß die Möglichkeit geben, die Leute mit Geldbußen zu belegen und sie im übrigen wieder in ihren Beruf hineinzulassen. Es geht nicht, daß auf die Dauer in Deutschland zwei Klassen, hier die Schwarzen, dort die Weißen, bestehen bleiben.

Auf der Frauentagung des Zonenausschusses der CDU der britischen Besatzungszone in Neuenkirchen/Kreis Wiedenbrück am 3.8.1946, st. N., s. 11, ACDP S.Ad.

Geduld ist die stärkste Waffe eines zu Boden geschlagenen, unterlegenen Volkes.

Auf der Zonentagung der Jungen Union der CDU in Recklinghausen am 4.8.1946. Druck: Schriftenreihe der Jungen Union, H. 1, Heider Druck, Bergisch Gladbach 1946, S. 3.

Wir können von unseren westlichen Nachbarvölkern keine Liebe erwarten. Wir müssen auch verstehen, daß sie, Holland, Belgien, Luxemburg und Frankreich, Sicherungen verlangen. Aber Sicherungen lassen sich niemals schaffen durch Gewalt, sei es, daß diese Gewalt in einer endlosen Besetzung oder sogar in Abtrennung besteht.

In Essen auf einer Veranstaltung der CDU am 24.8.1946, st. N., S. 19, StBKAH 02.03.

National zu sein – nicht nationalistisch –, ist das Recht und die Pflicht eines jeden Deutschen.

In Münster/Westf. auf einer Veranstaltung der CDU am 8.9.1946, st. N., S. 8, ACDP S.Ad.

Dass nach 12 Jahren Nationalsozialismus, einem solchen Kriege und all der Not, die seit dem Zusammenbruch über das deutsche Volk hereingebrochen ist, die Mehrheit des deutschen Volkes sich nicht radikalen Parteien zugewendet hat, spricht sehr stark für die guten Eigenschaften, die im deutschen Volke doch noch vorhanden sind. Ich bin überzeugt davon, wenn wir das tiefe Tal, in dem wir uns befinden, (Hunger, Krankheiten, Kälte, Wohnungsnot, Mangel an Kleidung und Schuhwerk) glücklich überstehen, so wird das deutsche Volk geläutert aber auch gestärkt aus dieser Prüfung hervorgehen und mit Recht Anwartschaft erheben darauf, in Europa und in der Welt geistig wieder mitsprechen zu können.

Schreiben vom 10.12.1946 an Dr. Paul Silverberg, Lugano, StBKAH 07.03.

Deutschland besteht noch als Staat, und die bedingungslose Kapitulation ist nichts anderes als eine Art militärische Maßnahme, d.h. die nationalsozialistischen Oberbefehlshaber der Wehrmacht haben sich durch die bedingungslose Kapitulation verpflichtet, die Feindseligkeiten einzustellen, sich selbst, ihre Leute und das gesamte Kriegsgerät ohne jede Bedingung dem Feinde zu übergeben. Das ist der Inhalt, das Wesen einer bedingungslosen Kapitulation und nicht, was die Engländer daraus machen. Sie können machen, was sie wollen, sie haben kein Recht dazu! Das muß man immer wieder sagen.

Eröffnung der Zonenausschußtagung der CDU der britischen Besatzungszone in Lippstadt am 17.12.1946, st. N., S. 14, ACDP S.Ad.

Der Friedensvertrag wird nach meiner Meinung noch nicht so bald kommen, und ich weiß nicht, ob es ein großes Unglück ist, wenn er noch nicht kommt. Je mehr der Haß abklingt in den anderen Ländern, je mehr die Erinnerungen an den Krieg und die nationalsozialistischen Greuel zurückliegen, desto besser wird der Friedensvertrag ausfallen. Denken Sie daran, wie ein Friedensvertrag ausgesehen haben würde, der dem deutschen Volke vor einem Jahr diktiert worden wäre. Er würde sicher härter aussehen als einer im nächsten Sommer. Die Zeit arbeitet da für uns, auch wenn dieser rechtlose Zustand noch weiter bleiben sollte.

Eröffnung der Zonenausschußtagung der CDU der britischen Besatzungszone in Lippstadt am 17.12.1946, st. N., S. 14, ACDP S.Ad.

Die ›Befreiung‹ ist eine grausame und harte Enttäuschung. Wenn nicht ein Wunder geschieht, geht das deutsche Volk zu Grunde, langsam aber sicher!

Schreiben vom 18.1.1947 an William F. Sollmann, Pennsylvania, in der Weimarer Republik sozialdemokratischer Politiker und Publizist, StBKAH 07.03.

... daß Deutschland in hohem Maße den von ihm mit Krieg überzogenen Ländern Wiedergutmachung schuldig ist, darüber kann wohl kein Zweifel bestehen, aber ebenso ist es absolut richtig, daß ich nur dann von einer Kuh Milch bekommen kann, wenn die Kuh gesund ist und gut ernährt wird.

In Köln auf einer Veranstaltung der CDU am 13.4.1947, st. N., S. 6, ACDP S.Ad.

Sie alle wissen, daß zur Zeit eine Trennungslinie zwischen Ost und West mitten durch unser Vaterland hindurchgeht. Wir bitten und wir fordern von allen beteiligten Staaten und Faktoren, alles zu tun, damit dieser Trennungsstrich zum Unheil Deutschlands und zum Unglück Europas nicht zu einem Trennungsgraben erweitert wird, der Deutschland in zwei Teile zerreißt. Das deutsche Volk kann den Anspruch auf Einheit niemals aufgeben. Wir wissen wohl, daß wir niemals daran denken können und dürfen, diesen Anspruch mit Gewalt durchzusetzen. Aber auf Grund der Lehren der deutschen Geschichte seit hundert Jahren sind wir doch der tiefen und festen Überzeugung, daß Recht letzten Endes stärker ist als brutale Macht.

Auf dem 1. Parteitag der CDU der britischen Besatzungszone in Recklinghausen am 14.8.1947. Druck: Erster Zonenparteitag der CDU der britischen Zone, hrsg. v. Zonensekretariat der CDU, Köln o. J., S. 10.

Ein Volk, das sein Recht verlangt und nichts als sein Recht und das in dieser Forderung sich selbst getreu verharrt, komme, was kommen mag, wird schließlich sein Recht erhalten. Der Forderung des Rechts kann sich auf die Dauer kein Land und kein Politiker und kein Volk entziehen.

Auf dem 1. Parteitag der CDU der britischen Besatzungszone in Recklinghausen am 14.8.1947. Druck: Erster Zonenparteitag der CDU der britischen Zone, hrsg. v. Zonensekretariat der CDU, Köln o. J., S. 10.

Einmal wird für das deutsche Volk ja doch wieder eine bessere Zeit kommen, wenn es sich nicht selbst aufgibt.

Schreiben vom 4.1.1948 an Lucy Millowitsch, Lövenich bei Köln, StBKAH 07.06.

Die Behandlung der früheren aktiven Offiziere hier in der britischen Zone ist ungerecht, ist falsch und ist im höchsten Maße im Hinblick auf die zukünftige politische Entwicklung bedauerlich. (Beifall) Es geht nicht an, daß man Offiziere und Wehrmachtsbeamte, die ehrlich und anständig ihre Pflicht erfüllt haben, wie jeder britische, französische und amerikanische Offizier es getan hat, deswegen diffamiert.

In Bonn auf einer Veranstaltung der CDU am 21.7.1948, st. N., S. 10f.,
StBKAH 02.04.

Aber immerhin sind diese 12 Jahre des Nationalsozialismus doch nur eine Episode in der vergangenen Geschichte des deutschen Volkes. Es ist wahr, durch den Nationalsozialismus hat sich gezeigt, welcher Abgründe die Menschen in Deutschland fähig waren, von denen man es niemals geglaubt hätte. Aber gilt das nur von deutschen Menschen? (Starker Beifall). Ist die Welt, seitdem Hitler tot und der Nationalsozialismus verschwunden ist, gerecht, friedlich und ruhig geworden? […] In der Schweiz ist ein Buch erschienen, das man allen maßgebenden Leuten in allen Ländern auf den Tisch wünschen möchte. Das Buch heißt: *Hitler in uns!* Auch in den ausländischen Leuten steckt ein Stück Hitler, und ja kein kleines Stück Hitler. Darum brauchen wir Deutschen nicht immer in Sack und Asche zu gehen und Buße zu tun (Beifall), aber wir müssen uns bewußt sein, daß von Deutschland aus der Anfang gekommen ist. Wir müssen uns bewußt bleiben, daß wir daher eine große Verantwortung tragen beim Wiederaufbau sowohl von Deutschland wie von Europa.

In Bonn auf einer Veranstaltung der CDU am 21.7.1948, st. N., S. 11f.,
StBKAH 02.04.

Deutschland war sonst immer in den Augen der ganzen Welt der Übeltäter, der alles verursachte, die Unsicherheit, die Kriege, die Aufrüstung usw. Ich stelle fest, daß bei dieser Kriegsfurcht, die jetzt herrschte und herrscht, bei diesen Aufrüstungen, die in einem Ausmaß vor sich gehen, wie sie niemals erhört worden sind, Deutschland völlig unbeteiligt und völlig unschuldig ist. (Starker Beifall). Es scheint also doch, daß Deutschland – vielleicht war es früher auch schon einmal so – nicht der alleinige Übeltäter war (sehr starker Beifall), sondern es scheint so, als ob der nationalsozialistische Wahlspruch, daß Macht vor Recht geht, auch in anderen Ländern, vielleicht auch schon in der Vergangenheit, stark an der Führung gewesen ist. Ich hoffe, daß auch mancher nachdenkliche Politiker im Ausland aus der Entwicklung in der Welt, seitdem Deutschland aus dem Weltgeschehen aktiv ausgeschieden ist, milder über Deutschlands Rolle in der Welt denkt als bisher.

Auf dem 2. Parteitag der CDU der britischen Besatzungszone in Recklinghausen am 28.8.1948. Druck: Neuaufbau auf christlichen Grundlagen. Zweiter Parteitag der CDU für die britische Zone, *Opladen 1948, S. 11 f.*

Trotz aller Hilfe, die uns vom Ausland zuteil wird, seien wir uns über eines klar: *Deutschland kann nur gerettet werden durch die Deutschen selbst.* Wenn wir nicht alle Kraft daran setzen, wieder geistig, moralisch und wirtschaftlich in die Höhe zu kommen, dann wird Deutschland der Aufstieg nicht gelingen. In unserer Hand liegt unser Geschick. Was uns vom Ausland geboten wird, ist eine hilfreiche Hand, die wir gern und freudig ergreifen, aber wir müssen dann die Hauptsache selber tun.

Auf dem 2. Parteitag der CDU der britischen Besatzungszone in Recklinghausen am 28.8.1948. Druck: Neuaufbau auf christlichen Grundlagen. Zweiter Parteitag der CDU für die britische Zone, *Opladen 1948, S. 12.*

Gegenüber manchen anderen Meinungen habe ich von Anfang an mit Entschiedenheit den Standpunkt vertreten, daß – solange es uns Rußland durch seine Politik unmöglich macht, eine Organisation ganz Deutschlands herbeizuführen – wir wenigstens den Teil Deutschlands, der nicht unter russischer Herrschaft steht, politisch neu organisieren müssen. Daher begrüße ich das Zusammentreten des Parlamentarischen Rates in Bonn am 1. September.* Ich hoffe und wünsche, daß damit der Anfang einer guten politischen Entwicklung für die drei Westzonen gegeben ist. Ich bin der festen Überzeugung, daß wir nur dann den Osten wieder mit dem Westen zu einer Einheit verbinden können und werden, wenn wir wenigstens zunächst den Westen politisch und wirtschaftlich wieder erstarken lassen.

Auf dem 2. Parteitag der CDU der britischen Besatzungszone in Recklinghausen am 28.8.1948. Druck: Neuaufbau auf christlichen Grundlagen. Zweiter Parteitag der CDU für die britische Zone, *Opladen 1948, S. 12.*
* *Vgl. Zeittafel, S. 451.*

Wir wollen nicht Handelsobjekt sein zwischen anderen Mächten, sondern wir wollen einmal wieder in die Lage kommen, unser eigenes Leben nach eigenem Wollen leben zu dürfen.

In Bonn auf einer Veranstaltung der CDU am 30.1.1949, st. N., S. 17, StBKAH 02.05.

Keine deutsche Regierung verdient ihren Namen zurecht, die nicht für die deutsche Einheit eintritt. Aber es darf keine Einheit vom Osten her sein. Dann wäre Europa schwer bedroht. Westdeutschland muss darum schnell geschaffen werden. Das ist eine Angelegenheit, die im wesentlichen in deutschen Händen selbst liegt. Aber Westdeutschland braucht einen festen Platz im System der westlichen Welt. Das gilt im gleichen

Masse von der sich bildenden europäischen Union wie von dem Verhältnis zum Atlantik-Pakt. Westdeutschland kann nicht schutzlos zwischen den Fronten bleiben.

Artikel unter der Überschrift »Im Zeichen des Fortschritts« für die holländische Zeitung Elseviers Weekblad, *zitiert nach Manuskript vom 30.4.1949, S. 3, StBKAH 02.02.*

Wir werden uns, meine Freunde, niemals damit abfinden können und abfinden dürfen, daß diese Zweiteilung Deutschlands besteht oder geduldet wird.

In Heidelberg auf einer Veranstaltung der CDU und CSU am 21.7.1949, st. N., S. 7, ACDP S.Ad.

Um der historischen Wahrheit willen muß man davon sprechen, daß die Tragik des deutschen Volkes nicht erst 1945 mit der Kapitulation, die bedingungslos die gesamte militärische und staatliche Macht den Siegern übergab, begann, sondern 1933 mit der Machtergreifung Hitlers.

Verhandlungen des Deutschen Bundestages, 1. Wahlperiode, 13. Sitzung am 21.10.1949, S. 307f.

Zum Verständnis der ganzen Situation muss man sich zunächst einmal klar machen, welche Wandlungen das deutsche Volk seit 1918, also in knapp 33 Jahren, durchgemacht hat, welche tiefgehenden wirtschaftlichen und politischen Veränderungen und Zusammenbrüche sein Los gewesen sind. [...] Das Jahr 1918 brachte mit dem Verlust des Krieges den Zusammenbruch aller monarchischen Institutionen und der sonstigen sich auf die Tradition stützenden staatlichen Einrichtungen. Der Übergang zu einer demokratischen Staatsverfassung war zu plötzlich. Hinzu kam, dass infolge der Inflation gerade die Volksschichten, die am aufgeschlossensten für eine normale politische Entwicklung waren – die mittleren Schichten – verarmten, und zu einem erheblichen Teil proletarisiert wurden. Infolge des zu plötzlichen Übergangs zu einer demokratischen Verfassung und infolge der wirtschaftlichen Erschütterungen, die mit dem Ausgang des Krieges verbunden waren, zeigten sich in der Weimarer Republik schwere Mängel. Das Pendel schlug nunmehr nach der umgekehrten Seite aus und es kam der Nationalsozialismus. Der Nationalsozialismus tat alles Demokratische in Acht und Bann und errichtete ein undemokratisches, absolutes Regime von einer Intensität, einem Ausmass, wie es in Deutschland vorher niemals gewesen war.

Vor dem Ministerkomitee des Europarates in Straßburg am 3.8.1951,
Redemanuskript, S. 2 ff., vertraulich, StBKAH 02.09.

Der 2. Krieg, der zum völligen Zusammenbruch und zur Verwüstung grosser Teile Deutschlands führte, hatte naturgemäss tiefgehende psychologische Einwirkungen. Alle staatlichen Autoritäten waren oder wurden vernichtet, nur die Gemeindeverwaltungen funktionierten einigermassen. Die wirtschaftliche Depression, welche mit dem Zusammenbruch einsetzte, die ungeheuren Zerstörungen an Wohnraum und Arbeitsstätten, die Überbevölkerung, die eine Folge der Zerstörungen und der zwangsweisen Hineinpressung der Vertriebenen in das Gebiet der Bundesrepublik war, brachten psychologische Belastungen mit sich, denen das deutsche Volk, das durch den Krieg, die Bombenangriffe, den Hunger, die Menschenverluste schon aufs tiefste erschüttert war, psychologisch nicht mehr gewachsen sein konnte. Leider wurden die ersten Jahre nach dem Zusammenbruch von den siegreichen Mächten nicht so ausgenutzt, wie es notwendig und möglich gewesen wäre, um das deutsche Volk für das Aufgehen in den Westen zu gewinnen. Die Erholung des deutschen Volkes in körperlicher und wirtschaftlicher, aber auch in psychologischer Beziehung setzte erst 1947/48 ein. Sie dauert also erst wenige Jahre, und sie wurde dazu noch beeinträchtigt durch den immer stärker von Osten her einsetzenden psychologischen Druck. Wohl in keinem Lande ist die Unsicherheit, ja die Furcht vor der Zukunft so stark wie in Deutschland. Furcht vor der Zukunft macht aber eine ruhige Entwicklung und die Heilung des deutschen Volkes ausserordentlich schwer.

Vor dem Ministerkomitee des Europarates in Straßburg am 3.8.1951, Redemanuskript, S. 4ff., vertraulich, StBKAH 02.09.

Die Bundesrepublik liegt zur Zeit zwischen zwei großen Kolossen, auf der einen Seite der östliche, auf der anderen die Vereinigten Staaten mit dem, was dazu gehört, und wir liegen dazwischen unter einem Besatzungsstatut, das jeden Augenblick wieder in vollem Umfange in Kraft gesetzt werden kann, völlig entwaffnet, völlig wehrlos und unfrei. Und wenn Sie sich so mal die Situation Deutschlands vorstellen und sich dann die Frage vorlegen, was soll denn die Bundesrepublik in dieser Lage tun, dann gibt es eben drei Möglichkeiten: 1) wir bleiben dort, wo wir sind – wir lassen uns neutralisieren; zweite Möglichkeit: Wir schließen uns dem Osten an – und was das bedeuten würde, meine Freunde, brauche ich in diesem Kreise nicht zu sagen. Es genügt, daß ich darauf hinweise, daß es nach meiner Meinung der Untergang des deutschen Volkes sein würde, so wie wir uns das deutsche Volk denken. Wenn wir aber das verneinen, bleibt uns nichts anderes übrig, als daß wir uns dem Westen anschließen. Und es ist uns gelungen, den Westen daran zu interessieren, seine Anstrengungen mit unseren Anstrengungen zu vereinigen, um eine Wiedervereinigung in Freiheit herbeizuführen.

Vor dem Bundesparteiausschuß der CDU am 14.6.1952, st. N., S. 17f., ACDP VII-001-019/10.

Wir waren immer isoliert, zum Teil sicher durch eigene Schuld. Eine gewisse Hybris, eine gewisse Selbstüberschätzung hat uns dazu gebracht, daß wir sagen: ›Wir haben es nicht nötig, uns nach Bundesgenossen umzusehen!‹

Und diese Politik ist unser Verderb gewesen. Diese Politik hat zunächst unseren politischen Blick verengt, denn nur, wenn man in wirklicher politischer Gemeinschaft mit anderen Nationen lebt, erweitert sich der Blick auch für die politischen Verhältnisse und Notwendigkeiten der anderen Länder der Gemeinschaft.

Vor dem Bundesparteiausschuß der CDU am 14.6.1952, st. N., S. 20, ACDP VII-001-019/10.

Deutschland ist um seiner Existenz willen absolut darauf angewiesen, *aus seiner Isolierung und Wehrlosigkeit herauszukommen.*

Daß Deutschland nach unserer Lebensauffassung keinen Anschluß an den Osten suchen kann und darf, ist völlig klar. (Beifall) Wir Deutsche gehören aus weltanschaulichen und kulturellen Gründen und aus unserer ganzen Lebensauffassung heraus *zum Westen,* und nur durch den Anschluß an den Westen kann unsere Isolierung und Wehrlosigkeit ein Ende finden.

Auf dem 3. Bundesparteitag der CDU in Berlin am 18.10.1952, Protokoll des Parteitages, *hrsg. v. der CDU, Bonn o. J., S. 28.*

Schon als Deutschland eine der ersten Großmächte der Welt war, zu Zeiten Bismarcks, hat dieser sich bemüht, Freunde für Deutschland zu finden, da nach seiner Meinung schon damals Deutschland eben wegen seiner geographischen Lage dauernde Sicherheit nur im Zusammengehen mit anderen Mächten finden konnte. Heute ist die Lage Deutschlands unendlich viel schlechter, als sie damals war, weil es ja doch völlig hilflos mitten in einem Spannungsfeld liegt.

Auf dem 3. Bundesparteitag der CDU in Berlin am 18.10.1952, Protokoll des Parteitages, hrsg. v. der CDU, Bonn o. J., S. 28.

Sowjetrußland wollte und will ganz Deutschland in irgendeiner Form in seine Hand bekommen, und es hat vielleicht zeitweise die Gefahr bestanden, daß ein Ausgleich der zwischen den vier Mächten entstandenen Spannungen auf Kosten und auf dem Rücken Deutschlands herbeigeführt werden würde. Ich sage Ihnen ganz offen, ich habe als Bundeskanzler zeitweise die sehr, sehr ernste Sorge gehabt, daß eine solche Lösung der Spannungen eintreten könnte. Für meine Politik war gerade die Beseitigung dieser Gefahr, die Gefahr der Überantwortung Deutschlands an Sowjetrußland, eines der stärksten Motive.

In Köln auf einer Veranstaltung der CDU am 2.11.1952, st. N., S. 7, StBKAH 02.10.

Entscheidend dafür, daß ein neuer guter Anfang gemacht werden konnte, war der außerordentliche Lebenswille des deutschen Volkes, das nicht untergehen wollte, waren die Anstrengungen in allen Teilen und Schichten der Bevölkerung. Wer die Jahre nach 1945 in Deutschland miterlebt hat, hat einen starken Beweis von dem Leistungsvermögen des deutschen Volkes bekommen.

Artikel unter der Überschrift »Deutschland und Europa« (»Germany and Europe«) in der amerikanischen Zeitschrift Foreign Affairs, *erschienen im April 1953, Nr. 3, 31. Jg., S. 361–366, zitiert nach Bulletin Nr. 61/53, S. 513.*

Deutschland hat nach dem zweiten Weltkrieg mehr als ein Drittel des Gebietes verloren, das es umfaßte, bevor Hitler seine Annektionen vornahm. Diese Gebietsverluste sind zwar völkerrechtlich nicht gültig, aber faktisch haben wir diese Gebiete zunächst verloren. Für unsere Ernährung unentbehrliche Räume in Ostdeutschland wurden abgetrennt und ihre Bevölkerung ausgetrieben.

Wir haben deshalb in der Bundesrepublik nicht weniger als neun Millionen Flüchtlinge aufnehmen müssen, die infolge der Kriegs- und Nachkriegsereignisse ihren Heimatboden verlassen mußten.

Artikel unter der Überschrift »Deutschland und Europa« (»Germany and Europe«) in der amerikanischen Zeitschrift Foreign Affairs, *erschienen im April 1953, Nr. 3, 31. Jg., S. 361–366, zitiert nach Bulletin Nr. 61/53, S. 513 f.*

Nach der Katastrophe des Jahres 1945 mußte es für jede deutsche Regierung die erste Aufgabe sein, Deutschland wieder einen angesehenen Platz in der Gemeinschaft der Völker zu erringen. Das konnte nur dadurch geschehen, daß alles darangesetzt wurde, Deutschland aus Besatzung und Besatzungsrecht herauszulösen, es aus dem Objekt fremden Willens zum Subjekt eigener politischer Entscheidungen zu machen.

Verhandlungen des Deutschen Bundestages, 1. Wahlperiode, 278. Sitzung am 1.7.1953, s. 13871.

Bismarck hat in seinen Memoiren geschrieben, wie ihn immer wieder der Gedanke an die Isolierung Deutschlands verfolgt hat. Die Isolierung hat das Deutsche Reich, als es die stärkste Militärmacht der Welt war, in den Krieg von 1914–18 geführt, der es zum ersten Mal von der stolzen Höhe, auf der es stand, heruntergeworfen hat. Und nun wir! *Kann denn irgendeiner*

Deutsche Vergangenheit und deutsche Zukunft ...   131

*davon träumen, daß wir besetzt, entwaffnet, jederzeit in der
wirtschaftlichen Hand unserer früheren Gegner, daß wir etwa in
der Lage wären, allein für uns eine entscheidende Rolle in der
europäischen oder in der Weltgeschichte zu spielen?* Das ist geradezu sinnlos, das ist Torheit, und darum müssen wir, – und
das wird auch das *Ziel unserer künftigen Politik im Bundestag
sein – sorgen, daß unser Deutschland Freunde bekommt, und
zwar die Freunde der freien Welt.*

*In Dortmund auf einer Veranstaltung der CDU am 26.7.1953, Auszüge aus
der Rede, S. 16, StBKAH 16.12.*

Die Aufgaben, die sich der Bundesregierung und ihren Mitarbeitern mit der staatlichen Neuordnung nach einem Zusammenbruch bisher ungekannten Ausmaßes stellten, sind geschichtlich einmalig.

*Schreiben vom 1.10.1953 an Dr. Otto Lenz, Staatssekretär im Bundeskanz-
leramt 1951–1953, ACDP NL Lenz I-172-058/2.*

Voraussetzung für die Herstellung der völkerrechtlichen Unabhängigkeit der Bundesrepublik ist das Inkrafttreten des
Deutschland-Vertrages*. Die Bedeutung dieses Vertrages liegt in
der Beendigung des Besatzungsregimes, der grundsätzlichen
Wiedererlangung der deutschen Souveränität, der vertraglichen Verpflichtung der Westmächte, an der Wiedervereinigung Deutschlands mitzuwirken unter Ausschaltung der Möglichkeit einer Einigung der Westalliierten mit der Sowjetunion
auf Kosten Deutschlands.

*Verhandlungen des Deutschen Bundestages, 2. Wahlperiode, 3. Sitzung
am 20.10.1953, S. 19.*
* Vgl. Zeittafel, S. 454 u. 456.

Deutschland ist auf seine Nachbarn angewiesen. Es kann sich gegen die drohenden Gefahren nicht allein verteidigen und behaupten, es kann aber auch seine wirtschaftlichen Kräfte nicht entfalten ohne enge Zusammenarbeit mit den freien Völkern der Welt.

Verhandlungen des Deutschen Bundestages, 2. Wahlperiode, 26. Sitzung am 29.4.1954, S. 1076.

Wir leben in einer verwirrten Zeit, alle möglichen Veränderungen sind eingetreten auf politischem, wirtschaftlichem, sozialem und geistigem Gebiete. Es bereiten sich noch weitere Änderungen in der Welt vor. Da müssen wir uns darüber klar sein, daß dieses Deutschland mit seinen rund 68 Millionen Einwohnern – ich nehme die 18 Millionen jenseits des Sperrgürtels mit hinzu – (sehr starker, langanhaltender Beifall, zu Ovationen übergehend) mitten – ich betone nochmals *mitten* wegen unserer zentralen Lage in Europa – eingebettet ist in das ganze ungeheure Geschehen dieser Tage und Jahre.

Wenn man sich das immer vor Augen hält, dann bewahrt man sich einmal davor, *Tagesereignisse zu hoch einzuschätzen*, auch Tageserfolge zu hoch einzuschätzen …

Auf dem 5. Bundesparteitag der CDU in Köln am 28.5.1954, Protokoll des Parteitages, hrsg. v. der CDU-Bundesgeschäftsstelle, Bonn o. J., S. 164.

Das Jahr 1950 – man kann jetzt davon sprechen, war wohl mit eine der gefährlichsten Zeiten für das deutsche Volk. Denn damals drohte die Gefahr, daß eine Verständigung zwischen den beiden Seiten, den Sowjets auf der einen Seite und den drei anderen auf der anderen Seite, erfolgen würde auf dem Rücken des deutschen Volkes. Deswegen war unsere Politik und mußte unsere Politik sein, auf jede mögliche Weise

Anschluß zu finden, Verbindung zu finden mit dem Westen, damit der Westen uns kennenlernte, damit der Westen Verbindung zu uns bekam, damit wir dem Westen ein Partner würden, auf dessen Gewinnung er Wert legen müßte, auch im eigenen Interesse. Wir mußten alles tun, daß wir nicht verhökert würden. Denken Sie auch daran, daß damals noch das Potsdamer Abkommen als die Grundlage der vier Siegermächte galt.

In Solingen auf einer Veranstaltung der CDU am 23.6.1954, st. N., S. 11, StBKAH 02.12.

Als die Bundesregierung vor fünf Jahren ihre Arbeit aufnahm, ergaben sich folgende zentrale Probleme: 1) die Herstellung der Unabhängigkeit und Selbstbestimmung der Bundesrepublik, 2) die Wiedervereinigung Deutschlands, 3) der Zusammenschluß des freien Europas und die Eingliederung Deutschlands in die europäische Gemeinschaft.

So ungewiß es damals war, ob es gelingen würde, diese Ziele in naher, ja selbst in ferner Zukunft zu erreichen, so sicher war es, daß nur *ein* gangbarer Weg zu ihnen führen würde, nämlich die Zusammenarbeit Deutschlands mit den freien Nationen.

Verhandlungen des Deutschen Bundestages, 2. Wahlperiode, 46. Sitzung am 5.10.1954, S. 2233.

Wichtig ist, daß es gelungen ist, den nach dem Zusammenbruch der hitlerischen Gewaltherrschaft verzweifelten und hungernden Menschen Westdeutschlands wieder normale Lebensbedingungen zu schaffen und Deutschland zu einem Mitglied der westlichen Völkergemeinschaft zu machen.

Interview mit Hugh Baillie (United Press), zitiert nach Bulletin Nr. 203/54 vom 27.10.1954, S. 1806.

Unsere Politik seit dem Jahre 1949 hat im wesentlichen beruht auf Mäßigung, auf Klarheit und Folgerichtigkeit der Konzeption, auf Geduld, und ein besiegtes Volk muß Geduld haben. Und weiter hat unsere Politik darauf beruht, daß wir versucht haben, uns Freunde zu gewinnen.

In Bayreuth auf einer Veranstaltung der CSU am 24.11.1954, st. N., S. 5, StBKAH 02.12.

Je mehr Freunde wir in der Welt haben, desto besser ist es für uns und die ganze Welt.

In München auf einer Veranstaltung der CSU am 25.11.1954, st. N., S. 13, StBKAH 02.12.

Die Früchte reifen nicht am Tage nach der Saat. Ehe die Früchte reifen einer solchen Politik, muß eine gewisse Zeit ins Land gehen, damit das, was in der Vergangenheit geschehen ist, aus dem Gedächtnis der Menschen zurücktritt und damit die anderen sehen, daß es uns ernst ist mit der Politik, die wir vertreten.

In Augsburg auf einer Veranstaltung der CSU am 26.11.1954, st. N., S. 8, StBKAH 02.12.

Es entspricht unserem festen Willen, durch die Verbundenheit mit der freien Welt die Voraussetzungen zu schaffen für die innere Gestaltung Deutschlands. Es gibt für uns nur einen Rechtsstaat, einen demokratischen Staat, der auch die soziale Gerechtigkeit übt. Souveränität ist für uns ein hohes Gut, aber wir sind jederzeit bereit, sie einzubringen in eine übergeordnete Gemeinschaft der europäischen Völker. Auch das ist bereits in unserer Verfassung vorgesehen, die ebenso wie an die Gemeinschaft der Deutschen an die Gemeinschaft der Europäer gedacht hat.*

Ansprache über den SFB am 5.5.1955, Bulletin Nr. 85/55, S. 702.
* *Vgl. Zeittafel, S. 451 zu Art. 24 GG.*

Deutschlands Zugehörigkeit zum Westen liegt ja auch viel tiefer als in der politischen Konstellation, nämlich in seiner untrennbaren *Zugehörigkeit zum christlich-abendländischen Kulturkreis* begründet.

Verhandlungen des Deutschen Bundestages, 2. Wahlperiode, 101. Sitzung am 22.9.1955, S. 5644.

Das Grundgesetz der Bundesrepublik gewährleistet eine große Stabilität in der Regierungsarbeit, und diese Stabilität hat sich sowohl in der Außen- wie auch in der Innen- und Wirtschafts-politik als ein großer Segen für unser Volk erwiesen. Stabilität bedeutet aber nicht das gleiche wie Stagnation oder Sterilität. Unablässig in den Ländern und im Bund ist das politische Leben in Bewegung, und wenn wir uns auch glücklich schätzen können, eine Verfassung zu besitzen, die es unmöglich macht, daß sich diese inneren Bewegungen in der Politik in ständigen Regierungskrisen äußern, so wie wir es in der Weimarer Republik erlebten, so ist es in größeren Zeitabständen doch notwendig, solchen Veränderungen sowohl in der Sache wie in der Person Rechnung zu tragen.

Ansprache über den deutschen Rundfunk am 16.10.1956, Bulletin Nr. 196/56, S. 1866.

Deutschland ist durch seine geographische Lage, durch die Kraft und Intelligenz, das Potential seiner Bevölkerung, durch seine wirtschaftliche Macht mitten in dies Weltgeschehen hineingestellt und mit ihm unlöslich verbunden. Seine geographische Lage hat Deutschland schon seit Jahrhunderten, besonders in den letzten 150 Jahren, zu einem bestimmten Faktor geschichtlichen Geschehens gemacht. Diese schicksalhafte Bedeutung ist Deutschland verblieben trotz seiner Niederlage, trotz seines Zusammenbruchs und trotz der Veränderung der ganzen Weltlage. Man mag das begrüßen, man mag es beklagen. An der Tatsache selbst vorbeizugehen, die Augen vor ihr zu verschließen, zu glauben, daß es für Deutschland ein politisch und wirtschaftlich isoliertes Dasein gebe, ungestört von den Spannungen und Auseinandersetzungen in der Welt, das ist aus realen Gründen unmöglich, das ist ein Wunschtraum, eine Illusion. Das heißt: Deutschland nicht aus dem Weltgeschehen heraushalten, sondern Deutschland als Objekt mitten in dieses Weltgeschehen hineinstoßen.

Im BR in der Sendereihe »Politik aus erster Hand« am 3.7.1957, Bulletin Nr. 120/57, S. 1134.

Ich muß Ihnen in aller Offenheit sagen – ich bin ja dafür bekannt, daß ich kein Nationalist bin –, daß ich manchmal geradezu bestürzt darüber bin, wie wenig Nationalgefühl das deutsche Volk hat. (Beifall) Ohne Nationalgefühl aber, meine sehr verehrten Damen und Herren, kann ein Volk auch in der heutigen Welt, in der die kleinen europäischen Länder und Völker sich zusammenschließen, einfach nicht bestehen.

Rede anläßlich der Vollversammlung des Zentralverbandes des Deutschen Handwerks in Bad Godesberg am 7.7.1960, sl. N., S. 3, StBKAH 02.22.

… wir haben doch auch eine reiche und große und ehrenvolle Geschichte. […] Die haben wir doch! Man muß nun nicht nur die letzten 30 Jahre nehmen. Natürlich muß man das ruhig zugeben, daß da große Verbrechen begangen worden sind. Oder nehmen Sie Cromwell in der englischen Geschichte! Was hat der denn gemacht? Wahrhaftig war das auch kein Tugendbold, das kann man nicht behaupten. [...] Oder wie sind die Engländer mit den Iren umgegangen! Und trotzdem ist England ein großes Volk. Oder nehmen Sie Frankreich, die Französische Revolution! Ja, das war doch auch eigentlich nicht das, was man sich erträumt hatte: Freiheit, Gleichheit, Brüderlichkeit. [...] und trotzdem ist Frankreich ein großes Land, und die Franzosen sind ein großes Volk.

Interview mit George Bailey (The Reporter) *am 14.11.1960, st. N., S. 3f., StBKAH 02.22.*

... bei mir ist das Nationalgefühl die Liebe zu seinem Volke, nicht die Liebe zu irgendeinem Herrscherhaus oder die Liebe zu irgendeiner Staatsgrenze; die kommen und gehen.

Interview mit George Bailey (The Reporter) *am 14.11.1960, st. N., S. 3, StBKAH 02.22.*

Es gibt keine Kollektivschuld! Ich habe ja die ganze Zeit hier durchlebt, ich bin mehrfach im Gefängnis gewesen und war im Konzentrationslager, ich stand dauernd unter Aufsicht der Nationalsozialisten; ein wahres Wunder ist es, daß ich überhaupt noch lebe. Also eine Kollektivschuld gibt es nicht, das ist nicht wahr! Eine Kollektivscham – das ist wahr und nicht wahr. Natürlich, ich schäme mich der Zeiten und schäme mich, daß so etwas bei uns vorgekommen ist. Aber ich glaube, in der amerikanischen Geschichte hat es auch bei den Sezessionskriegen oder nachher in dem Krieg zwischen den Nord- und den Südstaaten schwere Sachen gegeben.

Interview mit George Bailey (The Reporter) *am 14.11.1960, st. N., S. 4, StBKAH 02.22.*

Unsere Politik muß, um in Übereinstimmung mit unseren realen Möglichkeiten zu bleiben, Schritt für Schritt den einmal eingeschlagenen Weg weitergehen. Wenn wir auch keine Großmacht mehr sind, so können wir doch an der Größe teilhaben, wie sie der Zusammenhalt und der Zusammenschluß der freien Völker zu gewähren vermag. Dazu gehört vor allem, daß wir unseren Freunden gegenüber so treu und so zuverlässig bleiben wie bisher. Soweit die Zukunft in unsere eigene Hand gegeben ist, sehe ich keine andere und keine bessere Politik. Nur wenn wir so fleißig und so gewissenhaft arbeiten wie bisher, können wir unsere wirtschaftlichen und sozialen Verhältnisse bewahren und verbessern: denn auch sie können nur durch unsere eigenen Anstrengungen gesichert werden.

Schallplatte »Aus meinem Leben«, Electrola GmbH, Köln 1961.

Durch den Nationalsozialismus, durch den Krieg, durch die Zerstörungen der Wohnungen, durch die Zerstörung und die Demontage unserer Industrien stand unser Volk in Gefahr, der Lethargie und dem Kommunismus, der uns vom Osten her zu unterminieren versuchte, zu verfallen. Unser Volk bedurfte der zielbewußten Aufbauarbeit. Zielbewußte Arbeit ist das beste, ja, vielleicht das einzige Mittel, um ein zu Boden gestrecktes, aus tausend Wunden blutendes Volk wieder aufzurichten, ihm innere Stärke und Selbstbewußtsein, einen klaren Blick für die Realität der Dinge zu geben und damit auch die Kraft zur geistigen Regeneration und zum geistigen Aufbau.

Verhandlungen des Deutschen Bundestages, 4. Wahlperiode, 39. Sitzung am 9.10.1962, S. 1633.

Wenn wir das deutsche Volk bewahren wollten vor dem An-heimfallen an den Kommunismus, dann mußten wir es bewahren vor der Hoffnungslosigkeit, dann mußten wir auch eintreten in den Kreis der Völker, die die Freiheit in der Welt retten wollten. Wir konnten aber nur erwarten, in diesen Kreis aufgenommen zu werden, wenn wir durch unsere Aufbau-leistungen zeigten, daß wir ein innerlich gesundes Volk sind, und wenn wir den Teil der *gemeinsamen Verteidigung* auf uns nahmen, den man billigerweise von uns verlangen konnte.

Verhandlungen des Deutschen Bundestages, 4. Wahlperiode, 39. Sitzung am 9.10.1962, S. 1633.

Das wichtigste Ergebnis der deutschen Politik nach dem Kriege ist darin zu sehen, daß es gelungen ist, für Deutschland das Vertrauen der freien Völker zu gewinnen.

Interview mit Hans Wendt (Deutsche Welle) am 4.10.1963, schriftliche Fas-sung, S. 1, StBKAH 02.31.

Wir haben es in jahrelanger, zäher, geduldiger Arbeit erreicht, dass das deutsche Volk in der Welt wieder glaubwürdig und vertrauenswürdig geworden ist. Dieses Vertrauen auf allen Ge-bieten ist für die deutsche Politik ein grosses Kapital. Die Ge-meinschaft mit der freien westlichen Welt muss gefestigt und unerschütterlich erhalten werden, auch wenn hie und da natürliche Meinungsverschiedenheiten auftauchen. Nur durch diesen Zusammenhalt sichern wir das Leben und die Freiheit auch des deutschen Volkes und stärken den Frieden in der Welt.

Interview mit dem Dienst mittlerer Tageszeitungen (Dimitag), schriftliche Fassung vom 11.10.1963, zu Frage 3, StBKAH 02.32.

Es ist wahr, meine Damen und Herren: jedes Volk bedarf einer Staatsform und bedarf auch innerhalb dieser Staatsform einer gewissen Lenkung. Aber wir sind uns doch gerade in diesen Zeiten der Not, die hinter uns liegen, darüber klar geworden, daß ohne das Mitgehen des Volkes, ohne daß das Volk mit handelt, ohne daß das Volk mit die Last auf sich nimmt, ohne daß das Volk sich müht weiterzukommen, der Erfolg für jedes Parlament und für jede Regierung versagt bleibt.

Und darum bin ich stolz auf das deutsche Volk – ich darf das wohl auch mit dem Blick über unsere Grenzen hinaus heute sagen –: ich bin stolz auf das, was das deutsche Volk in dieser verhältnismäßig kurzen Spanne Zeit geleistet hat.

Verhandlungen des Deutschen Bundestages, 4. Wahlperiode, 86. Sitzung am 15.10.1963, S. 4165.

Stetigkeit in der Politik ist das große Geheimnis des Erfolges der Bundesrepublik. Denken Sie bitte daran, welches Vertrauen wir beim Zusammenbruch Deutschlands in der Welt genossen! Denken Sie bitte daran, wie verhaßt wir waren und wie kein Mensch in der Welt uns traute. Vertrauen, meine Freunde, ist eine kostbare Gabe; aber sie fällt keinem in den Schoß; sie muß erworben werden, geduldig erworben werden!

Auf dem 12. Bundesparteitag der CDU in Hannover am 15.3.1964, Protokoll des Parteitages, *hrsg. v. der CDU-Bundesgeschäftsstelle, Bonn o. J., S. 27.*

Das Grundgesetz mit seinen 146 Artikeln ist in acht Monaten und acht Tagen geschaffen worden. Im Laufe der 15 Jahre, die es nunmehr in Kraft ist, ist manches Wort der Kritik an ihm gefallen. Sicher ist es nicht vollkommen. Aber ich glaube, daß man das Grundgesetz vor allem danach beurteilen muß, was mit ihm erreicht worden ist.

Nun, es war das Fundament des Wiederaufbaus Deutschlands in politischer, in wirtschaftlicher und in außenpolitischer Hinsicht. Dabei ist versucht worden, den Lehren der Vergangenheit Rechnung zu tragen und mit der Ausgestaltung der Bestimmungen über das konstruktive Mißtrauensvotum ein Moment der Stabilität für die Exekutive zu schaffen, das uns gerade angesichts der Größe der vor uns stehenden Aufgaben wichtig erschienen ist. Ich glaube, wir müssen anerkennen, daß dieses Ziel erreicht wurde.

Bei den Beratungen über das Grundgesetz war uns vor allem folgender Gesichtspunkt klar: Wenn wir erst ein Parlament und eine Regierung haben würden, könnten wir mit ganz anderer Energie dem Ziele zustreben, das uns bei unserer Arbeit besonders vor Augen schwebte: der Wiedervereinigung Deutschlands in Frieden und Freiheit.

Ansprache aus Anlaß des 15. Jahrestages der Verabschiedung des Grundgesetzes bei einem Abendessen für die noch lebenden Mitglieder des Parlamentarischen Rates in Bonn am 25.5.1964, st. N., S. 4, StBKAH 02.33.

Ein Volk muß stetig sein. Ein unstetes Volk, ein Volk, dessen Politik hin- und herschwankt, steht allein da, es ist kein Verlaß auf dieses Volk, es hat keine Freunde. Und wir, unser Volk, wir in unserer schwierigen Lage, wir brauchen Freunde in der Welt, sonst sind wir verloren.

Gegenüber der Herausgeberin im Februar 1967. Druck: Meine Erinnerungen an Konrad Adenauer, *a. a. O., S. 349.*

8 ZUR EINHEIT DEUTSCHLANDS

Zu einem vollen Verständnis der in diesem Kapitel wiederge-
gebenen Zitate und damit zu dem Verständnis der Politik
Adenauers, mit der er die Wiedervereinigung Deutschlands zu
verwirklichen suchte, ist eine Voraussetzung auch die Kenntnis
des 7. Kapitels »Deutsche Vergangenheit und deutsche Zu-
kunft – Der Weg aus der Isolierung«, des 9. Kapitels »Neutrali-
sierung Deutschlands?«, des 15. Kapitels »Der lange Weg zum
vereinigten Europa« sowie des 20. Kapitels »Zur Sowjetunion«.
Zahlreiche der in den genannten vier Kapiteln nachzulesenden
Motive, Überlegungen und Intentionen sind wesentliche
Bestandteile seiner Deutschlandpolitik.

Die Teilung Deutschlands wird eines Tages – das ist unsere
feste Überzeugung – wieder verschwinden.
  (Lebhafter Beifall.)
Ich fürchte, daß, wenn sie nicht verschwindet, in Europa
keine Ruhe eintreten wird.
  (Sehr richtig!)
Diese Teilung Deutschlands ist durch Spannungen herbeigeführt worden, die zwischen den Siegermächten entstanden
sind. Auch diese Spannungen werden vorübergehen. Wir
hoffen, daß dann der Wiedervereinigung mit unseren Brüdern

und Schwestern in der Ostzone und in Berlin nichts mehr im Wege steht.

Verhandlungen des Deutschen Bundestages, 1. Wahlperiode, 5. Sitzung am 20.9.1949, S. 30.

Zur Gründung der »Deutschen Demokratischen Republik« auf dem Gebiet der sowjetischen Besatzungszone*:

Ich stelle folgendes fest: In der *Sowjetzone* gibt es *keinen freien Willen der deutschen Bevölkerung.*

(Lebhafte Zustimmung rechts, in der Mitte und bei der SPD.)

Das, was jetzt dort geschieht, wird nicht von der Bevölkerung getragen und damit legitimiert.

(Sehr gut!)

Die *Bundesrepublik Deutschland* stützt sich dagegen auf die Anerkennung durch den frei bekundeten Willen von rund 23 Millionen stimmberechtigter Deutscher. Die Bundesrepublik Deutschland ist somit bis zur Erreichung der deutschen Einheit insgesamt die *alleinige,* legitimierte staatliche Organisation des deutschen Volkes.

Verhandlungen des Deutschen Bundestages, 1. Wahlperiode, 13. Sitzung am 21.10.1949, S. 308.
* Vgl. Zeittafel, S. 452.

Keine Bundesregierung kann ihre Zustimmung dazu geben, die Teilung Deutschlands zu verewigen. Alle Politik muß auf die Einheit Deutschlands gerichtet sein. Wenn wir aber unsere Probe für Europa ablegen, wenn wir die westliche Welt kraftvoller als die Sowjetunion machen helfen, dann wird man auch mit der Sowjetunion über Dinge sprechen, über die man heute mit ihr noch nicht sprechen kann. Alles hängt bei Verhandlungen mit totalitären Staaten davon ab, ob man mindestens ebenso stark ist wie sie selbst.

Vor dem Bundesparteiausschuß der CDU am 12.2.1951, st. N., S. 15, ACDP VII-001-019/3.

Gestützt auf diese militärische Macht und die straffe Organisation der kommunistischen Parteien ist es Sowjetrußland seit 1945 gelungen, Polen, die Tschechoslowakei, Ungarn, Rumänien und Bulgarien völlig in seine Einflußsphäre einzubeziehen und einen Zustand der Spannung und der Furcht in ganz Europa und der Welt hervorzurufen. Dieses Spannungsverhältnis zwischen Ost und West hat sich zwangsläufig auch auf Deutschland übertragen. Das deutsche Problem, die *Spaltung Deutschlands* in zwei Teile ist eine der Folgen, aber gleichzeitig auch eine der Ursachen der jetzigen gespannten Situation. Die Beseitigung der Spaltung, die Wiederherstellung eines geeinten Deutschlands in Freiheit – ich wiederhole und unterstreiche dieses Wort: *Einheit in Freiheit* – ist daher nicht nur ein Anliegen des deutschen Volkes, sondern auch eine wesentliche Voraussetzung für die Erhaltung des Friedens in der Welt.

Verhandlungen des Deutschen Bundestages, 1. Wahlperiode, 125. Sitzung am 9.3.1951, S. 4758.

Der erste Schritt zur Einheit Deutschlands ist die Abhaltung freier, allgemeiner, gleicher, geheimer und direkter *Wahlen in ganz Deutschland* zu einem *verfassunggebenden deutschen Parlament*.

Verhandlungen des Deutschen Bundestages, 1. Wahlperiode, 125. Sitzung am 9.3.1951, S. 4758.

Zur Einheit Deutschlands 145

Lassen Sie mich noch mit allem Nachdruck folgendes erklären:
Über lebenswichtige Interessen eines Volkes kann von keiner
Konferenz ohne Zustimmung dieses Volkes selbst entschieden
werden.

*Verhandlungen des Deutschen Bundestages, 1. Wahlperiode, 125. Sitzung
am 9.3.1951, S. 4760.*

Uns Deutschen liegt nach all den Erfahrungen, die wir gemacht haben und auch im Hinblick auf die ungeheuren Kräfte
in der Welt nichts ferner als der Gedanke an Krieg. Wir wollen den Frieden, wir wollen aber unsere Freiheit, und wir wollen die Wiedervereinigung Deutschlands. Und je eher Rußland sich davon überzeugt, daß es nicht weiterkommt in seiner bisherigen Methode, desto eher ist der Tag da, den ich mit
ganzem Herzen und mit ganzer Seele herbeiwünsche, den
Tag, an dem die Großmächte und wir uns an einen Tisch zu-
sammensetzen können, um einen wahren und dauerhaften
Frieden abzuschließen.

Rede in der Bonner Universität am 28.3.1952, Bulletin Nr. 38/52, S. 388.

… so viel kann ich mit aller Bestimmtheit sagen: Ein freies
Gesamtdeutschland mit der SPD als stärkster Partei wäre mir
jederzeit weit lieber als eine von der Sowjetzone getrennte
Bundesrepublik mit der CDU als stärkste Partei. Hier steht
wirklich das *Vaterland über der Partei,* und hier beginnt der
Staatsmann jenseits der Partei. Er beginnt erst recht jenseits
der Konfession. Ich wäre außerdem ein schlechter Christ,
wenn ich es vorzöge, die Deutschen in der Sowjetzone wegen
ihres mehrheitlich evangelischen Glaubens der Sklaverei zu
überlassen.

*Interview mit Ernst Friedlaender im NWDR, Bulletin Nr. 47/52 vom
26.4.1952, S. 487.*

In Beantwortung der Bemerkung, es falle schwer zu begreifen,
wie sich aus der Einbeziehung der Bundesrepublik in den
Westen ohne weiteres die deutsche Einheit ergeben solle:

Ohne weiteres gewiß nicht. Aber erstens ist ein anderer
Weg gar nicht sichtbar und zweitens ist es auch für die Sowjets keine sinnvolle Politik, sich jahrelang auf ein aussichtsloses Wettrüsten einzulassen. Sie sind die ersten, die die
Sprache westlicher Stärke verstehen werden. Das ist aber
nicht alles. Wenn die Bemühungen um die Wiederherstellung
der deutschen Einheit jetzt erfolglos bleiben sollten, so heißt
das, daß das deutsche Problem sich isoliert nicht lösen läßt,
so lange der Weltkonflikt im übrigen fortbesteht. Aber dieser
Weltkonflikt wird im ganzen einmal friedlich beigelegt werden
müssen. Innerhalb einer solchen globalen Friedensregelung
sieht das deutsche Problem völlig anders aus. Die deutsche
Einheit in Freiheit ist ein Teil der europäischen Einheit in
Freiheit. Sie ist kein isoliertes Problem. Es trifft sicher zu, daß
es ohne die deutsche Einheit keinen wirklichen Weltfrieden
geben kann. Aber vielleicht läßt sich das auch umkehren. Vielleicht gibt es keine deutsche Einheit ohne einen Weltfrieden.

Interview mit Ernst Friedlaender im NWDR, Bulletin Nr. 47/52 vom
26.4.1952, S. 489.

Wenn ich von Politik in größerem Rahmen spreche, so meine
ich durchaus nicht, daß Deutschland selbst eine Ostraumpolitik oder überhaupt irgendeine Großraumpolitik betreiben
sollte. Wir selbst haben zwei Ziele: Ein vereintes Deutschland
und die Vereinigten Staaten von Europa, zunächst nicht mehr
als ein Kerneuropa. Ostraumpolitik, Weltpolitik, *ist nicht*
Deutschlands Sache. Aber es ist die *Sache der Weltmächte,* vor
allem der Vereinigten Staaten von Amerika. Im Rahmen dieser
Weltpolitik ist durchaus damit zu rechnen, daß auch für die

Sowjets die Zeit kommt, Frieden und Abrüstung dem Kalten Krieg und dem ewigen Rüsten vorziehen zu müssen und deshalb vorziehen zu wollen. Es gehört nicht allzuviel Phantasie dazu, sich in einem solchen Rahmen Kompensationsobjekte für die deutsche Einheit in Freiheit vorzustellen.

Interview mit Ernst Friedlaender im NWDR, Bulletin Nr. 47/52 vom 26.4.1952, S. 489.

... alle Entwicklungen, die zur gegenwärtigen Lage geführt haben, und die zur Zeit bestehenden *Spannungen in der Welt* hängen eng miteinander zusammen. Man sieht die Probleme nicht richtig und kann daher nicht zu ihrer richtigen Beurteilung kommen, wenn man diesen Zusammenhang nicht berücksichtigt. Auch das Problem Deutschland darf man nicht als ein für sich allein stehendes betrachten; es ist ein sehr wichtiger Teilabschnitt in der großen Spannungslinie Ost-West.

Verhandlungen des Deutschen Bundestages, 1. Wahlperiode, 221. Sitzung am 9.7.1952, S. 9792.

Es ist richtig, daß die Wiedervereinigung in Freiheit nur mit Zustimmung der vier Alliierten, also auch mit *Zustimmung Sowjetrußlands,* erfolgen kann.

(Abg. Frau Strohbach: Aha! Das hat sich einmal ganz anders angehört!)

Ich bin der Auffassung, daß es klug ist, wenn man sich für diese Politik die Hilfe von wenigstens drei von den vieren zunächst sichert, wie wir das im Deutschlandvertrag* tun.

(Zustimmung bei den Regierungsparteien. – Abg. Niebergall: Das ist auch eine Argumentation!)

Ich glaube, daß es möglich sein wird, im richtigen Augenblick mit Sowjetrußland an den Verhandlungstisch zu kommen,

(Abg. Niebergall: Das soll nun ein Argument sein!)
wenn wir die Hilfe dieser drei Mächte dabeihaben.

*Verhandlungen des Deutschen Bundestages, 1. Wahlperiode, 221. Sitzung
am 9.7.1952, S. 9799.*
* Vgl. Zeittafel, S. 454 u. 456.

Wir alle müssen uns vollständig klar darüber sein, daß der
Weg, den wir zurücklegen müssen, um die Wiedervereinigung
Deutschlands in Frieden und Freiheit in einem freien Europa
zu sichern, Zeit, Geduld, Zuversicht und Beharrlichkeit erfordert.

In Berlin in den Siemens-Werken am 16.7.1952, Bulletin Nr. 93/52, S. 922.

Die Wiederherstellung der deutschen Einheit ist ein Teilproblem innerhalb des großen Konflikts, der Ost und West
heute trennt. Es wird demnach im Rahmen einer generellen
Entspannung gelöst werden müssen. Ich bin aber fest davon
überzeugt, daß das deutsche Volk seine Einheit wiedererlangen wird.

Interview mit der italienischen Wochenzeitschrift L'Epoca, *zitiert
nach Bulletin Nr. 106/52 vom 6.8.1952, S. 1019.*

Wenn wir die Wiedervereinigung Deutschlands in Freiheit
haben wollen und wenn wir das als das vornehmste Ziel unserer Politik bezeichnen, darf man niemals dabei vergessen,
daß gleichwertig dem ist und die Grundlage dafür ist, daß wir
unsere eigene Freiheit auch wirklich rechtlich sichern, d.h.
daß wir nur dann dem Ziele der Wiedervereinigung Deutschlands in Freiheit näher kommen, wenn wir die Prämisse geschaffen haben, nämlich, daß wir unsere Freiheit auch recht-

lich wiedererlangt haben. Daher ist das Inkrafttreten des Deutschlandvertrages und des EVG-Vertrages* auch unter dem Gesichtspunkt der Wiedervereinigung Deutschlands eine unabdingbare Notwendigkeit.

Vor dem Bundesparteiausschuß der CDU am 6.9.1952, st. N., S. 13, ACDP VII-001-019/11.

* Vgl. Zeittafel, S. 454 u. 456.

Sowjetrußland besteht auf der Innehaltung des Potsdamer Vertrages, das ist das Grundprinzip, und dem folgend verlangt es, daß zunächst eine Einigung erfolgt unter den vier Mächten über den Inhalt des Friedensvertrages, d.h. mit anderen Worten: Ein Diktatfrieden, daran ist gar nicht zu deuteln. Erst wenn alles fertig ist, wenn eine gesamtdeutsche Regierung gebildet worden ist aus den jetzigen Teilen Deutschlands, dann erst, wenn das alles fertig ist, dann will Sowjetrußland zu freien Wahlen schreiten.

Vor dem Bundesparteiausschuß der CDU am 6.9.1952, st. N., S. 13, ACDP VII-001-019/11.

Lesen Sie einmal das Potsdamer Abkommen durch, dann werden Sie zu dem Ergebnis kommen, daß dieses Potsdamer Abkommen und ein Friedensvertrag, der ihm entspricht, Deutschland solche Fesseln und solche Beschränkungen auferlegt, daß ohne eine Kontrolle der Alliierten, ob dieses Gesamtdeutschland nun auch wirklich das alles innehält, gar nicht denkbar ist. Man kann es anders nennen als Viermächtekontrolle, aber Freiheit, wirkliche Freiheit wird dieses Gesamtdeutschland niemals bekommen, wenn es so wird, wie Sowjetrußland das jetzt will.

Vor dem Bundesparteiausschuß der CDU am 6.9.1952, st. N., S. 14, ACDP VII-001-019/11.

In diesem Deutschlandvertrag* sagen sich die drei westalliierten Mächte von dem Potsdamer Abkommen los und noch mehr als das, sie verpflichten sich darin, mit uns zusammen für die Wiedervereinigung Deutschlands in Frieden und Freiheit einzutreten. Jetzt handelt es sich darum, und das ist die nächste Aufgabe der deutschen Außenpolitik, die vierte der Mächte, die Sowjetunion, dafür zu gewinnen. Nicht durch Krieg, daran denkt niemand und ich am allerwenigsten, aber es gibt doch nach meiner festen Überzeugung einen Weg, um zu vernünftigen Verhandlungen mit Sowjetrußland zu kommen.

In Köln auf einer Veranstaltung der CDU am 2.11.1952, st. N., S. 9, StBKAH 02.10.

* Vgl. Zeittafel, S. 454 u. 456.

Die Spaltung Deutschlands beruht nicht auf einem innerdeutschen Zwist, sondern auf dem Ost-West-Konflikt. Die Welt ist nicht geteilt, weil Deutschland geteilt ist, sondern Deutschland ist geteilt, weil die Welt geteilt ist. Die Teilung Deutschlands kann also auch nur im Rahmen einer allgemeinen Entspannung wieder beseitigt werden. Wir glauben, daß ein politisch und militärisch geeinigter Westen in der Lage ist, durch eine konzertierte diplomatische Aktion auf friedlichem Wege den Ost-West-Konflikt zu entspannen und damit auch das Problem der Wiedervereinigung Deutschlands und der Oder-Neiße-Linie zu lösen. Weder der Frieden noch unsere Freiheit dürfen dabei in Gefahr geraten.

Interview mit André Fontaine (Le Monde) am 19.3.1953, zitiert nach Bulletin Nr. 55/53, S. 472.

Die Wiedervereinigung Deutschlands muß zum Ziel haben, die 18 Millionen Deutsche hinter dem Eisernen Vorhang zu befreien. Wir helfen ihnen nicht, wenn die Bundesrepublik sich auch in die sowjetrussische Machtsphäre begeben würde. Ein solcher Schritt wäre gleichbedeutend mit dem Untergang des gesamten deutschen Volkes, mit dem Untergang unserer Freiheit und alles dessen, was uns heilig ist. Das würde keine Hilfe für die 18 Millionen Deutschen hinter dem Eisernen Vorhang sein. Im Gegenteil, es würde ihnen dadurch die Hoffnung auf den Tag der Befreiung, die ihnen hilft, ihre jetzige Sklaverei zu ertragen, genommen werden. Die Wiedervereinigung Deutschlands bedeutet Wiedervereinigung in Freiheit und in Frieden.

Vor der Landesverbandstagung der CSU in Augsburg am 14.6.1953, st. N., S. 7, StBKAH 02.11.

Das ganze deutsche Volk hinter dem Eisernen Vorhang ruft uns zu, seiner nicht zu vergessen, und wir schwören ihm in dieser feierlichen Stunde: Wir werden seiner nicht vergessen. Wir werden nicht ruhen und wir werden nicht rasten – diesen Schwur lege ich ab für das gesamte deutsche Volk – bis auch sie wieder Freiheit haben, bis ganz Deutschland wieder vereint ist in Frieden und Freiheit.

Ansprache in Berlin am 23.6.1953 bei der Trauerfeier für die Opfer des Volksaufstandes in der Sowjetzone am 17.6.1953, Bulletin Nr. 116/53, S. 985.

Wir wollen nicht, daß eine Viererkonferenz über das deutsche Volk entscheidet *ohne* das deutsche Volk. Dagegen müssen wir uns wenden, wir alle miteinander. Wir wollen nicht, daß die vier Siegermächte – auch wenn drei von ihnen in der Zwischenzeit von damaligen Gesichtspunkten sich entfernt haben, und seien sie auch unsere Freunde geworden – wir wollen nicht, daß über das Schicksal des deutschen Volkes vier andere Mächte entscheiden *ohne* uns.

> *Rede aus Anlaß der Inbetriebnahme eines neuen Stahlwerkes in Watenstedt-Salzgitter am 27.6.1953, Bulletin Nr. 120/53, S. 1018.*

Unsere *Pläne für die Zeit nach der Wiedervereinigung* sind fertiggestellt. Besondere Arbeitsausschüsse haben Sofortmaßnahmen für den Tag der Wiedervereinigung vorbereitet. Es sind Vorarbeiten geleistet für die Versorgung mit Lebensmitteln,

(Abg. Renner: Aha!)

Kohle, Eisen, Stahl und Energie. Ferner sind die notwendigen Maßnahmen auf den Gebieten des Arbeitsmarktes, der Währung, der sozialen Versorgung und des Verkehrs festgelegt worden.

> *Verhandlungen des Deutschen Bundestages, 1. Wahlperiode, 278. Sitzung am 1.7.1953, S. 13873.*

Wiedervereinigung und europäisches Zusammenleben sind notwendige Teile ein und derselben Politik.

> *Verhandlungen des Deutschen Bundestages, 1. Wahlperiode, 278. Sitzung am 1.7.1953, S. 13873.*

Entsprechend den zahlreichen Erklärungen des Bundestags und der Bundesregierung wird das deutsche Volk die sogenannte *Oder-Neiße-Grenze* niemals anerkennen.

(Anhaltender Beifall bei den Regierungsparteien.)

Lassen Sie mich aber eines hier mit allem Nachdruck betonen:

Zur Einheit Deutschlands

Die mit der Oder-Neiße-Linie zusammenhängenden Probleme sollen nicht mit Gewalt, sondern ausschließlich auf friedlichem Wege gelöst werden.

Verhandlungen des Deutschen Bundestages, 2. Wahlperiode, 3. Sitzung am 20.10.1953, S. 20.

Noch niemand, meine Damen und Herren, der behauptet, zwischen Wiedervereinigung in Frieden und Freiheit und europäischer Integration bestehe ein unlösbarer Widerspruch, hat sein Geheimnis verraten, auf welche Weise und wodurch die Wiedervereinigung in Frieden und Freiheit zustande kommen und gesichert werden soll, als auf dem Wege über die europäische Integration.

Verhandlungen des Deutschen Bundestages, 2. Wahlperiode, 3. Sitzung am 20.10.1953, S. 21.

Überall, wo etwas zur Entspannung des Weltkonflikts geschieht, da geschieht auch etwas für Deutschland. Im Rahmen einer allgemeinen Weltregelung wäre das Deutschlandproblem verhältnismäßig leicht zu lösen. Aber schon mit jeder Teilregelung wird es leichter lösbar. [...] Dem Ungeduldigen in Deutschland mag dies als Umweg erscheinen. Aber es ist besser, auf Umwegen zum Ziele zu kommen, als es gar nicht zu erreichen. Eine erfolgreiche Politik zur Wiedervereinigung Deutschlands beruht nicht zuletzt auf der Einsicht in die Unvermeidbarkeit der Umwege, der mittelbaren Methoden.

Interview mit Ernst Friedlaender im NWDR am 22.2.1954, Bulletin Nr. 37/54, S. 298.

Nach dem Scheitern der Berliner Außenministerkonferenz
Frankreichs, Großbritanniens, der Sowjetunion und der USA
(25.1.– 18.2.1954)*:

Aber es wird für uns alle jetzt erst recht zur Pflicht, den
Deutschen in der Sowjetzone in jeder nur möglichen Weise zu
helfen. Wir müssen sie stützen in ihrem Willen, wachsam und
vorsichtig, zähe und geduldig zu bleiben. Ihr stiller Widerstand, ihr Ausharren in der Zone der Unfreiheit sind das
größte Verdienst um die deutsche Sache. Sie tragen die weit
schwerere Last. Tun wir das unsere, sie ihnen leichter zu
machen. Die Bundesregierung sieht hierin ihre erste Pflicht.
Sie appelliert an jeden Deutschen der Bundesrepublik mitzuhelfen. Sie vertraut auf die christlichen Kirchen als gesamtdeutsche Klammern.

Interview mit Ernst Friedlaender im NWDR am 22.2.1954, Bulletin
Nr. 37/54, S. 300.
* Vgl. Zeittafel, S. 455f.

Es gibt nur ein einziges deutsches Vaterland.
  (Wiederholter Beifall bei den Regierungsparteien und bei
  Abgeordneten der SPD.)
Wir werden nicht ruhen und rasten, bis es seine *Einheit* wie-
dergefunden hat *in Frieden und in Freiheit.*

Verhandlungen des Deutschen Bundestages, 2. Wahlperiode, 16. Sitzung
am 25.2.1954, S. 522.

Es gibt nur eine legitime Vertretung des deutschen Volkes, und
das ist die Bundesrepublik Deutschland. Die Bundesregierung
ist die einzige frei gewählte Regierung des deutschen Volkes.

Vor der Auslandspresse in Bad Godesberg am 6.4.1954, Bulletin Nr. 67/54,
S. 578.

Zur Einheit Deutschlands

Niemals werden wir anerkennen, daß die durch List, Betrug und Gewalt zur Herrschaft gelangten *Machthaber der Sowjetzone* befugt sind, deutsche Staatsgewalt auszuüben.

(Sehr gut! in der Mitte.)

Wir würden uns selbst entehren und alle Opfer der kommunistischen Gewaltherrschaft beleidigen, wenn wir jene Machthaber als Partner beim Werke der Wiedervereinigung Deutschlands anerkennen würden. Ein freies Deutschland könnte aus der Zusammenarbeit mit ihnen nicht hervorgehen.

(Sehr richtig! in der Mitte.)

Niemals werden wir uns mit der *Spaltung Deutschlands* abfinden und die Existenz zweier deutscher Staaten hinnehmen.

Verhandlungen des Deutschen Bundestages, 2. Wahlperiode, 23. Sitzung am 7.4.1954, S. 795.

Diese Spaltung, die das Ergebnis einer durch Jahre hindurch konsequent betriebenen Abschnürungspolitik der Sowjets ist, steht im Widerspruch zu den allgemeinen Grundsätzen des Völkerrechts wie auch zu den vertraglichen Verpflichtungen, welche die vier Besatzungsmächte 1945 untereinander eingegangen sind. Eine Besatzungsmacht hat nicht das Recht, ihre Besatzungsgewalt zur politischen Zerreißung Deutschlands zu mißbrauchen.

(Allgemeiner Beifall.)

Deutschland als Ganzes ist im Jahre 1945 der alliierten Besatzung unterstellt worden, und nur durch einen frei verhandelten Friedensvertrag der Besatzungsmächte mit Deutschland kann über seine Grenzen entschieden werden.

Verhandlungen des Deutschen Bundestages, 2. Wahlperiode, 23. Sitzung am 7.4.1954, S. 795.

Heute wird in der freien Welt nicht nur allgemein anerkannt, daß die Beseitigung der Spaltung Deutschlands eine der wesentlichen Voraussetzungen für die Erhaltung und Festigung des Friedens in Europa ist, sondern es besteht auch weitgehend Übereinstimmung über den Weg, der allein zu einer Wiedervereinigung in Frieden und Freiheit führen kann. Dieser Weg ist von der Bundesregierung und dem Bundestag am 10. Juni 1953 klar vorgezeichnet worden. Seine Etappen sind – lassen Sie es mich noch einmal wiederholen –: die Abhaltung freier Wahlen in ganz Deutschland, die Bildung einer freien Regierung in ganz Deutschland, der Abschluß eines mit dieser Regierung frei vereinbarten Friedensvertrags, die Regelung aller noch offenen territorialen Fragen in diesem Friedensvertrag, die Sicherung der Handlungsfreiheit für ein gesamtdeutsches Parlament und eine gesamtdeutsche Regierung im Rahmen der Grundsätze und der Ziele der Vereinten Nationen.

Verhandlungen des Deutschen Bundestages, 2. Wahlperiode, 26. Sitzung am 29.4.1954, S. 1075.

Man hat befürchtet, Deutschland werde seine Wiedervereinigung mit Gewalt herbeiführen wollen. Dazu sage ich: Alle deutschen Parteien, auch die Organisationen der Vertriebenen sind sich darin einig, daß sie die Wiedervereinigung nur auf friedlichem Wege herbeiführen wollen.

Rede über den SWF am 6.8.1954, Bulletin Nr. 146/54, S. 1306.

Die Bundesregierung weist nachdrücklich die Behauptung zurück, daß die Spaltung Deutschlands durch die Wiederherstellung der Souveränität für einen Teil Deutschlands vertieft oder verhärtet werde. Sie hat auch bei der Neuformulierung der Vertragstexte sorgfältig darauf Bedacht genommen, daß

Zur Einheit Deutschlands

jene Elemente der *Viermächte-Vereinbarungen von 1945* unberührt bleiben, die die *Bewahrung der staatlichen Einheit*
Deutschlands und seine *Wiedervereinigung* betreffen.* Nur
aus diesem Grunde hat sie der Aufrechterhaltung der Verant-
wortlichkeiten der drei Westmächte für Berlin, die Wiedervereinigung und den Friedensvertrag und der Beibehaltung der
damit verbundenen Rechte zugestimmt. Wenn darin eine Beschränkung der deutschen Souveränität liegt, dann handelt es
sich jedenfalls um eine Beschränkung, die jeder einsichtige
Deutsche im gegenwärtigen Zeitpunkt für unvermeidlich und
notwendig halten muß, um die Lage Berlins nicht zu gefährden und die Wiedervereinigung Deutschlands nicht zu
erschweren.

Verhandlungen des Deutschen Bundestages, 2. Wahlperiode, 61. Sitzung
am 15.12.1954, S. 3122.
* *Vgl. Zeittafel, S. 456.*

Unsere Absicht war, die Bundesrepublik Deutschland zu einem
lebendigen, gesunden Staatswesen zu machen, das getragen
ist von der freiwilligen Zustimmung und Mitarbeit der ganzen
Bevölkerung und das bereit und in der Lage ist, die terrori-
sierte, ausgeblutete Sowjetzone am Tage der Wiedervereinigung zu tragen und zu stützen.
(Lebhafter Beifall bei den Regierungsparteien.)
Unsere Kraft muß ausreichen, um auch den Menschen in der
Sowjetzone die innere und äußere Freiheit zu geben, die
wir hier in der Bundesrepublik errungen haben. Diese Kraft
muß auch ausreichen, um die wirtschaftlichen Aufgaben, die
sich bei der Wiedervereinigung in der Sowjetzone und den
deutschen Ostgebieten stellen, zu bewältigen.

Verhandlungen des Deutschen Bundestages, 2. Wahlperiode, 61. Sitzung
am 15.12.1954, S. 3132.

Die *großen Mächte* werden sich entsprechend ihren vertraglichen Verpflichtungen [aus dem Deutschlandvertrag und dem Vertrag über den Beitritt zur NATO] bei kommenden Verhandlungen für unsere *Wiedervereinigung* solidarisch einsetzen. Ich weise erneut darauf hin, daß alle Regierungen der Mitgliedstaaten des Nordatlantikpaktes sich der Erklärung der Drei Mächte vom 3. Oktober 1954 zu dieser Frage angeschlossen haben. Sie erklären also, daß die Schaffung eines völlig freien und vereinigten Deutschlands durch friedliche Mittel ein grundlegendes Ziel ihrer Politik ist. Ich sehe nicht, meine Damen und Herren, wie heute eine bessere Basis für die Wiedervereinigung Deutschlands gewonnen werden könnte.

Verhandlungen des Deutschen Bundestages, 2. Wahlperiode, 61. Sitzung am 15.12.1954, S. 3132.

Die Sowjets werden uns niemals die Sowjetzone auf dem Präsentierteller entgegenbringen. Sie betrachten, von ihrem Standpunkt aus durchaus mit Recht, die Frage der Rückgabe der Sowjetzone als eine Teilfrage eines viel größeren Fragenkomplexes. Sie müssen das nicht nur tun, weil sie von der Sowjetzone aus V-Geschosse nach England schicken können, sondern auch deswegen, weil die Rückgabe der Sowjetzone in den anderen Satellitenstaaten den Geist des Widerstandes, der dort vorhanden ist, mit einem solchen Impuls versehen würde, daß sie davon große Schwierigkeiten befürchten. Daher wird die Sowjetzone zu uns nur zurückkommen, wenn es gelingt, in der Welt wenigstens in etwa zu einer Bereinigung der großen schwebenden Fragen zu gelangen.

Vor dem Bundesparteivorstand der CDU am 5.2.1955, st. N., S. 70f., ACDP VII-001-004/1.

Zur Einheit Deutschlands

Sobald wir souverän sind – ich habe davon absichtlich heute noch nicht gesprochen – können wir als ein selbständiger, souveräner Staat unsere diplomatischen Beziehungen einsetzen im Sinne einer Beilegung des Konflikts auch mit den Sowjets, wozu wir jetzt gar nicht in der Lage sind. Dreier- oder Viererkonferenzen, die über unseren Kopf hinweg geführt werden, d.h. ohne daß wir dabei am Tisch sitzen, sind eine sehr üble Angelegenheit. Daher ziehe ich, weil ich fest davon überzeugt bin, im geeigneten Augenblick mit den Sowjets verhandeln zu können, eine Konferenz mit den Sowjets über die Rückgabe der Sowjetzone, bei der wir gleichberechtigt mit am Tisch sitzen, Verhandlungen vor, die über unseren Kopf hinweg von anderen geführt werden.

Vor dem Bundesparteivorstand der CDU am 5.2.1955, st. N., S. 71, ACDP VII-001-004/1.

Die Wiedergewinnung Ostdeutschlands durch Gewalt kommt nicht in Frage ...

Interview mit Prof. Tingsten für die schwedische Zeitung Dagens Nyheter, *veröffentlicht am 6.3.1955, zitiert nach Bulletin Nr. 47/55, S. 385.*

Wir Deutsche – glauben Sie es mir! – brauchen Freunde in der Welt, und schon Bismarcks schwerste Sorge ist es immer gewesen, wie sich Deutschland, das damals doch auf der Höhe seiner Macht stand, Freunde erwerben kann. Wir haben uns die Freunde erworben, und wir wollen uns diese Freunde erhalten, und wir sind überzeugt davon, daß diese unsere Freunde getreu dem, was in den Verträgen [Deutschlandvertrag sowie Vertrag über den Beitritt zur NATO]* niedergelegt ist, zusammen mit uns die Wiedervereinigung Deutschlands in Frieden und Freiheit als Ziel ihrer Politik erkennen.

In Goslar auf einer Veranstaltung der CDU am 22.4.1955, st. N., S. 15, StBKAH 02.13.
* *Vgl. Zeittafel, S. 456.*

... es ist falsch, die Frage der Wiedervereinigung Deutschlands lediglich als eine Frage für sich zu betrachten. Das ist es für uns, das ist es nicht für Sowjetrußland, und zwar deswegen nicht, weil die anderen Satellitenstaaten – insbesondere Polen, die Tschechoslowakei – gar nicht fest in seiner Hand sind und Sowjetrußland befürchten muß, daß, wenn es die Sowjetzone freigibt, in Polen und in der Tschechoslowakei sehr große Schwierigkeiten entstehen.

Vor dem Bundesparteivorstand der CDU am 2.5.1955, st. N., S. 15, ACDP VII-001-004/2.

Was die Wiedervereinigung angeht, so glaube ich, daß sie nur kommen wird – ich sage nicht als Endpunkt – im Zuge einer allgemeinen Entspannung. Wir müssen daher bestrebt sein, eine solche allgemeine Entspannung herbeizuführen.

Vor dem Bundesparteivorstand der CDU am 2.5.1955, st. N., S. 16, ACDP VII-001-004/2.

In unserer Verfassung vom 23. Mai 1949 heißt es in der Präambel, daß die Verfassungsgeber auch für jene Deutschen gehandelt haben, denen mitzuwirken versagt war. Das gesamte deutsche Volk bleibt nach der Präambel unseres Grundgesetzes aufgefordert, in freier Selbstbestimmung die Einheit und Freiheit Deutschlands zu vollenden.

Bereits in der Stunde der Bildung der Bundesrepublik Deutschland haben damit die Abgeordneten des Parlamentarischen Rates auch an die Deutschen jenseits des Eisernen Vorhangs gedacht. An sie wurde gedacht, wenn in den Text der Verfassung aufgenommen wurde, daß es Deutsche gibt, denen die Mitwirkung bei der Bildung eines neuen deutschen Staates versagt war und daß es Aufgabe der Zukunft sein wird, in freier Selbstbestimmung die Einheit und Freiheit Deutschlands zu vollenden. Auch der Name, der für den neuen Staat gewählt wurde, weist darauf hin, daß von den Verfassungsgebern an alle Deutschen gedacht wurde. Dieser Name heißt ›Bundesrepublik Deutschland‹. Mit dem Wort Deutschland wird ausgedrückt, daß die Bundesrepublik der Staat für *alle* Deutschen ist.

Ansprache über den SFB am 5.5.1955, Bulletin Nr. 85/55, S. 702.

Die Bundesrepublik hat die *Pariser Verträge** ratifiziert und ist Mitglied der *Westeuropäischen Union* geworden. Damit ist gemäß dem *Londoner Protokoll vom 3. Oktober 1954*** die vertragliche Verpflichtung der drei Westmächte in Kraft getreten, derzufolge ›die Schaffung eines völlig freien und vereinten Deutschlands durch friedliche Mittel ein grundsätzliches Ziel ihrer Politik bleibt‹. Dieser Erklärung haben sich die übrigen Mitglieder des Nordatlantikpaktes angeschlossen. Daraus ergibt sich die vertragliche Verpflichtung dieser Mächte, keiner Regelung zuzustimmen, die die Beibehaltung der Spaltung Deutschlands festlegt oder voraussetzt.

Verhandlungen des Deutschen Bundestages, 2. Wahlperiode, 84. Sitzung am 27.5.1955, S. 4599.
* Vgl. Zeittafel, S. 456.
** Vgl. Zeittafel, S. 456.

Von unserem, vom deutschen Standpunkt aus verlangen wir nur unser Recht, wenn wir fordern, daß Sowjetrußland die 18 Millionen Deutschen, die es mit Gewalt in Unfreiheit hält, freigibt und ihnen gestattet, sich mit uns zu vereinigen.

(Beifall bei den Regierungsparteien.)

Denn die Sowjetzone ist nichts anderes als ein von Sowjetrußland besetztes deutsches Gebiet.

Verhandlungen des Deutschen Bundestages, 2. Wahlperiode, 84. Sitzung am 27.5.1955, S. 4606.

Ich bin der Auffassung, daß es in der Außenpolitik und in der Politik des Durchhaltens viel richtiger ist, den Leuten die Schwierigkeiten wenigstens in etwa zu sagen, als daß nachher gesagt wird, sie nehmen den Mund voll, und alles ist vorbei. Im übrigen wandeln wir, wenn Sie wollen, zwischen Skylla und Charybdis. Wir dürfen den Leuten nicht den Mut nehmen. Wir dürfen aber auch keine falschen Hoffnungen erwecken, die eine vollkommene Katastrophe bringen würde. Das ist unsere Situation.

Vor dem Bundesparteivorstand der CDU am 3.6.1955, st. N., S. 66, ACDP VII-001-004/3.

Tod und Opfer der Freiheitskämpfer vom 17. Juni legten vor der Welt Zeugnis dafür ab, daß kein Volk auf die Dauer gegen seinen Willen in Unfreiheit und nationaler Zerrissenheit gehalten werden kann. Sie sind für jeden Deutschen mahnende Verpflichtung, nach seinen Kräften mitzuhelfen, das Ziel der Wiedervereinigung in Frieden und Freiheit zu erreichen.

Botschaft zum Tag der Deutschen Einheit am 17.6.1955 aus Washington, D.C., während eines Besuches in den USA, zitiert nach Bulletin Nr. 110/55, S. 915.

Ohne die Wiedervereinigung Deutschlands in Frieden und Freiheit wird bei der geographischen Lage Deutschlands im Herzen Europas und bei der Stärke des deutschen Volkes keine Beruhigung in Europa möglich sein und damit auch keine Beruhigung in der Welt.

Interview mit der Welt am Sonntag, *erschienen am 17.7.1955,*
Nr. 29, 8. Jg.

Die Teilung Deutschlands ist abnorm, sie ist gegen göttliches und menschliches Recht und gegen die Natur. Ich kann es auch nicht nützlich finden, mit ihr als einer ›Realität‹ zu argumentieren, denn das Entscheidende, was daran real ist, ist die Überzeugung aller, daß sie nicht von Bestand bleiben kann und darf.

Grundsatzerklärung während der Verhandlungen in Moskau am 9.9.1955,
Dokumentation zur Deutschlandfrage, *Hauptband I, Siegler & Co. KG.,*
Bonn, Wien, Zürich 1970, S. 364.

Zu dem Ergebnis der Moskauer Verhandlungen vom September 1955 und damit zur Aufnahme diplomatischer Beziehungen zur Sowjetunion*:
Die Tragweite der zu treffenden Entscheidungen hat mich bewogen, die Wirksamkeit der Moskauer Vereinbarungen von dem *Einverständnis des Bundestages* abhängig zu machen. Ich verkenne nicht die in den Moskauer Entscheidungen liegende Problematik. Ohne jedes Risiko werden sich aber die schwierigen politischen Probleme unseres Staates nicht lösen lassen, wird die Einheit Deutschlands nicht zu verwirklichen sein.

Verhandlungen des Deutschen Bundestages, 2. Wahlperiode, 101. Sitzung am 22.9.1955, S. 5647.
* *Vgl. Zeittafel, S. 457.*

Es wäre jedoch absolut falsch zu sagen, daß wir die Einigung Europas als einen sogenannten Ersatz für die Wiedervereinigung Deutschlands ansehen. Einmal ist und bleibt die Wiedervereinigung Deutschlands in Frieden und Freiheit oberstes Ziel der deutschen Politik. Dann ist uns die Verwirklichung des Europagedankens auch ein Mittel zur Erreichung dieses Zwecks, ein sehr wichtiger Weg, der uns der Wiedervereinigung näherbringen wird. Zum dritten aber stehe ich auch heute noch auf dem Standpunkt, daß die Einigung unseres Kontinents um Europa selbst willen zustandekommen muß, weil es für Europa einfach eine Existenzfrage ist.

Interview mit der Politisch-Sozialen Korrespondenz, *erschienen am 1.1.1956, Nr. 1, V. Jg., S. 3.*

Ich bitte Sie, betrachten Sie die Frage der Wiedervereinigung Deutschlands nicht bloß als eine deutsche Angelegenheit oder als ein moralisches Prinzip. Sie ist ein Problem von weittragendster, unmittelbarer politischer Bedeutung für die ganze freie Welt: Solange die 17 Millionen Menschen, die heute in der von den Sowjets besetzten Zone Deutschlands unter der kommunistischen Tyrannei leben, nicht mit ihren Brüdern und Schwestern in Freiheit wieder vereinigt sind, wird Europa ein Feld gefährlicher politischer Spannungen bleiben, von denen auch Ihr Land nicht unberührt bleiben kann.

Rede vor dem Council on Foreign Relations in New York am 14.6.1956, Redemanuskript, S. 24 f., StBKAH 02.13.

Für unsere gesamte Politik beginnt mit der Rückkehr der Saar* auch ein neuer Abschnitt der Bemühungen um die große Wiedervereinigung mit unseren Gebieten im Osten. Auch hier aber werden nur Geduld helfen und das große Vertrauen, das

Zur Einheit Deutschlands

wir auf die Bevölkerung der Sowjetzone setzen, die nicht
müde geworden ist, immer wieder auf den großen Kirchen-
tagen, in zahllosen Briefen und Bekundungen zu sagen,
daß sie vor allem den einen Wunsch hat, in Frieden und Freiheit vereinigt mit uns zu leben. Deshalb gedenken wir, wenn
die Saar zurückkehrt, auch der 17 Millionen Deutschen der
Zone.

Rede über den SWF in der Sendereihe »Probleme der Zeit« am 27.10.1956,
Bulletin Nr. 205/56, S. 1961.
* *Vgl. Zeittafel, S. 456 f.*

Der Zusammenbruch Deutschlands und damit seine Zerreißung ist ein Teil der Zerstörung der politischen und wirtschaftlichen Ordnung in weiten Teilen der Welt. Die Wiederherstellung der politischen und wirtschaftlichen Ordnung
Deutschlands wird nicht die Endphase der Neuordnung der
Welt sein, aber sie wird im Laufe dieser Neuordnung vor sich
gehen, nicht getrennt von ihr, nicht als Einzelaktion. Die
Regierung der Bundesrepublik Deutschland tut alles, was in
ihren Kräften steht, um diese Neuordnung, die eine kontrollierte Abrüstung zur Grundlage haben muß, zu fördern.
Darum ist jeder Teil ihrer Arbeit auf diesem Wege auch ein
Schritt zur Wiedervereinigung unseres Vaterlandes in Frieden
und Freiheit.

Ansprache anläßlich der Eröffnung der Grünen Woche in Berlin am
2.2.1957, Bulletin Nr. 24/57, S. 211.

Es gibt keine zwei deutschen Staaten, es gibt nur einen deutschen Staat. Die sogenannte DDR ist kein Staat, sie ist nach
allen völkerrechtlichen und staatsrechtlichen Begriffen eine
unter sowjetrussischer Herrschaft stehende Besatzungszone,

deren Bevölkerung die volle Freiheit zurückgegeben werden muß.

> *Im BR in der Sendereihe »Politik aus erster Hand« am 13.2.1957, Bulletin Nr. 31/57, S. 266.*

Sie wissen, wie schwer und drückend es auf uns lastet, daß viele Millionen Deutsche gegen alles Recht und alle Moral getrennt von uns unter kommunistischem Terror leben müssen. Um das richtig zu begreifen, muß man sich klarmachen, daß es sich um etwas ganz anderes handelt als um eine Grenzfrage, die zwischen Nachbarn zu verhandeln und zu lösen ist. Es handelt sich in erster Linie um ein menschliches Problem, um die willkürliche Auseinanderreißung von Menschen eines Volkes: Eltern leben getrennt von ihren Kindern und können nicht oder nur unter größten Mühen und Gefahren zu ihnen gelangen. Millionen von Menschen leben unter einem Regime von Rechtlosigkeit, Willkür und Sklaverei.

> *Rede vor dem US-Senat in Washington, D.C., am 28.5.1957, Bulletin Nr. 100/57, S. 901.*

Wir würden in der Befriedung der Welt, in der Entspannung und in unserem Verhältnis zu Sowjetrußland unendlich viel weiter sein, wenn endlich einmal den Deutschen in der Sowjetzone gestattet würde, frei zu sein und frei zu leben.

(Beifall bei den Regierungsparteien.)

Das ist der Wunsch, den ich habe, völlig frei von jedem nationalistischen Überschwang. Um die Menschen handelt es sich, und auf die Menschen kommt es an.*

> *Verhandlungen des Deutschen Bundestages, 3. Wahlperiode, 18. Sitzung am 20.3.1958, s. 847.*
>
> ** Vgl. Zeittafel, S. 458: 7.3.1958 Vorschlag an die SU.*

Zur Einheit Deutschlands

Meiner Meinung nach gibt es niemals eine echte Chance für eine Wiedervereinigung in Frieden und Freiheit, wenn wir die Freundschaft und die Hilfe der freien Völker aufs Spiel setzen. Nur mit diesem Rückhalt können wir überhaupt verhandeln.

Interview mit Robert Schmelzer für die Ruhr-Nachrichten, *erschienen am 17.4.1958, Nr. 90, 10. Jg.*

Als wir in den Jahren 1948 und 1949 im Parlamentarischen Rat saßen und sich Sowjetrußland mit den drei anderen westlichen Mächten als Besatzungsmacht fühlte, waren wir alle der Auffassung, daß das Grundgesetz, das wir damals schufen, nur eine beschränkte Zeit Geltung haben würde und daß es dann durch eine Verfassung ersetzt werde, die von einer Nationalversammlung, und zwar aus sämtlichen Besatzungszonen Deutschlands gewählt, beschlossen würde.

Das sind immerhin fast 10 Jahre her. Die Verhältnisse in der Welt haben sich immer mehr zugespitzt und verhärtet. Die beiden Fronten gegeneinander sind immer größer geworden und schärfer ausgeprägt worden. Wir sehen nun – darüber müssen wir uns völlig klar sein –, daß es absolut irreal gedacht war zu glauben, die Frage der Wiedervereinigung lösen zu können, ohne daß eine allgemeine Entspannung in der Welt eintritt.

Vor dem Bundesparteivorstand der CDU am 11.7.1958, st. N., S. 13, ACDP VII-001-007/3.

Aber glaubt denn einer, daß die Russen der Wiedervereinigung Deutschlands zustimmen, wenn Deutschland allein steht? Niemals, meine Damen und Herren! Glaubt einer, daß Sowjetrußland sich überhaupt auf das große Ziel unserer Politik einlassen wird, auf die kontrollierte Abrüstung, wenn der Westen schwach ist? Das ist doch ganz ausgeschlossen. Er tut es doch nur dann, wenn er sieht, daß der Westen stark ist! (Beifall) Wer – und das tun wir unentwegt und stetig – auf die kontrollierte Abrüstung der nuklearen und konventionellen Waffen hinarbeitet, der arbeitet in Wahrheit für den Frieden in der Welt und für die Wiedervereinigung. Aber wer uns zumutet, unser Band zu lockern und damit den freien Westen hier in Mitteleuropa zu schwächen, der fordert doch geradezu Sowjetrußland heraus, hier nicht abzurüsten, weil es dann bei seiner Haltung bleibt und dann eines Tages die Beherrschung Westeuropas im Kalten Kriege bekommen wird.

In München auf einer Veranstaltung der CSU am 21.11.1958, st. N., S. 18 f., StBKAH 02.18.

Die Wiedervereinigung Deutschlands ist einmal eine moralische und völkerrechtliche Notwendigkeit, die sich aus dem Selbstbestimmungsrecht der Völker ergibt. Dieses Recht gilt für alle Völker und gehört zu den Grundprinzipien der Demokratie. Wir sind Zeugen einer geschichtlichen Entwicklung, die vielen jungen, bisher unselbständigen Völkern die Eigenstaatlichkeit auf Grund eben dieses Rechtes bringt. Wolle man dem deutschen Volk dieses Recht in bezug auf seine Wiedervereinigung verweigern, so würde in allen Teilen der Welt, nicht nur in Deutschland, das Vertrauen in die Aufrichtigkeit demokratischer Bekenntnisse erschüttert. Eine Entwicklung von unabsehbaren Konsequenzen wäre die Folge.

Interview mit US News and World Report, erschienen am 23.11.1959, zitiert nach Bulletin Nr. 218/59, S. 2227.

Nach dem Bau der Mauer quer durch Berlin (13.8.1961):

Die Bundesregierung hat sichere Unterlagen dafür, daß trotz einer 16jährigen Terrorherrschaft kommunistischer Funktionäre in der Zone über 90 % der dort lebenden Deutschen das Regime, welches sie unterdrückt, ablehnen, den Sklavenstaat, den man ihnen aufgezwungen hat, verachten und nichts sehnlicher als die Vereinigung mit den in der Freiheit lebenden Deutschen wünschen.

Verhandlungen des Deutschen Bundestages, 3. Wahlperiode, 167. Sitzung am 18.8.1961, S. 9770.

Die Bundesregierung hat das Recht und hat die Pflicht, für das ganze deutsche Volk zu sprechen, also auch für diejenigen Deutschen, die durch die Gewaltmaßnahmen in der sowjetischen Besatzungszone zum Schweigen verurteilt sind. Sie appelliert eindringlich an die Sowjetunion, in diesem kritischen Augenblick zu einer realistischen Betrachtung der Dinge zurückzufinden. Es sollte unter der Würde eines großen Volkes sein, Kreaturen zu schützen, die vom eigenen Volke verachtet werden.

Verhandlungen des Deutschen Bundestages, 3. Wahlperiode, 167. Sitzung am 18.8.1961, S. 9772.

Nahezu dreieinhalb Millionen sind in den zurückliegenden Jahren aus der Zone und dem Ostsektor von Berlin geflohen, weil ihnen keine andere Möglichkeit blieb, ein Leben in Freiheit zu führen. Unter Aufgabe ihres Berufes, unter Zurücklassung von Hab und Gut haben sie sogar die menschlichen Beziehungen abgebrochen, die sie mit ihrer Familie, mit ihren Verwandten, mit ihren Freunden verbanden.

Verhandlungen des Deutschen Bundestages, 3. Wahlperiode, 167. Sitzung am 18.8.1961, S. 9772.

Was das Ulbricht-Regime mit Billigung der Warschauer Paktstaaten am 13. August durchführte, das war ein Bruch von Vereinbarungen und Abkommen, eine Verletzung des Viermächte-
Status, ein brutaler Akt gegen unsere Brüder und Schwestern
in der Zone und im Ostsektor, ein Angriff auf die Freiheit
schlechthin. Es war aber auch – und das ist ja schon von meh-
reren Seiten gesagt worden – eine Bankrotterklärung ersten
Ranges für die Machthaber in der Zone.

Seit 16 Jahren regieren diese Leute unbeschränkt mit den
Machtmitteln einer Diktatur und mit Hilfe von über 20 sowje-
tischen Divisionen. Seit 16 Jahren sind sie angeblich dabei, ein
Paradies für die Werktätigen, für die Arbeiter und Bauern zu
schaffen. Seit 16 Jahren versuchen sie mit allen Mitteln moder-
ner Massenpropaganda und einer raffinierten Diktatur, eine
Jugend in ihrem Sinne zu erziehen. Und wie ist das Ergebnis?
Seit 16 Jahren fliehen mehr und mehr Menschen aus diesem
Paradies.

Ansprache über das deutsche Fernsehen am 19.8.1961, zitiert nach
Pressemitteilung Nr. 929/61 des BPA vom 19.8.1961, S. 1.

Bezüglich Deutschland hat die Sowjetunion in einer Note vom
November 1958 die Umwandlung Westberlins in eine sogenannte Freie Stadt verlangt. Später hat dann die Sowjetunion
die Anerkennung der Zone als selbständigen Staat gefordert.

Sie wissen, daß, wenn diesen Forderungen stattgegeben
würde, Berlin seine Freiheit in kurzer Zeit verloren haben
würde. Sie wissen, daß die Anerkennung der Zone als selbständiger Staat die Wiederherstellung der Einheit Deutschlands auf eine nicht absehbare Zeit verhindern würde.

Fernsehansprache am 19.8.1961, zitiert nach Pressemitteilung Nr. 929/61
des BPA vom 19.8.1961, S. 2.

Was die Frage der Oder-Neisse-Grenze betrifft, so habe ich meine Bereitschaft erklärt, nochmals einen Verzicht auf die Anwendung von Gewalt auch gegenüber der Sowjetunion auszusprechen. Eine endgültige Regelung dieser Frage müsse jedoch einem Friedensvertrag vorbehalten bleiben. Die Amerikaner möchten weiter gehen. Ich habe dem jedoch – auch im Hinblick auf die innenpolitische Situation in der Bundesrepublik – nicht zustimmen können. Mir scheint die sowjetische Forderung, die Grenzfrage mit einem Arrangement über Berlin zu verbinden, jeder Berechtigung zu entbehren.

Schreiben vom 22.11.1961 an Staatspräsident de Gaulle aus Washington, D.C., nach Besprechungen mit der amerikanischen Regierung, StBKAH III/3 Geheim.

Die Franzosen haben 1871 Elsaß-Lothringen verloren und haben es 1918 wiederbekommen; das sind also fast 50 Jahre! Deswegen geben wir Deutsche die Wiedervereinigung auch nicht auf, auch wenn man sagt, jetzt darüber zu verhandeln, ist sicher ergebnislos.

Informationsgespräch mit James Reston (The New York Times) *am 16.12.1961, st. N., S. 11, StBKAH 02.25.*

In zehn Jahren sieht die Welt vielleicht anders aus. Ich habe immer gesagt, auch öffentlich, daß eine Wiedervereinigung nach meiner Meinung nicht kommen wird, ehe eine kontrollierte Abrüstung wirklich, effektiv begonnen hat, eine solche Entspannung; früher kommt sie nicht.

Informationsgespräch mit James Reston (The New York Times) *am 16.12.1961, st. N., S. 11 f., StBKAH 02.25.*

Die Teilung Deutschlands, wie sie jetzt ist, ist ein politisches Problem und ein menschliches Problem. Wenn die Menschen in der Zone wieder anständig behandelt würden, dann würde das politische Problem viel leichter zu tragen sein als es jetzt zu tragen ist, wo die Menschen da geknetet und geknechtet werden. Die Hälfte der Zuchthäuser und der Gefängnisse in der Zone ist gefüllt mit politischen Gefangenen. Daraus können Sie schließen, welche Zustände da herrschen. Also wenn es gelänge, die Lage der dort lebenden Menschen erträglicher zu machen, dann könnte man mit der Lösung des politischen Problems länger warten. Aber so, wo die Deutschen wissen, wie es da zugeht – täglich erfahren sie das neu –, wird auch das politische Problem spitzer und schärfer. Da sollten vielleicht auch die Vereinigten Staaten mal ansetzen und dafür sorgen, daß in der Zone nun wirklich menschenwürdige Verhältnisse geschaffen werden. Dann wird das politische Problem schon im Laufe der Zeit auch seine Lösung finden, aber die ganze Sache ist dann entschärft.

Informationsgespräch mit Robert Ball und Otto Fuerbringer (Time) *am 8.2.1962, st. N., S. 8 f., BPA-Pressearchiv F 30.*

Wenn Neger am Kongo oder im Inneren Afrikas so behandelt würden wie jetzt die Deutschen mitten in Europa, dann würde ein Aufstand in der Welt sein, die UNO würde Gott weiß was für Spektakel machen, und man brächte sich um. Aber an der Tatsache, daß nun mitten im Herzen Europas deutsche Menschen – 16 Millionen sind es jetzt noch – derartig schmachvoll behandelt werden, nimmt keiner mehr Anstoß.

Informationsgespräch mit Robert Ball und Otto Fuerbringer (Time) *am 8.2.1962, st. N., S. 9, BPA-Pressearchiv F 30.*

Zur Einheit Deutschlands 173

Wir wissen, daß wir die Wiedervereinigung nicht sehr bald erreichen können. Wir werden keine Gewalt anwenden, um zu unserem Ziel zu kommen, aber die Zeit wird für uns arbeiten; denn der Geist ist auf die Dauer stärker als rohe Gewalt.

Ansprache im Deutschen Fernsehen am 16.6.1962, Bulletin Nr. 110/62, S. 949.

Eine dauerhafte Lösung der deutschen Frage ist nur auf der Grundlage des Selbstbestimmungsrechtes möglich. Solange die Sowjetunion dem deutschen Volk dieses Recht verweigert, bleibt die gefährliche Spannung in Europa. Das gilt nach wie vor und wird gültig bleiben.

Interview mit dem Dienst mittlerer Tageszeitungen (Dimitag), schriftliche Fassung vom 15.9.1962, S. 1, StBKAH 02.29.

Es wird viel von Initiative gesprochen in diesen Tagen. Die Forderung, ›etwas‹ zu tun, ist oft nur ein Zeichen der Unsicherheit und der Schwäche. Mit taktischen Kniffen ist nichts getan. Nur eine klare Politik wird Deutschland in Freiheit wieder zusammenführen. Wenn Europa einig ist, die atlantische Gemeinschaft stark bleibt, dann kann man auf bessere Einsicht in der Sowjetführung hoffen.

Interview mit dem Dienst mittlerer Tageszeitungen (Dimitag), schriftliche Fassung vom 15.9.1962, S. 1, StBKAH 02.29.

Wir teilen den Wunsch der meisten Völker, diesem Wettrüsten Einhalt zu gebieten und die Gefahr eines Krieges durch eine allgemeine und kontrollierte *Abrüstung* abzuwenden.

(Beifall bei den Regierungsparteien.)

Die Bundesregierung muß aber in diesem Zusammenhang vor

Vorschlägen warnen, die nicht eine weltweite Abrüstung, sondern beispielsweise nur eine sogenannte europäische Sicherheitszone auf der Grundlage der Teilung Deutschlands zum Inhalt haben.

(Beifall bei der CDU/CSU.)

Derartige Vorschläge bringen uns der wirklichen Abrüstung keinen Schritt näher. Sie verewigen die Teilung Deutschlands, verschieben das Kräfteverhältnis zugunsten des Ostblocks und erhöhen damit die Unsicherheit in der Welt und die Gefahr eines alles vernichtenden Krieges.

Verhandlungen des Deutschen Bundestages, 4. Wahlperiode, 39. Sitzung am 9.10.1962, S. 1638.

Ich habe wiederholt erklärt, ich bin für die Wiedervereinigung nicht in erster Linie aus nationalen Gründen, sondern aus menschlichen Gründen, und ich bin bereit zu verzichten auf jede Stärkung unseres Potentials durch die Wiedervereinigung, wenn nur die Menschen dort so leben können wie sie wollen.

Informationsgespräch mit dem amerikanischen Historiker Prof. Dr. Klaus Epstein am 13.8.1963, st. N., S. 7, StBKAH 02.31.

… wir haben die *Wiedervereinigung* noch nicht erreicht, obgleich ich glaube, daß wir am Horizont Möglichkeiten einer Wiedervereinigung kommen sehen, wenn wir achtsam und vorsichtig und geduldig sind, bis der Tag gekommen ist. Ich bin fest davon überzeugt, daß dieser Tag einmal da sein wird. Denn man kann einem Volke wie dem deutschen Volke nicht widersprechen und man kann ihm keinen Widerstand leisten, wenn es in Frieden seine Einheit wiederherstellen will.

Verhandlungen des Deutschen Bundestages, 4. Wahlperiode, 86. Sitzung am 15.10.1963, S. 4165.

Zur Einheit Deutschlands

Und über eines seien wir uns klar: mehr denn je zuvor ist Deutschland ein Angelpunkt der weltpolitischen Spannungen, die über die Kontinente hinweggehen. Daher dürfen wir nicht etwa glauben, diese unsere Last der Trennung werde von uns genommen werden, ohne daß gleichzeitig die Last der Spannungen auch von den anderen Völkern genommen wird. Das erfordert von uns um so größere Achtsamkeit, um so größere Sorge und um so größere Geduld.

Verhandlungen des Deutschen Bundestages, 4. Wahlperiode,
86. Sitzung am 15.10.1963, S. 4166.

Eine Lösung der deutschen Frage ist nicht möglich allein zwischen uns und dem Gegner, der uns bedrückt; eine Lösung dieser Frage ist nur möglich mit Hilfe unserer Freunde. Und wir danken Gott, daß wir wieder Freunde in der Welt gefunden haben.

Verhandlungen des Deutschen Bundestages, 4. Wahlperiode,
86. Sitzung am 15.10.1963, S. 4166.

Ich wünsche nur sehnlichst das eine, daß die Deutschen, und zwar alle Deutschen, erkennen, wann die Stunde gekommen ist, wo man mit Sowjetrußland wirklich vernünftig sprechen kann.

Interview in einer Sendung des ZDF unter dem Titel »Adenauer blickt
zurück – Stationen einer vierzehnjährigen Kanzlerschaft«, ausgestrahlt
am 15.10.1963, Anhang I zum Nachrichtenspiegel *des BPA vom*
16.10.1963, st. N., S. 11.

Nur müssen wir in einer solchen politischen Epoche, die voll von Bewegung ist, Geduld haben, Geduld, niemals unser Ziel zu vergessen, auch dann nicht, wenn wir nicht jeden Tag und jede Stunde davon sprechen. Aber wir müssen Geduld haben; dann wird auch dieser Erfolg eines Tages uns beschieden werden.

Auf dem 12. Bundesparteitag der CDU in Hannover am 17.3.1964, Protokoll des Parteitages, hrsg. v. der CDU-Bundesgeschäftsstelle, Bonn o. J., S. 504.

Es wird immer behauptet, sogar von deutschen Parteien, daß wir niemals Vorschläge gemacht hätten. Nun, wir haben Chruschtschow*, als ich noch Bundeskanzler war, Vorschläge gemacht.** Ich habe ihm mitteilen lassen, wenn nur den Deutschen in der Zone eine bessere, eine humanere Behandlung zuteil würde, wären wir zu größtem Entgegenkommen bereit. Ich habe weiter der russischen Regierung gesagt, daß wir im Fall der Wiedervereinigung von der evtl. Stärkung des Kriegspotentials, die damit verbunden wäre, keinen Gebrauch machen würden. Er hatte gegenüber allen Vorschlägen nur ein Nein.

Vor dem Industrieclub und dem Deutsch-französischen Kreis in Düsseldorf am 23.6.1964, st. N., S. 11, StBKAH 02.33.
  * *Vgl. Zeittafel, S. 455 zu Chruschtschow.*
 ** *Vgl. Zeittafel, S. 458 u. 461.*

Ich gebe die Hoffnung nicht auf: Eines Tages wird auch Sowjetrußland einsehen, daß diese Trennung Deutschlands und damit die Trennung Europas nicht zu seinem Vorteil ist. Wir müssen aufpassen, ob der Augenblick kommt. Aber wenn ein Augenblick naht oder sich zu nahen scheint, der eine günstige Gelegenheit bringt, dann dürfen wir ihn nicht ungenutzt lassen.

Auf dem 14. Bundesparteitag der CDU in Bonn am 21.3.1966, Protokoll des Parteitages, hrsg. v. der CDU-Bundesgeschäftsstelle, Bonn o. J., S. 41.

9   Neutralisierung Deutschlands?

Es gibt für ein Land eine wirksame und wirkliche Neutralität nur, wenn es so stark bewaffnet ist, daß es diese Neutralität gegenüber jedermann zu verteidigen in der Lage ist. Wenn es dazu nicht in der Lage ist, wenn mitten im Herzen von Europa ein Vakuum geschaffen würde, würde es von Rußland her ausgefüllt werden. Daran ist überhaupt nicht zu zweifeln.

Vor maßgebenden Politikern der CDU-Kreisparteien Rheinland und Westfalen in Bonn am 13.1.1951, st. N., S. 26, StBKAH 02.08.

Sollte es zu einer Neutralisierung Deutschlands kommen, so würde sie in einem heißen Krieg niemals beachtet werden. Ein Blick auf die Karte zeigt, daß wir ganz einfach zwischen den beiden Blocks zerquetscht würden. Der Krieg würde über uns hin und her ziehen wie in Korea. Eine Neutralisation würde also nicht unseren Schutz bedeuten, sondern unsere Vernichtung.

Aber auch, wenn der heiße Krieg nicht ausbricht, zeigt ein Blick auf die Karte unser Schicksal. Wir würden politisch und wirtschaftlich sehr schnell in das Kraftfeld der Sowjetunion kommen und ein russischer Satellitenstaat werden. Auch das würde die Kriegsgefahr erhöhen.

Vor dem Bundesparteiausschuß der CDU am 12.2.1951, st. N., S. 13, ACDP VII-001-019/3.

Die Integration Europas wäre bei einer Neutralisierung Deutschlands unmöglich. Dies ist ein großes politisches Ziel, das Rußland konsequent verfolgt. Ich hoffe, daß es uns gelingt, das deutsche Volk aufzuklären, was diese russische Politik für Deutschland und die Welt bedeutet.

Die Integration Europas muß das oberste Ziel unserer Außenpolitik sein. Nur wenn sich Europa bildet mit einem freien Deutschland, kann es ein Damm gegen die rote Flut sein. Nur mit einem starken Europa haben wir auch die Aussicht, die Sowjetzone und die Gebiete jenseits der Oder und Neiße für die Freiheit zurückzugewinnen.

Vor dem Bundesparteiausschuß der CDU am 12.2.1951, st. N., S. 14, ACDP VII-001-019/3.

Vertragliche Neutralisierung Deutschlands, ohne dass Deutschland selbst in der Lage wäre, seine Neutralität aus eigener Kraft zu schützen, ist nicht möglich. Dauernde Demilitarisierung Deutschlands, vertragsmässige Neutralisierung Deutschlands würde in verhältnismässig kurzer Zeit zwangsläufig eine Lösung in sowjetrussischem Sinne und Interesse herbeiführen.

Vor dem Ministerkomitee des Europarates in Straßburg am 3.8.1951, Redemanuskript, S. 16f., vertraulich, StBKAH 02.09.

Die Neutralisierung der Bundesrepublik würde nur dann praktischen Wert besitzen können, wenn es sich dabei um eine echte bewaffnete Neutralität handelte, d.h. wenn sich die Bundesrepublik, gestützt auf eine ausreichende Verteidigungsmacht, allen Versuchen eines bewaffneten Angriffs mit der Aussicht auf Erfolg widersetzen könnte. Das ist nicht der Fall.

Eine Neutralisierung aber, die sich lediglich auf ein internationales Übereinkommen stützt, bietet keinerlei Sicherheit dafür, daß die Macht der Entwicklung nicht achtlos über sie hinweggeht. Das deutsche Volk wäre in diesem Falle jedes realen Schutzes bar, der ihm heute aus einer Partnerschaft in der Staatengemeinschaft der freien Welt zuteil wird. In ständiger Sorge vor der Entwicklung der nächsten Zukunft müßte es früher oder später unweigerlich dem Sog des Ostblocks anheimfallen. Damit wäre seiner Zugehörigkeit zu dem europäischen Zusammenschluß ein Ende gesetzt. Das würde aber den Untergang auch der anderen freien Nationen Europas nach sich ziehen.

Ansprache vor den britischen Mitgliedern der Interparlamentarischen Union in London am 4.12.1951, Bulletin Nr. 18/51, S. 123.

Wenn Deutschland wirklich neutralisiert wäre, wenn dann die Integration Europas unmöglich wäre, würde Amerika Europa verlassen und dieses arme, zusammengebrochene Europa würde gegenüberstehen dem ungeheuren Koloß im Osten, der durch seine Unterminierung bei uns und durch seine Anhänger in Italien und in Frankreich es in verhältnismäßig sehr kurzer Zeit fertigbringen würde, auf diesem Wege des kalten Krieges *seine Herrschaft über ganz Europa zu erstrecken.*

Rede in der Bonner Universität am 28.3.1952, Bulletin Nr. 38/52, S. 388.

In Bezug auf die Neutralisierung muß ich Ihnen sagen, meine Damen und Herren, daß ich eine heiße Angst davor gehabt habe, daß man versuchen würde, dieses Projekt zu verwirklichen, – einmal weil es bei uns gläubige Menschen gibt – nicht im Sinne der Religion – sondern leichtgläubig, die die Dinge nicht bis zur letzten Konsequenz durchdenken, sondern auch weil in Frankreich politische Kräfte vorhanden und am Werk sind, die die Politik der letzten Jahrzehnte, wo Rußland an der Seite Frankreichs gegen Deutschland stand, als das Alpha und Omega der ganzen Außenpolitik Frankreichs betrachten.

Vor dem Bundesparteiausschuß der CDU am 14.6.1952, st. N., S. 17, ACDP VII-001-019/10.

Deutschlands *geographische Lage* ist denkbar ungünstig. Es liegt mitten in Europa mit ungeschützten Grenzen. Es hat keine Möglichkeit, sich gegen irgendeinen Angriff zu verteidigen, da es vollständig entwaffnet ist. Und es hat weder die industriellen Anlagen noch die notwendige wirtschaftliche Kraft, um – selbst, wenn es ihm von den Siegermächten gestattet würde – eine nationale Wehrmacht zu errichten, die ihm eine Verteidigung gegen einen Angreifer ermöglichen würde. Im *Osten* der Bundesrepublik liegt *Sowjetrußland* mit seinen Satellitenstaaten. Im *Westen,* auf deutschem Boden und westlich der Bundesrepublik, stehen die *Westmächte.* Zwischen beiden Mächtegruppen bestehen größte Spannungen. In dieser Lage der Welt ist die Existenz Deutschlands zur Zeit *völlig ungesichert.*

Auf dem 3. Bundesparteitag der CDU in Berlin am 18.10.1952, Protokoll des Parteitages, hrsg. v. der CDU, Bonn o. J., S. 28.

Vernichtend für das deutsche Volk würde es sein, wenn in einem solchen Weltkonflikt das besiegte Deutschland geopfert würde. Das war die große Gefahr, die größte Gefahr nach dem deutschen Zusammenbruch. Die ganze Politik der Bundesregierung, und insbesondere meine Politik ging dahin, einer solchen Opferung Deutschlands vorzubeugen. Es war unmöglich, und es wird auch in Zukunft unmöglich sein, die Gefahr für Deutschland dadurch auszuschalten, daß man Deutschland neutralisiert. Im Konfliktfalle würde keiner der beiden großen

Gegner diese Neutralisierung achten. Im Falle eines ernsten Konflikts würde ein neutralisiertes Deutschland notwendigerweise Schlachtfeld werden. Es würde von dem einen oder anderen verwüstet werden, da keiner der beiden Gegner dem anderen diesen wertvollen Besitz überlassen kann. Aber auch wenn es nicht zum ernsten Konflikt kommen würde, würde ein neutralisiertes Deutschland niemals unabhängig, frei und gesichert sein. Die beiden großen Mächtegruppen werden auf eine jetzt nicht überschaubare Zeit hindurch Gegner bleiben. Sie würden sich günstigstenfalls daraufhin einigen, daß sie diesem neutralisiertem Deutschland die Möglichkeit nehmen, irgendwie eine für Kriegszwecke wertvolle Produktion aufzubauen, und sie würden es ständig kontrollieren.

Vor der Landesverbandstagung der CSU in Augsburg am 14.6.1953,
st. N., S. 7f., StBKAH 02.11.

Die fernere Zukunft eines solchen neutralisierten und kontrollierten Deutschlands läßt sich mit Sicherheit voraussagen. Einmal wird die Zeit kommen, wo die Vereinigten Staaten ihre Truppen aus Europa zurückziehen werden. Dann würde dieses neutralisierte Deutschland ganz von selbst in die sowjetrussische Einflußsphäre geraten und ein Satellitenstaat werden.

Vor der Landesverbandstagung der CSU in Augsburg am 14.6.1953,
st. N., S. 8, StBKAH 02.11.

Jedes Land, dem eine Kontrolle auferlegt wird, muß zwangsläufig eine Politik der Revision und der Befreiung von diesen Fesseln führen. Ein solches Land kann kein Element des Friedens und der Ordnung sein. Es bleibt ein Unruheherd. Das muß auch der Sowjetunion klar sein.

Vor der Landesverbandstagung der CSU in Augsburg am 14.6.1953,
st. N., S. 12, StBKAH 02.11.

… es gibt für Deutschland nur eine Möglichkeit: das Zusammengehen mit den freien Völkern des Westens, nicht mit Sowjetrußland; das kommt auch für keinen Deutschen in Frage, aber auch nicht eine Neutralisierung, die genau dasselbe bedeuten würde, nur mit einem Zeitzünder.

In Düsseldorf auf einer Veranstaltung der CDU am 20.6.1954, st. N., S. 25, StBKAH 02.12.

Was heißt Bündnislosigkeit? Bündnislosigkeit heißt, daß Deutschland, das an Sowjetrußland angrenzt, weder mit dem Osten noch mit dem Westen irgendwelche Verbindungen eingehen soll. Was würde die Folge sein? Die Folge kann sich jeder von Ihnen ausmalen. Wir selbst können gar nicht die Mittel aufwenden, um uns eine Rüstung zu erlauben, die irgendwie der der anderen gleichberechtigt wäre, und wenn Deutschland mit seinen Volkskräften und seinem Industriepotential, ohne irgendeine Anlehnung zu haben, so vor den Toren Rußlands liegt –, es würde nicht lange dauern, bis wir im russischen Sog mitten drin steckten!

In Bayreuth auf einer Veranstaltung der CSU am 24.11.1954, st. N., S. 10, StBKAH 02.12.

… dieses schwache Deutschland mitten in dem Spannungsfeld zwischen Ost und West entwaffnet und bei der Art der modernen Waffen einfach daliegen zu lassen, neutralisiert, das bedeutet Aufgabe der Selbständigkeit des deutschen Volkes. Denn wie das Eisen vom Magneten angezogen und festgehalten wird, so würde es nur eine relativ kurze Zeit sein, bis der russische Koloss dieses schwache Deutschland, wenn es neutralisiert würde, in seine Fänge herübergezogen hätte.

In Augsburg auf einer Veranstaltung der CSU am 26.11.1954, st. N., S. 17, StBKAH 02.12.

Deutschland kann bei seiner geographischen Lage nicht allein
in der Welt dastehen, sonst wird es über den Haufen gerannt!

Im Berliner Sportpalast auf einer Veranstaltung der CDU am 3.12.1954,
st. N., S. 19, StBKAH 02.12.

Wissen Sie aber, was Bündnislosigkeit bedeuten würde? Bündnislosigkeit Deutschlands würde bedeuten die Zerstörung des
Nordatlantikpaktes, Zerstörung damit dieser größten Defen-
sivorganisation, die je die Geschichte gesehen hat, gegenüber
dem aggressiven Sowjetrußland. Es würde bedeuten die Zerstörung der Absicht, Europa wieder zu vereinigen. Denn ohne
Deutschland gibt es kein Europa, und wenn Deutschland
bündnislos bleiben soll, dann ist Europa erledigt. Ich sage
Ihnen: Wie die Welt nun einmal geworden ist, haben wir zwei
große Weltmächte, die Vereinigten Staaten und Sowjetrußland
und an der Seite Sowjetrußlands bis auf weiteres Rotchina.
So wie sich die Dinge nun in der Welt gestaltet haben, kann
kein europäisches Volk, kein einziges, hoffen und glauben, je
wieder in der Wirtschaft oder in der Politik für sich allein eine
Rolle spielen zu können. Nur dann, wenn die europäischen
Mächte sich zusammenschließen zu einem einheitlichen
Europa, können wir Europäer hoffen, auch für unsere Kinder
und Kindeskinder, daß wir ein gutes Leben, ein arbeitsames,
aber ein gutes Leben und ein Leben in Freiheit garantieren
können.

In Hamm/Westf. auf einer Veranstaltung der CDU am 13.2.1954, st. N.,
S. 8f., StBKAH 02.13.

Ein neutralisiertes Deutschland will Sowjetrußland seit Jahr
und Tag. Das aber würde bedeuten: eine ständige Kontrolle
Deutschlands, ob es sich tatsächlich auch so verhält: bündnis-

los und mit einer begrenzten Armee. Weiter würde es bedeuten, daß höchstwahrscheinlich die Vereinigten Staaten von Amerika ihre Politik in bezug auf Europa völlig ändern würden. Das Ende vom Liede wäre, daß auch ein wiedervereinigtes Deutschland, das bündnislos dasteht, in dieser weiter von höchsten Spannungen erfüllten Welt, im Wege des Kalten Krieges von Sowjetrußland erobert würde.

In Lüneburg auf einer Veranstaltung der CDU am 14.4.1955, Bulletin Nr. 72/55, S. 597.

Österreich hat sieben Millionen Einwohner, Österreich liegt geographisch am Rande. Die Bundesrepublik hat 50 Millionen Einwohner, und nach der Wiedervereinigung werden wir 68 Millionen Einwohner haben. Wir sind ein Volk mit einer sehr starken Wirtschaft, wir liegen nicht geographisch am Rande, sondern in der Mitte des Spannungsfeldes zwischen Ost und West. Derjenige, der dieses Deutschland, die Bundesrepublik und erst recht das wiedervereinigte Deutschland, ausschaltet oder – richtiger gesagt – in die sowjetrussische Einflußsphäre bringt durch die Neutralisierung, der verschiebt das Gewicht der Kräfte in der ganzen Welt von dem freien Westen nach dem russischen Kommunismus hin.

In Goslar auf einer Veranstaltung der CDU am 22.4.1955, st. N., S. 4 f., StBKAH 02.13.

Ich bin etwas in Sorge, dass die öffentliche Meinung in den Vereinigten Staaten anscheinend sehr unüberlegt sich mit der Frage der neutralen Zone quer durch Europa beschäftigt. Europa wäre damit am Ende.

Schreiben vom 21.5.1955 aus Bühlerhöhe an John H. Freeman, Korrespondent von The Times, *StBKAH 10.10.*

Die Russen haben sehr geschickt die Österreich-Frage und jetzt die jugoslawische Frage benutzt, um den Gedanken eines neutralen Gürtels in Europa in der Weltöffentlichkeit zur Diskussion zu bringen. Es ist das für uns ein sehr gefährliches Thema. Ein solcher Gürtel – ich glaube, ich brauche Ihnen das nicht näher auseinanderzusetzen – wäre das Ende Deutschlands und auch Europas.

Schreiben vom 22.5.1955 aus Bühlerhöhe an Bundespräsident
Prof. Dr. Theodor Heuss, StBKAH III/47.

Eine Neutralisierung Deutschlands als Voraussetzung für die Wiedervereinigung ist nicht annehmbar. Weder kann Deutschland sich freiwillig oder besser: mehr oder weniger unfreiwillig den Status der Neutralität, wenn auch der bewaffneten, auferlegen noch sich neutralisieren lassen. Diese Frage ist hier im Hause so oft behandelt worden, daß ich mich sehr kurz hierzu fassen kann. Deutschland ist zu schwach, sich selbst wirksam zu verteidigen. *Neutralisierung* – oder, wie Herr Kollege Wehner gesagt hat: Gestattung einer Wehrkraft in bestimmtem Ausmaße – bedeutet *dauernde Kontrolle Deutschlands* und damit *dauernde Unfreiheit.*

(Sehr richtig! bei der CDU/CSU. – Abg. Dr. Menzel: Und wie ist es mit der Kontrolle der Pariser Verträge! – Weitere Zurufe von der SPD.)

Meine Damen und Herren, im Falle eines heißen Krieges zwischen den beiden Blocks wären wir Schlachtfeld.

Verhandlungen des Deutschen Bundestages, 2. Wahlperiode,
84. Sitzung am 27.5.1955, S. 4603.

Die Wiedervereinigung in einem neutralisierten und damit isolierten Gesamtdeutschland wäre eine Wiedervereinigung unter kommunistischem Vorzeichen.

Interview mit der Politisch-Sozialen Korrespondenz, *erschienen am 1.1.1956, Nr. 1, V. Jg., S. 3.*

Eine Neutralisierung Gesamtdeutschlands würde den Kommunismus sehr bald an den Grenzen des französischen, belgischen und niederländischen Potentials wirksam werden lassen. Dann könnte er – wenigstens nach seinen Vorstellungen – in kurzer Zeit ganz Westeuropa in seine Machtsphäre einbeziehen. Und dann wäre er nach seiner Meinung stark genug, um den entscheidenden Gang mit der Weltmacht der Vereinigten Staaten wagen zu können. Somit wäre eine Neutralisierung Deutschlands der Anfang vom Ende nicht nur der gesamtdeutschen, sondern auch der europäischen Freiheit.

Interview mit der Politisch-Sozialen Korrespondenz, *erschienen am 1.1.1956, Nr. 1, V. Jg., S. 3.*

Wenn alle anderen Staaten Waffen haben, dann ist der Staat, der nicht freiwillig, sondern gezwungen keine Waffen hat, ein Staat zweiter Klasse.

Vor dem Bundesparteiausschuß der CDU am 16.5.1956, st. N., S. 14, ACDP VII-001-020/8.

Regionale Spannungen lassen sich wohl durch eine entmilitarisierte Zone mildern. Aber hier handelt es sich nicht um regionale Differenzen, nicht Reibungen zwischen Nachbarstaaten sind der Grund und die Ursache der Spannungen. Wir wissen doch alle, daß der uns so erschreckende Gegensatz ganze Kontinente, ja die halbe Erde umfaßt. Ein solcher Zustand ist nicht durch regionale Maßnahmen aus der Welt zu schaffen. *Ein neutralisiertes Deutschland hat im Falle eines Krieges die beste Aussicht, zum Schlachtfeld zu werden.*

Ansprache aus Anlaß der 18. Konferenz der Außenminister der NATO-Staaten in Bad Godesberg am 2.5.1957, Bulletin Nr. 81/57, S. 710.

Wenn es zu scharfen Verwicklungen und Auseinandersetzungen zwischen den Vereinigten Staaten und Sowjetrußland kommt, dann sind wir mitten in einem Brennpunkt dieser Auseinandersetzung, mit allen furchtbaren Konsequenzen, die sich daraus ergeben. Eine deutsche Bundesregierung mag vorher erklärt haben: ›Wir sind neutral, wir haben keine Wehrpflicht, auf unserem Gebiet sind keine atomaren Waffen‹ – das alles würde uns gar nichts helfen. Ein großer Krieg würde unsere Grenzen nicht beachten, und wir können sie nicht schützen, weil wir dazu zu schwach sind. In einem großen Atomkrieg würden die radioaktiven Wolken, vom Winde, den wir doch wahrhaftig nicht aufhalten können, getrieben, auch über ein neutralisiertes oder sich für neutral erklärendes Deutschland hinweggehen.

Im BR in der Sendereihe »Politik aus erster Hand« am 3.7.1957, Bulletin Nr. 120/57, S. 1134.

Die Annahme dieser atom[waffen]freien Zone würde also das Ende der NATO bedeuten. Man muß die Dinge so sehen, wie sie sind! [...] Die NATO kann nicht bestehen ohne Deutschland. Und wenn die amerikanischen Truppen sich aus Deutschland zurückziehen, dann ist es aus mit uns. Das wollen natürlich die Russen.

Vor dem Bundesparteivorstand der CDU am 17.1.1958, st. N., S. 116, ACDP VII-001-007/1.

Ein Land von dem wirtschaftlichen Potential und in der geographischen Lage Deutschlands wird niemals ein isoliertes Dasein führen können.

(Beifall bei der CDU/CSU.)

Das Geschick Deutschlands ist untrennbar verbunden mit dem Geschick der anderen Völker.

(Beifall bei der CDU/CSU.)

Wir werden uns mit ganzer Kraft in den Dienst der Verhütung einer Weltkatastrophe stellen müssen; denn wenn eine *Weltkatastrophe* käme, dann würde Deutschland in sie hineingerissen werden, gleichgültig, ob es bewaffnet ist oder ob es nicht bewaffnet ist.

Verhandlungen des Deutschen Bundestages, 3. Wahlperiode, 18. Sitzung am 20.3.1958, S. 843.

Ich bin ständig der Ansicht und bleibe auch dabei, daß nur eine kontrollierte Abrüstung die Spannungen aus der Welt schafft. In dem Augenblick aber, in dem zum Beispiel Deutschland neutralisiert wäre, wäre NATO erledigt, werden die amerikanischen Truppen, glaube ich, nicht bleiben, würde ganz Westeuropa in die russische Sphäre kommen, und in dem Augenblick wäre Rußland eine ungeheure Gefahr für die Vereinigten Staaten. England würde seine insulare Lage gar nichts nützen.

Informationsgespräch mit Flora Lewis Gruson (Washington Post) *und Sydney Gruson* (The New York Times) *am 16.12.1958, st. N., S. 8, BPA-Pressearchiv F 30.*

Zu in Großbritannien diskutierten Plänen zur Schaffung einer minderbewaffneten Zone:

... darin kann Deutschland niemals einwilligen, daß in Mitteleuropa eine Zone geschaffen wird, minderbewaffnet, kontrolliert, eine ziemlich kleine Zone, bestehend aus der Bundesrepublik, der Zone, der Tschechoslowakei und Polen. Denn das wäre der Untergang der deutschen Selbständigkeit.

Vor dem Bundesparteiausschuß der CDU am 28.9.1959, st. N., S. 15, ACDP VII-001-021/5.

Wir sind für die allgemeine kontrollierte Abrüstung, aber unbedingt gegen eine weniger bewaffnete mitteleuropäische Zone, d.h. der Bundesrepublik. Erstens würde es keinem nützen, meine Herren, denn die heutigen Raketen sind so, daß man über Deutschland beliebig hinwegschießen kann. Aber das würde eine Kontrolle mitbringen für uns, die für uns unerträglich ist, und wir können uns auch nicht in den Stand eines Staates zweiter Klasse runterdrücken lassen.

»Kanzler-Tee« mit der »Teerunde« am 2.3.1962, st. N., S. 6, StBKAH 02.26.

10 BERLIN – »VORPOSTEN DER FREIEN VÖLKER DES WESTENS«

24.6.1948 bis zum 12.5.1949 Blockade der Land- und Wasser-
zufahrtswege von und nach Berlin durch die Sowjetunion*:
Die Lage in Berlin, machen wir uns das klar, ist außerordentlich ernst, und die Einwohner der drei Westsektoren
haben sehr schwere Tage. Wenn die Alliierten auch tun, was
sie können – wir müssen das anerkennen –, so ist es eben
unmöglich, über 2 Millionen Menschen nicht nur mit Lebensmitteln, sondern auch mit den nötigen Kohlen aus der Luft
heraus zu versorgen. Infolgedessen sind die Leiden der Berliner Bevölkerung, sowohl was die Zubereitung warmer Mahl-
zeiten angeht, wie auch die Krankenhausfrage, die Industrie
und die Beschäftigung der Menschen, überaus ernst.

In Bonn auf einer Veranstaltung der CDU am 21.7.1948, st. N., S. 8,
StBKAH 02.04.
* Vgl. Zeittafel, S. 450.

Leider Gottes ist es ja so, daß die westlichen Alliierten, als
sie die verschiedenen Abkommen mit den Russen geschlossen
haben, augenscheinlich die Russen nicht gekannt haben
(Heiterkeit); denn für denjenigen, der die Russen und die russische Auslandspolitik kennt, nicht etwa die des Herrn Stalin
oder der Bolschewisten, sondern auch des zaristischen Ruß-

lands, ist es wirklich unverständlich, wie man Berlin seinerzeit besetzen konnte, ohne sich eine gesicherte Straße gleichzeitig nach Westen hin zu schaffen, über die man nun seine Sektoren entsprechend versehen konnte mit allem Nötigen. Dieses Vertrauen auf die Russen ist nun schmerzlich enttäuscht worden. Diesmal sind wir aber nicht daran schuld.

In Bonn auf einer Veranstaltung der CDU am 21.7.1948, st. N., S. 8,
StBKAH 02.04.

Die Haltung der Berliner Bevölkerung ist bei der ganzen Entwicklung von außerordentlich großer Bedeutung. Wir Nichtberliner, wir Deutsche hier in Westdeutschland, müssen unseren Berliner Freunden und allen Berlinern von ganzem Herzen danken für die tapfere und mutige Haltung, die sie jetzt schon seit geraumer Zeit gezeigt haben (starker Beifall). Ich glaube, die Berliner wissen, daß wir alle an ihrer Seite stehen mit unserer vollsten Sympathie sowie mit aller Hilfsbereitschaft, deren wir fähig sind.

Auf dem 2. Parteitag der CDU der britischen Besatzungszone in Reckling-
hausen am 28.8.1948. Druck: Neuaufbau auf christlichen Grundlagen.
Zweiter Parteitag der CDU für die Britische Zone, Opladen 1948, S. 11.

Die Lage Berlins wird durch die Entwicklung in der Sowjetzone besonders kritisch. Berlin ragt in die Sowjetzone hinein als Vorposten und Bollwerk des demokratischen westlichen Teils Deutschlands,

(Bravo!)

ja, mehr als das, als *Bollwerk des demokratischen West-*
europas.

(Bravo! – Zuruf von der KPD:

Amerikanischer Imperialismus!)

Berlin hat die Blockade dank der bewunderungswürdigen

Stärke und Zähigkeit seiner Bewohner und dank der Hilfe der
Westalliierten überstanden; aber es leidet schwer unter ihren
Nachwirkungen.

*Verhandlungen des Deutschen Bundestages, 1. Wahlperiode, 13. Sitzung
am 21.10.1949, s. 309.*

In Artikel 23 des Grundgesetzes ist niedergelegt, daß *Groß-Ber-
lin als zwölftes Land zur Bundesrepublik Deutschland* gehören
soll. Wenn auch die internationale Lage bei der Genehmigung
des Grundgesetzes die Verwirklichung dieses Beschlusses zunächst unmöglich gemacht hat

(Zuruf von der KPD:

Ihre souveräne Regierung!)
und wenn die fortdauernde internationale Spannung auch
jetzt noch die Durchführung des Artikel 23, vielleicht auch im
Interesse Berlins selbst, nicht gestattet, so bleibt der Beschluß
des Parlamentarischen Rates, wie er im Artikel 23 niedergelegt
ist, nur suspendiert. Der Artikel 23 wird in Wirksamkeit treten,
sobald die internationale Lage es gestattet.

(Abg. Renner: Und die Kommissare!)
Bis dahin will Berlin seine Gesetze den Bundesgesetzen anpas-
sen, um so schon jetzt eine *de-facto-Zugehörigkeit Berlins zum
Bund* herbeizuführen.

*Verhandlungen des Deutschen Bundestages, 1. Wahlperiode, 13. Sitzung
am 21.10.1949, s. 309.*

Berlin steht als äußerster Vorposten gegenüber Sowjetrußland
da, und die Leute in Berlin haben mit der größten Tapferkeit
diesen Vorposten gehalten. (Beifall) Wir halten ihnen die
Treue, und der Bund wird für Berlin tun, was irgendwie in seiner Macht steht. (Beifall) Nur ein auf gesundem wirtschaft-

Berlin – »Vorposten der freien Völker des Westens«   193

lichen Boden stehendes Berlin kann diesem Druck widerstehen, und die Berliner Bevölkerung, das habe ich doch bei
den vielen Kilometern, die ich durch Berlin gefahren bin, gesehen aus den ungezählten Augen, die an mir hingen, aus den
Grüßen, die mir zuteil wurden: Berlin vertraut der Bundesrepublik Deutschland.

In Dortmund auf einer Veranstaltung der CDU am 13.5.1950, st. N.,
S. 10, StBKAH 02.06.

Berlin, die drei Westsektoren, müssen unter allen Umständen
gehalten werden. Ihr Verlust wäre gleichbedeutend mit einem
vernichtenden Schlag für uns, für die Berliner und für die
Westalliierten; und darum werden wir alles, was in unseren
Kräften steht, tun, um Berlin wirtschaftlich am Leben zu erhalten.

In Köln auf einer Veranstaltung der CDU am 21.5.1950, st. N., S. 13,
StBKAH 02.06.

Sie verteidigen hier die Freiheit. Ein stolzes Wort, aber ein berechtigtes Wort! Sie haben die Freiheit in all den Jahren, seitdem Ihre Freiheit dem Druck von Osten her ausgesetzt ist, mit
Mut, mit Kraft und mit Erfolg verteidigt. Dafür gebührt Berlin
und seinen Bewohnern und seinen leitenden Leuten der Dank
ganz Deutschlands. Ich bin fest davon überzeugt, daß eine
spätere Zeit einmal gerade dieses Verdienst der Berliner Bevölkerung und der Deutschen in der Ostzone uneingeschränkt
und rückhaltlos anerkennen wird.

Aus Anlaß eines Empfangs des Senats von Berlin zu Ehren des Bundes-
kanzlers am 1.2.1953, st. N., S. 6, StBKAH 02.11.

Berlin ist die vorgeschobene Bastion gegenüber dem Osten. *Berlin müssen wir unter allen Umständen halten. Und wir müssen Berlin geistig, seelisch, politisch und wirtschaftlich mit ganzer Kraft unterstützen.* Ich glaube, daß wir das in großem Maße tun, aber wir müssen immer auf dem Posten sein, ob die russische Gefahr gegenüber Berlin sich nicht vermehrt. Und dann müssen wir zur Stelle sein, um Berlin und den Berlinern, die so tapfer für uns dastehen, zu helfen.

In Dortmund auf einer Veranstaltung der CDU am 26.7.1953, Auszüge aus der Rede, S. 14, StBKAH 16.12.

Wenn wir Berlin helfen, stärken wir damit auch die Widerstandskraft der Menschen in der Zone, denn die Zone schaut auf das Schicksal Berlins.

In der Berliner Ostpreußenhalle am Funkturm am 23.2.1954, Bulletin Nr. 38/54, S. 308.

Berlin genießt im Ausland ein außerordentlich großes Ansehen, weil die Berliner Bevölkerung sich seit 1945 hervorragend gehalten hat. Berlin gilt im Ausland ganz allgemein als ein Vorposten der freien Völker des Westens.

Während eines Empfangs der Berliner Auslandspresse im Haus der Kaufleute in Berlin am 4.12.1954, st. N., S. 7, StBKAH 02.12.

Nach dem Berlin-Ultimatum Chruschtschows vom 27.11.1958, in dem er in Noten an die USA, Frankreich und Großbritannien den Viermächtestatus von Berlin aufkündigte und forderte, binnen sechs Monaten eine Vereinbarung über einen neuen Status für West-Berlin als »Freie Stadt« zu treffen, anderenfalls sollten die Rechte der UdSSR in Berlin auf die DDR übertragen werden:

Die enge Nachbarschaft mit dem kommunistischen Bereich hat den Berlinern das politische Empfinden geschärft. Ihnen braucht man nicht erst klarzumachen, was hinter dem Vorschlag des Kreml, aus West-Berlin einen Freistaat zu machen, in Wirklichkeit steckt. Der Abzug der westlichen Truppen, die Abschnürung der Verbindungswege mit der freien Welt, die Übernahme der Versorgung und der wirtschaftlichen Basis für Produktion und Absatz durch die Sowjetunion und die Sowjetzone, alles das würde über kurz oder lang ohne allen Zweifel zur Folge haben, daß Berlin verkümmert und dem kommunistischen Machtbereich anheimfällt. Dann aber wäre mehr verloren als West-Berlin und seine über zwei Millionen freie Deutsche.

Die freie Welt hätte damit ihren Grundsatz aufgegeben, daß die Freiheit überall dort mit letzter Energie verteidigt werden muß, wo der Kommunismus sie bedroht, und daß man nicht ungestraft und nicht ohne Folgen für sich selbst den Bruch von Verträgen hinnehmen darf.

Ansprache an die Berliner Bevölkerung am 4.12.1958 während eines Berlin-Aufenthaltes vom 4. bis zum 6.12.1958, Bulletin Nr. 226/58, S. 2241.

... wenn Berlin geräumt wird, dann hat Amerika seinen Kredit in Europa verspielt, dann glaubt ihm keiner mehr. Dann hat hier bei der Mentalität der Menschen, sogar bei uns, fürchte ich, Rußland gewonnen, sicher in Italien, wenn in Frankreich nicht de Gaulle* wäre, sicher auch in Frankreich. Das wird ganz allgemein als ein Zeichen dafür aufgefaßt werden, daß sich Amerika doch schwach fühlt gegenüber Sowjetrußland.

Informationsgespräch mit Hugh Carleton Greene (BBC London) am 28.1.1959, st. N., S. 10, StBKAH 02.19.
* Vgl. Zeittafel, S. 458.

... der Rechtsstatus von Berlin darf nicht angetastet werden, das würde eine Kapitulation der Freiheit sein vor der Unfreiheit. Und glauben Sie mir, dieser Forderung, wenn sie Erfolg bekommt, werden heute oder morgen oder übermorgen neue Forderungen folgen, und der ersten Kapitulation werden dann weitere Kapitulationen folgen.

Vor dem Berliner Abgeordnetenhaus am 11.1.1960, Bulletin Nr. 7/60, S. 58.

Die Frage, was aus Berlin wird, ist naturgemäß in erster Linie eine Lebensfrage für die Berliner, für diese tapferen Menschen, die nun wie auf einer Insel der Freiheit mitten in einem Meer der Unterdrückung seit fast 15 Jahren ausharren. Die drei westlichen Besatzungsmächte haben Berlin im Kriege besetzt. Sie haben infolgedessen ein Recht, das sie nicht etwa einem mit der Sowjetunion geschlossenen Vertrage verdanken, sondern das ihnen nach den Grundsätzen des Völkerrechts aus Eigenem erwachsen ist, ein sog. *originäres Recht,* das ihnen niemand, ich wiederhole niemand, nehmen kann, auf das sie nur selbst verzichten könnten.

Ansprache vor dem International Press Club in Washington, D.C., am 16.3.1960, Redemanuskript, S. 12, StBKAH 02.21.

Zu Plänen einer Interimslösung für den Status von Berlin:
Eine Interimslösung bedeutet doch nichts anderes, als sich die Kehle sukzessive abschneiden zu lassen; weiter nichts! Und wenn etwas richtig ist gegenüber dem Russen, dann ist es der harte und feste Standpunkt: Der Status von Berlin ist so und so, und es besteht kein Anlaß, ohne eine Wiedervereinigung an diesem Status irgendetwas zu ändern!

Vor dem Bundesparteiausschuß der CDU am 23.5.1960, st. N., S. 8, ACDP VII-001-021/8.

Was übrigens die Berlin-Frage angeht, so hat die Bundesregierung von Anfang an auf dem Standpunkt gestanden, daß eine Interimslösung nicht infrage kommt, weil sie nur Sowjetrußland die Möglichkeit bietet, zu einem von Sowjetrußland gewählten Zeitpunkt erneut die Zange anzusetzen.

Informationsgespräch mit Walter Henkels, Dr. Max Nitzsche und
Dr. Max Schulze-Vorberg am 7.6.1960, st. N., S. 3, StBKAH 02.21.

Die Machthaber in der sowjetisch besetzten Zone Deutschlands haben seit den frühen Morgenstunden des 13. August den Verkehr zwischen dem sowjetischen Sektor und den drei westlichen Sektoren Berlins fast völlig zum Erliegen gebracht. Entlang der Sektorengrenze wurden Stacheldrahtverhaue errichtet; starke Verbände der Volks- und Grenzpolizei bezogen ihre Stellungen an der Sektorengrenze, um die *Abriegelung des Verkehrs zwischen Ost- und Westberlin* durchzuführen. Gleichzeitig wurden Truppen der Nationalen Volksarmee in Ostberlin eingesetzt.

Diese Abriegelungsmaßnahmen wurden auf Grund eines Beschlusses der Zonenmachthaber vom 12. August ergriffen. Mit ihrer Durchführung hat das *Ulbricht-Regime* gegenüber der gesamten Welt eine klare und unmißverständliche politische Bankrotterklärung einer 16jährigen Gewaltherrschaft abgegeben.

(Beifall bei der CDU/CSU und der FDP.)

Mit diesen Maßnahmen hat das Ulbricht-Regime eingestehen müssen, daß es nicht vom freien Willen der in der Zone lebenden Deutschen getragen und gestützt wird. Mit diesen Maßnahmen hat das Ulbricht-Regime bestätigt, daß die Ausübung des Selbstbestimmungsrechts durch das deutsche Volk zur Erhaltung des Weltfriedens unaufschiebbar geworden ist!

Verhandlungen des Deutschen Bundestages, 3. Wahlperiode, 167. Sitzung
am 18.8.1961, S. 9769.

Meine Überzeugung, daß der Tag der Wiedervereinigung in Frieden und Freiheit kommen wird, daß die Stadt Berlin wieder die Hauptstadt des wiedervereinigten Deutschlands sein wird, hat sich durch die Ereignisse des 13. August nicht geändert. Diese Betonmauer und der Stacheldrahtverhau mitten durch Berlin sind ein Mahnmal für alle Deutschen, die Wiedervereinigung nicht zu vergessen, sich mit aller Kraft für sie einzusetzen.

Ankunftserklärung nach Landung in Berlin-Tempelhof am 22.8.1961, Bulletin Nr. 157/61, S. 1513.

Daß die Berlinfrage definitiv nur geregelt werden kann, wenn die Frage der Wiedervereinigung positiv gelöst wird oder gelöst ist, das ist ganz klar.

»Kanzler-Tee« mit der »Teerunde« am 14.12.1961, st. N., S. 8, StBKAH 02.25.

Das Schicksal Berlins ist ein sehr wesentlicher Bestandteil der gesamten Spannungslinie über der Erde, und für uns Deutsche natürlich ein Bestandteil, der uns in der tiefsten Weise seelisch berührt. Das gleiche gilt auch von der Zone und von den unglücklichen Deutschen, die in der Zone zu wohnen verurteilt sind. Ich möchte einmal zunächst unpolitisch, aber in aller Offenheit hier vor der ganzen Öffentlichkeit sagen, daß das auch Realitäten für einen jeden Deutschen sind, daß sich die Berlinfrage und die Zonenfrage auch in seelischen Problemen zeigt, und daß da für uns ein Feld liegt voll tiefer Trauer und tiefer Sorge, und zwar von Trauer und von Sorge, die natürlich auch politische Entschließungen irgendwie beeinflussen müssen. Dafür muß jeder, auch jeder Nichtdeutsche, Verständnis haben. Wenn die Berliner in Freiheit leben können, wenn die

Deutschen in der Zone in Freiheit leben können, so wie sie wünschen zu leben, dann würde, glaube ich, manches politische Problem sich sehr viel besser lösen können, als das jetzt der Fall ist.

Pressekonferenz in Berlin im Haus des Vereins Berliner Kaufleute und Industrieller am 7.5.1962, st. N., S. 1, StBKAH 02.26.

Das Berlin-Problem ist wie das Deutschland-Problem überhaupt letztlich eine menschliche Frage. Deshalb liegt hier auch der Ansatzpunkt für eine Lösung. Wenn unseren Landsleuten in der sowjetischen Besatzungszone ein menschenwürdiges Dasein, wenigstens ein gewisses Maß an Freiheit und Selbstbestimmung gewährt wird, werden wir über vieles mit uns reden lassen können.

Artikel unter der Überschrift »Das deutsche Problem, ein Weltproblem« (»The German problem, a world problem«) in der amerikanischen Zeitschrift Foreign Affairs, *erschienen im Okober 1962, Nr. 1, 41. Jg., S. 59–65, zitiert nach Bulletin Nr. 176/62, S. 1491.*

Berlin hat sich durch all das Leid, das die Berliner ertragen mußten und tapfer ertragen haben, mehr als je zuvor in die Herzen aller Deutschen fest eingeschrieben als Hauptstadt Deutschlands.

Erinnerungen 1945–1953, a. a. O., S. 181.

11 SICHERHEIT UND VERTEIDIGUNG

Nach all dem, was in den letzten Jahren geschehen ist, sind die Deutschen absolute Kriegsgegner. Wir alle hoffen, daß es zu keinem neuen Krieg kommen wird. Aber die Spannung zwischen Ost und West hat sich in letzter Zeit verschärft, und wenn auf beiden Seiten militärische Vorkehrungen getroffen werden, ist es natürlich möglich, daß etwas passiert. In einem solchen Fall stünde Deutschland entwaffnet und schutzlos da. Man kann von den Deutschen nicht erwarten, daß sie als Söldner in fremden Heeren dienen. Aber wenn eine europäische Föderation einen westdeutschen Beitrag zur Verteidigung Europas verlangen sollte, dann könnten sich unter gewissen Umständen auch Deutsche genauso wie Engländer, Franzosen und andere Nationen beteiligen.

Auf dem Parteitag der CDU Rheinland in Düsseldorf am 7.12.1949, zitiert nach Erinnerungen 1945–1953, *a. a. O., S. 344 f.*

Voraussetzung für eine deutsche Beteiligung an der Verteidigung Europas war für mich völlige Gleichberechtigung Deutschlands mit den anderen Völkern Europas. Gleiche Pflichten setzten gleiche Rechte voraus. Die Wiederbewaffnung würde meines Erachtens weitgehende Folgen für die politische Stellung unseres Volkes in der Welt haben. Auf dem Weg über die Wiederbewaffnung konnte die volle Souveränität der Bundesrepublik erreicht werden. Es war die Frage unserer politischen Zukunft schlechthin.

Erinnerungen 1945–1953, a. a. O., S. 345.

Drei Faktoren waren es, die meine Haltung in der Frage der Wiederbewaffnung Deutschlands* beeinflußten:

1. die Erlangung der Souveränität als Folge der Wiederaufrüstung,

2. Sicherheit gegenüber der Aufrüstung der Sowjetzone durch Sowjetrußland,

3. die Herbeiführung einer europäischen Föderation.

Erinnerungen 1945–1953, a. a. O., S. 345.
* Vgl. Zeittafel, S. 453.

Es ist ganz klar, daß Voraussetzung für jeden Widerstand Deutschlands gegen irgendeine Aggression die Herbeiführung möglichst guter und ausgeglichener *sozialer Verhältnisse* im Innern ist.

Verhandlungen des Deutschen Bundestages, 1. Wahlperiode, 98. Sitzung am 8.11.1950, S. 3565.

… nur, wenn es uns gelingt, Deutschland, dieses wichtige Grenzgebiet der atlantischen Welt, gegen den nicht nachlassenden Druck des Ostens und der von ihm angewandten subversiven Methoden auch auf sozialem Gebiet immun zu machen, sind Verteidigung und Sicherheit Europas gewährleistet. Soldaten und Waffen allein reichen zur Sicherheit nicht aus.

Ansprache vor dem Royal Institute of International Affairs im Chatham House in London am 6.12.1951, Redemanuskript, S. 8f., StBKAH 02.09.

Die Aufwendungen und Leistungen der Bundesrepublik für die Festigung der inneren Ordnung, für die Erreichung gesunder sozialer Verhältnisse, stellen einen wichtigen und wertvollen Beitrag für die Verteidigung der demokratischen Freiheiten gegenüber der Bedrohung aus dem Osten dar.

Rede vor der Foreign Press Association in London am 7.12.1951, Bulletin Nr. 19/51, S. 134.

Wir sind ein schwaches und überaus exponiertes Land. Wir können aus eigener Kraft gar nichts vollbringen. Wir können nicht zwischen Ost und West ein Niemandsland sein; dann hätten wir nirgends Freunde und jedenfalls im Osten einen gefährlichen Nachbarn.

Interview mit Ernst Friedlaender im NWDR am 5.3.1952, Bulletin Nr. 27/52, S. 262.

Ich sage den unentwegten Anhängern eines absoluten Pazifismus, daß ich ihre persönliche Weltanschauung achte, daß ihnen das verfassungsmäßige Recht auf Verweigerung des Kriegsdienstes mit der Waffe nicht gesetzlich beschnitten werden soll, daß aber der Pazifismus in einer Welt der Gewalt und der Drohungen als offizielle Politik Selbstmord wäre und kein Dienst am Frieden.

Interview mit Ernst Friedlaender im NWDR am 5.3.1952, Bulletin Nr. 27/52, S. 263.

Ich sage den Gegnern des Militarismus, daß ich einer der ihren bin, aber es steht nirgends geschrieben, daß ein deutscher Beitrag zur europäischen Verteidigung militaristisch sein müsse. Dieser Beitrag kann und wird demokratisch sein.

Interview mit Ernst Friedlaender im NWDR am 5.3.1952, Bulletin Nr. 27/52, S. 263.

Ohne *äußere* Freiheit und Sicherheit gibt es auch keine *innere* Sicherheit. Wenn wir nicht die Möglichkeit haben, unser staatliches und politisches Leben in Freiheit so zu gestalten, wie wir es selbst wünschen und für richtig halten, dann ist es auch vorbei mit echter Sozialpolitik. Das eine ist so wichtig wie das andere. Die Bundesregierung ist deshalb von Anfang an bemüht gewesen, beides miteinander zu *verbinden:* die Erringung der äußeren Freiheit und die Sicherung einer gerechten sozialen Ordnung im Innern.

Interview mit Echo der Zeit, *erschienen am 5.7.1952, Nr. 14, Jg. 1952.*

Der Vertrag über die Europäische Verteidigungsgemeinschaft wird viel zu sehr nur unter dem Gesichtspunkt der Abwehr einer etwaigen sowjetrussischen Aggressionsabsicht angesehen. Er dient bei weitem, in erster Linie

(Abg. Frau Thiele: Der Aggression!)

und in der Hauptsache dem eben von mir gekennzeichneten Zweck der *Befriedung Europas.*

(Abg. Fisch: Sagen Sie doch mal was über die Grenzen Europas!)

Er ist ein Instrument des Friedens von denkbar größter Bedeutung.

Der Vertrag über die Europäische Verteidigungsgemeinschaft sieht den Verzicht der Teilnehmerstaaten auf ihr wichtigstes Souveränitätsrecht, nämlich die Aufstellung eigener Streitkräfte, vor. Er sieht weiter die Übertragung dieses Rechts auf eine supranationale Stelle vor.

(Abg. Frau Thiele: Auf Ridgway!*)

Er wird von weittragendsten Konsequenzen für die *Schaffung eines vereinten Europa* sein. Durch ihn wird gleichsam automatisch eine Angleichung der Teilnehmerstaaten in außenpolitischen und in wirtschaftlichen Fragen herbeigeführt, die zusammen mit dem Schumanplan und anderen im Stadium der Beratung befindlichen Projekten sehr bald zu einer europäischen Föderation oder Konföderation führen wird. Dieser Vertrag über den Abschluß der Europäischen Verteidigungsgemeinschaft ist ein Akt, der einzig ist in der langen Geschichte Europas,

(Sehr richtig! bei der KPD – Abg. Niebergall: Und von kurzer Dauer!)

dieses Europas, das immer wieder von kriegerischen Wirren erschüttert wurde, dem aber jetzt, nachdem es durch die beiden letzten Kriege an den Rand des Abgrunds gebracht worden ist, ein dauernder Friede und ein neues Leben gegeben werden soll.

Verhandlungen des Deutschen Bundestages, 1. Wahlperiode, 221. Sitzung am 9.7.1952, S. 9792.
* *Matthew Ridgway: 1952–1953 Oberkommandierender der Alliierten Streitkräfte in Europa, 1953–1955 Chef des Stabes der US-Armee.*

Ich bin der Überzeugung, daß man einen hochgerüsteten totalitären Staat nicht dadurch von einer Aggression abhält, daß man möglichst schwach bleibt.

(Lebhafte Zustimmung und Beifall bei den Regierungsparteien. – Abg. Reimann: Wie Adolf Hitler! Der hat das auch gesagt!)

Sicherheit und Verteidigung

Die Geschichte der letzten zwanzig Jahre bietet zwei ausgezeichnete und schlagende Beispiele für die Richtigkeit dieser meiner Auffassung.

Verhandlungen des Deutschen Bundestages, 1. Wahlperiode, 221. Sitzung am 9.7.1952, S. 9799.

Wie ist es denn bei totalitären Staaten? Ich bin überzeugt davon: Wenn die anderen Mächte, als Hitler aufrüstete, auch sich stark gemacht hätten, hätte Hitler niemals gewagt, zum Kriege zu schreiten.

Ansprache auf der Schlußkundgebung der Tagung der Gemeinschaft katholischer Männer Deutschlands in Bamberg am 20.7.1952, Bulletin Nr. 95/52, S. 936.

Es muß unsere gemeinsame Aufgabe sein – und ich bin sicher, wir werden sie lösen –, die sittlichen Werte des deutschen Soldatentums mit der Demokratie zu verschmelzen.

(Abg. Reimann: Jetzt kommt noch das Horst-Wessel-Lied, dann ist der Schluß da!)

Der kommende deutsche Soldat wird nur dann seiner deutschen und europäischen Aufgabe gerecht werden, wenn er von den Grundprinzipien erfüllt ist, auf denen die Ordnung unseres Staates ruht.

(Beifall bei den Regierungsparteien. – Zurufe von der KPD. – Abg. Mellies: Das haben wir alles schon einmal gehört!)

Diese Ordnung sichert zugleich die ethischen Werte des Soldaten vor erneutem Mißbrauch.

Verhandlungen des Deutschen Bundestages, 1. Wahlperiode, 240. Sitzung am 3.12.1952, S. 11141.

Gegeben ist der Kalte Krieg und die ständige sowjetische Gefahr. Auf der Seite des Westens will man sich schützen. Da ist der Nordatlantikpakt. Da sind die verschiedenen Bemühungen um den engeren europäischen Zusammenschluß, Montanunion, Verteidigungsgemeinschaft, Politische Gemeinschaft. Für Deutschland gibt es in dieser Weltlage nur eine sinnvolle Möglichkeit: mit dem Westen gemeinsame Sache zu machen, sich einzufügen in dies Europa, wirtschaftlich, militärisch, politisch. Es ist eine Politik des reinen Selbsterhaltungstriebs. Es ist die Politik des geringsten Risikos. Denn eine Politik ohne Risiko gibt es nicht in der heutigen Welt ...

Interview mit Ernst Friedlaender im NWDR am 30.1.1953, Bulletin Nr. 22/53, S. 175f.

Wenn die Atomwaffe einmal soweit ausgebildet ist, daß jeder Staat, der genügend Vorräte von diesen schrecklichsten Instrumenten der Vernichtung besitzt, in jedem anderen Staat alles Leben vernichten kann, dann vernichtet dadurch der Krieg sich selbst. Dann werden die Völker und ihre Leiter erkennen, daß der Krieg kein Mittel mehr ist, Differenzen unter den Völkern auszutragen, da er alle vernichtet. Dann werden die Staaten gezwungen sein, zu friedlichen Methoden zwecks Beilegung ihrer Streitigkeiten zu greifen. Die Entwicklung der Atomwaffe selbst wird dann den Krieg getötet haben.

Ansprache vor der Association de la Presse Diplomatique Française und der Association de la Presse Étrangère in Paris am 11.12.1953, Bulletin Nr. 238/53, S. 1975.

Der Patriotismus ist nicht der entscheidende Beweggrund für die Wiederaufstellung der deutschen Armee. Das deutsche Volk hat an sich kein Verlangen nach dem Wiedererstehen einer Wehrmacht, ist aber bereit, angesichts der Weltsituation einen Beitrag für die Sicherheit Westeuropas zu leisten.

Interview mit Hugh Baillie (United Press), zitiert nach Bulletin Nr. 203/54 vom 27.10.1954, S. 1806.

Schon seit Jahren ist der *Nordatlantikpakt* das Kernstück der Verteidigungsorganisation der freien Welt. Die praktische Aufbauarbeit, die in dieser Organisation in hervorragendem Zusammenwirken aller Beteiligten vollbracht worden ist, stellt eine Organisationsleistung ersten Ranges dar, die durch keine andere Form der Zusammenarbeit ersetzt werden kann. Aus diesem Grund hatte schon der EVG-Vertrag eine enge Anlehnung und Verbindung mit dem NATO-System vorgesehen.

Verhandlungen des Deutschen Bundestages, 2. Wahlperiode, 61. Sitzung am 15.12.1954, S. 3125.

Die Bundesrepublik wird nach ihrem Beitritt der 15. Mitgliedstaat sein. Mit ihrem Beitritt erwächst ihr das Recht und die Pflicht zum Beistand gegenüber den übrigen Mitgliedern, wie dies indirekt auch schon im Rahmen der Europäischen Verteidigungsgemeinschaft durch ein Zusatzprotokoll über die Verknüpfung von EVG und NATO vorgesehen war. Diese Beistandsverpflichtung beläßt ihr wie jedem anderen Mitgliedstaat der NATO das Recht, selbst darüber zu entscheiden, welche Maßnahmen sie für notwendig hält, um die Sicherheit im Vertragsgebiet wiederherzustellen und aufrechtzuerhalten.

Verhandlungen des Deutschen Bundestages, 2. Wahlperiode, 61. Sitzung am 15.12.1954, S. 3125.

... der Beitritt der Bundesrepublik zum Nordatlantikpakt ist zugleich mit wichtigen *politischen Konsequenzen* verknüpft. Sämtliche Mitgliedstaaten haben sich die von den drei Westmächten abgegebene Erklärung zu eigen gemacht, in der die Bundesregierung als einzige frei und rechtmäßig gebildete deutsche Regierung anerkannt wird, die berechtigt ist, für Deutschland als Vertreterin des deutschen Volkes in internationalen Angelegenheiten zu sprechen.

(Beifall bei den Regierungsparteien.)

In dieser Erklärung wird die Schaffung eines völlig freien und vereinigten Deutschlands als ein grundlegendes Ziel ihrer Politik proklamiert.

Verhandlungen des Deutschen Bundestages, 2. Wahlperiode, 61. Sitzung am 15.12.1954, S. 3125 f.

Wir wissen sehr wohl, daß nicht die Armeen allein den Frieden erhalten können. Ohne den Willen eines ganzen Volkes, sich die Freiheit zu erhalten, sich gegen die Sklaverei zu behaupten, wird der Frieden nicht gewonnen werden.

(Beifall bei den Regierungsparteien.)

Nur wenn der Geist der Freiheit und der Gerechtigkeit auch unser inneres politisches und soziales Leben in Deutschland bestimmt, dürfen wir sicher sein, daß wir uns Freiheit und Gerechtigkeit bewahren können.

Verhandlungen des Deutschen Bundestages, 2. Wahlperiode, 61. Sitzung am 15.12.1954, S. 3135.

Die Nordatlantikorganisation ist eine Gemeinschaft freier Nationen, die ihre Entschlossenheit bekundet haben, das gemeinsame Erbe der abendländischen Kultur, die persönliche Freiheit und die Herrschaft des Rechts zu verteidigen.

Angesichts der zunehmenden Bedrohung durch die kommunistisch regierten Staaten des Ostblocks war die Nordatlantikorganisation ihrer Zielsetzung entsprechend gezwungen, eine militärische Streitmacht zum Zwecke der gemeinsamen Verteidigung für die Sicherheit ihrer Mitgliedstaaten und letzten Endes zur Erhaltung des Weltfriedens aufzubauen.

Die Ziele der Nordatlantikpaktorganisation, insbesondere ihre rein defensive Aufgabenstellung, entsprechen angesichts der politischen Spannung in der Welt vollständig den natürlichen Interessen des deutschen Volkes, das sich nach den schrecklichen Erfahrungen zweier Weltkriege wie kaum ein anderes Volk nach Sicherheit und Frieden sehnt.

Ansprache aus Anlaß der Aufnahme der Bundesrepublik Deutschland in die NATO auf der Sitzung des Rates der Atlantikpakt-Staaten in Paris am 9.5.1955, Bulletin Nr. 87/55, S. 717.

Wir müssen den gesellschaftlichen Fortschritt der technischen Entwicklung anpassen, um die durch diese Entwicklung freigewordenen Kräfte in eine Ordnung einzufügen und ihnen ihre zerstörende Wirkung zu nehmen. Deshalb kann die Organisation einer gemeinsamen Verteidigung nur *eines* der Ziele des Nordatlantikpaktes sein. Ich halte es deshalb für eine der wichtigsten Bestimmungen des Nordatlantikpaktes, wenn in Präambel und Artikel 2 des Vertrags zur Förderung der allgemeinen Wohlfahrt der Völker und zur Bewahrung ihres gemeinsamen Kulturerbes zu einer Zusammenarbeit in wirtschaftlichen und kulturellen Fragen aufgefordert wird.

Ansprache aus Anlaß der Aufnahme der Bundesrepublik Deutschland in die NATO auf der Sitzung des Rates der Atlantikpakt-Staaten in Paris am 9.5.1955, Bulletin Nr. 87/55, S. 717.

Die *Entwicklung der Atomwaffen,* die Entwicklung der *Wasser-stoffbombe* macht auch für die in ihrem Besitz befindlichen Mächte jeden Krieg zu einem ungeheuren Wagnis. Höchst-wahrscheinlich würde durch diesen Krieg dem Sieger wie dem Besiegten und wie auch den übrigen Völkern der Erde das gleiche Los bereitet werden: völliger Untergang. Der Krieg, meine Damen und Herren, der so oft in der Geschichte als ein Mittel der Politik bezeichnet worden ist, ist das nicht mehr!

(Sehr richtig! bei der SPD.)

Der Krieg ist durch die Entwicklung der modernen Waffen ad absurdum geführt.

(Beifall auf allen Seiten des Hauses.)

Er kann keinem Lande mehr eine Vergrößerung seiner Macht bringen, sondern er bedeutet für alle Verderben und Unter-gang.

Verhandlungen des Deutschen Bundestages, 2. Wahlperiode, 84. Sitzung am 27.5.1955, S. 4605.

Nach meiner festen Überzeugung ist die Frage einer wirklich kontrollierten Abrüstung bei der Entwicklung, die die Waffen-technik genommen hat, das entscheidende Moment für die Frage, ob wir in der Welt zum Frieden kommen oder nicht.

Vor dem Bundesparteivorstand der CDU am 3.6.1955, st. N., S. 18, ACDP VII-001-004/3.

Einziges Ziel der deutschen Wiederbewaffnung ist es, zur Er-haltung des Friedens beizutragen. Wir werden dieses Ziel erreicht haben, wenn die gemeinsame potentielle Abwehrkraft der Verbündeten zu jedem Zeitpunkt ein zu großes Risiko für jeden möglichen Angreifer bedeutet. In einer solchen militärischen Stärke, die lediglich für unsere Verteidigung ausreicht, kann niemand eine Bedrohung erblicken.

Ansprache aus Anlaß des Besuches bei der ersten Einheit der Bundeswehr in Andernach am 20.1.1956, Bulletin Nr. 16/56, S. 125.

In der heutigen Zeit ist es nicht der Soldat allein, der die Last und die Gefahr eines möglichen Krieges zu tragen hat. Wert und Berechtigung erhalten die Streitkräfte durch ihre Aufgabe, sich schon im Frieden den Leistungen und Entbehrungen eines Krieges stets gewachsen zu zeigen. Gerade dadurch, durch ihre ständige Abwehrbereitschaft, sollen sie das Grauen eines Krieges verhüten. Der Soldat darf und will deshalb nicht mehr, aber auch nicht weniger sein als jeder andere Staatsbürger, der eine Funktion im Dienste der Gemeinschaft zu erfüllen hat.

Ansprache aus Anlaß des Besuches bei der ersten Einheit der Bundeswehr in Andernach am 20.1.1956, Bulletin Nr. 16/56, S. 125.

Wir müssen uns auch klar sein, daß die Entscheidung darüber, ob die Welt frei oder unfrei sein wird, nicht nur auf militärischen sondern auch auf anderen Gebieten vorbereitet wird. Es wird daher darauf ankommen, ob es dem Westen gelingt, das zum Teil verzerrte Bild, daß sich manche Völker Asiens und Afrikas von ihm machen, zu korrigieren und die Sympathien dieser Länder zu gewinnen. Wir müssen auch der Verpflichtung, die wir als hochentwickelte Industrieländer den weniger begünstigten Gebieten der Welt gegenüber haben, helfend nachkommen, wie dies von seiten der Vereinigten Staaten schon jahrelang in großzügigster Weise erfolgt. Und wir müssen vor allem bereit sein, in dem Zusammenschluß der Mitglieder des atlantischen Bündnisses weiter zu gehen als bisher und dieses auch auf politischem, wirtschaftlichem und kulturellem Gebiet zu einem wirksamen Instrument der Koordination unserer gemeinsamen Politik auszubauen.

Rede vor dem Council on Foreign Relations in New York am 14.6.1956, Redemanuskript, S. 34 f., StBKAH 02.13.

Ich habe mehr als einmal gesagt, wir müssen doch mit der Tatsache rechnen, daß eines Tages Amerika seine Truppen aus Europa zurückzieht, so daß dann die europäischen Länder, insbesondere aber Deutschland, neben diesem russischen Koloß mit seinen ganzen expansiven Kräften liegen. Wir müssen daher für unser Land das Menschenmögliche tun, damit wir nicht einfach waffenlos einem Übergriff der Volkspolizei ausgesetzt sind.

Vor dem Bundesparteivorstand der CDU am 20.9.1956, st. N., S. 34, ACDP VII-001-005/6.

Das Problem der äußeren Sicherheit eines Volkes ist unlöslich verquickt mit dem Problem seiner Verteidigung, die politische Strategie und die daraus resultierende Bündnispolitik mit den Fragen der Wehrpflicht, die Aufstellung eines Heeres aufs engste mit der Finanzpolitik und der wirtschaftlichen Entwicklung, und jeder weiß heute, daß für die äußere Sicherheit eines Volkes die soziale Gesundheit ebenso wichtig ist wie die Stärke und die Ausrüstung seiner Armee.

Ansprache über den deutschen Rundfunk am 16.10.1056, Bulletin Nr. 196/56, S. 1866.

Sicherheit und Verteidigung   213

Man hat so viel – zustimmend oder kritisierend – von der
»Politik der Stärke« gesprochen. Aber gerade die Kritiker, so
scheint es mir, sind dabei dem Irrtum verfallen, Stärke mit Gewalt zu verwechseln. *Eine Politik der Stärke ist, wie wir sie
verstehen, keine Politik der Gewalt. Im Gegenteil! Durch eine
ruhige, stetige und dadurch an Stärke gewinnende Politik
wollen wir dem Frieden dienen. Denn auf diesen Elementen beruht der Friede auf der Welt, nicht auf der Schwäche. Völker,
die die Gewalt anbeten und sie vor das Recht stellen, gefährden
den Frieden zwar in erster Linie, aber schwache, unsichere, in
ihrer Politik schwankende Völker gefährden den Frieden kaum
weniger, weil sie die Gewalttätigen zur Ausübung der Gewalt
anreizen und durch ihre Schwäche ein ständiges Element der
Unsicherheit bilden.*

   *Ansprache über den deutschen Rundfunk am 16.10.1056, Bulletin
   Nr. 196/56, S. 1866.*

Ich selbst glaube so wenig wie jeder vernünftige Mensch, daß
es ein Vergnügen ist, für ein Jahr den gewählten Beruf an den
Nagel zu hängen und Soldat zu werden. Das ist weder für den
jungen Menschen selbst ein Vergnügen, noch für die Eltern,
die sich um das Vorwärtskommen ihres Jungen Sorgen
machen und manches schwere Opfer für seine berufliche Ausbildung gebracht haben. Wir müssen uns aber vor Augen
halten, daß es den jungen Leuten und den Eltern in anderen
Ländern nicht anders geht, daß sie nicht anders fühlen als wir
und daß niemand von ihnen verlangen kann, daß sie ihre
Söhne Soldat werden lassen, nicht nur um sich selbst zu
schützen, sondern um auch noch den Schutz des deutschen
Volkes zu übernehmen. Wer das verlangt, wird eine bittere

Enttäuschung erleben und bald mit Schrecken feststellen, daß
wir allein auf dieser Welt dastehen.

*Ansprache über den deutschen Rundfunk am 16.10.1056, Bulletin
Nr. 196/56, S. 1866.*

Gegenüber US-Senator James W. Fulbright während einer
Tagung der Parlamentarier der NATO-Staaten Anfang Dezember
1956 in Paris:*

Ich betonte immer wieder, was vor allem not tue, das sei
eine Aktivierung der NATO, und diese könne nur erreicht
werden, wenn die Vereinigten Staaten die Führung stärker
übernähmen.

Fulbright fragte mich, wie ich mir denn praktisch vorstelle,
was die Vereinigten Staaten tun sollten, um die Führung zu
übernehmen. ›Nutzen Sie die politischen Möglichkeiten, die
der NATO-Vertrag bietet!‹ erwiderte ich ihm. Diese Möglichkeiten seien bisher nicht ausgewertet worden. Ein militärisches
Bündnis könne auf die Dauer ohne politisches Einvernehmen,
ohne zumindest eine politische Konsultation zwischen den
Partnern nicht bestehen. Der NATO komme zur Zeit fast ausschließlich militärische Bedeutung zu. Ihre politischen und
beratenden Aufgaben seien vernachlässigt worden. Es sei un-
erläßlich, daß hier Abhilfe geschaffen werde.

Erinnerungen 1955–1959, a. a. O., S. 245.
** James William Fulbright: 1944-1974 Senator von Arkansas, 1959-1974
Vorsitzender des Außenpolitischen Ausschusses des US-Senats; Mitglied
der Demokratischen Partei.*

Nur diese allgemeine, kontrollierte Abrüstung kann in Wahrheit die Welt vor den furchtbaren Schrecken eines Atomkrie-
ges bewahren. Ich habe darüber genug gesprochen, meine
Damen und Herren, aber glauben Sie mir, es ist so: solange in

der Welt Mächte im Besitz dieser nuklearen Waffen sind, droht immer die Gefahr, daß sie gebraucht werden

(Abg. Wittrock: Also!)

und daß dadurch über die ganze Welt, auch über die Nichtbewaffneten, das Unheil hereinbricht.

Verhandlungen des Deutschen Bundestages, 3. Wahlperiode, 18. Sitzung am 20.3.1958, S. 845.

Für uns alle steht nach wie vor fest, daß der Westen allein, die Stärke des Westens und der feste Anschluß der Bundesrepublik an den Westen uns auf die Dauer unsere eigene Freiheit verbürgt und wohl auch, wenn auch erst im Laufe einer Entwicklung, die Rückkehr der Ostzone.

Vor dem Bundesparteiausschuß der CDU am 28.9.1959, st. N., S. 5f., ACDP VII-001-021/5.

Unsere Politik muß nach wie vor darauf gerichtet bleiben, und zwar als das Zentralproblem für die gesamte Welt und für die Entwicklung der gesamten Welt, daß man zu einer kontrollierten Abrüstung der nuklearen und konventionellen Waffen kommt.

Die politischen Fragen in der Welt sind nach meiner Meinung Fragen, deren Lösung von dieser zentralen Frage abhängt. Wenn diese zentrale Frage gelöst wird, dann kann man hoffen, daß ein friedlicher Geist einkehrt und auch die Furcht schwindet, unter der die ganze Welt steht. Dann werden auch große politische Fragen viel leichter einer Lösung zugeführt werden können als in einer Periode wie der jetzigen, in der durch diese furchtbaren Rüstungen Spannungen und Furcht über die ganze Welt ausgebreitet werden.

Vor dem Bundesparteiausschuß der CDU am 28.9.1959, st. N., S. 14, ACDP VII-001-021/5.

Die Abrüstung muß das Ziel bleiben. Der Gedanke darf nicht aufgegeben werden, sonst geht die Menschheit zugrunde. Das gilt auch für die Sowjetunion.

Interview mit Georg Schröder für Die Welt, *erschienen am 18.5.1962, Nr. 115, 17. Jg.*

Ich bin immer dafür eingetreten, daß man die NATO nicht nur als reines Militärbündnis ansehen sollte, sondern eine engere politische Gemeinschaft daraus macht. Dies gilt dann nicht nur für die militärische, sondern auch für die wirtschaftliche Zusammenarbeit.

Interview mit Mann in der Zeit, *schriftliche Fassung vom 30.8.1965, S. 1f., StBKAH 02.36.*

12   INNENPOLITISCHE LEITLINIEN

Unsere Auffassung von der Freiheit und Würde der Einzelperson verbietet eine die wirtschaftliche und die politische Freiheit gefährdende Zusammenballung wirtschaftlicher Macht an einzelnen Stellen, sei es an privaten oder auch an öffentlichen. Daß der Staat, der die politische Macht hat, ein grausamer Arbeitgeber sein kann, hat uns das nationalsozialistische Regime bewiesen. Verstaatlichung der Produktionsmittel ist in unseren Augen deshalb nicht unbedingt und immer mit sozialem Fortschritt gleichzusetzen.

> *In Köln auf einer Veranstaltung der CDU der britischen Besatzungszone am 24.3.1946. Druck:* Schriftenreihe der CDU des Rheinlandes, *H. 8, Köln o. J., S. 9.*

Wir bejahen die Einheitsgewerkschaft (sehr gut), aber die neutrale, die parteipolitisch neutrale Einheitsgewerkschaft (Bravo). Die Gewerkschaft darf nicht in den Dienst irgendeiner Partei sich stellen lassen. Wenn sie das tut, gräbt sie sich ihr eigenes Grab.

> *In Dortmund auf einer Veranstaltung der CDU am 28.7.1946, st. N., S. 6, ACDP S.Ad.*

Wir wollen die Freiheit des einzelnen stärken. Darum bejahen wir auch das Privatrecht, wir bejahen nicht das Privateigentum mit ungemessener Größe. Es darf in der Hand eines einzelnen sich keine wirtschaftliche Macht zusammenballen, die imstande ist, die wirtschaftliche Freiheit zu beschränken. Aber wir wollen den mäßigen Besitz für möglichst viele. Wir wollen vor allem zu erreichen suchen, daß jeder, der arbeitet, mit der Zeit in die Lage kommt, sich ein eigenes Heim mit Garten zu schaffen, damit er so wieder heimat- und bodenverbunden wird.

In Osnabrück auf einer Veranstaltung der CDU am 28.7.1946, st. N., S. 3, ACDP S.Ad.

Es muß dafür gesorgt werden, daß beim Wiederaufbau der zerstörten Städte die Menschen nicht mehr in Mietskasernen eingepfercht werden, sondern daß sie mit Grund und Boden, mit Sonne, Licht und Luft wieder in Berührung kommen …

In Münster/Westf. auf einer Veranstaltung der CDU am 8.9.1946, st.N., S. 20, ACDP S.Ad.

Die Wirtschaft ist sicher von entscheidender Bedeutung, aber sie ist nicht das Entscheidende. Das Entscheidende ist und bleibt immer der Mensch. Darum müssen wir Wert darauf legen, daß auf kulturellem Gebiet mehr geschieht in unserem Sinne, als leider bisher getan werden konnte. Das kulturelle Gebiet, nicht nur das so wichtige Gebiet der Schule, sondern das ganze große geistig-seelische Gebiet, zu pflegen und es im deutschen Volk in unserem Sinne zu gestalten, muß immer unsere vornehmste Pflicht sein und bleiben.

In Düsseldorf auf einer Veranstaltung der CDU am 22.5.1948, Auszüge aus der Rede, S. 4, ACDP S.Ad.

Weil wir für die Freiheit des Einzelnen eintreten, müssen wir auch auf sozialem Gebiet alles tun, was in unserer Macht steht, um eine menschenwürdige Existenz jedem zu ermöglichen. Eine menschenwürdige Existenz auch in materieller Hinsicht, auch was die Arbeit und die Wohnungsfrage angeht, ist eine der wesentlichsten Voraussetzungen für die wahre Freiheit der Person.

Auf dem 2. Parteitag der CDU der britischen Besatzungszone in Recklinghausen am 28.8.1948. Druck: Neuaufbau auf christlichen Grundlagen. Zweiter Parteitag der CDU für die Britische Zone, *Opladen 1948, S. 7.*

Ich stamme aus der alten Zeit. Aber in dieser alten Zeit – ich bin jahrelang Finanzdezernent der Stadt Köln gewesen –, in der es uns finanziell viel besser ging als jetzt, da wurde doch in allen öffentlichen Verwaltungen ganz anders gerechnet, als das heutzutage geschieht. Wenn das nicht wieder geschieht, dann können wir nicht auf einen grünen Zweig kommen.

In Heidelberg auf einer Veranstaltung der CDU und CSU am 21.7.1949, st. N., S. 6, ACDP S.Ad.

Wir sind durchdrungen von der Überzeugung, daß dasjenige Volk das sicherste, ruhigste und beste Leben führen wird, das möglichst viele mittlere und kleinere unabhängige Existenzen in sich birgt.

Verhandlungen des Deutschen Bundestages, 1. Wahlperiode, 5. Sitzung am 20.9.1949, S. 25.

Der *Wohnungsbau* ist für uns auf Jahre hinaus das wesentlichste Erfordernis, um das deutsche Volk einer politischen, wirtschaftlichen, ethischen und kulturellen Genesung entgegenzuführen.

Verhandlungen des Deutschen Bundestages, 1. Wahlperiode, 41. Sitzung am 24.2.1950, S. 1388.

Es kann keine Rede davon sein, daß die verfassungsgesetzlich gewährleistete Koalitionsfreiheit einer organisierten Minderheit, die die Gewerkschaften vom Ganzen gesehen sind, das Recht ergibt, durch Niederlegung der Arbeit die Wirtschaft lahmzulegen, um dadurch bestimmte Akte der Gesetzgebung zu erzwingen.

Schreiben vom 14.12.1950 an den Vorsitzenden des DGB, Dr. Hans Böckler, BA, B 136/725.

… letzten Endes ist ja doch die beste soziale Sorge, die ein Staat seinen Einwohnern angedeihen lassen kann, die Sorge, daß sie Arbeit, Brot und Verdienst haben und dadurch auch zufrieden sind. Der Almosenempfänger und der Unterstützungsempfänger – das liegt in der Natur der Sache – kann niemals zufrieden sein.

In Bonn vor maßgebenden Politikern der CDU-Kreisparteien Rheinland und Westfalen am 13.1.1951, st. N., S. 12 f., StBKAH 02.08.

Die Bundesregierung hält es für dringend erforderlich, daß die Kirchen und die Erziehungsverwaltungen der Länder in ihrem Bereich alles daransetzen, damit der *Geist menschlicher und religiöser Toleranz* im ganzen deutschen Volk, besonders aber unter der deutschen Jugend, nicht nur formale Anerkennung findet, sondern in der seelischen Haltung und praktischen Tat Wirklichkeit wird. Hier liegt eine wesenhafte Aufgabe der zur Erziehung berufenen Instanzen vor, die aber freilich der Ergänzung durch das Beispiel der Erwachsenen bedarf.

Verhandlungen des Deutschen Bundestages, 1. Wahlperiode, 165. Sitzung am 27.9.1951, S. 6698.

Das Handwerk ist ein starker Schutzdamm gegen diese schauerlichen Tendenzen unserer Zeit. Es gestattet das Selbständigwerden in Form kleiner Betriebe, es verlangt Facharbeiter, da es die Auflösung der Arbeit in zahlreiche kleine Einzelvorgänge, wie das in der Industrie die moderne Entwicklung mit sich bringt, nicht kennt, daher verlangt es eine Erfassung der gesamten Arbeit nach der technischen und nach der wirtschaftlichen Seite hin. Es verlangt auch – das liegt in seinem Wesen – Männer und Frauen, die bereit sind, Verantwortung nach allen Seiten hin zu übernehmen. Diesen Schutzdamm gegen Vermassung, den das Handwerk darstellt, zu erhalten und zu stärken, ist daher Pflicht eines jeden, der es ernst meint mit den Aufgaben, die dem deutschen Volk und die der Menschheit gestellt sind. Der soziologische Aufbau des Handwerks ist im besten und wahrsten Sinne des Wortes staaterhaltend.

Auf dem Deutschen Handwerkstag in Düsseldorf am 27.4.1952, Bulletin Nr. 48/52, S. 500.

Wir wollen, meine Freunde, *Privateigentum* schaffen für möglichst viele, aber *nicht Monopoleigentum für den Staat.*

Auf dem 3. Bundesparteitag der CDU in Berlin am 18.10.1952, Protokoll des Parteitages, hrsg. v. der CDU, Bonn o. J., S. 23.

Noch einmal möchte ich meine Auffassung bekunden, daß weder Industrie noch Handel, Handwerk oder Landwirtschaft im Gesamtgefüge unserer Volkswirtschaft ein Eigenleben führen können. Ihr Schicksal ist vielmehr ein gemeinsames, und jede Art von Kästchen-Denken müßte sich notwendig zum Unheil für die Gesamtheit unseres Volkes auswirken.

Interview mit Franz Effer, Pressedienst des Einzelhandels, zitiert nach Bulletin Nr. 168/52 vom 31.10.1952, S. 1496.

Es wird häufig davon gesprochen, daß man in Deutschland nicht die Außen- der Innenpolitik vorziehen solle. Dieser Vorwurf wird der Wirklichkeit nicht gerecht. Schon der letzte Krieg hat bewiesen, daß heute außen- und innenpolitische Entscheidungen nicht mehr zu trennen sind. Wird er doch geradezu als europäischer Bürgerkrieg bezeichnet. Totalitäre Machtansprüche, ob sie von nationalsozialistischer oder kommunistischer Seite kommen, zwingen eben zu Entscheidungen, die weit in die moralische Existenz jedes einzelnen hineinreichen. Indem das deutsche Volk sich bereits innerlich für den Westen entschieden hat, drückt es nicht nur ein außenpolitisches, sondern auch ein innenpolitisches Bekenntnis aus. Damit entscheidet es sich für Freiheit, Menschenrechte und christlich-abendländische Überlieferung. Für dieses Bekenntnis ist gerade christlicher Geist die bewegende Kraft. Die Außenpolitik der Bundesregierung vollzieht sich so gemäß dieser innenpolitischen Willensentscheidung des Volkes.

Artikel unter der Überschrift »Christentum und Staatsgesinnung« in Echo der Zeit, *erschienen am 1.1.1953, Nr. 1, Jg. 1953.*

Der Mittelstand ist eine absolute Notwendigkeit für eine wirkliche, geistige und politische Stabilität im Volke.

Interview mit US News and World Report, veröffentlicht am 29.5.1953, zitiert nach Bulletin Nr. 100/53, S. 853.

Das deutsche Handwerk hat als Kernstück unseres Mittelstandes neben der Wahrung und Förderung der wirtschaftlichen Belange seiner Angehörigen die besondere Aufgabe, auch in der Zukunft die Einzelpersönlichkeit zu formen und zu pflegen. Die hohe ethische Auffassung des Handwerks vom Meister-, Gesellen- und Lehrlingstum ist ein starkes geistiges Bollwerk gegen alle Tendenzen, den Menschen seiner echten Würde zu entkleiden und ihn zu einem willenlosen Werkzeug zu machen.

Botschaft an den Deutschen Handwerkstag am 30.5.1953, zitiert nach Bulletin Nr. 101/53 vom 2.6.1953, S. 859.

Es ist der dringende Wunsch und die Hoffnung der Bundesregierung, daß die *Gewerkschaften* im Interesse von Arbeiterschaft und Volk einen unabhängigen und positiven Weg gewerkschaftlicher Arbeit gehen.

(Beifall in der Mitte.)

Die Bundesregierung denkt nicht daran, die Unabhängigkeit der Gewerkschaften anzutasten. Sie erwartet aber auch, daß die Gewerkschaften selbst parteipolitische Unabhängigkeit und Toleranz als Grundlage achten.

Verhandlungen des Deutschen Bundestages, 2. Wahlperiode, 3. Sitzung am 20.10.1953, S. 14.

Es sind nicht in erster Linie die materiellen, sondern es sind die moralischen und ethischen Kräfte, die unsere Welt zum Höheren entwickeln. Es hat deshalb für uns eine entscheidende Bedeutung, daß wir uns auf die Pflichtauffassung und Arbeitswilligkeit des deutschen Arbeiters verlassen können, und wir müssen alles tun, um die guten Anlagen und die *Tüchtigkeit des deutschen Facharbeiters* zu stärken. Dies gilt nicht nur für den Facharbeiter in der Industrie, sondern besonders auch im Handwerk und in der Landwirtschaft. Der Ausbildung und der Förderung des Facharbeiters und der Schulung zusätzlicher Arbeitskräfte muß in Zukunft das größte Gewicht beigemessen werden, weil wir sonst sehr bald vor einem empfindlichen Mangel an ausgebildeten Kräften stehen werden.

Verhandlungen des Deutschen Bundestages, 2. Wahlperiode, 3. Sitzung am 20.10.1953, S. 15.

Für den Einsatz aller wirtschaftlichen Kräfte muß ein *gesunder Wettbewerb* gewährleistet sein. Die Freiheit in der sozialen Marktwirtschaft erstreckt sich nach zwei Seiten: sie bedeutet Freiheit vor der Übermacht des Staates, aber auch Freiheit vor den Gruppeninteressenten. Das Interesse nur einer Gruppe von Wirtschaftenden hat hinter dem Gesamtinteresse zurückzustehen.

Verhandlungen des Deutschen Bundestages, 2. Wahlperiode, 3. Sitzung am 20.10.1953, S. 15.

Wir müssen unter allen Umständen dafür sorgen, daß eines vermieden wird: das Auseinanderfallen des Volkes in zwei Schichten, in die Schicht der in der Wirtschaft führenden und die Schicht der in Großbetrieben tätigen oder in ihrer Existenz abhängigen Menschen.

Verhandlungen des Deutschen Bundestages, 2. Wahlperiode, 3. Sitzung am 20.10.1953, S. 19.

Die ungesicherte Lage der Studenten und weiter Kreise der jungen Akademikerschaft ist eines der ernstesten Probleme Deutschlands. Mich bewegt es immer tief, wenn ich an die Zukunft unseres Geisteslebens, unserer Wissenschaft, unserer Forschung denke. Nachdem es uns gelungen ist, die Industrie-arbeiterschaft – ich meine jenen einst wirtschaftlich schwächsten Teil der Bevölkerung – aus dem wirtschaftlichen Elend herauszuführen, wäre es ein folgenschweres Verhängnis, wenn an seine Stelle ein akademisches Proletariat träte.

Ansprache in der Technischen Universität Berlin am 19.7.1954, Bulletin Nr. 133/54, S. 1198.

Darin unterscheiden wir uns wohl am meisten von den Machthabern des Ostens, daß wir unser Volk nicht enteignen wollen, sondern im Gegenteil eine möglichst breite Streuung und Festigung des Eigentums anstreben. Auch der in abhängiger Stellung tätige Mensch muß, wenn er den Willen dazu hat, sein eigenes Haus oder eine Eigentumswohnung oder auch einen Anteil am Betriebsvermögen erwerben können. Damit verpflichten wir den deutschen Menschen zur Unterstützung der tragenden Gedanken unserer Gemeinschaft und schaffen Familien, die aus innerer Überzeugung Träger einer echten demokratischen Ordnung sind.

Rede Adenauers, vorgetragen durch Bundesminister Dr. Hermann Schäfer als Sonderbeauftragter Adenauers, auf dem 5. Gewerkschaftstag der DAG in Hamburg am 14.9.1954, Bulletin Nr. 173/54, S. 1526.

Industriestaaten wie die Bundesrepublik können auf eine gesunde und krisenfeste Landwirtschaft nicht verzichten. Der deutschen Landwirtschaft muß daher die Möglichkeit gegeben werden, an der fortschreitenden Entwicklung der Gesamtwirtschaft teilzunehmen.

Telegramm an den Deutschen Bauerntag in Kassel am 10.9.1955, Bulletin Nr. 171/55, S. 1436.

Ich möchte sehr nachdrücklich sagen, daß es auch mir als eine absolute Notwendigkeit erscheint, für eine gesunde Weiterentwicklung unseres Staates in dieser besonders kritischen Zeit – ich meine jetzt nicht außenpolitisch kritisch, sondern wirtschaftlich kritisch und kritisch auf dem Wege der *technischen Entwicklung* –, dafür zu sorgen, daß der Mittelstand, d.h. die Schicht unseres Volkes, die sich unter eigener Verantwortung selbständig das Leben aufbaut, erhalten und ihr die Möglichkeit gegeben wird, auch wirklich mitzuarbeiten.

Verhandlungen des Deutschen Bundestages, 2. Wahlperiode, 121. Sitzung am 16.12.1955, S. 6453.

Wir müssen uns dem Mittelstand in besonderer Weise widmen, weil er für das Staatsganze eine absolut notwendige Basis ist. Es darf nicht so kommen, daß wir auseinanderfallen in Arbeitnehmer und Manager, sondern der gesunde Mittelstand muß gehalten werden. Es muß dafür gesorgt werden, daß er existenzfähig bleibt. Dazu gehört auch der intellektuelle Mittelstand, dazu gehören auch die Handwerker und die Bauern.

Vor dem Bundesparteivorstand der CDU am 10.3.1956, st. N., S. 19, ACDP VII-001-005/3.

Innenpolitische Leitlinien

Große Armut ist ebenso gefährlich wie großer Reichtum.

Auf dem 6. Bundesparteitag der CDU in Stuttgart am 27.4.1956,
Protokoll des Parteitages, hrsg. v. der CDU-Bundesgeschäftsstelle,
Bonn o. J., S. 21.

Die Gefahren der Sattheit sind wirklich groß. Das darf nicht so bleiben. Auch die Wirtschaft ist nicht Selbstzweck. (Sehr richtig!) Auch die Wirtschaft hat einen ethischen Zweck.

Auf dem 6. Bundesparteitag der CDU in Stuttgart am 27.4.1956,
Protokoll des Parteitages, hrsg. v. der CDU-Bundesgeschäftsstelle,
Bonn o. J., S. 23.

Ich habe im wirtschaftlichen Verhalten der Menschen nie einen bloßen Automatismus zu sehen vermocht. Seelische Kräfte wie das Vertrauen in die politische Zukunft, in eine gesunde Finanzpolitik, in die Stabilität der Währung, in eine vernünftige Wirtschafts- und in eine gerechte Steuer- und Sozialpolitik haben stets das wirtschaftliche Verhalten der Menschen stark beeinflußt. Ich halte es darum auch für die Aufgabe des Staatsmannes, auf die wirtschaftlichen Notwendigkeiten des Tages aufmerksam zu machen. Die Rationalisierung wird künftig noch mehr als die Erweiterung der Produktionsanlagen im Mittelpunkt der betrieblichen Überlegungen stehen. Rationalisieren bedeutet stets große Veränderungen in den Werkstätten, in denen trotz aller modernen Maschinen die Menschen, ihr Arbeitswille und ihre Arbeitsfreude das Wichtigste sind! Die Sozialpartner haben auf diesem Gebiet eine große gemeinsame Aufgabe, deren gute Lösung für sie beide Früchte tragen wird.

Artikel für ein Sonderheft aus Anlaß der Deutschen Industrieausstellung
Berlin 1956, hrsg. v. der Berliner Zeitung Der Tag, *zitiert nach Bulletin*
Nr. 173/56 vom 14.9.1956, S. 1657.

Politik läßt sich nicht treiben ohne Wirtschaft, aber Wirtschaft läßt sich noch viel weniger treiben ohne vernünftige Politik.

Vor dem Bundesparteivorstand der CDU am 20.9.1956, st. N., S. 80, ACDP VII-001-005/6.

Ich möchte den arbeitenden Menschen so gut, wie das gesetzlich möglich ist, die Sicherheit geben, daß sie, wenn sie ins Alter kommen, ein anständiges Leben führen können und nicht als Bettler herumlaufen müssen.

Vor dem Bundesparteivorstand der CDU am 20.9.1956, st. N., S. 98, ACDP VII-001-005/6.

Ansammlung von Kapital, wie es die Folge auch des Sparens ist, ist notwendig, um der gesamten Wirtschaft, aber auch jedem einzelnen einen Halt zu geben, der befähigt ist, Wechselfälle in größerer Ruhe zu überstehen.

Rede bei Eröffnung des 4. Ordentlichen Bundeskongresses des DGB in Hamburg am 1.10.1956, Bulletin Nr. 185/56, S. 1763.

Ich bin kein Freund einer unnötigen Aufblähung der wirtschaftlichen Unternehmungen. Nur dort, wo aus zwingenden Gründen eine besondere Größe eines Unternehmens nötig ist, scheint sie mir angebracht zu sein. Ich bin gegen zu große Ansammlungen wirtschaftlicher Macht in wenigen Händen. Vor allem aber scheint mir eine unangebrachte Größe von Unternehmen und die Unpersönlichkeit der Arbeit in ihnen die Freude an der Arbeit zu gefährden.

Rede bei Eröffnung des 4. Ordentlichen Bundeskongresses des DGB in Hamburg am 1.10.1956, Bulletin Nr. 185/56, S. 1763.

Innenpolitische Leitlinien   229

Wir befinden uns, wie Sie wissen, in einer technischen Umgestaltung unserer gesamten Produktion in einem Ausmaße,
daß wir jetzt noch nicht überschauen. Aber nicht nur diese
technische Umgestaltung, auch die Schwierigkeiten, die das
öffentliche und das politische Leben des Zeitalters kennzeich-
nen, in dem wir uns befinden, verlangen eine viel stärkere
Begabtenförderung, als wir sie bis jetzt haben. Bei der Begabtenförderung denke ich nicht nur an die Jugend. Ich denke
auch an Begabtenförderung für die schon in der Arbeit Stehenden. Es muß meines Erachtens unser Bestreben sein, Angehörigen aller Schichten der Bevölkerung, die begabt und
fleißig sind, allen denjenigen, die Freude am Streben nach Erfolg haben, durch die Begabtenförderung größere Aufstiegs-
möglichkeiten zu geben.

Rede bei Eröffnung des 4. Ordentlichen Bundeskongresses des DGB
in Hamburg am 1.10.1956, Bulletin Nr. 185/56, S. 1763.

Ich möchte ein sehr herzliches Wort des Dankes dafür sagen,
daß die deutsche Arbeiterschaft auch in den Tagen der Not
eine solche politische Reife gezeigt und eine so klare und ent-
schiedene Ablehnung gegenüber allen Verlockungsversuchen
des Ostens bewiesen hat. Ich bin überzeugt, daß die spätere
Geschichtsschreibung unserer Periode dieses große Verdienst
der deutschen Arbeiterschaft um Freiheit und Persönlichkeit
besonders würdigen wird.

Rede bei Eröffnung des 4. Ordentlichen Bundeskongresses des DGB
in Hamburg am 1.10.1956, Bulletin Nr. 185/56, S. 1763.

Einem Volke und damit dem Staate kann es nicht gleichgültig
sein, wie seine Zeitungen aussehen. Die Zeitung ist – und ich
glaube, mit Ihnen allen darin übereinzustimmen – nicht nur

ein privates Erwerbsunternehmen, die Zeitung ist auch eine Institution der Öffentlichkeit, und die Angelegenheiten der Presse werden daher zur Angelegenheit der Öffentlichkeit. Was den Staat anlangt, so meine ich allerdings, daß er sich auf dem Gebiet der Berührung mit der Presse sehr vorsichtig bewegen sollte. Der Grundsatz der Pressefreiheit, den unser Grundgesetz in Artikel 5 ausspricht, macht erforderlich, daß der Staat sich von allem fernhält, was auch nur im entferntesten nach einer Beschränkung der Pressefreiheit ausgelegt werden könnte. Aber Bedrohungen für die freie Meinungsäußerung entstehen vielleicht aus der Neigung zu Konzern- und Monopolbildungen im Zeitungswesen und aus Tendenzen der Zeitungsgestaltung, die abzuwenden Sie sich bemühen.

Ansprache vor dem Bundesverband der Deutschen Zeitungsverleger in Köln am 18.10.1956, Bulletin Nr. 200/56, S. 1901.

Die Zeitung sollte wieder weniger als Ware angesehen und mehr zur Trägerin von Gesinnungen gemacht werden. Sie sollte uns ein Mittel sein, den Menschen von der geistigen Leere fortzuführen, die sich als Folge des Krieges im menschlichen Alltag noch so häufig zeigt. Verleger und Redakteure sollten nicht vor dem Leser kapitulieren, denn das würde letztlich auf eine Kapitulation vor dem Leser mit den geringsten geistigen Ansprüchen hinauslaufen. Ich glaube, daß der Leser dies auch gar nicht verlangt. Wo ihm Schlechtes nicht geboten wird, wird er sich bereitwilligst auf das Gute zur Lektüre dienen lassen. Wäre es anders, so wäre es schlecht um unser Volk bestellt.

Ansprache vor dem Bundesverband der Deutschen Zeitungsverleger in Köln am 18.10.1956, Bulletin Nr. 200/56, S. 1902.

Vielleicht mag der eine oder andere im Laufe der letzten vier oder acht Jahre daran gedacht haben, daß wir doch zu stark uns wirtschaftspolitischen Angelegenheiten zugewendet hätten. Aber ich bitte dabei, doch zu berücksichtigen, in welcher Verfassung das gesamte deutsche Volk, wir alle miteinander waren, und daß es deswegen notwendig war, zunächst einmal der Wirtschaft zu helfen, wobei ich unter Wirtschaft die allgemeine Volkswirtschaft einschließlich der Landwirtschaft verstehe und nicht nur einen Teil unserer Wirtschaft. Das geschah, damit wir wieder leben können und damit wir dann auch zu dem höheren Ziel der Politik übergehen konnten. Und unter diesem höheren Ziel der Politik verstehe ich vor allem auch die Frage der Erziehung der Jugend.

Auf dem 7. Bundesparteitag der CDU in Hamburg am 15.5.1957,
Protokoll des Parteitages, *hrsg. v. der CDU-Bundesgeschäftsstelle,*
Bonn o. J., S. 213 f.

Unter den freien Berufen verstehe ich auch einen Stand, der mir besonders am Herzen liegt, weil er die Zukunft unseres Volkes in der Hand hat, nämlich den Lehrerberuf.

(Bewegung.)

Meine Herren! Ich weiß nicht, ob ich das Murmeln hier und da richtig deute. Stellen Sie alle Schulerinnerungen an Ihre eigene Jugend zurück und denken Sie daran, daß in der heutigen Zeit, wo das Verhältnis in der Familie nicht mehr so stark ist wie früher, wo weder die Eltern ihre Pflichten gegenüber den Kindern ernst auffassen noch die Kinder ihre Verpflichtungen gegenüber den Eltern, der Beruf des Lehrers und der Lehrerin unendlich viel wichtiger geworden ist als früher.

Vor dem Bundesparteiausschuß der CDU am 15.5.1957, st. N., S. 8,
ACDP VII-001-020/10.

Die deutschen Städte haben eine größere Aufgabe als große und wohlgeordnete Niederlassungen zu sein, in denen die Menschen wohnen, arbeiten und dem Vergnügen nachgehen. Die Städte in Deutschland müssen wieder die besonderen Träger *deutscher Kultur werden;* die Länder und der Bund müssen ihnen helfen – sie tun es bisher nicht in genügender Weise –, Pflanzstätten und Träger deutscher Kultur zu sein.

Todfeind, Vernichtung der deutschen Kultur, würde Uniformität sein; wir können sie nur vermeiden, wenn trotz aller Übereinstimmung im Wesen, in der Form und in der Vielfalt der Erscheinung der Kultur die Möglichkeit der mannigfaltigen Gestaltung [gegeben wird]. Es muß ihr der Wesenszug gegeben werden, der mit der Besonderheit einer jeden deutschen Landschaft, einer jeden deutschen Stadt verbunden ist.

Ansprache anläßlich der Eröffnung des »Großen Hauses« der Kölner Bühnen am 18.5.1957, Redemanuskript S. 2 f., StBKAH 02.15.

Keine Einrichtung, keine Sorge des Staates kann die Familie ersetzen.

Weihnachtsansprache am 25.12.1957 über die deutschen Rundfunksender. Druck: Martin Verlag, Buxheim/Allgäu o. J., o. S.

Es ist nun einmal so, daß jeder Mensch nur einen Magen hat und daß er auch nicht mehr als einen Anzug auf einmal tragen kann. Er kann auch nur in einem Bett und nicht in zwei Betten gleichzeitig liegen. (Lebhafte Heiterkeit) Wenn also der Nachholbedarf einigermaßen gestillt oder gedeckt ist, soll man nicht sofort schreien: Es muß immer so weitergehen wie bisher!

Vor dem Bundesparteiausschuß der CDU am 28.11.1958, st. N., S. 5, ACDP VII-001-021/4.

Innenpolitische Leitlinien

... ich kann mir eine Wirtschaft, in der der weitaus größte Teil aller Schaffenden in Großbetrieben arbeitet, nicht als vereinbar mit der persönlichen Freiheit des Einzelmenschen vorstellen. Die persönliche Freiheit des einzelnen Menschen – Sie, Herr Präsident, haben das ja auch betont – ist ja schließlich die persönliche Arbeit und nicht das Gefühl, ein kleines Rädchen in einer gut mechanisierten Großindustrie zu sein. Die persönliche Arbeit ist es doch, die die Freude am Leben gibt und die Freude an dieser Arbeit, die wir alle haben müssen, wenn dieses Leben lebenswert sein soll.

Rede anläßlich der Vollversammlung des Zentralverbandes des Deutschen Handwerks in Bad Godesberg am 7.7.1960, st. N., S. 4f., StBKAH 02.22.

Eine gesunde Mittelschicht ist ein Schutzdach gegen diese drohende Vermassung, gegen die geistige Nivellierung unseres Volkes.

Sie ist aber nicht nur ein Schutzdach, sie ist auch ein Fluß, der den gesamten Volkskörper immer neu mit frischem und gesundem Blut erfüllt. Darum ist nicht nur aus wirtschaftlichen, sondern auch aus sozialen, aus soziologischen und ethischen Gründen die Erhaltung einer gesunden und widerstandsfähigen Mittelschicht eine der dringendsten Pflichten aller derjenigen, die Entscheidungen zu treffen haben, insbesondere des Parlaments und der Bundesregierung.

Ansprache anläßlich des Deutschen Handwerkstages in Köln am 20.6.1961, Bulletin Nr. 113/61, S. 1093.

Die Festigung der Familie, ihr Zusammenhalt besonders gerade in unserer zerrissenen Zeit, ist ein durch nichts zu ersetzendes Gut.

Weihnachtsansprache am 25.12.1961 über die deutschen Rundfunksender. Druck: Martin Verlag, Buxheim/Allgäu o. J., o. S.

Die Bundesrepublik ist kein reiches Land. Sie hat keine nennenswerten Bodenschätze. Unsere Steinkohle ist durch die ständig zunehmende Verwendung von Öl in ihrer Bedeutung stark gesunken. Unsere Landwirtschaft ist weder vom Klima noch durch Qualität des Bodens begünstigt. Im großen gesehen ist das Wertvollste, was unser Land besitzt, die Arbeitskraft, der Wille zur Arbeit, die Kenntnisse seiner Bewohner. Das ist unser wertvollster Besitz. Er muß uns in den Stand setzen, das, was wir zum Leben notwendig haben, soweit wie möglich im Lande zu produzieren, und das, was uns fehlt, zu importieren. Um das zu können, müssen wir Rohstoffe importieren, preiswerte Fertigfabrikate herstellen und sie exportieren. Unsere Arbeit muß uns ferner in den Stand setzen, für unsere Verteidigung gegenüber dem östlichen Kommunismus das aufzubringen, was unsere Bündnispartner mit Recht von uns verlangen können. Es ist eine sehr einfache Wahrheit: wir müssen von unserer Eigenproduktion und vom Überschuß unserer Ausfuhr über unsere Einfuhr leben.

Verhandlungen des Deutschen Bundestages, 4. Wahlperiode, 39. Sitzung am 9.10.1962, S. 1632 f.

13 Wirtschafts-, Finanz- und Sozialpolitik

Die Wirtschaft soll dem Menschen dienen, nicht der Mensch der Wirtschaft.

In Köln auf einer Veranstaltung der CDU der britischen Besatzungszone am 24.3.1946. Druck: Schriftenreihe der CDU des Rheinlandes, H. 8, Köln o. J., S. 8.

Wir wollen Durchsichtigkeit und Klarheit, eine Verteilung der wirtschaftlichen Macht unter möglichst viele. Wir wollen ein Mitbestimmungsrecht des Arbeitnehmers bei entscheidenden Fragen seines Betriebs. Wir wollen aber auch, daß der Arbeitnehmer in den großen Betrieben Mitbesitzer werden soll, wir wollen, daß die Kleinaktie der Arbeitnehmer geschaffen wird, damit der Gewinn des Werkes auch ihnen zukommt.

In Düsseldorf auf einer Veranstaltung der CDU am 22.5.1948, Auszüge aus der Rede, S. 3, ACDP S.Ad.

Daß wir niemals wieder zu einer vollkommenen Freiheit in der Wirtschaft zurückkommen können, das ist selbstverständlich. Aber es besteht ein großer Unterschied, ob ich Planung und Lenkung der Wirtschaft um ihrer selbst willen als mein höchstes Ideal betrachte, wie es der überzeugte Sozialist tun muß, oder ob ich, wie wir das tun, sage, eine Ordnung in der Wirtschaft muß sein, damit in möglichst weitem Umfang der Bedarf der gesamten Bevölkerung an den notwendigsten Wirtschaftsgütern gedeckt wird. Wir wollen diese Ordnung so gestalten, daß sie möglichst wenig Konsument und Produzent belastet und daß sie vor allem möglichst wenig Beamte erfordert.

In Düsseldorf auf einer Veranstaltung der CDU am 22.5.1948, Auszüge aus der Rede, S. 3, ACDP S.Ad.

Zur Einführung der »Sozialen Marktwirtschaft« durch den Frankfurter Wirtschaftsrat unter dessen Direktor Prof. Dr. Ludwig Erhard im Juni 1948*:

Diese in Frankfurt gefällte Entscheidung ist von außerordentlich großer Tragweite; nicht nur auf wirtschaftlichem Gebiet, sondern es ist auch die Wendung vom Kollektivismus hin zur Wertung des Individuums, zur Wertung der Person (Beifall). Das ist das Weltanschauliche, was dem Ganzen zugrundelag. Wir haben es doch seit 1933 erlebt, Kollektivismus führt notwendigerweise zu einer Aufblähung des ganzen Beamtenapparates, zur Herrschaft der Bürokratie und führt zur Korruption in weitestem Umfang. Wir waren auf dem besten Weg in Deutschland, in diesem kollektivistischen Sumpf stecken zu bleiben, und wir können Gott danken, daß die Leute in Frankfurt, die die Verantwortung dafür tragen, den Mut gehabt haben, die Verantwortung für eine radikale Umkehr der Wirtschaft auf sich zu nehmen (Beifall). Die Sache in Frankfurt war gar nicht so einfach, wie manche sich vorstellen. Es standen im Frankfurter Wirtschaftsrat zwei gleich große Gruppen einander gegenüber. Auf der einen Seite die SPD und die wenigen Kommunisten, auf der anderen Seite die CDU [und CSU] und die FDP. Die CDU [und CSU] und FDP zusammen mit der

Deutschen Partei aus Niedersachsen hatten nur wenige Stimmen mehr als der Teil des Wirtschaftsrates, der den Kollektivismus weiter pflegen wollte. Und mit diesen wenigen Stimmen eine solche Verantwortung auf sich zu nehmen, das bedeutet etwas. Ich bin bei der entscheidenden Sitzung der Fraktion der CDU/CSU, in der dieser Beschluß gefaßt worden ist, zugegen gewesen und kann Ihnen versichern, daß wir alle über die Bedeutung unseres Entschlusses, den wir damals gefaßt haben, sehr klar waren. Es gehörte Mut dazu, gegenüber einer vollkommen dunklen Zukunft diesen Schritt zu tun.

In Bonn auf einer Veranstaltung der CDU am 21.7.1948, st. N., S. 3f., StBKAH 02.04.

* *Vgl. Zeittafel, S. 451.*

Die ›soziale Marktwirtschaft‹ ist eine harte Erziehungsmethode für die Wirtschaft, die durch die Staatssubventionen und Planungen der Vergangenheit in vieler Hinsicht verweichlicht ist. In der von Frankfurt [»Frankfurter Wirtschaftsrat«*] verfolgten Wirtschaftspolitik wird ein echter Leistungswettbewerb ermöglicht, in dem in freier Konkurrenz die beste Leistung belohnt wird. Dadurch wird ein Grad wirtschaftlicher Wirksamkeit erreicht, der den wirtschaftlich Schwachen in Deutschland sowie der Ausweitung von Ex- und Import zugute kommt.

Interview für die holländische Zeitung Algemeen Handelsblad, *zitiert nach schriftlicher Fassung vom 30.4.1949, S. 2, StBKAH 02.02.*

* *Vgl. Zeittafel, S. 451.*

Wir sind weiter der Auffassung, daß ein energischer Steuerabbau im Zusammenhang mit der Einschränkung der öffentlichen Verwaltung erfolgen muß (starker Beifall). Diese Steuerbelastung, die wir haben, ist alles andere als sozial; denn sie tötet unsere Wirtschaft und verhindert damit, daß auch unsere ärmeren Leute mit den notwendigsten Dingen des täglichen Lebens versorgt werden können.

In Heidelberg auf einer Veranstaltung der CDU und CSU am 21.7.1949, st. N., S. 6 f., ACDP S. Ad.

Bei der Durchführung des Prinzips der *sozialen Marktwirtschaft*

(Lachen links.)

wird man sich selbstverständlich wie auch bisher davor hüten müssen, einem starren Doktrinarismus zu verfallen. Man wird sich, auch wie bisher, den jeweils sich ändernden Verhältnissen anpassen müssen.

Verhandlungen des Deutschen Bundestages, 1. Wahlperiode, 5. Sitzung am 20.9.1949, S. 24.

Nur wenn es uns gelingt, uns durch Leistungen auf dem Weltmarkt auszuzeichnen, wird es uns möglich sein, auf ihm zu bestehen. Denn ein schwaches Volk, ein politisch schwaches Volk läuft immer Gefahr, im wirtschaftlichen Wettbewerb mit andern Völkern hintangesetzt zu werden, wenn es nicht etwas Besonderes leistet.

Verhandlungen des Deutschen Bundestages, 1. Wahlperiode, 5. Sitzung am 20.9.1949, S. 24.

Der *Wiederaufbau unserer Wirtschaft* ist die vornehmste, ja einzige Grundlage für jede Sozialpolitik und für die Eingliederung der Vertriebenen. Nur eine blühende Wirtschaft kann die Belastungen aus dem Lastenausgleich auf die Dauer tragen. Nur sie kann auf die Dauer das Steueraufkommen bringen, das die Haushalte des Bundes, der Länder und der Gemeinden, die immer aus der Gesamtschau heraus betrachtet werden müssen, zur Erfüllung ihrer Aufgaben benötigen.

Verhandlungen des Deutschen Bundestages, 1. Wahlperiode, 5. Sitzung am 20.9.1949, S. 25.

Die jetzigen überhöhten Steuersätze führen in der Wirtschaft zu unwirtschaftlichem Verhalten;
    (Zuruf links: unmoralischem!)
sie hindern die Rationalisierung der Betriebe und damit die Preissenkung für die erzeugten Waren.

Verhandlungen des Deutschen Bundestages, 1. Wahlperiode, 5. Sitzung am 20.9.1949, S. 25.

Es scheint mir aber auch eine der wesentlichsten Grundbedingungen einer verständigen Sozialpolitik zu sein, dem Fleißigen und Tüchtigen jede Aufstiegsmöglichkeit zu geben.

Verhandlungen des Deutschen Bundestages, 1. Wahlperiode, 5. Sitzung am 20.9.1949, S. 26.

Bei der Frage des Mitbestimmungsrechtes muß nach unserer Auffassung Ausgangspunkt sein die Stellung des Arbeitnehmers im Betrieb und nicht etwa die Beherrschung des wirtschaftlichen Lebens durch Beauftragte einer Gewerkschaft.

Auf dem Landesparteitag der CDU von Rheinland-Pfalz in Bad Ems am 22.4.1950, st. N., S. 4, StBKAH 02.06.

Wir stehen auf dem Standpunkt und lassen Sie mich das nachdrücklichst erklären, daß das erste Ziel des Mitbestimmungsrechts ist, dem Arbeitnehmer im Betriebe das Gefühl zu nehmen, daß er nur eine Nummer dort ist, ihm die Überzeugung und die Gewißheit zu geben, daß er ein Teil, und zwar ein notwendiger Teil des großen Ganzen ist.

In Köln auf einer Veranstaltung der CDU am 21.5.1950, st. N., S. 10, StBKAH 02.06.

Eine grosse innere Gefahr erblicke ich in dem Vorhandensein der nach Millionen zählenden Vertriebenen, die zu einem erheblichen Teil bisher keine neue Heimat und ihnen zusagende Beschäftigung gefunden haben und wohl auch erst im Laufe einer längeren Entwicklung finden können. Die Vertriebenenfrage, die Frage der Entschädigung der Kriegsopfer und der Ausgebombten, die Wohnungslosigkeit, vor allem die letztere, sind viel ernstlichere Gefahrenherde als die Sozialistische Reichspartei und die Soldatenbünde es sind. Die Bundesrepublik wird daher auf Jahre hinaus alles tun müssen, was in ihrer Kraft steht, um diese sozialen Notstände zu beheben. Nur dadurch wird es möglich sein, einen starken inneren Damm gegenüber den sowjetrussischen Bestrebungen zu errichten.

Vor dem Ministerkomitee des Europarates in Straßburg am 3.8.1951, Redemanuskript, S. 12, vertraulich, StBKAH 02.09.

Die Zerstörung der Wirtschaft, die Folgen des Krieges haben furchtbare Spuren in Deutschland hinterlassen. Noch kann unsere Wirtschaft nicht allen Arbeitsfähigen Beschäftigung gewähren. Wir haben über 1 200 000 Arbeitslose. Die Zahl der Kriegsbeschädigten und der Hinterbliebenen der Gefallenen, die nicht aus eigenen Kräften ihren Lebensunterhalt verdienen können, beträgt 4 Millionen. 9 Millionen Vertriebene sind aus dem Osten in das schon übervölkerte Gebiet der Bundesrepublik hineingeströmt. Ein nicht unerheblicher Teil von ihnen hat eine neue Existenz gefunden, aber einem grossen Teil konnten wir noch keine wirtschaftliche Existenz verschaffen. Ein erheblicher Prozentsatz ist arbeitsunfähig. Insgesamt müssen etwa 40 % unseres Haushalts für soziale Leistungen aufgewendet werden.

Ansprache vor dem Royal Institute of International Affairs im Chatham House in London am 6.12.1951, Redemanuskript, S. 6f., StBKAH 02.09.

Die finanzielle Last unserer sozialen Aufgaben können wir nur tragen, wenn die Kapazität unserer Wirtschaft voll ausgenutzt wird.

Ansprache vor dem Royal Institute of International Affairs im Chatham House in London am 6.12.1951, Redemanuskript, S. 7, StBKAH 02.09.

Zu dem Vorwurf, der Außenpolitik einen zu starken Vorrang zu Lasten der Sozialpolitik zu geben:

Denken Sie nur daran, was die Bundesregierung in den drei Jahren ihrer Amtszeit gerade auf sozialem Gebiet geleistet hat! Ich erinnere nur an die großen Erfolge des sozialen Wohnungsbaues. Millionen neuer Arbeitsplätze wurden geschaffen. Die Kriegsopferfürsorge und die übrigen Sozialleistungen wurden im Bundeshaushalt auf 9 Milliarden und in der gesamten Bundesrepublik, also Länder und Gemeinden einbegriffen, auf fast 18 Milliarden DM gesteigert. Ich erinnere nicht zuletzt an das Gesetz über den Lastenausgleich, dem selbst anfängliche Gegner doch noch zugestimmt haben, weil sie seine Leistungen anerkennen mußten. Weitere Sozialgesetze, so zum Beispiel das Gesetz über die bevorzugte Beschäftigung Schwerbeschädigter, sind in Beratung oder in Vorbereitung.

Interview mit Echo der Zeit, erschienen am 5.7.1952, Nr. 14, Jg. 1952.

Seien wir uns – in diesem geschlossenen Kreis – völlig klar, so groß die Erfolge zunächst auf wirtschaftlichem Gebiet in der Bundesrepublik gewesen sind, die deutsche Wirtschaft, die gegenüber dem Ausland als Wunder erscheint und die sehr bewundert wird und die eine hervorragende Leistung des deutschen Volkes darstellt, steht auf sehr wenig gefestigtem Boden, und zwar deswegen, weil Deutschland ein armes Land, ein kapitalarmes Land ist, und weil die deutsche Wirtschaft, wenn irgendwie sich Stürme bemerkbar machen sollten auf wirtschaftlichem Gebiet, viel mehr leiden wird, als die Wirtschaft eines anderen Landes.

Wir sind in Wahrheit trotz der gesunden Währung und trotz des großen Exportes und trotz des guten Lebensstandards, in dem viele Deutsche leben, gegenüber wirtschaftlichen Störungen anfälliger als jedes andere Land.

Vor dem Bundesparteiausschuß der CDU am 6.9.1952, st. N., S. 3f., ACDP VII-001-019/11.

... ich glaube und ich hoffe, daß *bei fortschreitender technischer Entwicklung* einmal eine Zeit kommen wird, die es gestattet, allgemein für alle Berufe und in allen Ländern die Arbeitszeit entsprechend herabzusetzen, und zwar herabzusetzen – und das muß uns der technische Fortschritt erst noch bringen – ohne Minderung der Produktion.

Auf dem 3. Bundesparteitag der CDU in Berlin am 18.10.1952, Protokoll des Parteitages, *hrsg. v. der CDU, Bonn o. J., S. 23.*

Je größer die Fortschritte in bezug auf die Rationalisierung der Erzeugung sein werden, um so bedeutungsvoller wird die Aufgabe des Einzelhandels, die weitgespannte Brücke zwischen Erzeugung und Verbrauch zu schlagen. Mit der funktionellen

und räumlichen Entfaltung der Volkswirtschaft wird der Tätig-
keitsbereich des Einzelhandels nicht geschmälert, er gewinnt
vielmehr immer mehr an Bedeutung und Gewicht.

> *Interview mit Franz Effer, Pressedienst des Einzelhandels, zitiert nach*
> *Bulletin Nr. 168/52 vom 31.10.1952, S. 1495.*

Große innerpolitische Leistungen sind vollbracht worden. Das
Lastenausgleichsgesetz und das allgemeine Betriebsverfassungsgesetz sind verabschiedet worden. Die deutsche Produktionskraft konnte weiter gesteigert werden. Damit wurden die
Grundlagen dafür gewonnen, daß der Bundeshaushalt seinen
wachsenden Verpflichtungen für die Sozialleistungen und für
die Sicherheit des Bundes nachkommen konnte.

> *Artikel unter der Überschrift »Christentum und Staatsgesinnung« in*
> Echo der Zeit, *erschienen am 1.1.1953, Jg. 1953.*

Ohne einen sichtbaren Beweis dafür, daß der deutsche Schuld-
ner es mit der Erfüllung seiner alten Verpflichtungen ernst
nimmt, kann das *Vertrauen des Auslandes* in die gesamte *deutsche Wirtschaft* nicht wieder erweckt werden. Dieses Vertrauen
ist die wirkliche Grundlage für die Anknüpfung neuer finan-
zieller Beziehungen.*

> *Verhandlungen des Deutschen Bundestages, 1. Wahlperiode, 262. Sitzung*
> *am 29.4.1953, S. 12749.*
> ** Vgl. Zeittafel, S. 455, zum »Londoner Schuldenabkommen« über die*
> *Zahlung der Vorkriegsschulden des Deutschen Reiches sowie von Schul-*
> *den aus der unmittelbaren Nachkriegszeit, unterzeichnet am 27.2.1953.*

Eine wirtschaftliche und eine politische Erholung Deutschlands ist nicht möglich ohne das Vertrauen des Auslandes in
das deutsche Volk in politischer und wirtschaftlicher Hinsicht.

Zahlungen zu leisten, fällt jedem schwer. Aber, meine Damen und Herren: einmal besteht eine rechtliche Verpflichtung, zu bezahlen; und weiter, meine Damen und Herren: wir können unsere Wirtschaft nicht weiter aufbauen, wir können keine weitere Förderung unserer Wirtschaft vom Ausland, auf die wir absolut angewiesen sind, erwarten, wenn wir nicht vorher alles tun, was in unserer Kraft steht, um die alten Schulden im Rahmen unserer Leistungsmöglichkeit zu begleichen.*

Verhandlungen des Deutschen Bundestages, 1. Wahlperiode, 262. Sitzung am 29.4.1953, S. 12752.

* Vgl. Zeittafel, S. 455, zum »Londoner Schuldenabkommen« über die Zahlung der Vorkriegsschulden des Deutschen Reiches sowie der Schulden aus der unmittelbaren Nachkriegszeit, unterzeichnet am 27.2.1953.

Wir haben auf sozialem Gebiet vieles erreicht, weil wir davon ausgegangen sind, daß nur eine gesunde steuerkräftige Wirtschaft eine soziale Politik ermöglicht. Gesunde wirtschaftliche Verhältnisse ermöglichen aber nicht nur soziale Politik, sie tun ein Mehr. Unterstützung ist niemals das Beste, was man einem Menschen geben kann. Man hilft dem Menschen am meisten, wenn man ihm Brot und Arbeit gibt. Unsere Wirtschaft so zu gestalten, daß möglichst viele Arbeit und Brot durch sie finden, war unser Ziel und wird auch in Zukunft unser Ziel sein.

Vor der Landesverbandstagung der CSU in Augsburg am 14.6.1953, st. N., S. 1, StBKAH 02.11.

Sozialpolitik ist nur möglich, wenn die Wirtschaft gedeiht, Beschäftigung gibt und Steuern liefert. Es ist weder Sozialpolitik noch ein Gedeihen der Wirtschaft möglich, wenn wir keine gesunde und feste Währung haben, für die die Finanzpolitik sorgen muß. Zur Zeit, meine Damen und Herren, bezieht

Wirtschafts-, Finanz- und Sozialpolitik

jeder dritte Einwohner in der Bundesrepublik von der Sozial-
versicherung, von der Arbeitslosenversicherung oder Arbeitslosenfürsorge, vom Lastenausgleich, von der Fürsorge oder als
verdrängter Beamter, als Kriegsbeschädigter oder Kriegshin-
terbliebener, als ehemaliger Berufssoldat oder als Witwe oder
Waise eine Rente. Es ist der ersten Bundesregierung gelungen,
die jährlichen Aufwendungen für die soziale Sicherheit der Bevölkerung von 1949 bis 1953 nahezu zu verdoppeln. Das ist in
hohem Maße ein Erfolg der sozialen Marktwirtschaft und einer
guten Finanzpolitik. Das laufend steigende Sozialprodukt hat
eine entsprechend höhere Beteiligung der Sozialleistungsempfänger gestattet.

*Verhandlungen des Deutschen Bundestages, 2. Wahlperiode, 3. Sitzung
am 20.10.1953, S. 13.*

Die *Erhöhung des Sozialprodukts* ist nicht nur eine wirtschafts-
politische und finanzpolitische, sondern zugleich auch eine
sehr wichtige sozialpolitische Aufgabe. Jedes weitere Anstei-
gen des Sozialprodukts gestattet auch eine entsprechend
höhere Berücksichtigung der Sozialleistungsempfänger. Es
liegt im eigensten Interesse der sozial Schwachen, daß hierbei
nicht die produktiven Elemente des Wirtschaftslebens geschwächt werden, weil sie davon durch Rückgang der sozialen Leistungen getroffen würden.

*Verhandlungen des Deutschen Bundestages, 2. Wahlperiode, 3. Sitzung
am 20.10.1953, S. 13.*

Finanz- und Wirtschaftspolitik, meine Damen und Herren,
lassen sich in ihren Grundzügen nicht voneinander trennen.
Ohne eine gesunde Finanzpolitik, die die Währung stabil hält,
den Sparwillen ermutigt, so zur Kapitalbildung beiträgt und

das Vertrauen zur Übernahme wirtschaftlicher Risiken, die mit jeder wirtschaftlichen Betätigung verbunden sind, schafft, ist ein Gedeihen der Wirtschaft nicht möglich. Umgekehrt ist ohne Gedeihen der Wirtschaft, die für die öffentlichen Kassen die steuerlichen Einnahmen bringt, eine gesunde Finanzpolitik nicht möglich. Beide Bereiche der staatlichen Tätigkeit sind so miteinander auf Gedeih und Verderb verbunden, daß, wenn irgendwo, dann hier enge und verständnisvolle Zusammenarbeit nötig ist.

Verhandlungen des Deutschen Bundestages, 2. Wahlperiode, 3. Sitzung am 20.10.1953, S. 14 f.

Die Bundesregierung hat in den Jahren 1949 bis 1953 finanzpolitisch sich zur Aufgabe gesetzt, die Mittel für die notwendigen Ausgaben des Staates – Wiederaufbau, Erfüllung der Verpflichtungen gegenüber dem Ausland*, Erfüllung der sozialpolitisch notwendigen Leistungen – aufzubringen, die Lasten hierbei so abzuwägen, daß das Erstarken der deutschen Wirtschaft nicht gestört wird, bei allem aber den Grundsatz aufrechtzuerhalten, daß die junge deutsche Währung nicht durch eine ungesunde Finanzpolitik gefährdet wird und daß deshalb grundsätzlich die laufenden Ausgaben durch laufende Einnahmen zu decken sind.

Verhandlungen des Deutschen Bundestages, 2. Wahlperiode, 3. Sitzung am 20.10.1953, S. 16.
* Hinweis auf das Abkommen mit dem Staate Israel und den Weltjudenverbänden vom 10.9.1952 sowie auf das »Londoner Schuldenabkommen« (Bezahlung der Vorkriegsschulden des Deutschen Reiches sowie von Schulden aus der unmittelbaren Nachkriegszeit), unterzeichnet am 27.2.1953; vgl. Zeittafel, S. 455.

Wirtschafts-, Finanz- und Sozialpolitik

Ich glaube, das sogenannte ›Deutsche Wunder‹ – ich höre den
Ausdruck nicht gerne, aber es hat sich ein bestimmter Begriff
damit verbunden – beruht in allererster Linie auf der persönlichen Tüchtigkeit aller Deutschen.

*Ansprache auf dem Deutschen Sparkassentag am 27.4.1954, Bulletin
Nr. 80/54, S. 705.*

Zwischen der Preis-, Kredit- und Lohnpolitik und der allgemeinen Wirtschaftslage bestehen enge Zusammenhänge. Diese
haben Einfluß aufeinander und auch besonders auf Art und
Umfang unseres Güteraustausches mit dem Ausland. Durch
die Entschlüsse der Verbraucher, zu kaufen oder zu sparen,
sowie durch das Verhalten der Unternehmer gegenüber den
jeweiligen Marktlagen werden die Spar- und Investierungs-
raten bestimmt, wobei wir aus Erfahrung wissen, daß diese
für ein wirtschaftliches Gleichgewicht wichtigen Größen nicht
durch Befehle, wohl aber durch eine geschickte Finanz- und
Steuerpolitik und eine verantwortungsbewußte Währungspolitik in guter Weise zu beeinflussen sind.

*Artikel unter der Überschrift »Wachstum im Gleichgewicht als Aufgabe«
aus Anlaß der Industrieausstellung 1955 in Berlin, veröffentlicht im Wirtschaftsjahresheft »Schaufenster der Welt« der Berliner Zeitung Der Tag,
zitiert nach Bulletin Nr. 171/55 vom 13.9.1955, S. 1429.*

Wir müssen uns stets klar machen, daß dieses wirtschafts-
politische Handeln nicht mechanisch erfolgt; es ist abhängig
vom Verhalten der Bevölkerung, die besonders in einer Hoch-
konjunktur vom Vertrauen, dem Gemeinsinn und Verantwortungsbewußtsein bestimmt sein müssen.

*Artikel unter der Überschrift »Wachstum im Gleichgewicht als Aufgabe«
aus Anlaß der Industrieausstellung 1955 in Berlin, veröffentlicht im Wirtschaftsjahresheft »Schaufenster der Welt« der Berliner Zeitung Der Tag,
zitiert nach Bulletin Nr. 171/55 vom 13.9.1955, S. 1429.*

Schwankungen der wirtschaftlichen Tätigkeit werden auch in Zukunft nicht zu vermeiden sein; der Wachstumsprozeß wird aber ungestörter verlaufen, wenn jetzt von allen Beteiligten Disziplin geübt wird. Nur so wird, wie bisher, das Realeinkommen stetig verbessert werden können. Fordert *ein* Partner, sei es der Unternehmer oder der Arbeiter, einen zu hohen Anteil an dem vermehrten Sozialprodukt, dann setzt er die Preis-Lohnspirale in Gang und bringt alle, auch sich selbst, um jeden Vorteil.

Artikel unter der Überschrift »Wachstum im Gleichgewicht als Aufgabe« aus Anlaß der Industrieausstellung 1955 in Berlin, veröffentlicht im Wirtschaftsjahresheft »Schaufenster der Welt« der Berliner Zeitung Der Tag, *zitiert nach Bulletin Nr. 171/55 vom 13.9.1955, S. 1429f.*

Man kann keine Sozialpolitik treiben, wenn nicht eine starke, gute und ertragreiche Wirtschaft sowie die finanzielle Unterlage für die Sozialpolitik vorhanden sind.

Auf dem 6. Bundesparteitag der CDU in Stuttgart am 27.4.1956, Protokoll des Parteitages, hrsg. v. der CDU-Bundesgeschäftsstelle, Bonn o. J., S. 22.

Die Gewerkschaften sind ein wichtiger Bestandteil unseres gesamten wirtschaftlichen Organismus geworden. Sie sind nicht nur ein wichtiger Bestandteil, sie sind auch ein notwendiger Bestandteil. Ich kann mir ein gutes Funktionieren unserer Wirtschaft ohne die Gewerkschaften nicht vorstellen.

Rede bei Eröffnung des 4. Ordentlichen Bundeskongresses des DGB in Hamburg am 1.10.1956, Bulletin Nr. 185/56, S. 1763.

Wirtschafts-, Finanz- und Sozialpolitik

Damit die Verkürzung der Arbeitszeit sich nicht gegen den Arbeitnehmer selbst und gegen den Konsumenten richtet, wird die Produktivität der Wirtschaft bei der Verkürzung berücksichtigt werden müssen.

Rede bei Eröffnung des 4. Ordentlichen Bundeskongresses des DGB in Hamburg am 1.10.1956, Bulletin Nr. 185/56, S. 1763.

Wenn ich davon sprach, daß nur ein Teil der Schwere der landwirtschaftlichen Arbeit durch Technisierung erleichtert werden kann und daß die landwirtschaftliche Arbeit immer schwer bleibt, so hat sie andererseits auch Vorzüge, die man nicht vergessen sollte. Sie läßt den Menschen in Verbindung mit der Natur, sie spannt ihn nicht ein in Fabriksäle oder Bergwerksschächte, sie spannt ihn nicht ein in das nervenzerstörende Tempo des Arbeits- und des Genußlebens in den Städten. Ich glaube, das sind äußerst wertvolle Begleitumstände der landwirtschaftlichen Arbeit, die man nicht geringschätzen darf. Die landwirtschaftliche Arbeit hat für den Eigenbesitzer, auch wenn der Besitz nicht groß ist, den großen Vorteil des Gefühls der Sicherheit.

Ansprache anläßlich der Eröffnung der Grünen Woche in Berlin am 2.2.1957, Bulletin Nr. 24/57, S. 210.

Zur mit Wirkung zum 1.1.1957 in Kraft getretenen Rentenreform («Dynamische Rente«):

Die Bundesregierung hat sich von Anfang an für eine individuelle Rentengestaltung eingesetzt. Gewiß, die neue Rente richtet sich bei ihrer ersten Festsetzung und bei der Umstellung der jetzt laufenden Renten nach dem Ergebnis des jeweiligen Arbeitslebens, aber bezogen auf das bei der Festsetzung bestehende allgemeine Lohnniveau.

Nach ihrer erstmaligen Festsetzung werden die Renten dann, wie ich eingangs sagte, der weiteren Wirtschaftsentwicklung angepaßt. Es bleibt trotzdem wichtig für die Rentenhöhe, wie lange jemand gearbeitet und Beiträge zur Versicherung bezahlt hat und was er in seinem gesamten Arbeitsleben verdiente.

Im BR in der Sendereihe »Politik aus erster Hand« am 13.2.1957, Bulletin Nr. 31/57, S. 265.

Das neue Gesetz berücksichtigt die Tatsache, daß Wirtschafts- und Sozialpolitik unlösbar miteinander verbunden sein müssen. So wie eine gute Wirtschaftspolitik die entscheidende Voraussetzung für eine gute Sozialpolitik ist, so schafft umgekehrt eine sinnvolle Sozialpolitik wichtige Voraussetzungen für die weitere wirtschaftliche Entfaltung. Wer nach einem Leben voll Arbeit oder aus gesundheitlichen Gründen vorzeitig aus dem Arbeitsprozeß ausscheidet, soll auch als Rentner einen gerechten Anteil am Ertrag der Wirtschaft haben, einen Anteil an dem, was er gemeinsam mit den Millionen von Beschäftigten erarbeitet hat.

Im BR in der Sendereihe »Politik aus erster Hand« am 13.2.1957, Bulletin Nr. 31/57, S. 265.

Man kann einfach nicht weniger arbeiten und höhere Löhne zahlen und dann nach niedrigeren Preisen rufen.

Interview mit Robert Schmelzer für die Ruhr-Nachrichten, *erschienen am 17.4.1958, Nr. 90, 10. Jg.*

Wirtschafts-, Finanz- und Sozialpolitik

Also das Ideal des braven, fleißigen, tüchtigen Arbeiters, der gern eine Stunde länger arbeiten möchte, wenn es ihm nur gegönnt würde, den gibt es nicht mehr.

»Kanzler-Tee« mit der »Teerunde« am 2.3.1962, st. N., S. 12, StBKAH 02.26.

Über der Freiheit der Tarifpartner steht das allgemeine Wohl. Die Tarifpartner sind nicht diejenigen Leute, die dem ganzen Volke verantwortlich sind, sie fühlen sich auch nicht dazu.

»Kanzler-Tee« mit der »Teerunde« am 16.3.1962, st. N., S. 6, StBKAH 02.26.

Entscheidend sind die Industriegewerkschaften, und diese haben, wie das verständlich ist, in erster Linie im Auge, was sie für ihre Leute herausschlagen können an Löhnen, ohne viel Rücksicht darauf zu nehmen, daß dann jede Lohnerhöhung bei ihnen von den anderen auch gefordert wird.

»Kanzler-Tee« mit der »Teerunde« am 16.3.1962, st. N., S. 6, StBKAH 02.26.

In dem Augenblick, in dem wir nicht mehr genügend exportieren können, können wir die Bude zumachen.

»Kanzler-Tee« mit der »Teerunde« am 16.3.1962, st. N., S. 11, StBKAH 02.26.

Die Jahre sind auch vorüber, wo ›made in germany‹ etwas ganz Besonderes und ein Zeichen für Güte war. Das ist vorbei! Warum? Vielleicht mangelnde Ausbildung. Ich gehe sogar so weit zu sagen, das kann unsere schulische Ausbildung sein, wobei ich nicht die Volksschulen allein meine, sondern alle Schulen, auch die Fachschulen, die Universitäten auch. Wenn da nicht eine Wende kommt, dann wird der Deutsche, im

Durchschnitt gesehen, in zehn Jahren nicht mehr an der Spitze stehen.

»Kanzler-Tee« mit der »Teerunde« am 16.3.1962, st. N., S. 11, StBKAH 02.26.

Wenn wir also die Ausfuhr verlieren, dann wird über das ganze Volk eine Zeit kommen, die sehr ernst und sehr trübe ist. Und wenn wir nicht mehr konkurrenzfähig sind gegenüber dem Ausland, würden wir die Ausfuhr natürlich verlieren, das ist ganz klar.

»Kanzler-Tee« mit der »Teerunde« am 16.3.1962, st. N., S. 12, StBKAH 02.26.

... wenn der Sparsinn getötet wird dadurch, daß durch eine Entwertung der D-Mark schließlich die Sparer sehen, wir kommen um unser Geld, wenn wir es zu den Sparkassen hinbringen, das wäre eine Katastrophe.

»Kanzler-Tee« mit der »Teerunde« am 16.3.1962, st. N., S. 18, StBKAH 02.26.

Ich kann nur die Hoffnung aussprechen, daß es gelingt, daß auch in der Bundesrepublik die Arbeitnehmer und die Arbeitgeber sich in der Frage der Konjunktur finden. Denn es ist sowohl das Interesse der Arbeitgeber wie das der Arbeitnehmer wie das der Konsumenten – von denen überhaupt keiner spricht –

(Unruhe bei der SPD.)

wie das der Sparer, das gewahrt werden muß.

Verhandlungen des Deutschen Bundestages, 4. Wahlperiode, 25. Sitzung am 10.4.1962, S. 964.

Die ganze Angelegenheit, um die es sich handelt, die Überführung unserer Wirtschaft in ein neues Stadium, wo die Bestellungen, das Geld nicht mehr in dieser Weise nach Deutschland hereinfließen, ist in hohem Maße auch eine Aufgabe des moralischen und politischen Denkens.

Verhandlungen des Deutschen Bundestages, 4. Wahlperiode, 25. Sitzung am 10.4.1962, S. 964 f.

Eine große Leistung kommt mehr und mehr in Vergessenheit, und deswegen möchte ich sie besonders hervorheben: Durch den *Lastenausgleich* wurden bis Ende 1961 rund 43 Milliarden DM an Vertriebene, Kriegssachgeschädigte und Zonenflüchtlinge gezahlt.

(Beifall bei Abgeordneten der CDU/CSU.)

Das, meine Damen und Herren, ist eine Vermögensverschiebung größten Ausmaßes, einer Vermögensverschiebung, wie sie wohl in der Geschichte der neueren Zeit einzig dasteht.

Verhandlungen des Deutschen Bundestages, 4. Wahlperiode, 39. Sitzung am 9.10.1962, S. 1633.

Die Tarifpartner haben von dem ständigen Drehen der *Lohn-Preis-Spirale* im Grunde genommen gar nichts. Im Gegenteil, sie beide leiden auf die Dauer gesehen nur Schaden durch die Steigerung der Einfuhr und das Sinken der Ausfuhr. Ich appelliere an den gesunden Menschenverstand der Arbeitgeber und der Arbeitnehmer, sich auf verständiger Basis für eine längere Zeit zu einigen.

Verhandlungen des Deutschen Bundestages, 4. Wahlperiode, 39. Sitzung am 9.10.1962, S. 1635.

Unsere Landwirtschaft wird immer ein wesentlicher Bestandteil unseres ganzen soziologischen Gefüges bleiben. Alle sie berührenden Fragen, insbesondere die in der Europäischen Wirtschaftsgemeinschaft auftauchenden, müssen daher mit besonderer Zurückhaltung und Vorsicht behandelt werden.

Verhandlungen des Deutschen Bundestages, 4. Wahlperiode, 39. Sitzung am 9.10.1962, S. 1636.

Ohne einen auskömmlichen Export können wir nicht leben. Einen solchen Export werden wir nur haben, wenn wir hinsichtlich der Preise und der technischen Vervollkommnung des ganzen Produktionsapparates wettbewerbsfähig bleiben. Zu beachten ist, daß die Wirtschaft unserer Konkurrenzländer eine viel stärkere Kapitalgrundlage hat als die deutsche Wirtschaft, daß sie daher krisenfester ist als die deutsche Wirtschaft.

Verhandlungen des Deutschen Bundestages, 4. Wahlperiode, 39. Sitzung am 9.10.1962, S. 1636.

Mit aller Kraft und auf allen Gebieten muß durch gemeinsame Arbeit eine weitere Steigerung der Preise hintangehalten werden. Weiteres Steigen der Löhne und Preise ohne gleichzeitiges Ansammeln von festgelegtem Kapital, und zwar insbesondere in den breiten Schichten des Volkes, bedeutet eine Entwertung der Deutschen Mark.

Verhandlungen des Deutschen Bundestages, 4. Wahlperiode, 39. Sitzung am 9.10.1962, S. 1636.

Wir haben mit Ausnahme der Steinkohle keine Naturschätze, und die Steinkohle ist durch die Öleinfuhr außerordentlich entwertet, darüber müssen wir uns ganz klar sein. Wir haben eine Landwirtschaft mit sehr mittelmäßigem Boden gegenüber anderen Ländern und mit einem sehr mittelmäßigen Klima gegenüber dem Klima anderer Länder; auch darüber müssen wir uns klar sein. Was wir haben, was unser einziger wirklicher Reichtum, unser Vermögen ist, das sind der Fleiß, die Klugheit und die Arbeitsamkeit des deutschen Menschen.

Ansprache vor dem Kongreß des DGB in Hannover am 22.10.1962, Bulletin Nr. 198/62, S. 1669.

Das Internationale Arbeitsamt in Genf hat in einer Untersuchung, die sich auf etwa 50 der bedeutendsten Länder der Erde erstreckte, festgestellt, daß unsere Bundesrepublik in der ganzen Welt die höchsten Leistungen für die soziale Sicherheit erbringt.

(Beifall.)

Bei uns wurden in den letzten Jahren 16,5 Prozent unseres Sozialprodukts für die soziale Sicherheit aufgewendet, in den Vereinigten Staaten 6,5 Prozent, in Frankreich 13,9 Prozent, in Schweden 12,4, Prozent, in England 11 Prozent. Bei uns, lassen Sie mich das noch einmal wiederholen, 16,5 Prozent!

Auf dem 13. Bundesparteitag der CDU in Düsseldorf am 28.3.1965, Protokoll des Parteitages, hrsg. v. der CDU-Bundesgeschäftsstelle, Bonn o. J., S. 22.

Die Bundesrepublik ist doch das einzige Land – ich unterstreiche dieses Wort –, das ein ausgebautes System von Maßnahmen zur Förderung der Vermögensbildung in den breitesten Volksschichten hat.

Auf dem 13. Bundesparteitag der CDU in Düsseldorf am 28.3.1965, Protokoll des Parteitages, hrsg. v. der CDU-Bundesgeschäftsstelle, Bonn o. J., S. 22.

14 AUSSENPOLITISCHE GRUNDSÄTZE, METHODEN UND MOTIVE

Außenpolitik wird Deutschland auf lange Zeit nur in sehr beschränktem Ausmaß treiben können, ihr Ziel muß sein, an der friedlichen Zusammenarbeit der Völker in der Vereinigung der Nationen gleichberechtigt teilzunehmen.

Rede über den NWDR am 6.3.1946. Druck: Balduin Pick, Köln o. J., o. S. Wortlaut dieser Passage in enger Anlehnung an den handschriftlichen Entwurf Adenauers für das Programm der CDU der britischen Besatzungszone vom 1.3.1946 (Neheim-Hüsten).

Unsere westlichen Nachbarn erheben Sicherungsansprüche. Wir müssen für diese Forderung nach allem, was in den letzten Jahrzehnten geschehen ist, Verständnis haben. Aber diese Sicherung kann niemals auf Gewalt beruhen, und jede Abtrennung bedeutet Gewalt. Gewalt erzeugt immer wieder Gewalt, wenn nicht jetzt dann in einer späteren Zukunft. Darum müssen wir unsere westlichen Nachbarn auf das dringendste bitten, im Interesse des Friedens in Europa doch mit dem deutschen Volk zusammen nach konstruktiven Lösungen zu suchen, die uns nicht verletzen und die ihnen doch die Sicherheit geben, die sie verlangen. Es gibt solche Lösungen. Und als solche Lösung betrachte ich namentlich die gegenseitige Verflechtung dieser Länder mit unserer Wirtschaft, weil dadurch gemeinsame Interessen entstehen. Und den gemeinsamen Interessen folgen persönliche Annäherung, kulturelle Annäherung und gegenseitiges Verstehen.

In Mülheim/Ruhr auf einer Veranstaltung der CDU am 29.9.1946, st. N., S. 11 f., ACDP S.Ad.

Ich für meine Person – und ich weiß, daß ich mit vielen von Ihnen darin übereinstimme – erblicke *in der Herstellung eines dauernden, guten nachbarlichen Verhältnisses zwischen Deutschland und seinen westlichen Nachbarn, den Beneluxstaaten und Frankreich, die erste und vornehmste Aufgabe einer kommenden deutschen Außenpolitik.*

Auf dem 2. Parteitag der CDU der britischen Besatzungszone in Recklinghausen am 28.8.1948. Druck: Neuaufbau auf christlichen Grundlagen. Zweiter Parteitag der CDU für die Britische Zone, *Opladen 1948, S. 10.*

... die Methode der deutschen Außenpolitik muß sein, langsam und stückweise weiterzukommen. Sie muß vor allem auch psychologisch sein und muß versuchen, das Vertrauen wiederzuerwerben, das wir Deutsche durch den Nationalsozialismus leider Gottes im weiten Umfang verloren hatten.

Verhandlungen des Deutschen Bundestages, 1. Wahlperiode, 18. Sitzung am 24.11.1949, S. 472.

Man kann in gewissem Umfang durch verstandesmäßige Darlegungen ein Gefühl der Unsicherheit gegenüber Deutschland bekämpfen, aber man kann, wie man weder der Liebe noch dem Haß mit Vernunftgründen völlig entgegentreten kann, auch dem Bedürfnis nach Sicherheit mit Vernunftgründen allein nicht entgegentreten. Auch hier, glaube ich, muß man Schritt für Schritt und psychologisch behutsam weitergehen, um auf dem Wege über Gewinnung des Vertrauens das Sicherheitsbedürfnis auf der anderen Seite zu befriedigen.

Verhandlungen des Deutschen Bundestages, 1. Wahlperiode, 18. Sitzung am 24.11.1949, S. 472 f.

In der Außenpolitik wie überall spielt das persönliche Verhältnis derjenigen, die die Geschicke in der Hand haben, zueinander eine außerordentlich große Rolle. Das Vertrauen, das der eine zum anderen hat, die freundschaftliche Art, in der man sich ausspricht, die Würdigung und der Respekt, den einer vor dem anderen hat und den er damit auch ohne weiteres den von dem anderen vorgebrachten Interessen entgegenbringt, ist bei solchen Verhandlungen ein Moment von größter Tragweite.

»Tee-Empfang« für Chefredakteure am 20.4.1951, st. N., S. 17, BPA-Pressearchiv F 30.

Die Bundesrepublik wünscht, den Prozeß der europäischen Integration soweit voranzutreiben wie nur möglich, überlegt und ohne Hast, aber stetig und wirksam. Die Politik der Eingliederung Deutschlands in die Gemeinschaft der freien Völker ist die *Grundlinie der deutschen Außenpolitik überhaupt.*

Vor der Foreign Press Association in London am 7.12.1951, Bulletin Nr. 19/51, S. 134.

... Abmachungen und Verträge sind bei weitem nicht immer das wertvollste. Viel wertvoller ist das gegenseitige Verständnis der Völker und der leitenden Männer der Völker ...

Interview mit NWDR und SWF, zitiert nach Bulletin Nr. 19/51 vom 11.12.1951, S. 133.

Wenn der Bundesregierung auf außenpolitischem Gebiet eine Aufgabe gestellt war, so war es die, den Kredit Deutschlands, der durch die nationalsozialistische Gewaltherrschaft völlig zerstört worden war, wiederherzustellen. Nach meiner Überzeugung kann diese Aufgabe nur gelöst werden, wenn die deutsche Außenpolitik klar und gradlinig ist.

Vor dem Verein der Auslandspresse in Bad Godesberg am 25.3.1952, Bulletin Nr. 36/52, S. 365.

Für ein besiegtes, besetztes, am Boden liegendes Volk wie das deutsche Volk bedeutet auswärtige Politik etwas ganz anderes, als auswärtige Politik für ein Volk bedeutet, das eben in dem Zustand ist, in dem wir früher einmal gewesen sind. Wir können weder soziale Politik treiben, noch können wir innere vernünftige Politik treiben[,] wenn wir nur Objekt anderer Mächte sind, und daher muß das erste Streben und das vornehmste Streben einer jeden Regierung dieses Landes, unseres Vaterlandes, darauf gerichtet sein, von Anfang an darauf gerichtet sein, dafür zu sorgen, daß wir nicht mehr Objekt der Politik anderer Länder sind, sondern daß wir Subjekt der Politik werden.

Rede in der Bonner Universität am 28.3.1952, Bulletin Nr. 38/52, S. 385.

Wir müssen bei allen außenpolitischen Vorgängen das *Mißtrauen der anderen* gegenüber dem deutschen Volk als eine Tatsache in Rechnung stellen. Die einzige Möglichkeit, dieses Mißtrauen, das ein außerordentlich großes Hindernis für den Wiederaufbau und Wiederaufstieg unseres Volkes ist, schwinden zu lassen, ist, diesem Mißtrauen *keine neue Nahrung zu geben* durch mangelnde Geradlinigkeit unserer Politik. Nur *Stetigkeit und Wahrhaftigkeit* wird dieses Mißtrauen bei den anderen beseitigen. Worte, Reden, Beteuerungen tun das nicht. Allein das *Handeln* des deutschen Volkes entscheidet, und diese Beseitigung des Mißtrauens der anderen wird kein Prozeß von heute auf morgen sein, sondern ein langwieriger Prozeß.

Ansprache in der Frankfurter Universität am 30.6.1952, Bulletin Nr. 81/52, S. 825f.

Ich weiß, bei allen solchen internationalen Verträgen kann man an diesem, kann man an jenem mäkeln, an dieser Einzelheit etwas auszusetzen haben, und kann man an jener etwas auszusetzen haben. Aber wie sollen solche Verträge zustande kommen, wenn nicht jeder nachgibt, wenn nicht jeder in Einzelheiten nachgibt im Hinblick auf das von allen gemeinsam erstrebte Ziel.

Ansprache auf der Schlußkundgebung der Tagung der Gemeinschaft katholischer Männer Deutschlands in Bamberg am 20.7.1952, Bulletin Nr. 95/52, S. 936.

Wir liegen mitten in dem Spannungsfeld zwischen Sowjetrußland und seinen Satellitenstaaten einerseits und den Westmächten andererseits. Wenn man da keine gute und vernünftige und kluge Außenpolitik treibt, dann hilft uns unsere ganze Aufbauarbeit nichts.

In Köln auf einer Veranstaltung der CDU am 2.11.1952, st. N., S. 4, StBKAH 02.10.

Ich bin Europäer, daher gilt mein Hauptinteresse Europa. Aber wir alle, Sie und wir, müssen uns darüber klar sein, daß in diesen Zeiten der sich um den Erdball herumziehenden Spannungen zwischen Ost und West die Frage des Fernen Ostens

und die Fragen Europas aufs engste zusammenhängen, daß
die eine nicht ohne die andere gelöst werden kann.

Rede in San Francisco anläßlich eines Essens, gegeben von dem Common-
wealth-Club am 11.4.1953, Bulletin Nr. 69/53, S. 589.

Ich bin der Auffassung, daß die politischen Spannungen,
die zwischen der Sowjetunion und den westlichen Mächten
entstanden sind, nicht auf einzelnen Differenzen, einzelnen
Meinungsverschiedenheiten oder einzelnen Ansprüchen oder
Gegenansprüchen beruhen. Es handelt sich vielmehr um *eine*
große Spannung zwischen zwei Mächtegruppen, innerhalb
derer jeweils nach dem Willen der Sowjetunion bald dieser,
bald jener Punkt stärker in Erscheinung tritt. Dieses Spannungsfeld wird sich sicher nicht im ersten Stadium von Verhandlungen in Einzelprobleme auflösen lassen. Zuerst muß
auf allen Seiten der entschlossene Wille vorhanden sein,
dieses Spannungsfeld ganz aufzulösen und wirklich überall
Frieden zu schaffen.

Vor der Interparlamentarischen Union in London am 14.5.1953, Bulletin
Nr. 94/53, S. 798.

Bismarck hat von seinem Alpdruck der Koalitionen gegen
Deutschland gesprochen. Ich habe auch meinen Alpdruck: Er
heißt Potsdam. Die Gefahr einer gemeinsamen Politik der
Großmächte zu Lasten Deutschlands besteht seit 1945 und hat
auch nach Gründung der Bundesrepublik weiter bestanden.
Die Außenpolitik der Bundesregierung war von jeher darauf
gerichtet, aus dieser Gefahrenzone herauszukommen. Denn
Deutschland darf nicht zwischen die Mühlsteine geraten, dann
ist es verloren.

Interview mit Ernst Friedlaender im NWDR, Bulletin Nr. 109/53 vom
13.6.1953, S. 926.

Die deutsche Außenpolitik bekommt noch einen besonderen Inhalt dadurch, daß Deutschland durch den Eisernen Vorhang in zwei Teile geteilt ist. Bei der Beurteilung der deutschen Außenpolitik darf man weiter nicht übersehen, daß die anderen Länder durch den Krieg Waffenbrüder geworden sind und daß diese ehemalige Waffenbrüderschaft sich psychologisch und politisch auch in der heutigen Außenpolitik noch geltend macht, während Deutschland der Feind war, der geschlagen wurde und der nur sehr langsam und Schritt für Schritt sich wieder Vertrauen erwerben kann, ein Vertrauen, das Deutschland sich erwerben muß, um überhaupt wieder gleichberechtigt in den Kreis der anderen Nationen eintreten zu können.

Vor der Landesverbandstagung der CSU in Augsburg am 14.6.1953, st. N., S. 3, StBKAH 02.11.

Die richtige Kenntnis und Beurteilung der gegenwärtigen außenpolitischen Lage ist die erste Voraussetzung, um zu richtigen Entscheidungen zu kommen. Um die außenpolitische Lage aber richtig beurteilen und verstehen zu können, darf man sich nicht lediglich von den Ereignissen eines Tages oder einer Woche beeinflussen lassen.

Vor der Landesverbandstagung der CSU in Augsburg am 14.6.1953, st. N., S. 3, StBKAH 02.11.

Man muß sich darüber klar sein, daß Außenpolitik mit sehr kühlem Kopfe und mit dem Verstande gemacht werden muß, daß Außenpolitik eine große Summe von Kenntnissen voraussetzt, Kenntnisse, insbesondere über die politischen Strömungen und die Ziele der verschiedensten Länder, die zu der gegenwärtigen Lage geführt haben.

Vor der Landesverbandstagung der CSU in Augsburg am 14.6.1953, st. N., S. 3, StBKAH 02.11.

Wir waren stetig in unserer politischen Arbeit. Wir haben nicht hin und her gefackelt, ob wir diesen Weg einschlagen sollten oder jenen. Sondern wir sind, nachdem wir einmal erkannt hatten, daß nur die Zusammenarbeit mit der freien Welt das deutsche Volk aus dem Abgrund wieder emporheben konnte, diesen Weg unentwegt und stetig weitergegangen. Dadurch haben wir das erworben, was vor ein, zwei Jahren noch das einzige Aktivum des deutschen Volkes war: *Das Vertrauen der freien Welt in die Zuverlässigkeit Deutschlands.* Diese psychologischen Fragen spielen eine unendlich viel größere Rolle im politischen Leben als man schlechthin denkt. Und diese Frage, ob man dem Anderen vertrauen kann, ist namentlich in der Außenpolitik von entscheidender Bedeutung.

In Dortmund auf einer Veranstaltung der CDU am 26.7.1953, Auszüge aus der Rede, S. 2, StBKAH 16.12.

Diese Fragen der Außenpolitik sind für uns, für ein besetztes Land, das einen Krieg in unvorstellbarer Weise verloren hat, schlechthin entscheidend. Wir sind auf den Export angewiesen, sonst können wir nicht leben. Und wir haben nur dann Export, wenn wir nicht nur gute Ware liefern, sondern wenn wir auch in unserer Außenpolitik gute Dinge machen. Wenn wir in der Außenpolitik Dummheiten machen oder noch Schlimmeres als Dummheiten, dann ist es mit dem Export zu Ende. Und dann würde bei uns eine wirtschaftliche Katastrophe größten Ausmaßes eintreten.

In Dortmund auf einer Veranstaltung der CDU am 26.7.1953, Auszüge aus der Rede, S. 5, StBKAH 16.12.

Die Verhältnisse in der Welt haben sich so entwickelt, daß man nicht mehr wie früher ein einzelnes Problem für sich betrachten und lösen kann, man muß vielmehr, um richtig urteilen zu können, die ganzen weiten Zusammenhänge sehen; das einzelne Problem ist in sie eingebettet und gewinnt oftmals hierdurch seine besondere Bedeutung, und umgekehrt beeinflußt ein scheinbar alleinstehendes Problem ein ganzes Bündel von politischen Schwierigkeiten.

Ansprache vor der Association de la Presse Diplomatique Française und der Association de la Presse Étrangère in Paris am 11.12.1953, Bulletin Nr. 238/53, S. 1973.

Unbestreitbar zwingt der technische Fortschritt uns, neue Formen des internationalen Zusammenlebens zu suchen. Überall sind großräumige Zusammenschlüsse die Antwort auf die Frage, wie Frieden und Wohlfahrt gesichert werden können. Wir bleiben davon überzeugt, daß es möglich ist, diese Gemeinschaften auf dem Prinzip der Freiwilligkeit und der Gleichberechtigung aufzubauen, ja, mehr noch, nur wenn Freiheit das Grundelement dieser Gemeinschaften ist, haben sie Aussicht auf Bestand.

Vor der Auslandspresse in Bad Godesberg am 6.4.1954, Bulletin Nr. 67/54, S. 579.

Es ist unmöglich, die Entspannung des Ost-West-Konflikts zu fördern, es ist ausgeschlossen, eine Friedensregelung an irgendeinem Punkt der Welt anzustreben, die die Freiheit erhält und schützt, wenn man nicht ein festes Fundament hat. Die Solidarität und die Sicherheit der freien Welt sind dieses Fundament.

Vor der Auslandspresse in Bad Godesberg am 6.4.1954, Bulletin Nr. 67/54, S. 579.

Außenpolitische Grundsätze, Methoden und Motive 265

Der *Platz Deutschlands* ist *auf der Seite der Völker der freien
Welt.* Hierüber gibt es keine Diskussion, hierüber kann es
auch keine Diskussion geben. Wir wissen, daß das deutsche
Volk auch da, wo es nicht frei seine Ansicht äußern kann, jede
Gemeinschaft mit der Welt der totalitären Staatsgewalt, der
kollektiven Vermassung, der Unfreiheit des Einzelmenschen
und der wirtschaftlichen Reglementierung verabscheut.

*Verhandlungen des Deutschen Bundestages, 2. Wahlperiode, 26. Sitzung
am 29.4.1954, S. 1067.*

Über den Geschäften des Alltags dürfen wir nie aus dem Auge
verlieren, welche Gefahren uns drohen und daß die Schicksale
der Völker aufs engste miteinander verknüpft sind, gleichgültig, ob ihre Heimat Ostasien oder Europa heißt. Es gibt
keine Krisen und keine Konflikte, die nicht auch auf uns ihre
Wirkungen ausüben.

*Verhandlungen des Deutschen Bundestages, 2. Wahlperiode, 26. Sitzung
am 29.4.1954, S. 1068.*

Die *Außenpolitik,* die wir geführt haben, hat Deutschland aus
der Isolierung gelöst und zu einem angesehenen vertrauens-
würdigen Partner der freien Welt gemacht.

*Verhandlungen des Deutschen Bundestages, 2. Wahlperiode, 26. Sitzung
am 29.4.1954, S. 1075.*

Denn bei einem Lande wie Deutschland, bei einem Lande, das
besiegt, das entwaffnet, das besetzt ist, das unter Besatzungsstatut steht, das zum größten Teil verwüstet war, das durch
den Eisernen Vorhang in zwei Teile geteilt ist, bei einem Land,
das keine Verbindung mehr irgendwelcher Art mit dem Aus-

lande hatte, ist eine gute Außenpolitik das Fundament auch für die gesamte wirtschaftliche Arbeit.

In Bochum auf einer Veranstaltung der CDU am 15.6.1954, st. N., S. 3, StBKAH 02.12.

Wenn man von Außenpolitik hört oder liest, dann meint man vielfach, in der Außenpolitik bestünden Geheimnisse, es würden geheimnisvolle Dinge gemacht usw. usw. Glauben Sie mir, meine Freunde, ich habe es in meiner eigenen Person erfahren, die Hauptsache in der Außenpolitik ist das Vertrauen von Mensch zu Mensch. (Stürmischer Beifall) Dieses Vertrauen muß erworben werden, das ist genauso wie im bürgerlichen Leben. Vertrauen muß man gewinnen, gewinnen durch Offenheit und Ehrlichkeit.

In Bochum auf einer Veranstaltung der CDU am 15.6.1954, st. N., S. 5, StBKAH 02.12.

Seien wir uns darüber klar, man achtet uns, aber man fürchtet uns auch und man liebt uns nicht, und wir können nur dann uns zu der Achtung vor unserem Fleiß und unserer Tüchtigkeit das Vertrauen der anderen gewinnen, wenn wir eine klare und stetige und konsequente Außenpolitik treiben.

In Bochum auf einer Veranstaltung der CDU am 15.6.1954, st. N., S. 5, StBKAH 02.12.

Und glauben Sie mir, meine Damen und Herren, ich habe namentlich in den Jahren 1949 und 1950 die größte Sorge und die größte Angst gehabt, daß eine Verständigung auf unserem Rücken zwischen den dreien und Sowjetrußland erfolgen würde. Darum war die Europapolitik für Deutschland eine absolute Notwendigkeit. (Starker Beifall) Wir mußten das Schicksal der Bundesrepublik auf jede mögliche Art und Weise mit den befreundeten Völkern des Westens verbinden.

In Düsseldorf auf einer Veranstaltung der CDU am 20.6.1954, st. N., S. 21 f., StBKAH 02.12.

Die Außenpolitik der Bundesregierung ist konsequent und einfach; sie ist eine Politik auf weite Sicht. Spätere Geschlechter werden uns dankbar sein, daß wir uns nicht haben irremachen lassen.

Interview mit dem Rheinischen Merkur *vom 9.7.1954, Nr. 28, 9. Jg.*

Die Vorstellung, daß im Zeitalter der Wasserstoffbombe das Nachkriegsdeutschland von 1954 mit allen seinen Sorgen und Problemen dazu berufen sei, zwischen Ost und West eine Vermittlerrolle zu spielen etwa mit der Absicht, sich je nach Bedarf und Laune an den einen oder anderen der beiden Großen anzulehnen, ist absurd, ja selbstmörderisch. Das deutsche Volk ist in seiner überwiegenden Mehrheit für eine solche Politik nicht zu haben.

Interview mit dem Rheinischen Merkur *vom 9.7.1954, Nr. 28, 9. Jg.*

Was das außenpolitische Gebiet angeht, so darf man gerade in der Außenpolitik keine Frage für sich allein betrachten. Es ist bei der Außenpolitik wie bei dem Bau eines Hauses, das eine steht auf dem anderen, man kann kein Stockwerk für sich allein bauen.

In Bayreuth auf einer Veranstaltung der CSU am 24.11.1954, st. N., S. 4, StBKAH 02.12.

Wie in einer Kette ein Glied an das vorhergehende sich anhängt, wie beim Bau eines Hauses zuerst das Fundament gelegt werden muß, ehe das Haus errichtet werden kann und erst dann mit einem Dach versehen wird, so ist es auch in der Außenpolitik; hier muß man wissen, was man will, und klar sehen und folgerichtig danach handeln.

In München auf einer Veranstaltung der CSU am 25.11.1954, st. N.,
S. 3, StBKAH 02.12.

Das deutsche Volk oder ein Teil des deutschen Volkes hat in den letzten Jahrzehnten einen großen Mangel an Wirklichkeitssinn in der Außenpolitik gezeigt. Was war die Folge davon? Zwei Kriege, viele Millionen Tote, Zerstörung unserer Städte und Dörfer und Fabriken. Außenpolitik kann und darf man nicht treiben, ohne daß man real denkt und die Außenwelt richtig einschätzt, wie sie in Wirklichkeit ist.

In München auf einer Veranstaltung der CSU am 25.11.1954, st. N.,
S. 12, StBKAH 02.12.

Wir mußten in erster Linie uns wieder Vertrauen erwerben im Ausland, das Vertrauen spielt in der Außenpolitik genauso gut eine Rolle wie im Geschäftsleben. Wie ich im geschäftlichen Leben viel eher mit einem Manne zusammensitze zu gemeinsamer Arbeit, zu geschäftlichem Austausch, wenn ich Vertrauen zu ihm habe, als mit einem Manne, zu dem ich kein Vertrauen habe, genauso ist es bei der Außenpolitik.

In Augsburg auf einer Veranstaltung der CSU am 26.11.1954, st. N.,
S. 7f., StBKAH 02.12.

Wenden Sie bitte die Grundsätze, die Sie im geschäftlichen Leben haben, auch ruhig an auf die Außenpolitik. Wenn Sie ein Unternehmen kennenlernen, das stetig ist in seiner ganzen Arbeit und in seinem Ausbau und das klar ist in seiner Linie, dann haben Sie Vertrauen zu ihm; genauso ist es in der Außenpolitik: Stetig und klar und mit großer Geduld muß da gearbeitet werden.

In Augsburg auf einer Veranstaltung der CSU am 26.11.1954, st. N., S. 8, StBKAH 02.12.

Das Vertrauen der Völker zueinander, dieses zum Teil psychologische Empfinden, spielt – glauben Sie es mir – in der gesamten Außenpolitik eine viel größere Rolle als man das gemeinhin denkt. Es ist wirklich nicht so in der Welt, daß bei der Außenpolitik nun wie bei irgendeinem Spiel man den anderen zu bemogeln sucht und zu täuschen sucht, das ist die schlechteste Politik, die man überhaupt treiben kann ...

Im Berliner Sportpalast auf einer Veranstaltung der CDU am 3.12.1954, st. N., S. 3, ACDP S.Ad.

Wie macht denn ein besiegtes Volk Außenpolitik? Lassen Sie mich noch konkreter sprechen: Wie macht ein total besiegtes und entmachtetes Volk, wie unser deutsches Volk, das mitten im Herzen Europas liegt, das von Völkern umgeben ist, die noch bis vor kurzem seine Gegner waren oder seine Gegner sind – wie macht ein solches Volk Außenpolitik? Von einer Illusion vor allem muß man sich freimachen: Man soll sich hüten vor der Selbsttäuschung, daß die Völker, mit denen wir noch vor neun Jahren in einem furchtbaren, in einem erbarmungslosen Kriege waren, der – man muß das immer wieder sagen – von den damaligen nationalsozialistischen Machthabern des deutschen Volkes frivol entfesselt worden ist, das alles vergessen haben. Das ist nicht der Fall, und das Vertrauen zum deutschen Volke, das Vertrauen zu den guten Eigenschaften des deutschen Volkes, kann man sich nur wiedererwerben mit Stetigkeit und Geduld, nicht durch einen Zickzackkurs.

In Hamm/Westf. auf einer Veranstaltung der CDU am 13.12.1955, st. N., S. 2, StBKAH 02.13.

... man kann keine gute Wirtschaftspolitik treiben, ohne eine gute Außenpolitik zu treiben, wenn man so am Boden gelegen hat, wie das deutsche Volk im Jahre 1945 am Boden gelegen hat. Denken Sie bitte daran, meine Damen und Herren, nicht nur, wie es in unserem Lande aussah, denken Sie bitte daran, wie im Ausland der deutsche Name nichts mehr galt. Deswegen war es nach unserer Auffassung das erste Erfordernis, dem deutschen Namen wieder zur Geltung zu verhelfen und uns Vertrauen im Auslande zu erwerben. Wirtschaftspolitik mit dem Auslande kann man nur treiben, wenn das Ausland zu uns Vertrauen hat. Wir müssen aber Wirtschaftspolitik mit dem Auslande treiben. Sie wissen, wie es bei uns aussieht; Sie wissen, daß wir viele Rohstoffe überhaupt nicht besitzen; Sie wissen, daß wir Außenhandel treiben müssen, um unser Volk ernähren zu können.

In Goslar auf einer Veranstaltung der CDU am 22.4.1955, st. N., S. 1, StBKAH 02.13.

... die geographische Lage spielt nun einmal im politischen Leben eine außerordentliche, manchmal eine entscheidende Rolle.

Rede aus Anlaß eines Banketts des Vereins der Auslandspresse in Bonn am 25.4.1955, st. N., S. 7, StBKAH 02.13.

Außenpolitische Grundsätze, Methoden und Motive

Die Politiker mögen sich noch so mühen, Verbundenheit zwischen den Völkern zu pflegen; wenn die Völker selbst nicht mitgehen, dann nützen alle Anstrengungen der Politiker nichts.

Ansprache in Köln aus Anlaß der XX. Generalversammlung des Kolping-Werkes am 25.9.1955, Bulletin Nr. 181/55, S. 1511.

Außenpolitik kann man nicht aus der flachen Hand planen ...

Auf dem 6. Bundesparteitag der CDU in Stuttgart am 27.4.1956, Protokoll des Parteitages, hrsg. v. der CDU-Bundesgeschäftsstelle, Bonn o. J., S. 27.

Glauben Sie mir, es läßt sich über Außenpolitik natürlich sehr schön reden mit allen möglichen Redensarten, aber zur Außenpolitik gehört eine intensive Arbeit, ein genaues Studium der Zusammenhänge und eine historische Kenntnis der Dinge, sonst kann man keine gute Außenpolitik machen.

Vor dem Bundesparteivorstand der CDU am 23.11.1956, st. N., S. 18, ACDP VII-001-005/7.

... in unserer heutigen Welt – ich kann mir nicht helfen – wird Kraft einstweilen noch mehr respektiert als Recht.

Vor dem Bundesparteivorstand der CDU am 23.11.1956, st. N., S. 20, ACDP VII-001-005/7.

Auf die Frage: »... wenn jemand, der Politiker werden möchte, Sie, Herr Bundeskanzler, um Rat fragen würde, welche Grundsätze und Richtlinien er sich zu eigen machen müßte, um erfolgreich zu sein, wie würden sich Ihre Ratschläge heute von denen unterscheiden, die Sie, etwa vor 50 Jahren, erteilt hätten?«

Die Hauptgrundlage einer guten Außenpolitik ist die Kenntnis der Entwicklungen und ist die Kenntnis der Zusammenhänge, der außenpolitischen Zusammenhänge. Das ist eine sehr ernste Sache, die ein viel größeres Studium und viel größere Kenntnisse voraussetzt als das früher der Fall gewesen ist, weil eben die Zusammenschlüsse der einzelnen Länder erfolgt sind und weitere folgen werden, und weil schließlich in der Regel alle diese Gebilde insoweit zusammenhängen, als die Entwicklung in dem einen Gebilde sich auch bemerkbar macht in den anderen. Man muß deswegen sehr gründlich arbeiten und studieren und lernen und seine Kenntnisse stetig vervollkommnen, weil sich ständig das Bild ändert. Wann wir wohl mal in eine gewisse Ruhelage kommen, kann kein Mensch jetzt sagen. Ich würde sagen, derjenige, der sich jetzt der Politik und insbesondere der Außenpolitik widmen will, muß viel mehr arbeiten, als das vor 50 Jahren einer gebraucht hätte.

Pressekonferenz in Bonn am 5.4.1957, st. N., S. 8 f., StBKAH 02.15.

Der größte Fehler, den man in der Politik, insbesondere in der Außenpolitik, weil die in ihr begangenen Fehler sich in der Regel nicht mehr korrigieren lassen, machen kann, ist, seine Entscheidungen lediglich im Hinblick auf eine augenblickliche Situation zu fällen. Besonders in der Außenpolitik gibt es Entwicklungstendenzen und Entwicklungsreihen, die man niemals ungestraft außer acht lassen kann. Wenn man sie außer acht läßt, begeht man einen Fehler, der sich bitter rächen wird.

Im BR in der Sendereihe »Politik aus erster Hand« am 3.7.1957, Bulletin Nr. 120/57, S. 1134.

Außenpolitik in unserem Sinne können wir nur dann treiben, wenn wir innerlich gefestigt sind und eine gute Innenpolitik betreiben. Insofern ist alles das, was wir innenpolitisch tun, eine notwendige Voraussetzung für eine gute Außenpolitik. Innenpolitik und Außenpolitik gehören eng zusammen. Wir wollen eine gute und verantwortungsvolle Außenpolitik und Innenpolitik treiben. Dazu gehört eine gute Parteipolitik. Und parteipolitische Arbeit kann uns erst das Podium geben, von dem aus wir eine gute Außenpolitik treiben können.

Vor dem Bundesparteiausschuß der CDU am 17.1.1958, st. N., S. 12, ACDP VII-001-021/1.

Eine Konferenz, die ohne Erfolg auseinandergeht, häuft wieder neues Material zwischen den Ländern an, das eines Tages wieder weggeräumt werden muß. Dann lieber mit Geduld etwas warten, bis man schließlich doch einen Weg findet, um zu einer Konferenz zu kommen, die Aussicht auf Erfolg verspricht.

Vor dem Bundesparteiausschuß der CDU am 17.1.1958, st. N., S.26 f., ACDP VII-001-021/1.

Zur Frage von Wirtschaftshilfe an Länder der Dritten Welt:
Ich lege entscheidenden Wert darauf, dass diese Wirtschaftshilfen und wirtschaftlichen Unterstützungen in erster Linie unter aussenpolitischem Aspekt betrachtet werden. Ein massgebender Gesichtspunkt ist naturgemäss auch der, dass wir uns nicht über unsere Kraft hinaus engagieren. Ich habe unlängst in der *Frankfurter Allgemeinen Zeitung* eine längere mit den verschiedensten Ziffern belegte Ausführung über den Reichtum Gross-Britanniens gelesen. Über den Reichtum Frankreichs brauchen wir nicht weiter zu sprechen. Dem-

gegenüber sind wir ein *armes* Land. Wir müssen auf jede mögliche Weise versuchen, uns ein starkes wirtschaftliches Polster anzuschaffen gegenüber Schwankungen in der Wirtschaft, die ja unausbleiblich sind.

Schreiben vom 28.8.1958 aus Cadenabbia an Bundeswirtschaftsminister Prof. Dr. Ludwig Erhard, StBKAH III 24.

... in eine Gipfelkonferenz – wie in jede große außenpolitische Konferenz – darf man nicht mit Konzessionen belastet hineingehen, die man dem Gegner gemacht hat, ohne daß er nur etwas dafür gegeben hat. Das ist nach meiner Meinung die falscheste Taktik, vor allem gegenüber einem Verhandlungsgegner wie Sowjetrußland.

Ansprache aus Anlaß einer Feierstunde zum zehnjährigen Bestehen der Vereinigung der Opfer des Stalinismus in Königswinter am 13.2.1960, Bulletin Nr. 31/60, S. 297.

Keine Wirtschaftspolitik kann in einer Welt wie der unsrigen für sich allein dastehen, wenn der außenpolitische Boden nicht gegeben ist.

Verhandlungen des Deutschen Bundestages, 3. Wahlperiode, 108. Sitzung am 6.4.1960, S. 5938.

Wenn es irgendwo in der Welt wirklich zu brennen anfängt, dann würde sich das auch auf uns auswirken, ebenso wie ein Brand, der bei uns in Deutschland entsteht, sich dort im Stillen Ozean auswirken würde. Das hängt im ganzen zusammen.

Daher müssen wir Deutschen uns daran gewöhnen, auch in den großen Räumen zu sehen. Wir müssen lernen, Politik auch unter diesem Gesichtspunkt zu machen. Die anderen Völker müssen sich ebenso daran gewöhnen, zu erkennen,

Außenpolitische Grundsätze, Methoden und Motive   275

daß das, was hier im Herzen Europas geschieht, in Deutschland und in Berlin, auch sie betrifft und auch sie angeht.

Ansprache auf einer Kundgebung das Kuratoriums Unteilbares Deutschland in Düsseldorf am 9.5.1960, Bulletin Nr. 89/60, S. 874.

... wenn irgendwo in der Politik ein Stein auf dem anderen steht, dann ist es in der Außenpolitik. In der Innenpolitik kann man seine Meinung ändern; man kann korrigieren.

Vor dem Bundesparteiausschuß der CDU am 23.5.1960, st. N., S. 70, ACDP VII-001-021/8.

Bei der Außenpolitik steht Stein auf Stein, folgt ein Schritt nach dem andern. Man kann auch hier einen falschen Schritt, den ein Volk getan hat, nicht von heute auf morgen wieder regressieren.

Im Bonner Bürgerverein auf einer Veranstaltung der CDU am 18.11.1960, st. N., S. 5, StBKAH 02.22.

Das spätere Erkennen, meine Damen und Herren, gilt in der Außenpolitik gar nichts. (Sehr gut!) Wenn man die Zeche gemacht hat, dann muß sie bezahlt werden!

Auf dem 10. Bundesparteitag der CDU in Köln am 25.4.1961, Protokoll des Parteitages, hrsg. v. der CDU-Bundesgeschäftsstelle, Bonn o. J., S. 36.

Wer glaubt, daß wir Deutschen im Ausland beliebt seien, daß man auf unser Wort Häuser baut, der ist verdammt schief gewickelt. Überhaupt gilt doch in der ganzen Außenpolitik – das muß man sich immer vor Augen halten – nur eines: der Nutzen des eigenen Landes. Wenn Außenminister – auch verbündete Außenminister – an einem Tisch sitzen, dann sitzen keine Menschenfreunde zusammen; alles andere, sondern da sitzen Leute zusammen, die naturgemäß – das wissen Sie – an das Interesse ihres Landes denken und das auch an die Spitze ihrer ganzen Erwägungen stellen.

Vor dem engeren Bundesparteivorstand der CDU am 7.2.1962, st. N., S. 14 f., ACDP VII-001-011/1.

Glauben Sie mir, wenn die Deutschen alle Monate oder alle vierzehn Tage oder alle zwei Monate mit einer neuen Ansicht die Welt überraschten, dann würde man draußen an uns zweifeln und würde sagen: Es sind doch immer dieselben unruhigen und nicht zuverlässigen Deutschen.

(Beifall in der Mitte.)

Wenn irgendwo, dann muß man in der Außenpolitik an einer klaren Richtung festhalten und darf nicht verlangen, man solle immer etwas Neues sagen.

Verhandlungen des Deutschen Bundestages, 4. Wahlperiode, 25. Sitzung am 10.4.1962, S. 965.

Die Verknäuelung – ich weiß keinen besseren Ausdruck – der politischen Verhältnisse in der Welt ist vor nun 17 Jahren entstanden und hat sich immer weiter fortgesetzt, und kein Mensch soll sich einbilden, daß die Welt aus dieser Verknäuelung in wenigen Jahren erlöst werden kann. Wie diese Verknäuelung im Laufe der Zeit auch immer stärker geworden ist, so wird auch Zeit dazu nötig sein, um dieses Knäuel wieder zu lösen. Deshalb darf man auf dem Gebiete der Außenpolitik nicht einen plötzlichen Sonnenaufgang erwarten, dem ein wolkenloser schöner Tag folgen wird. Ich glaube, Sie tun das am wenigsten. Aber ich möchte das hier einmal aussprechen und Sie bitten, es Ihren Lesern auch zu vermitteln, daß gerade

auf dem Gebiete der Außenpolitik die Geduld von der aller-
größten Bedeutung ist und nochmals Geduld und zum dritten
Male Geduld.

*Pressekonferenz in Berlin im Hause des Vereins Berliner Kaufleute und
Industrieller am 7.5.1962, st. N., S. 4, StBKAH 02.26.*

... die Außenpolitik, die auf den Interessen des eigenen Landes beruht, ist die solideste.

*Informationsgespräch mit James Bell, Klaus Dohrn und Charles D.
Jackson (Time) am 28.6.1962, st. N., S. 7, StBKAH 02.26.*

In der gegenwärtigen Situation, meine Damen und Herren,
muß die Bundesregierung eine Politik verfolgen, die Geduld,
Härte und Zähigkeit miteinander verbindet – Geduld in der
seelischen Auseinandersetzung mit der Zerreißung unseres
Vaterlandes, Härte im Festhalten an unseren Lebensrechten
und im Widerstand gegen Drohungen, Zuverlässigkeit bei der
Stärkung des westlichen Bündnissystems und bei der Schaffung der Voraussetzungen, die in Gemeinschaft mit unseren
Freunden ein Ost-West-Gespräch mit Aussicht auf Erfolg ermöglichen.

*Verhandlungen des Deutschen Bundestages, 4. Wahlperiode, 39. Sitzung
am 9.10.1962, S. 1639.*

Der Leitstern meines politischen Handelns ist mindestens seit
dem Jahre 1925: Anschluß an den Westen.

*Informationsgespräch mit Dr. Kurt Lachmann (US News and World
Report) am 29.1.1963, st. N., S. 9, StBKAH 02.30.*

... man kann froh sein, wenn man Leute trifft, die einem zwar nicht alles sagen, die einen aber auch nicht belügen, und man muß von einem ausgehen, was ganz natürlich ist: daß jedes Land, wenn es eine vernünftige Außenpolitik treibt, dann ausgeht von seinem eigenen Interesse, daß es nicht aus Menschenliebe einem andern Land Opfer bringt. Das gibt es nicht, das wäre eine schlechte Politik, das wäre eine phantastische Politik, die hält nicht, sondern man muß erkennen das Interesse der verschiedenen Länder.

Informationsgespräch mit Dr. Kurt Lachmann (US News and World Report) *am 29.1.1963, st. N., S. 11, StBKAH 02.30.*

Stetigkeit und Klarheit in der Politik, vor allem in der Außenpolitik bringt allein dem deutschen Volke das Vertrauen der freien Völker und damit den Erfolg, den es braucht, um seine Freiheit zu erhalten.

Hs. Notiz für eine Rede im Sommer 1963, StBKAH o. Sign.

Ein Professor kann noch so klug sein und noch soviel wissen, in der Außenpolitik beruht der Erfolg darauf, wirklich jedes Steinchen auf dem anderen Steinchen aufzubauen.

Informationsgespräch mit Erich Eggeling und Franz Hange (dpa) am 11.10.1963, st. N., S. 7, StBKAH 02.31.

Wenn man in der Außenpolitik Fehler macht, die wirken nach.

Informationsgespräch mit Erich Eggeling und Franz Hange (dpa) am 11.10.1963, st. N., S. 7, StBKAH 02.31.

Innenpolitik ohne eine Außenpolitik, die uns das Leben doch verbürgt, ist ja überhaupt nicht möglich. Also die Außenpolitik hat den Vorrang, noch auf lange Zeit.

Interview in einer Sendung des ZDF unter dem Titel »Adenauer blickt zurück – Stationen einer vierzehnjährigen Kanzlerschaft«, ausgestrahlt am 15.10.1963, Anhang I zum Nachrichtenspiegel des BPA vom 16.10.1963, st. N., S. 8.

Die Methoden einer Außenpolitik können sich schon einmal ändern, aber das Vertrauen ist die Basis des politischen Zusammenwirkens, es darf nicht angetastet werden. Vertrauen ist einfach entscheidend.

Im März 1964 gegenüber der Herausgeberin, vgl. Meine Erinnerungen an Konrad Adenauer, a. a. O., S. 96.

Die Außenpolitik eines jeden Landes – Sie mögen ein Land nehmen, welches Sie wollen – wird in erster Linie von den eigenen Interessen des betreffenden Landes geleitet. Auch Zusammenschlüsse und Bündnisse haben nur dann Kraft und Bestand, wenn sie im Wesentlichen dem gemeinsamen Interesse aller dem Bündnis angehörenden Partner dienen.

Vor dem Industrieclub und dem Deutsch-französischen Kreis in Düsseldorf am 23.6.1964, st. N., S. 4 f., StBKAH 02.33.

… wir wollten keine Schaukelpolitik treiben; denn wir wußten, wohin eine Schaukelpolitik uns führen würde, dieses Deutschland, das ohne jede Macht war. Deswegen kam für uns nur der Anschluß an die freien Völker des Westens in Frage …

Pressekonferenz in Bonn am 4.8.1964, st. N., S. 4, StBKAH 02.34.

Dieser Anschluß an den Westen, die Wiedererrichtung der Freiheit, war auch die Grundlage für unseren wirtschaftlichen Aufschwung. Wir würden niemals diesen wirtschaftlichen Aufschwung genommen haben, wenn wir uns nicht an den freien Westen angeschlossen hätten.

Pressekonferenz in Bonn am 4.8.1964, st. N., S. 4, StBKAH 02.34.

Ich habe soeben schon hervorgehoben, wie nach meiner Meinung jede Außenpolitik das Wohl des eigenen Landes an erster Stelle sehen muß, und ich will hier Foster Dulles erwähnen, einen treuen und guten Freund und klar denkenden Mann, der zum Beispiel in einer Rede damals öffentlich erklärt hat: Wir Amerikaner treiben in Europa keine deutsche Politik, wir treiben keine französische Politik, wir treiben in Europa amerikanische Politik. Das ist klar und ist richtig, und das ist derselbe Grundsatz, den ich Sie bitte, sich immer vor Augen zu halten: daß eine Außenpolitik, die nicht auf den eigensten Interessen des betreffenden Landes selbst beruht, keine Dauer hat und daher nicht tragfähig ist.

Pressekonferenz in Bonn am 4.8.1964, st. N., S. 9, StBKAH 02.34.

Außenpolitik bedarf natürlich einer sehr scharfen Berechnung und Abschätzung der Kräfte; aber Außenpolitik bedarf auch etwas der Phantasie. Man muß die verschiedenen Möglichkeiten sehen, die kommen können. Es kann niemals eine Außenpolitik sich nur festlegen dürfen auf eine Möglichkeit, denn es sind immer verschiedene Möglichkeiten, die kommen können; aber man muß sie sehen, und man muß die gefährlichsten Möglichkeiten an die Spitze seiner Beobachtungen stellen und sich auch danach richten.

Pressekonferenz in Bonn am 4.8.1964, st. N., S. 16, StBKAH 02.34.

15 DER LANGE WEG ZUM VEREINIGTEN EUROPA

Ich hoffe, daß in nicht zu ferner Zukunft die Vereinigten
Staaten von Europa, zu denen Deutschland gehören würde,
geschaffen werden, und daß dann Europa, dieser so oft von
Kriegen durchtobte Erdteil, die Segnungen eines dauernden
Friedens genießen wird.

Rede über den NWDR am 6.3.1946; Druck: Balduin Pick,
Köln, o. J., o. S.

Europa ist nur möglich, wenn eine Gemeinschaft der europäischen Völker wiederhergestellt wird, in der jedes Volk seinen
unersetzlichen, unvertretbaren Beitrag zur europäischen
Wirtschaft und Kultur, zum abendländischen Denken, Dichten
und Gestalten liefert. Wir hoffen, daß einmal wieder auch
der deutsche Geist im Chor der Völker seine Stimme erheben
wird.

In Köln auf einer Veranstaltung der CDU der britischen Besatzungszone
am 24.3.1946. Druck: Schriftenreihe der CDU des Rheinlandes, H. 8,
Köln o. J., S. 22.

Ich bin Deutscher und bleibe Deutscher, aber ich war auch immer Europäer und habe als solcher gefühlt.

In Köln auf einer Veranstaltung der CDU der britischen Besatzungszone am 24.3.1946. Druck: Schriftenreihe der CDU des Rheinlandes, *H. 8, Köln o. J., S. 23.*

Ich kann die Befürchtung unserer westlichen Nachbarn, Holland, Belgien und Frankreich, vor einem übermächtigen Deutschland durchaus verstehen, und wir müssen uns in die Rolle dieser Staaten, die doch jetzt zweimal in einer Generation vom Kriege überzogen worden sind, hineindenken. Ich kann auch verstehen, wenn ein Angehöriger dieser Länder sagt, es ist richtig, zurzeit ist Deutschland ohnmächtig und andere haben die Macht, aber wer steht mir dafür, daß das so bleibt? Alles wandelt sich unter der Sonne, alles fließt, das ist wahr, auch das muß man verstehen, und darauf muß man hinauskommen im Interesse unserer westlichen Nachbarn, in unserem und im europäischen Interesse, auf eine organische Lösung dieser Frage, d.h. auf eine Lösung, die nicht auf Gewalt beruht, die nicht auf unnatürlichen Abtrennungen beruht; denn jede derartige unnatürliche Abtrennung, jede derartige Gewalt wird nicht von Dauer sein und schafft keinen dauernden Frieden.

In Wuppertal/Elberfeld auf einer Veranstaltung der CDU am 5.5.1946, st. N., S. 18, ACDP S.Ad.

Ich bin seit Jahrzehnten dafür eingetreten, daß unsere wirtschaftlichen Interessen mit den wirtschaftlichen Interessen unserer westlichen Nachbarländer – und jetzt kann man sagen: einschließlich Englands – verflochten werden, weil ich der Auffassung auf Grund der Geschichte bin, daß wirtschaftliche Verbundenheit und gemeinsame wirtschaftliche Interessen die sicherste Grundlage sind auch für gute politische Nachbarschaft. Auf diesem Grundsatz, auf diesem Standpunkt stehe ich auch heute.

In Wuppertal/Elberfeld auf einer Veranstaltung der CDU am 5.5.1946, st. N., S. 18f., ACDP S.Ad.

Als Endziel muß uns vorschweben, daß eines Tages die *Vereinigten Staaten von Europa* entstehen.

In Wuppertal/Elberfeld auf einer Veranstaltung der CDU am 5.5.1946, st. N., S. 19, ACDP S.Ad.

Es gibt nichts nach meiner tiefsten Überzeugung, was diesem gequälten, so oft von Kriegen durchtobten Erdteil endlich einmal Ruhe und Frieden bringen kann, als die Vereinigten Staaten von Europa.

In Düsseldorf auf einer Veranstaltung der CDU am 12.5.1946, st. N., S. 18, ACDP S.Ad.

Kein Akt der Gewalt wird Westeuropa den Frieden geben, den es so dringend bedarf, wenn nicht ganz Westeuropa untergehen soll. Es gibt konstruktive Mittel, kein Mittel der Gewalt, die nach unserer festen Überzeugung die Sicherheit in Westeuropa vor einer Wiederholung von Kriegen schaffen können in einer Weise, die allen Beteiligten nutzt und frommt.

Wir glauben, daß in erster Linie eine Verflechtung der wirtschaftlichen Interessen Westdeutschlands mit den westlichen Nachbarn einschließlich Englands die sicherste Grundlage für eine dauernde kulturelle und politische Annäherung ist.

In Osnabrück auf einer Veranstaltung der CDU am 28.7.1946, st. N., S. 10, ACDP S.Ad.

Ich betone allerdings in einer Verflechtung – Verflechtung bedeutet geben und nehmen –, nicht so, daß der eine Partner, das sind wir, lediglich gibt und lediglich arbeitet, nein, es muß ein gegenseitiges Geben und ein gegenseitiges Nehmen sein. Eine solch wirtschaftliche Verflechtung gibt persönliche Annäherung, gibt kulturelle Annäherung, gibt politische Annäherung. Deswegen sollte man diesen Schritt tun.

Auf der Zonentagung der Jungen Union in Recklinghausen am 4.8.1946. Druck: Schriftenreihe der Jungen Union, H. 1, Heider Druck, Bergisch Gladbach 1946, S. 12.

Von der Lösung der deutschen Frage ist das Schicksal Europas abhängig. Das Geschick Deutschlands ist auch das Geschick Europas.

Auf dem 1. Parteitag der CDU der britischen Besatzungszone in Recklinghausen am 14.8.1947. Druck: Erster Zonenparteitag der CDU der britischen Zone, hrsg. v. Zonensekretariat der CDU, Köln o. J., S. 18.

Auch Frankreichs Geschick, und – da England auch zu Europa gehört – Englands Geschick ist verknüpft und verbunden mit dem Geschick Deutschlands. Wenn doch alle diese Länder einsehen möchten, daß sie im eigenen Interesse, im Interesse ihrer eigenen Völker handeln, wenn sie jetzt Deutschland nicht untergehen lassen!

Auf dem 1. Parteitag der CDU der britischen Besatzungszone in Recklinghausen am 14.8.1947. Druck: Erster Zonenparteitag der CDU der britischen Zone, hrsg. v. Zonensekretariat der CDU, Köln o. J., S. 18.

Der lange Weg zum vereinigten Europa   285

Wenn man die Dinge ruhig an sich vorübergehen lässt und
die ganzen Verhältnisse in Europa und in der Welt betrachtet,
so sollte man allerdings verzweifeln. Aber schliesslich muss
man sich immer wieder emporraffen und versuchen, alles zu
tun, was man kann, damit wieder Ordnung in das Chaos
kommt.

*Schreiben vom 25.9.1947 an Johannes Rings, in der Weimarer Republik
Zentrumspolitiker und Publizist (Köln), StBKAH 07.02.*

Europa steht vor einer entscheidenden Wendung seines Ge-
schicks. Es kommt darauf an, ob Europa, ob der europäische
Geist gerettet wird, oder ob der Verfall Europas, der seit etwa
drei Jahrzehnten eingesetzt hat, unaufhaltsam weitergeht, bis
Europa nur noch ein Zipfel von Asien ist. Darum müssen wir,
vor allem unsere Jugend, uns mit ganzer Kraft, mit glühendem
Herzen und mit Begeisterung in den Dienst des Gedankens
der Europa-Union stellen. Die Jugend muß ein Ziel haben, das
klar als Ideal vorschwebt, wenn wir nicht wollen, daß in
vielleicht fünf oder zehn Jahren unsere Jugend erfüllt ist von
einem falschen nationalistischen Ideal. Die Gefahr dazu ist
vorhanden.

*In Düsseldorf auf einer Veranstaltung der CDU am 22.5.1948, Auszüge
aus der Rede, S. 4, ACDP S.Ad.*

Die Rettung Deutschlands und die Rettung Europas sind
identisch.

*In Bonn auf einer Veranstaltung der CDU am 21.7.1948, st. N., S. 12,
StBKAH 02.04.*

... Frankreich, die Beneluxstaaten und Deutschland werden Nachbarn bleiben in Europa, solange Menschen hier in Europa leben werden. Die Zukunft Europas und all dieser Länder, unser eigenes Land eingeschlossen, hängt davon ab, daß dieses Verhältnis auf die Dauer beruhigt und geordnet wird.

Auf dem 2. Parteitag der CDU der britischen Besatzungszone in Reckling-
hausen am 28.8.1948. Druck: Neuaufbau auf christlichen Grundlagen.
Zweiter Parteitag der CDU für die Britische Zone, Opladen 1948, S. 11.

Wir sind davon überzeugt, daß unsere oft so trostlos aussehende Epoche schließlich doch zu *fruchtbaren Neubildungen staatlicher und überstaatlicher Ordnungen* führt, von Ordnungen, die erwachsen sind auf dem Boden des gleichen Rechts für alle. Unser vornehmstes Ziel wird sein, *ganz Deutschland* auf dem Boden des Rechts und der Freiheit zu einen und es in eine *europäische Ordnung* hineinzuführen.

Verhandlungen des Deutschen Bundestages, 1. Wahlperiode, 13. Sitzung
am 21.10.1949, S. 309.

Europa darf die Augen nicht vor der Gefahr der Stunde verschließen. Blindheit bedeutet Kapitulation, weil sie die Kraft des Handelns lähmt. Die Zeit des Handelns ist gekommen. Möchte Europa die rechten Entschlüsse fassen, um einer besseren und gesicherteren Zukunft entgegenzusehen, – tempus fugit.

Interview mit Joseph Kingsbury-Smith (International News Service) am
21.3.1950, Pressemitteilung des BPA Nr. 347/50 vom 21.3.1950, S. 7.

Wovon lebt Europa? Es lebt von der Gnade der Vereinigten Staaten. Auch das wird nicht immer so bleiben. Es wird eines Tages der Augenblick kommen und kommen müssen, in dem dieses Europa wieder sich selbst helfen kann und auf eigenen Füssen stehen muß. Aber das kann es nur dann, wenn dieses Europa zusammengeschlossen wird zu einem föderalistischen Staat, zu einem großen Gemeinwesen, zu einer großen Macht, freilich nicht einer Macht von der Bedeutung, daß sie einer der beiden Weltmächte gefährlich werden könnte, so daß insbesondere Sowjet-Rußland in einem solchen Zusammenschluß niemals eine Gefahr zu erblicken braucht, wohl aber zu einer Macht, die so groß ist, daß sie eingesetzt werden kann für die Erhaltung des Friedens in der Welt.

In München auf einer Veranstaltung der CSU am 3.4.1950, st. N., S. 10, ACDP S. Ad.

Nach unserer Auffassung kann das Ziel der Entwicklung des Europarates nur eins sein: Ein föderatives Europa zu schaffen, das ein eminent friedlicher Faktor in der Welt sein muss. Sie wissen, wie die Weltlage ist. Sie wissen, dass sich diese beiden grossen Mächte, Sowjetrussland auf der einen Seite, die Vereinigten Staaten von Nordamerika auf der anderen Seite, durch ideologische Gründe, durch ihre Entwicklung, durch ihre ganzen Auffassungen getrennt gegenüberstehen im Kalten Kriege, der, wie wir alle hoffen, niemals in einen anderen Krieg umschlagen wird, aber sie stehen sich gegenüber. Kein anderer Staat in der Welt ist stark genug, nach den beiden Kriegen, die wir erlebt haben, um mit diesen beiden Staaten konkurrieren zu können. Wenn diese akute Spannung des Kalten Krieges, die wir ja jetzt erleben, vorüber sein wird, so wird doch eine latente Spannung immer so lange vorhanden sein, als die Welt in Wirklichkeit nur regiert wird von diesen beiden ganz grossen Mächten.

Nun muss es das Ziel sein, in dem Vereinten Europa eine dritte Kraft zu schaffen, eine Kraft, die bei weitem nicht so gross ist, wie diese beiden grossen Mächte, auch niemals so gross sein kann, die aber doch immerhin so stark, wirtschaftlich und politisch so stark ist, dass sie, wenn latente Beziehungen sich in akute Spannungen zu entwickeln drohen, ihr Gewicht für die Erhaltung des Friedens in die Waagschale legen kann. Das ist nach unserer Auffassung das Ziel, das man, wenn man Europäische Politik treibt, im Auge halten und verfolgen muss, also ein eminent friedliches Ziel, durch dessen Verfolgung erreicht werden soll, den Völkern der Welt einen dauernden Frieden zu geben.

Erklärung auf einer Pressekonferenz am 9.5.1950, »Mitteilung an die Presse« des BPA Nr. 466/50, S. 3 f.

Zur Schaffung der Montanunion (Schumanplan)*:
  Der Schumanvertrag ist der Beginn einer neuen Epoche. Zum ersten Mal in der Geschichte haben sich sechs europäische Nationen zu einer supranationalen Gemeinschaft verbunden. Europa, bis jetzt nur ein geographischer Begriff, wird nunmehr ein politischer Faktor, hinter dem ein politischer Wille und eine politische Kraft stehen. Deutschland hat durch seine Mitwirkung beim Zustandekommen des Schumanplanes an hervorragender Stelle mitgeholfen, diesen politischen Faktor Europa zu schaffen, und Deutschland ist vollberechtigtes Mitglied in dieser werdenden Einheit.

Ansprache aus Straßburg über die deutschen Rundfunksender am 4.5.1951, »Mitteilung an die Presse« des BPA Nr. 357/51, S. 2.
* Vgl. Zeittafel, S. 452 ff.

So sehr ich auch die *wirtschaftliche Bedeutung* bejahe, so sehr ich es als gut empfinde, daß für *Kohle, Eisen und Stahl* in einem Gebiete, das von 167 Millionen Menschen bewohnt wird, ein *freier Markt* geschaffen wird, so sehr ich es begrüße, daß auf dem Gebiete, das die Montanunion in sich schließt, die *Zollschranken* fallen, so sehr ich der Auffassung bin, daß dadurch ein *wirtschaftlicher Impuls* allerersten Ranges und von größter Kraft ausgehen wird, – über alles dies scheint mir die politische Bedeutung noch unendlich viel größer zu sein. [...]

Aber wie bei wirklich konstruktiven Gedanken hat sich im Laufe der Entwicklung gezeigt, daß in diesem Vorschlag eine solche *lebendige Kraft* lag, daß man über den ursprünglichen Zweck jetzt schon weit hinausgekommen ist. Man hat seit dem Mai 1950 erkannt, daß die *Integration Europas* für alle europäischen Länder eine absolute Notwendigkeit ist, wenn sie überhaupt am Leben bleiben wollen.

Verhandlungen des Deutschen Bundestages, 1. Wahlperiode, 161. Sitzung am 12.7.1951, S. 6501.

Die politische Integration Europas ist nicht eine alleinige Angelegenheit zwischen Frankreich und Deutschland. Sicher ist die Verständigung zwischen Frankreich und Deutschland, eine dauernde Verständigung, eine Voraussetzung dieser Integration Europas. Aber Integration Europas, das ist etwas viel größeres und weiteres. Dazu gehören auch außer Frankreich und Deutschland Italien, die Beneluxländer, Österreich, und wenn irgendwie möglich, auch die nordischen Länder und England. Und diese Integration Europas muß erreicht werden, wenn wir die abendländische Kultur und das christliche Europa retten·wollen. Die Integration Europas ist die einzige mögliche Rettung des christlichen Abendlandes.

Rede vor den NEI in Bad Ems am 14.9.1951, st. N., S. 10f., StBKAH 16.08.

In unserer exponierten Lage und nach unseren bitteren Erfahrungen kann niemand den Frieden stärker wünschen als wir. Wenn Deutschland durch die von der Bundesrepublik eingeleitete Politik eine bessere Zukunft gewinnt, dann gibt es für einen Revanchegedanken keine Nahrung mehr.

Unser Entschluß zur Zusammenarbeit mit den freien Völkern beruht nicht allein auf der Furcht vor dem Kommunismus, sondern ist entstanden aus der frei und unabhängig gewonnenen Erkenntnis, daß die Probleme, denen wir uns gegenüber sehen, nur im Rahmen großräumiger Zusammenschlüsse gelöst werden können.

Interview mit der norwegischen Zeitung Aften Posten, *zitiert nach Bulletin Nr. 13/51 vom 27.11.1951, S. 86.*

Der Prozeß der Integration und der Bildung größerer Völkergemeinschaften dient der Erhaltung der abendländisch-christlichen Werte, die unserem Leben seinen Sinn geben. Er dient weiter dem sozialen Fortschritt und der materiellen Wohlfahrt, die in der demokratischen Welt nicht im Gegensatz, sondern im Einklang mit der Freiheit der Person und der Völker verwirklicht werden können.

Rede vor der Foreign Press Association in London am 7.12.1951, Bulletin Nr. 19/51, S. 134.

Man begeht, glaube ich, überhaupt einen Fehler, wenn man die europäische Frage nur unter dem Gesichtspunkt eines von außen auf uns eindringenden schicksalhaften Zwanges sieht und nicht als eine Angelegenheit einer schöpferischen Eigeninitiative Europas selbst.

Rede vor der Beratenden Versammlung des Europarates in Straßburg am 10.12.1951, Bulletin Nr. 21/51, S. 158.

Alles Große, meine Damen und Herren, ist ein Wagnis.

(Sehr gut! in der Mitte und rechts.)

Auch die Gründung eines neuen Europas ist kein risikofreies Unternehmen.

Verhandlungen des Deutschen Bundestages, 1. Wahlperiode, 182. Sitzung am 9.1.1952, S. 7599.

Der Gedanke einer europäischen Einigung ist bereits nach dem Ersten Weltkrieg lebendig geworden. Aber erst das Chaos, das der letzte Krieg in Europa zurückgelassen hat, hat in allen Schichten und Ständen und in allen europäischen Ländern den Willen nach einer europäischen Einheit kraftvoll zutage treten lassen. Keines der europäischen Länder ist auf sich allein gestellt in der Lage, seinen Bürgern Freiheit und Sicherheit zu geben, auch dann nicht, wenn ihm individuell eine Unterstützung der Vereinigten Staaten gewährt wird.

Darüberhinaus ist den geistig Wachen und insbesondere der Jugend in allen europäischen Völkern nach diesem Kriege sehr deutlich bewußt geworden, daß Europa in einem erstarrten und überspitzten Nationalismus weder eine geistige noch eine politische Zukunft finden kann, die den Traditionen und den Leistungen des alten Kontinents angemessen ist.

Rede aus Anlaß eines Banketts des Vereins der Auslandspresse in Bad Godesberg am 25.3.1952, Bulletin Nr. 36/52, S. 365.

Infolge der Entwicklung der Technik und der wirtschaftlichen Verflechtung – beides bestimmende Faktoren der Gegenwart – hat der nationale Isolationismus früherer Zeiten selbstmörderischen Charakter angenommen.

Artikel unter der Überschrift »Unsere beiden Völker« zum Verhältnis zwischen Deutschland und Frankreich in Die Zeit *vom 26.6.1952, Nr. 26, 7. Jg.*

... ein geeintes Europa wäre auch dann eine zwingende Notwendigkeit, wenn es überhaupt keine sowjetische Gefahr gäbe. Die Schaffung Europas ist die Aufgabe, die unser Zeitalter uns Europäern gestellt hat. Sie zu lösen, geht uns alle gleichermaßen an, ohne Rücksicht darauf, welche Sprache wir sprechen, ganz besonders aber uns Deutsche und Franzosen, weil unsere Völker am schwersten an der Geschichte tragen.

Artikel unter der Überschrift »Unsere beiden Völker« zum Verhältnis zwischen Deutschland und Frankreich in Die Zeit *vom 26.6.1952, Nr. 26, 7. Jg.*

Sie wissen, daß ich vom ersten Tage meiner Tätigkeit an unentwegt versucht habe[,] den Zusammenschluß Europas in die Tat umzusetzen. Meine Politik mögen meine politischen Gegner mehr oder weniger für falsch halten – ich möchte betonen, im Grunde genommen das Weniger –, aber das eine wird mir auch mein politischer Gegner nicht bestreiten können, daß ich das Wagnis nicht gescheut habe. Ich habe versucht und versuche es weiter, Deutschland und die deutsche Politik in neue Wege zu führen.

Ansprache in der Frankfurter Universität am 30.6.1952, Bulletin Nr. 81/52, S. 825.

... der Schumanplan, der Vertrag über die EVG [Europäische Verteidigungsgemeinschaft]* sind aber, auch nach dem Willen derjenigen, die daran gearbeitet haben, nur ein Anfang. Sie sind zunächst deswegen nur ein Anfang, weil erst sechs europäische Länder davon erfaßt werden. Aber es wäre töricht, wenn ich nicht mit sechs Ländern anfangen würde und erst warten wollte, bis alle kommen. Ich bin überzeugt: Wenn der

Anfang mit sechs Ländern gemacht ist, kommen eines Tages alle anderen europäischen Staaten auch hinzu.

Ansprache auf der Schlußkundgebung der Tagung der Gemeinschaft katholischer Männer Deutschlands in Bamberg am 20.7.1952, Bulletin Nr. 95/52, S. 935f.
* Vgl. Zeittafel, S. 454.

Die Vereinigung Europas wird der Sowjet-Union, deren Ziel es ja ist, ganz Europa zu beherrschen, klar machen, daß sie dieses Ziel nicht mehr erreichen kann, und dann wird auch die Sowjet-Union bereit sein zu einer Überprüfung ihrer europäischen Politik, und dann wird auch der Zeitpunkt gekommen sein zu Verhandlungen, um die ganzen Spannungen ohne heißen Krieg zu beenden.

Ansprache auf der Schlußkundgebung der Tagung der Gemeinschaft katholischer Männer Deutschlands in Bamberg am 20.7.1952, Bulletin Nr. 95/52, S. 936.

Aber alles in allem genommen, ich für meine Person finde es richtiger, zunächst einmal mit sechs europäischen Staaten anzufangen, als überhaupt nichts zu tun, (Stürmischer Beifall) theoretische Reden zu halten und dabei Europa einfach verkommen zu lassen.

Auf dem 3. Bundesparteitag der CDU in Berlin am 18.10.1952, Protokoll des Parteitages, hrsg. v. der CDU, Bonn o. J., S. 33.

… manche scheinen sich das so vorzustellen, als hätten wir hier einen Schmelztiegel, aus dem eine graue und einförmige Masse hervorgehen müßte und das sei dann Europa. Dagegen wehrt sich dann nicht nur der vielgeschmähte Nationalismus, sondern der gesunde Sinn für Eigenes und Überliefertes. Aber

Europa soll gar nicht gleichgeschaltet werden. Sein größter Reiz und Reichtum liegt in der Mannigfaltigkeit. Das Gemeinsame in der Mannigfaltigkeit herauszuarbeiten, das Verschiedene zu einer Einheit zu verbinden, das ist die Aufgabe. Das ist ja gerade das gesunde an einem richtig verstandenen Föderalismus, daß es weiter Franzosen, Italiener, Deutsche, Holländer, Belgier und Luxemburger geben wird in der größeren europäischen Heimat. Hier entsteht etwas Neues, ohne daß das Alte vernichtet wird. Das Nationale bleibt, nur ist es nicht mehr das Letzte und Höchste.

Interview mit Ernst Friedlaender im NWDR am 6.3.1953, Bulletin Nr. 45/53, S. 382.

Ich halte die Entwicklung einer europäischen Union nicht nur wegen der aus dem Osten drohenden Gefahr für notwendig. Ich erachte sie für gut und wünschenswert, weil sie neue, schöpferische Kräfte, die noch durch unser Erbe an Furcht und Mißtrauen gefesselt sind, freimachen wird. Sie wird den Weg ebnen zur kulturellen Entwicklung, zum sozialen Wohlergehen für alle und für eine dauernde Gewähr von Frieden und Freiheit.

Rede in Washington vor dem National Press Club am 8.4.1953, Rückübersetzung aus dem Englischen, S. 4, StBKAH 02.11.

Kein europäisches Volk ist allein in der Lage, sich militärisch zu schützen oder wirtschaftlich zu entwickeln. Bestünde man darauf, in der heutigen Welt die traditionellen Begriffe des Nationalismus hochzuhalten, so bedeutete dies die Aufgabe Europas.

Rede in Washington vor dem National Press Club am 8.4.1953, Rückübersetzung aus dem Englischen, S. 11, StBKAH 02.11.

Jede geschichtliche Epoche hat ihre eigenen Aufgaben. Jedes einzelne auf Vernunft gegründete Argument zeigt uns in Europa den Weg zu einem geeinten Vorgehen, an dessen Ende eines Tages die Vereinigten Staaten von Europa stehen werden.

Rede in Washington vor dem National Press Club am 8.4.1953, Rückübersetzung aus dem Englischen, S. 11, StBKAH 02.11.

Nur durch Einigung kann es [Europa] wirtschaftlich wieder so gesunden, daß es ohne ständige Annahme von Geschenken aus Amerika leben kann. Nur so kann es den Lebensstandard seiner Bevölkerung so steigern, daß es mit den wissenschaftlichen und kulturellen Leistungen der übrigen Welt Schritt halten kann. Nur so kann es ein *politisches Eigengewicht* bekommen, das es instand setzt, ein wirklich nützlicher, kräftiger Partner der freien Welt zu sein.

Ansprache vor dem American Committee on United Europe in New York am 16.4.1953, Redetext, S. 3, StBKAH 02.11.

Aber vergessen wir nicht, daß in mehr als zweitausend Jahren europäischer Geschichte innerhalb Europas Dämme aufgeworfen worden sind, die man nicht in wenigen Monaten abtragen kann. Was sich in Europa in diesen Jahren vollzieht, ist *wahrhaftig revolutionär*. Tief eingewurzelte Anschauungen müssen über Bord geworden werden. Die gesamte politische Erziehung der europäischen Völker, die an der Idee der Nation als den letzten Wert politischer Entscheidung orientiert war, muß umgestellt werden.

Das geht nicht von heute auf morgen.

Ansprache vor dem American Committee on United Europe in New York am 16.4.1953, Redetext, S. 9, StBKAH 02.11.

Es mag unsere nationale Eigenliebe verletzen, aber wir müssen eingestehen, daß keiner der europäischen Nationalstaaten heute auf sich allein gestellt in der Lage ist, seinen Bürgern Wohlfahrt und Freiheit zu garantieren und das nationale Territorium ausreichend zu schützen. Die Notwendigkeit eines Zusammenschlusses aus wirtschaftlichen und politischen Gründen, zu denen auch militärpolitische Gründe treten, ist unbestreitbar. Dieser Zusammenschluß ist die logische und natürliche Entwicklung der europäischen Geschichte. Auch nach einem Abklingen der jetzigen Ost-West-Spannungen bleibt er eine gebieterische Notwendigkeit.

Vor dem Internationalen Presse-Institut in London am 14.5.1953,
Bulletin Nr. 91/53, S. 774.

Die Montanunion war die erste Stufe des europäischen Zusammenschlusses. Die Europäische Verteidigungsgemeinschaft* soll die zweite sein. Die politische Gemeinschaft soll die Krönung des Ganzen werden. Was diese politische Gemeinschaft angeht, so bin ich der Auffassung, daß man nicht von vornherein zu Vieles anfassen und zu viele Bereiche in diese politische Gemeinschaft einbeziehen sollte. Die Europäer, die der politischen Gemeinschaft angehören werden, dürfen unter keinen Umständen durch Mißerfolge in ihren Erwartungen enttäuscht werden. Darum sollte man meines Erachtens Schritt für Schritt den Weg gehen und bei jedem weiteren Schritt die Erfahrungen, die man vorher gemacht hat, sich zu Nutze machen.

Vor der Interparlamentarischen Union in London am 14.5.1953,
Bulletin Nr. 94/53, S. 800.
* Vgl. Zeittafel, S. 454.

Wir müssen zu einem geeinten Europa kommen, auch ganz unabhängig von den Spannungen zwischen Ost und West. Die Schaffung eines solchen geeinten Europa wäre nötig, auch wenn keine solchen Spannungen vorhanden wären.

Vor der Interparlamentarischen Union in London am 14.5.1953,
Bulletin Nr. 94/53, S. 800.

Die Staatsmänner und Politiker aller europäischer Staaten müssen Abschied nehmen von Illusionen, sie dürfen nicht rückwärts sehen, sich freuen an der Erinnerung vergangener Macht, sie müssen die Dinge sehen, wie sie jetzt sind, und sie müssen in die Zukunft sehen.

Ansprache vor der Association de la Presse Diplomatique Française und
der Association de la Presse Étrangère in Paris am 11.12.1953, Bulletin
Nr. 238/53, S. 1973f.

Das Ziel bei der Gründung der *Montan-Gemeinschaft* war die *Schaffung eines einheitlichen europäischen Wirtschaftsraums,* eines *gemeinsamen Marktes von 160 Millionen Menschen,* der sich zwischen den anderen Wirtschaftsmächten behaupten kann.

Daß der Gemeinsame Markt für Kohle und Stahl nur ein erster Schritt hierzu sein kann, war von vornherein klar. Aber jenes größere Werk kann nicht mit einem Schlage geschaffen werden. Uns war es zunächst aufgegeben, einen Anfang zu machen.

Verhandlungen des Deutschen Bundestages, 2. Wahlperiode, 26. Sitzung
am 29.4.1954, S. 1072.

Die Verwirklichung der Pläne für einen europäischen Zusammenschluß immer wieder hinauszuschieben, enthält eine große Gefahr. Bestimmte, günstige Konstellationen dauern in der Geschichte nicht unbegrenzt fort

(Sehr richtig! in der Mitte.)

und kehren selten wieder.

Verhandlungen des Deutschen Bundestages, 2. Wahlperiode, 26. Sitzung am 29.4.1954, S. 1076.

Wir müssen uns darüber klar sein, daß, wenn der Zusammenschluß der europäischen Völker scheitert, die Existenz dieses Kontinents ins Wanken gerät.

Verhandlungen des Deutschen Bundestages, 2. Wahlperiode, 26. Sitzung am 29.4.1954, S. 1076.

Unser Potential an hochqualifizierten Menschen und hochentwickelten Industrien und unser Reichtum an wichtigsten Rohstoffen macht uns zu einem begehrenswerten Objekt. Wer diesen Kontinent unter seiner Kontrolle hat, der hat in dieser Auseinandersetzung gesiegt, ohne daß es militärischer Anstrengungen bedurfte.

Rede vor der Beratenden Versammlung des Europarates in Straßburg am 20.5.1954, Bulletin Nr. 95/54, S. 844.

Was bedeutet für uns das oft so tragische Erbe unserer Geschichte, wenn wir nicht die Lehre daraus ziehen, daß kein Mitglied dieser europäischen Gemeinschaft heute für sich allein in der Lage ist, seine Existenz zu schützen, und daß wir in dieser Welt voller Gefahren nur zusammenstehen können.

Rede vor der Beratenden Versammlung des Europarates in Straßburg am 20.5.1954, Bulletin Nr. 95/54, S. 844.

... wenn es uns nicht gelingt, Europa zu einigen, Europa wieder herzustellen als eine Vormacht des christlichen Abendlandes, wenn es uns nicht gelingt, die europäische Wirtschaft zusammenzubauen und zu einer großen Wirtschaft zu machen, dann hat unsere Jugend keine Zukunft mehr, und um unserer Jugend willen halten wir fest an der Politik, die wir bisher mit Erfolg durchgeführt haben.

In Düsseldorf auf einer Veranstaltung der CDU am 20.6.1954, st. N., S. 26, StBKAH 02.12.

Der Verlust von zwei Weltkriegen hat klar gezeigt, daß jede Art von imperialer Mission für Deutschland vollkommen ausscheidet. Deutschlands Standort ist Europa. Nicht ein Europa, das etwa unter deutscher Vorherrschaft stünde, sondern ein Europa, in dem Deutschland gleichberechtigt mit den anderen europäischen Nationen an der gemeinsamen Aufgabe mitarbeitet. Wenn erst die europäische Einigung verwirklicht ist, so werden aus ihr geistige und materielle Kräfte erwachsen, die seine Sicherheit verbürgen und seinen alten Glanz wiedererstehen lassen.

Interview mit dem griechischen Rundfunk, zitiert nach Bulletin Nr. 123/54 vom 7.7.1954, S. 1102.

Das Schicksal eines europäischen Landes wird auch das Schicksal der anderen europäischen Länder sein: entweder alle behaupten die Freiheit und Unabhängigkeit, oder alle verlieren sie. Das eine Land mag sie vielleicht etwas früher verlieren als das andere, aber wir alle sind miteinander in einem Boot.

In Neumünster auf einer Veranstaltung der CDU am 10.9.1954, st. N., S. 19, StBKAH 02.12.

Die politischen und die wirtschaftlichen Kräfte in jedem europäischen Land bedeuten *verzettelt* wenig im Weltgeschehen, sie werden aber *zusammengefaßt* wirtschaftlich und politisch im Weltgeschehen eine große Rolle spielen können.

> *Vor dem Gemeinschaftsausschuß der hessischen gewerblichen Wirtschaft in Offenbach am 24.9.1954, »Mitteilung an die Presse« Nr. 1063/54 des BPA vom 25.9.1954, S. 3.*

Auch wenn die Form in diesem oder jenem wechselt, die Einheit Europas bleibt unser unverrückbares Ziel.

> *Verhandlungen des Deutschen Bundestages, 2. Wahlperiode, 46. Sitzung am 5.10.1954, S. 2233.*

Wir werden niemals das Streben nach der *Einheit Europas* aufgeben. Wir müssen für die Einheit Europas eintreten, und sei es nur aus Gründen der Selbsterhaltung.

(Beifall bei den Regierungsparteien.)

Unser Ziel war und ist die *politische*, die *umfassende Gemeinschaft der europäischen Länder.*

(Erneuter Beifall bei den Regierungsparteien.)

Ihre innere Struktur soll geschmeidig, kann wandlungsfähig sein, um sich den jeweilig vorherrschenden geistigen Konzeptionen vom Leben der Staaten anpassen zu können.

> *Verhandlungen des Deutschen Bundestages, 2. Wahlperiode, 61. Sitzung am 15.12.1954, S. 3124.*

Wir müssen auch unsere *Verteidigung* gemeinsam organisieren. Ein einzelner europäischer Staat, der versuchen würde, auf sich allein gestellt einen ausreichenden militärischen Schutz aufzubauen, müßte derartig hohe finanzielle Aufwendungen machen, daß sein soziales Gefüge ins Wanken geraten und er auf kaltem Wege eine Beute des Kommunismus werden würde, vor dem er sich gerade schützen wollte.

Verhandlungen des Deutschen Bundestages, 2. Wahlperiode, 61. Sitzung am 15.12.1954, S. 3124.

Die Einheit Europas war ein Traum von Wenigen. Sie wurde eine Hoffnung für Viele. Sie ist heute eine Notwendigkeit für uns alle.

(Lebhafter Beifall bei den Regierungsparteien.)

Sie ist, meine Damen und Herren, notwendig für unsere Sicherheit, für unsere Freiheit, für unser Dasein als Nation und als geistig schöpferische Völkergemeinschaft.

Verhandlungen des Deutschen Bundestages, 2. Wahlperiode, 61. Sitzung am 15.12.1954, S. 3135.

Die abendländische Völkergemeinschaft, die Josef Görres und Constantin Frantz vorschwebte, die Zusammenarbeit der Mächte bei der Lösung zivilisatorischer Aufgaben, die Otto von Bismarck anstrebte, die praktische Lehre, die Aristide Briand und Gustav Stresemann aus der ersten und Winston Churchill aus der zweiten Weltkriegskatastrophe zogen, sie alle waren Wegweiser zu den ersten Zusammenschlüssen in unseren Tagen. So entstand das Kerneuropa der sechs Länder, das das geringschätzige Schmähwort ›Klein-Europa‹ nicht verdient. Der heutige Zusammenschluß birgt in sich die Größe und den Reichtum des europäischen Gedankens und wird künftig eine magnetische Anziehungskraft ausüben.

Artikel unter der Überschrift »Einigung Deutschlands – Einigung Europas«, Bulletin Nr. 69/55 vom 14.4.1955, S. 569.

Die Frage Europa ist eine sehr ernste Frage auf eine lange Zukunft hinaus, während die Bedrohung durch Sowjetrußland nach meiner Überzeugung in absehbarer Zeit zu einer Beilegung kommen wird, ohne einen heißen Krieg.

In Goslar auf einer Veranstaltung der CDU am 22.4.1955, st. N., S. 3, StBKAH 02.13.

Unsere Zugehörigkeit zum Westen ist kein Handelsobjekt; der europäische Gedanke kein blosses Mittel zum Zweck, sondern ein neues Ideal, an das wir glauben.

Rede vor dem Council on Foreign Relations in New York am 14.6.1956, Redemanuskript, S. 41, StBKAH 02.13.

… die europäischen Länder können nicht auf die Dauer ihre großen Kräfte zum Segen ihrer Völker und der Menschheit voll entfalten, wenn sie fortfahren, ihr Heil und ihre Sicherheit lediglich durch die Patronage der Vereinigten Staaten zu finden. Das kann und darf kein Dauerzustand werden, weil dadurch die europäischen Kräfte mit der Zeit der Erschlaffung verfallen und weil auch die Vereinigten Staaten nicht gesonnen sind, auf die Dauer die Sorge für Europa in einem Umfange zu übernehmen, der den Amerikanern einfach nicht zugemutet werden kann.

Rede vor den Grandes Conférences Catholiques in Brüssel am 25.9.1956, Bulletin Nr. 181/56, S. 1726.

Die Verwirklichung der Europäischen Integration darf nicht unmöglich gemacht werden durch eine Krankheit unserer Zeit, den Perfektionismus. Die Europäische Integration darf nicht starr sein, sie muß so dehnbar und so elastisch sein wie eben möglich. Sie darf kein einschnürender Panzer sein für die europäischen Völker, sie muß vielmehr ihnen und ihrer Entwicklung ein gemeinsamer Halt, eine gemeinsame Stütze für eine gesunde, den berechtigten Eigenheiten eines jeden einzelnen entsprechende Entwicklung sein.

Rede vor den Grandes Conférences Catholiques in Brüssel am 25.9.1956, Bulletin Nr. 181/56, S. 1728.

Europas Geschick ist das Geschick eines jeden europäischen Staates.

Rede vor den Grandes Conférences Catholiques in Brüssel am 25.9.1956, Bulletin Nr. 181/56, S. 1728.

Das Werk erfordert auf politischem und auf wirtschaftlichem Gebiet Kühnheit und Weitblick. Die politischen Vorteile werden sich bald zeigen, die wirtschaftlichen vielleicht nicht sofort, aber nach Überwindung der ersten Schwierigkeiten werden die Wirtschaften aller Beteiligten große Vorteile haben und nur auf diese Weise ihre Konkurrenzfähigkeit gegenüber anderen schon bestehenden oder in der Entwicklung begriffenen großen Wirtschaftsräumen behaupten können.

Rede vor den Grandes Conférences Catholiques in Brüssel am 25.9.1956, Bulletin Nr. 181/56, S. 1728.

An uns allen ist es, die Folgerungen zu ziehen. Die Kräfte des Verstandes allein reichen dazu nicht aus. ›Die großen Gedanken kommen aus dem Herzen‹, sagt ein berühmtes Wort. Und auch uns muß der große Gedanke Europa aus dem Herzen kommen, wenn er sich verwirklichen soll. Nicht in dem Sinne, als ob die Einigung Europas eine Angelegenheit des Gemütsbedürfnisses, der Sentimentalität wäre. Aber in dem Sinne, daß nur ein festes, der großen Aufgabe hingegebenes Herz uns die Kraft verleiht, das, was wir mit dem Verstand erkannt haben, entgegen allen Schwierigkeiten durchzuführen.

Rede vor den Grandes Conférences Catholiques in Brüssel am 25.9.1956, Bulletin Nr. 181/56, S. 1729.

Es hilft alles nichts, wir müssen manche auf nationalen Vorstellungen und Traditionen beruhenden Hemmungen angesichts der neuen Entwicklungen auf der Erde rücksichtslos über Bord werfen, und wir müssen *handeln.* Andere handeln auch. Eine Entwicklung, die wir Europäer nicht beeinflussen können, geht sonst einfach über uns hinweg. Wir Europäer fühlen uns m. E. viel zu sicher.

Rede vor den Grandes Conférences Catholiques in Brüssel am 25.9.1956, Bulletin Nr. 181/56, S. 1728.

… die erste Periode der europäischen Integration ist beendet. Sie hatte ja zum Gegenstand, dafür zu sorgen, daß niemals mehr zwischen europäischen Völkern ein Krieg ausbrechen dürfe. Ich glaube, das gemeinsame Gefühl, das in Europa entstanden ist, und von dem der heutige Tag ein so ausgezeichnetes Zeugnis gibt, ist so stark, daß an einen Krieg zwischen europäischen Völkern überhaupt nicht mehr zu denken ist.

Die zweite Periode der europäischen Integration hat zum Ziele, dafür zu sorgen, daß Europa und die europäischen Länder ihren Wert, ihre Bedeutung und ihre Geltung in der Welt behalten.

Nach Besprechungen mit dem französischen Ministerpräsidenten Guy Mollet in Bonn am 29.9.1956 in einer Erklärung vor der Presse, Bulletin Nr. 185/56, S. 1762.

Der Zusammenschluß Europas, gleichgültig in welcher Form er erfolgen wird, wird nicht nur allen Europäern größere politische und wirtschaftliche Macht bringen, er wird auch Sowjetrußland davon überzeugen, daß sein Bestreben, West-Europa in seine Hände zu bekommen, undurchführbar ist.

Ansprache anläßlich der Eröffnung der Grünen Woche in Berlin am 2.2.1957, Bulletin Nr. 24/57, S. 211.

Es ist nun einmal durch die moderne Entwicklung so gekommen, daß nur große Märkte bestehen können, weil nur in großen Marktgebieten billig und gut genug produziert werden kann, um der Konkurrenz der großen anderen Wirtschaftsgebiete wirklich standhalten zu können. Amerika ist ein sehr großes Wirtschaftsgebiet, wie Sie wissen, ein sehr entwickeltes Wirtschaftsgebiet. Im Laufe der nächsten Jahrzehnte wird man das gleiche voraussichtlich von Rußland sagen können, zur Zeit noch nicht, aber die Zeit wird höchstwahrscheinlich kommen. Wir schaffen mit dem Gemeinsamen Markt ein Wirtschaftsgebiet von jetzt 150 Millionen Menschen, die kulturell, technisch und wirtschaftlich hochentwickelten Ländern angehören. So wird dieser Gemeinsame Markt auch wirtschaftlich eine große Rolle spielen.

Vor der Evangelischen Akademie Westfalen in Bochum am 13.7.1957, st. N., S. 8 f., StBKAH 02.16.

Die Summe des Einflusses der europäischen Länder ist im großen und ganzen dem Einfluß Gesamteuropas gleichzusetzen. Fragen wir uns aber nach dem Umfang des europäischen Einflusses in der Welt, so ist die Machtminderung der europäischen Länder nun einmal eine Tatsache, an der wir nicht vorübergehen können. Noch zu Beginn dieses Jahrhunderts stand ihr Einfluß in der Welt fest gegründet. Heute, kaum ein halbes Jahrhundert später, führen die freien europäischen Staaten eine Existenz im Schatten der Atommächte, und sie tun das, obgleich ihr wirtschaftliches Potential nach wie vor größer ist als dasjenige der Sowjetunion, und obgleich die sozialen und wirtschaftlichen Verhältnisse in dem freien Europa in den letzten Jahren eine unerwartet günstige Entwicklung genommen haben.

Rede aus Anlaß der ersten Tagung der Europäischen Kulturstiftung in Amsterdam am 23.11.1957, Bulletin Nr. 219/57, S. 2022.

Es ist dieser Kleinmut, in dem ich die schwerste Belastung für unsere gemeinsame Zukunft erblicke. Die Trägheit, der wir oft in geistig-politischer Hinsicht begegnen, steht ja nicht allein. Die Lässigkeit auf wirtschaftlichem Gebiet, die Tendenz, mitunter zu früh die Hände in den Schoß zu legen, ist unser erster Feind.

Rede aus Anlaß der ersten Tagung der Europäischen Kulturstiftung in Amsterdam am 23.11.1957, Bulletin Nr. 219/57, S. 2022.

Wenn auch die Emanzipation der überseeischen Völker eine Verschiebung in den Machtverhältnissen jenseits der Meere hervorgerufen hat, so enthält doch eine überlegte und verständnisvolle Politik der freien Welt gegenüber den aufstrebenden Völkern in Asien und in Afrika die Möglichkeit in sich, daß das, was dort europäische, asiatische und afrikanische Völker gemeinsam schufen, auch in Zukunft der gesamten Welt und der europäischen Wirtschaft zugute kommt.

Rede aus Anlaß der ersten Tagung der Europäischen Kulturstiftung in Amsterdam am 23.11.1957, Bulletin Nr. 219/57, S. 2022.

Der Weg, der vor uns liegt, wird nicht leicht sein. Er erfordert Härte gegen uns selbst, gute Nerven und ein Politik, die sich jeder Lage, ungeachtet der Schwierigkeit der anstehenden Probleme, elastisch anzupassen vermag.

Rede aus Anlaß der ersten Tagung der Europäischen Kulturstiftung in Amsterdam am 23.11.1957, Bulletin Nr. 219/57, S. 2024.

Der wirtschaftliche Zusammenschluß wird, so hoffen wir, auch politische Folgen nach sich ziehen. Das Ziel muß sein, die Schaffung eines europäischen Parlaments durch direkte geheime Wahlen. Ich bin mir klar, daß diese Entwicklung Zeit braucht. Das Ziel selbst aber müssen wir, auch wenn Jahre dahingehen sollten, bis wir es erreicht haben, unverrückt im Auge behalten.

Rundfunkansprache am 15.1.1958, Bulletin Nr. 11/58, S. 86.

Der Gemeinsame Markt muß betrachtet werden nicht in erster Linie als ein wirtschaftlicher Vertrag, sondern als ein politisches Instrument. Er muß im Zusammenhang betrachtet werden mit dem Europarat, der Montanunion und Euratom, kurz und gut, es handelt sich hier um eine Reihe von politischen Fakten. Die EWG ist in der Hauptsache ein politischer Vertrag, der bezweckt, auf dem Wege über die Gemeinsamkeit der Wirtschaft zu einer politischen Integration Europas zu kommen.

Vor dem Bundesparteivorstand der CDU am 9.11.1959, st. N., S. 4f., ACDP VII-001-008/3.

Das Wichtige ist aber, daß durch die wirtschaftliche Gemeinsamkeit ein Fundament geschaffen wird für den politischen Aufbau, das absolut unzerbrechlich ist. Denn der dümmste

Politiker kann nachher die Wirtschaft nicht mehr auseinander-
kriegen.

> *Informationsgespräch mit James Reston* (The New York Times) *am*
> *16.12.1961, st. N., S. 4f., StBKAH 02.25.*

Die Arbeit im wirtschaftlichen Bereich ist die Voraussetzung
gewesen für eine Weiterführung der Arbeit im politischen Bereich. Wir wollen – darin sind wir uns einig – die Schaffung
einer *europäischen Union.* Ich glaube, daß es klug und richtig
war, zunächst die *wirtschaftliche Einheit* herzustellen. Sie bietet die beste, die solideste, die widerstandsfähigste Grundlage
für die politische Einheit. Für alle Mitglieder der europäischen
Wirtschaftsgemeinschaft ist eindeutig klar, daß eine wirtschaftliche Verschmelzung, so wie sie mit den römischen Verträgen [Gründungsvertrag der EWG vom 25.3.1957] verbunden
ist, ohne eine enge politische Verbindung nicht bestehen kann.
In einer einheitlichen europäischen Volkswirtschaft müssen
die verantwortlichen Stellen ständig Entscheidungen über
innere Verhältnisse und über die auswärtigen Beziehungen
treffen. Sie können das nur tun auf einer gemeinsamen politischen Grundlage.

> *Verhandlungen des Deutschen Bundestages, 4. Wahlperiode, 9. Sitzung*
> *am 17.1.1962, S. 176.*

Natürlich darf der Vertrag von Rom [Gründungsvertrag der
EWG vom 25.3.1957] nicht so viele Beitritte zur Folge haben,
daß er dadurch gesprengt wird. Ich will damit sagen, daß er
nicht mehr ein Vertrag von Europäern ist, sondern zu einem
enormen wirtschaftlichen Organismus führt.

Was Amerika betrifft, so ist es sowohl die Meinung des
Generals de Gaulle wie die meine und auch die von Herrn

Hallstein*, daß man mit den Vereinigten Staaten Beziehungen zwischen Partnern anstreben soll und nicht einfach eine Fusion zu einer zu großen Allianz.

Interview mit einem Vertreter von Le Monde *(gezeichnet Sirius), erschienen am 10.3.1962.*
* Prof. Dr. Walter Hallstein: 1958-1967 Präsident der EWG-Kommission.

... in diesem Stadium der Entwicklung der Europäischen Wirtschaftsgemeinschaft, müssen wir, glaube ich, doch sehr sorgfältig darauf achten, daß nicht das politische Ziel in den Hintergrund tritt oder unmöglich gemacht wird. Wenn man in einer Wirtschaftsgemeinschaft, die doch Beschlüsse fassen kann, die für alle Länder Gesetzeskraft haben, zu weit geht, ich meine, den Rahmen zu weit spannt, platzt nachher die ganze Geschichte, und das müssen wir vermeiden.

Verhandlungen des Deutschen Bundestages, 4. Wahlperiode, 25. Sitzung am 10.4.1962, S. 963.

Bei der Weltlage, in der wir uns heute befinden und die wahrscheinlich noch sehr lange andauern wird, ist nach wie vor das Ziel die Politische Gemeinschaft, ist das dasjenige, was zum Weiterbestehen sicher Westeuropas, hoffentlich eines Tages ganz Europas absolut notwendig ist.

Verhandlungen des Deutschen Bundestages, 4. Wahlperiode, 25. Sitzung am 10.4.1962, S. 963.

Die politische Union, die uns von Anfang an als Ziel vor Augen stand, kann sich nur sehr langsam entwickeln. Die einzelnen Völker müssen sich noch aneinander gewöhnen. Die politische Einigung kann nur Schritt für Schritt erzielt werden.

Die Deutschen sind Deutsche, die Franzosen Franzosen, die Niederländer Niederländer. Jeder will sein Vaterland behalten mit seiner Kultur, Geschichte und Sprache. Keiner kann verlangen, daß die berechtigte Eigenart aufgegeben wird. Man muß empirisch und behutsam vorgehen.

Interview mit Georg Schröder für Die Welt, *erschienen am 18.5.1962, Nr. 115, 17. Jg.*

Ich vertrete den Standpunkt, man solle mit der politischen Union anfangen. Wenn nicht alle sechs es tun, nun, dann tun es drei; dann kommen die anderen schon nach. Aber man sollte anfangen.

Informationsgespräch mit Frank H. Bartholomew und Thomas Raphael Curren (United Press International) am 8.6.1962, st. N., S. 5, ACDP NL von Eckardt I-010-002/2.

Der Anfang muß getan werden, die Entwicklung kommt dann von selbst. Ich wäre schon zufrieden, wenn die Staatschefs mehrere Male im Jahre zusammenkommen würden, um die ganzen politischen Fragen durchzusprechen, wenn die Außenminister mehrere Male im Jahre zusammenkämen, um das alles durchzusprechen, und die Minister für Kulturfragen und die für Sozialfragen.

Informationsgespräch mit Frank H. Bartholomew und Thomas Raphael Curren (United Press International) am 8.6.1962, st. N., S. 6, ACDP NL von Eckardt I-010-002/2.

Alle diese Dinge brauchen Zeit, und man soll nicht glauben, man würde in den ersten 14 Tagen alles fertig haben. Aber anfangen soll man, damit der Gedanke nicht stirbt.

Informationsgespräch mit Frank H. Bartholomew und Thomas Raphael Curren (United Press International) am 8.6.1962, st. N., S. 6, ACDP NL von Eckardt I-010-002/2.

Eine Entwicklung in so schwieriger Zeit und in so schwierigem Gelände bis zum Letzten vorherzusehen und zu planen, das kann man gar nicht. Man muß aber einen Stoß abgeben, daß das vorangeht, dann kommt es schon weiter.

»Kanzler-Tee« mit der »Teerunde« am 18.6.1962, st. N., S. 12, ACDP NL von Eckardt I-010-003/1.

... wenn England – was wahrscheinlich ist – in die EWG eintritt, dann kommen Norwegen, Dänemark, Island, Irland und vielleicht sogar noch Cypern. Bisher haben wir in diesen europäischen Organisationen das Prinzip der Gleichheit, jeder hat eine Stimme. Wenn dann aus sechs elf werden, ist damit natürlich eine Situation geschaffen, die unter Umständen viel schwieriger ist. Als wir vor über zehn Jahren – Robert Schuman* war ja der erste, das müßte eigentlich viel öfter gesagt werden – auf die politische Einigung Europas losgingen, dachte man nur an sechs. Nun entsteht die Frage: Ich kann wirtschaftlich mehr als sechs verkraften, weil es sich bei wirtschaftlichen Fragen doch um überschaubare Angelegenheiten handelt; bei politischen Fragen und Entscheidungen ist das viel schwerer, da muß also die innere Harmonie viel stärker sein als bei gemeinsamem wirtschaftlichen Handeln, denn da wird die Harmonie eventuell erzwungen durch die Entwicklung einer einzelnen wirtschaftlichen Frage. Aber bei politischen Entscheidungen läßt sich nichts erzwingen, und man soll daher jedenfalls darauf achten, daß nicht durch eine große Anzahl der Länder eine Harmonie nur ungeheuer schwer hergestellt werden kann.[...] Es ist nirgendwo geschrieben, daß die Mitglieder der Europäischen Wirtschaftsgemeinschaft gleichzeitig alle Mitglieder einer europäischen politischen Union sein sollen.

Informationsgespräch mit Flora Lewis Gruson (Washington Post, New York Times Magazine *u.a.) am 27.6.1962, st. N., S. 2 f., StBKAH 02.26.*
* Vgl. Zeittafel, S. 452.

Die zentrale Stellung des Menschen in der abendländischen Philosophie und Theologie scheint mir der eigentliche Kern der europäischen Kultur in allen ihren Ausdrucksformen zu sein. Daran sollten wir stets denken, wenn wir uns heute bemühen, tragfähige Grundlagen für die Zukunft der europäischen Völker zu bauen. Wir müssen uns immer vor Augen halten, daß nicht allein der technische Fortschritt und der materielle Gewinn das Wesentliche sind. Daß nicht nur die totalitäre Ideologie, nicht nur die furchtbare Zerstörungsgewalt der modernen Waffen den Menschen von heute lähmen und beunruhigen. Vielmehr glaube ich, daß die Frage nach dem Sinn des Lebens und der Geschichte immer noch die tiefste Sorge und das größte Anliegen des Menschen unserer Zeit ist.

Ansprache vor dem Pariser Stadtrat am 4.7.1962, Bulletin Nr. 121/62, S. 1050.

Man wird nach meiner Meinung – die ich von Anfang an gehabt habe – bei diesem Aufbau der Politischen Union immer systematisch weitergehen müssen. Je näher man sich kennengelernt hat, auch in politischer Beziehung, um so schneller wird man weiterkommen, bis schließlich doch die Integration von gewissen Teilen der Hoheitsrechte stattfinden kann. Aber man sollte hier den größten Wert auf den Anfang legen. Wenn man sofort das Äußerste will – was unerreichbar ist – und infolgedessen nicht zu einem Anfang kommt, dann tötet man den Gedanken dieser Europäischen Politischen Union.

Vor dem Bundesparteiausschuß der CDU am 13.7.1962, st. N., S. 15, ACDP VII-001-022/3.

Alle Länder Europas sind Teile der größeren Einheit. Wir können sie uns etwa als Ausschnitte eines Kreises vorstellen, die alle nach einer gemeinsamen Mitte hinstreben und ihr zugeordnet sind. Einige dieser Segmente liegen eng beieinander, so daß sich auch besonders enge und herzliche Beziehungen ergeben, wie sie zum Beispiel zwischen den Niederlanden, Belgien und Luxemburg schon lange bestehen (und sich im Begriff Benelux ausdrücken) oder wie sie etwa auch zwischen den skandinavischen Staaten seit langem entwickelt werden. Müssen dadurch die anderen Mitglieder des europäischen Kreises gestört oder von etwas ausgeschlossen werden? Das wäre doch eine Verkennung der Vielgestaltigkeit, die auch ein geeintes Europa immer besitzen soll und wird, wenn es sein Erbe richtig versteht und einschätzt.

Artikel unter der Überschrift »Frankreich, Deutschland und Europa«, erschienen in Christ und Welt *vom 14.9.1962, Nr. 37, 15. Jg.*

Die wirtschaftliche Einigung Europas, so wertvoll sie ist, genügt aber nicht. Vielmehr ist es notwendig, daß Europa seine Politik in den lebenswichtigen Fragen, d.h. vor allem seine Außenpolitik, stärker koordiniert und einheitlich zur Geltung bringt. Das ist der Grundgedanke des Projekts eines

Bundes Europäischer Staaten, durch den die bereits bestehende Zusammenarbeit auf politischem Gebiet in eine festere Form gebracht wird. Alle sechs Länder stimmen darin überein, daß die europäische Politik nachdrücklich weitergeführt werden muß, und daß die Verhandlungen über die Europäische Politische Union möglichst noch in diesem Jahr zum Abschluß gebracht werden müssen. Jede Verzögerung in den europäischen Einigungsbestrebungen würde die Dynamik unserer politischen Entwicklung lähmen und die Hoffnung der Sowjetunion auf eine Spaltung der freien Welt nähren.

Der geplante Bund Europäischer Staaten wird zunächst noch eine verhältnismäßig lockere Struktur aufweisen. Wir sind uns aber schon jetzt darüber im klaren, daß die Form der politischen Zusammenarbeit im Laufe der kommenden Jahre ständig enger werden muß.

> *Artikel unter der Überschrift »Das deutsche Problem, ein Weltproblem«*
> *(»The German problem, a world problem«) in der amerikanischen*
> *Zeitschrift* Foreign Affairs, *erschienen im Oktober 1962, Nr. 1, 41. Jg,*
> *S. 59–65, zitiert nach Bulletin Nr. 176/62, S. 1490.*

Machen Sie sich doch bitte einmal klar, daß jetzt schon ungefähr die ganze Wirtschaft von sechs Ländern verwaltet wird und nur kontrolliert wird durch sechs Minister, die so mit Arbeit überlastet sind, daß sie diese Kontrolle nur unvollkommen und nur in ganz wesentlichen Sachen ausüben können, daß wir also in Brüssel eine, wie ich ohne weiteres zugebe, gute Bürokratie haben, die ziemlich selbständig arbeitet, und daß in unserem Zeitalter der parlamentarischen Demokratie in Brüssel nichts von parlamentarischer Demokratie ist. Das ist eine Sorge, die mich schon lange beschäftigt und die ich auch schon mit Herrn Hallstein besprochen habe. Diese Frage wird uns wahrscheinlich noch weiter beschäftigen müssen, und nach meiner Meinung hat die EWG ein direkt gewähltes europäisches Parlament absolut notwendig. Ich glaube, dann würden sich manche Fragen auch leichter lösen lassen.

Auf einer Pressekonferenz in Bonn am 23.1.1963, st. N., S. 19, StBKAH 02.30.

Aber vergessen wir auch niemals, daß zu allem großen Geschehen Geduld gehört, und daß gerade wir Europäer, die wir ein vereintes Europa schaffen wollen, dieser Geduld bedürfen.

Ansprache auf der VII. Deutsch-Französischen Konferenz in Bad Godesberg am 24.5.1963, Bulletin Nr. 91/63, S. 798.

Einen Gemeinsamen Markt kann man nur schaffen, wenn man im wesentlichen die gleichen Lebensbedingungen in den Ländern, die zum Gemeinsamen Markt gehören, schafft. Um ein Beispiel zu nennen: Wenn die Sozialpolitik in den verschiedenen Ländern total verschieden ist, dann werden, da Sozialpolitik teuer ist, auch die Gestehungskosten für die produzierten Güter ganz anders sein. Deswegen muß man bei der Harmonisierung im Gemeinsamen Markt auch die Gestaltung der sozialen Verhältnisse, der Arbeitsbedingungen, berücksichtigen und muß mit einer großen Behutsamkeit vorgehen – und die Kommission des Gemeinsamen Marktes hat nach meiner Meinung den Fehler gemacht, alles zu schnell zu machen.

Informationsgespräch mit James Bell und Hedley Williams Donovan (Time) am 30.5.1963, st. N., S. 5, BPA-Pressearchiv F 30.

Wir sollten in der weiteren Arbeit für Europa nicht dogmatisch, sondern pragmatisch vorgehen.

Interview mit John M. Hightower (Associated Press) am 1.7.1963, schriftliche Fassung, S. 4, StBKAH 02.31.

Aber was von Europa bisher geschaffen worden ist, ist so wesentlich für alle, daß ich den Glauben daran, daß die politische Gemeinschaft kommen wird, keineswegs aufgegeben habe, im Gegenteil: Ich bin fest davon überzeugt, daß sie eines Tages kommen wird.

Interview in einer Sendung des ZDF unter dem Titel »Adenauer blickt zurück – Stationen einer vierzehnjährigen Kanzlerschaft«, ausgestrahlt am 15.10.1963, Anhang I zum Nachrichtenspiegel *des BPA vom 16.10.1963, st. N., S. 6.*

Die politische Union soll dazu führen, daß eine koordinierte Außenpolitik des freien Europa entwickelt und daß innerhalb des euro-atlantischen Bündnisses der amerikanische Partner durch die stärkere Formierung Europas entlastet wird.

Interview mit dem ZDF am 14.1.1964 aus Anlaß des ersten Jahrestages nach Unterzeichnung des deutsch-französischen Vertrages (22.1.1963), zitiert nach einem schriftlichen Konzept, S. 5, StBKAH 02.33.

Es ist da einerlei, ob wir bei der Einigung Europas mit einer Föderation oder einer Konföderation anfangen. Ich will Ihnen ganz offen sagen: Für mich ist die Hauptsache, daß etwas geschieht.

Vor dem Industrieclub und dem Deutsch-französischen Kreis in Düsseldorf am 23.6.1964, st. N., S. 21, StBKAH 02.33.

Geht heran an die Arbeit und nicht immer auf die Stelle treten. Ich las heute zufällig in einem Buch über Bismarck einen Spruch. Bismarck sagte da folgendes:
Die allerschlechteste Regierung ist diejenige, die nichts tut.
(Beifall.)
Das ist ein sehr hartes, aber sehr treffendes Wort. Es gilt

doppelt und dreifach in einer Periode der Entwicklung, in der wir uns jetzt in der ganzen Welt, insbesondere in Europa befinden.

Vor dem Industrieclub und dem Deutsch-französischen Kreis in Düsseldorf am 23.6.1964, st. N., S. 26f., StBKAH 02.33.

Auch die EWG kann auf die Dauer nicht arbeiten ohne eine Politische Union, weil zu den Maßnahmen, die EWG vorsieht, die politische Grundlage in den verschiedenen Staaten wenigstens annähernd gleich geschaffen werden muß.

Pressekonferenz in Bonn am 4.8.1964, st. N., S. 9f., StBKAH 02.34.

Nach dem Krieg, als es jedem klar war, daß der Zusammenschluß notwendig ist, waren alle viel mehr bereit, sich zusammenzuschließen, als sie es jetzt sind. Jetzt hat sich alles wieder erholt, und jetzt denkt jeder in erster Linie an sich.

Informationsgespräch mit Enzo Bettiza (Corriere della Sera) *am 28.2.1966, st. N., S. 10, StBKAH 02.37.*

… es ist an der Zeit. Glauben Sie mir, die Verhältnisse spitzen sich zu. Wenn man sieht, daß die Europäer wirklich ernsthaft wieder an die Schaffung Europas gehen und daß die Sache vorankommt, dann bringen wir einen ganz neuen Akzent in die Weltpolitik hinein. (Beifall) Ich gehe so weit, zu sagen – weil eben nicht alles auf einmal gemacht werden kann –: wenn es dann nun kein integriertes Europa ist, so ist es ein nicht integriertes Europa. Aber Europa muß geschaffen werden, und es wird dann von selbst in sich zusammenwachsen.

Auf dem 14. Bundesparteitag der CDU in Bonn am 21.3.1966, Protokoll des Parteitages, hrsg. v. der CDU-Bundesgeschäftsstelle, Bonn o. J., S. 40.

Betrachten wir doch den Weg, den wir zurückgelegt haben. Niemand wagte 1945 nach dem Zusammenbruch Europas zu hoffen, daß dieser zerschlagene und von gegenseitigem Haß vergiftete Kontinent nach weniger als zwanzig Jahren einen Gemeinsamen Markt würde schaffen können, vor dem die gesamte Welt Respekt hat und der eine wirtschaftliche Großmacht ersten Ranges darstellt, mit der selbst die beiden größten Industrienationen, die USA und die UdSSR, rechnen müssen.

Das ist eine große geistige und moralische Leistung, auf welche die sechs Nationen, die dieses Werk in Angriff genommen haben, mit Recht stolz sein können. Wenn uns anfangs die Begeisterung nach vorn getrieben hat, so muß uns heute die Geduld, die Beharrlichkeit und die Nüchternheit leiten.

Artikel mit der Überschrift »Ich glaube an Europa« für die Deutsche Tagespost, *Würzburg, erschienen am 4.1.1967, Nr. 2, 20. Jg.*

Wegen seiner für die Welt unentbehrlichen Produktionskraft stehen die europäischen Länder, steht Europa in Gefahr, die Beute von Gegensätzen zwischen den Weltmächten oder infolge seiner geographischen Lage und seiner dichten Besiedlung im Kampfe zerstört zu werden. Die Gefahr für Europa ist viel größer, als die meisten Menschen sich vorstellen.

Letzte außenpolitische Rede Konrad Adenauers in Madrid im Ateneo am 16.2.1967, Redemanuskript, S. 8, StBKAH 02.38.

In unserer Epoche dreht sich das Rad der Geschichte mit ungeheurer Schnelligkeit. Wenn der politische Einfluß der europäischen Länder weiterbestehen soll, muß gehandelt werden. Wenn nicht gleich die bestmöglichste Lösung erreicht werden kann, so muß man eben die zweit- oder drittbeste nehmen. Wenn nicht alle mittun, dann sollen die handeln, die dazu bereit sind.

Letzte außenpolitische Rede Konrad Adenauers in Madrid im Ateneo am 16.2.1967, Redemanuskript, S. 13, StBKAH 02.38.

16 Deutschland und Frankreich

Die Überzeugung von der Notwendigkeit einer wirtschaftlichen und politischen Verständigung zwischen Frankreich und
Deutschland habe ich schon auf Grund meiner Erfahrungen,
die ich bei den Kämpfen um das Ruhrgebiet* gemacht habe,
gewonnen und seitdem meine Überzeugung überall vertreten.
Im Jahre 1925 bin ich insbesondere bei der damaligen
Reichsregierung mit Entschiedenheit dafür eingetreten, dass
eine wirtschaftliche Annäherung zwischen Frankreich und
Deutschland mit allen Mitteln erstrebt werden müsse, und
zwar mit dem Ziele der Schaffung einer Zollunion.[...] Alles,
was sich seit jener Zeit ereignet hat, hat die Überzeugung
in mir nur noch weiter gefestigt. Die wirtschaftliche und politische Entwicklung, die nunmehr eingetreten ist, lässt es als
notwendig erscheinen, in eine solche wirtschaftliche Verflechtung mit hineinzuziehen: Holland, Belgien, Luxemburg und
wenn möglich, auch England.

*Anlage zu einem Schreiben vom 18.2.1947 an Dr. Elsaesser, Europa-Verlag,
Freiburg, StBKAH 07.13.*

* *Vgl. Zeittafel, S. 448.*

Weil ich von der Notwendigkeit eines Zusammenarbeitens
zwischen Frankreich und Deutschland so tief durchdrungen

bin, bedauere ich es so ausserordentlich, dass anscheinend Frankreich z.Zt. unter dem Eindruck des nationalsozialistischen Krieges nicht zu einer solchen Zusammenarbeit bereit ist. Ich bin Deutscher, Europäer und Christ. In all diesen meinen Eigenschaften appelliere ich an Frankreich: ohne eine nach dem Vorangegangenen, verständliche Vorsicht ausser acht zu lassen, doch den Versuch einer grosszügigen politischen und wirtschaftlichen und geistigen Annäherung und Verständigung mit Deutschland zu machen. Ich bin überzeugt, dass Europa sonst nicht gesunden wird. Wenn Frankreich sich aber grosszügig zeigt, so wird, das ist meine feste Überzeugung, Frankreich, Deutschland, Europa und die ganze Welt den denkbar grösseren Vorteil hiervon haben.

Anlage zu einem Schreiben vom 18.2.1947 an Dr. Elsaesser, Europa-Verlag, Freiburg, StBKAH 07.13.

Es gab und es gibt weite Kreise in Frankreich, die glauben, Frankreichs Sicherheit liege darin, daß der Zustand, wie er jetzt in Deutschland herrscht, oder wie er bis vor kurzem herrschte – nämlich Zerstückelung und Lethargie – möglichst lange konserviert werde. Das ist eine absolut falsche Auffassung, eine Auffassung, die übersieht, daß ein solcher Zustand auch letzten Endes den Untergang Frankreichs herbeiführen würde.

Auf dem 2. Parteitag der CDU der britischen Besatzungszone in Recklinghausen am 28.8.1948. Druck: Neuaufbau auf christlichen Grundlagen. Zweiter Parteitag der CDU für die Britische Zone, Opladen 1948, S. 10.

Die deutsch-französische Frage bleibt eine der Hauptfragen Europas. Die Spannung, die jetzt zwischen Sowjetrußland und den Vereinigten Staaten besteht, wird eines Tages so oder so wieder aus der Welt verschwinden, aber Deutschland und Frankreich bleiben Nachbarn, solange diese Länder von Menschen bewohnt sind. An einer wirklichen und dauernden Verständigung zwischen Deutschland und Frankreich hängt die ganze europäische Zukunft.

In Mönchengladbach auf einer Veranstaltung der CDU am 12.10.1948, st. N., S. 16, ACDP S.Ad.

Nur durch den Neuaufbau der europäischen Staatenwelt zu einer Union kann auch das deutsch-französische Verhältnis einer endgültigen Lösung im Sinne einer Verständigung und Zusammenarbeit entgegengeführt werden. Wenn die beiden Völker in gemeinsamer Arbeit zusammenwirken – und ich denke hierbei in erster Linie an die Zusammenarbeit der sich so stark ergänzenden französischen und deutschen Grundstoffindustrien –, so wird der durch den Nationalismus künstlich erzeugte Gegensatz rasch verschwinden.

Interview mit Leo Jankowski (West-Echo), *zitiert nach schriftlicher Fassung vom 29.4.1949, S. 1 f., StBKAH 02.02.*

Die Notwendigkeit einer echten und dauernden Verständigung mit Frankreich wird in Deutschland unumschränkt anerkannt. Nichts kann meiner Ansicht nach so sehr dazu beitragen, die Schranken zwischen beiden Völkern niederzureißen, als gemeinsame Arbeit in einer europäischen Union.

Interview mit der holländischen Zeitung Algemeen Handelsblad, *zitiert nach schriftlicher Fassung vom 30.4.1949, S. 1, StBKAH 02.02.*

Deutschland und Frankreich

Europa sieht sich heute Aufgaben gegenüber, die so umfassend und verwickelt zugleich sind, dass sie nicht von einem Volk allein übernommen werden können. Kriege haben die europäische Geschichte geprägt, die nicht nur unendliches Leid und schwere Zerstörungen über unseren Erdteil brachten, sondern seine Existenz überhaupt bedrohten. Als besonders entscheidend hat sich das *französisch-deutsche* Verhältnis erwiesen, das durch die Geburt und die Auswirkungen des modernen Nationalismus eine Wendung zum Verhängnisvollen nahm.

Heute ist es fast schon zu einem Axiom der Politik geworden, dass ohne eine Annäherung, Verständigung und Zusammenarbeit zwischen *Frankreich* und *Deutschland* Europa nicht erhalten werden kann. Darum müssen beide Völker versuchen, die Irrwege der Vergangenheit zu verlassen, ehe es zu spät ist.

Artikel unter der Überschrift »Der richtige Weg« in den Schwyzer Nachrichten, *Einsiedeln, Ausgabe vom 29.6.1949, Nr. 148, 4. Jg.*

Am Anfang eines neuen Weges kann nur der *feste Wille* stehen, eine bessere und sinnvollere Gemeinschaft zwischen *beiden* Völkern zu schaffen als in der Vergangenheit möglich war. Dazu gehört die Kraft des *Vertrauens* auf beiden Seiten. Zwischen Deutschland und Frankreich darf es nie mehr eine nationalistische Politik geben, sondern nur noch die Bereitschaft zur Verständigung und Zusammenarbeit. Das liegt im Interesse beider Völker wie Europas.

Artikel unter der Überschrift »Der richtige Weg« in den Schwyzer Nachrichten, *Einsiedeln, Ausgabe vom 29.6.1949, Nr. 148, 4. Jg.*

Es kommt darauf an, Methoden zu suchen, bei denen *die Sicherheit* zugleich die politische *Zusammenarbeit* fördert und den allgemeinen Wohlstand hebt. Beide Völker müssen daran interessiert werden, das Mass der Sicherheit zu erhöhen, weil es beiden dadurch besser geht. Das Endziel wäre eine allgemeine wirtschaftliche Verflechtung, die zur unlöslichen Zusammenarbeit führt.

Artikel unter der Überschrift »Der richtige Weg« in den Schwyzer Nachrichten, *Einsiedeln, Ausgabe vom 29.6.1949, Nr. 148, 4. Jg.*

Ich bin, wie Sie wissen, Rheinländer, und ich habe meine engere Heimat immer als eine natürliche Brücke zwischen Frankreich und Deutschland erlebt. Wohl weiß ich, daß viel historisches Gestrüpp den beiden Völkern die Aussicht versperrt und den Weg zueinander erschwert. Aber im heutigen Stadium Europas sind ›Erbfeindschaften‹ völlig unzeitgemäß geworden. Ich bin daher entschlossen, die deutsch-französischen Beziehungen zu einem Angelpunkt meiner Politik zu machen. Ein Bundeskanzler muß zugleich guter Deutscher und guter Europäer sein. Weil ich beides zu sein wünsche, muß ich eine deutsch-französische Verständigung anstreben. Eine solche Politik darf nicht dahin mißdeutet werden, daß sie profranzösisch und womöglich antibritisch wäre. Es handelt sich für uns keinesfalls darum, eine ausländische Macht gegen die andere auszuspielen. Die Freundschaft mit England ist ebenso wesentlich wie die mit Frankreich. Aber eine Freundschaft mit Frankreich bedarf größerer Anstrengungen, weil sie bisher gehemmt war. Sie wird zu einem Angelpunkt unserer Politik, weil sie der wunde Punkt unserer Politik ist.

Interview mit Die Zeit, *erschienen am 3.11.1949, Nr. 44, 4. Jg.*

Eine Union zwischen Frankreich und Deutschland würde einem schwerkranken Europa neues Leben und einen kraftvollen Auftrieb geben. Psychologisch und materiell würde es von gewaltigem Einfluss sein und würde Kräfte freisetzen, die Europa sicherlich retten würden.

Ich glaube, dies ist die einzige Möglichkeit, um Einheit in Europa zu erreichen. Hiermit würde der Rivalitätsgedanke zwischen den beiden Ländern verschwinden.

Anschließender Wortlaut der Pressemitteilung:

»Adenauer sagte, er wäre äusserst bereit, eine deutsch-französische Union zu unterstützen, vorausgesetzt, dass auch England und den Benelux-Staaten, Belgien, Luxemburg und den Niederlanden die Teilnahme offen stehe.«

Adenauer wieder wörtlich:

Ich erwähne England und die Benelux-Staaten, damit nicht der Eindruck entsteht, dass ein deutsch-französischer Block gebildet wird, um anderen seinen Willen aufzuzwingen.

Interview mit Joseph Kingsbury-Smith (International News Service) am 7.3.1950, zitiert nach einer Übersetzung des englischen Wortlautes, hrsg. v. BPA am 9.3.1950, S. 1, StBKAH 16.05. *

** Vgl. zu diesem Interview Zeittafel, S. 452.*

Ich möchte von der Tribüne dieses Hauses aus erklären, daß das deutsche Volk in seiner Gesamtheit mit wenigen Ausnahmen – das glaube ich sagen zu können –

(Lachen bei der KPD)

wünscht, daß zwischen Deutschland und Frankreich in Zukunft alle psychologischen Hemmnisse beseitigt werden, auf daß endlich Friede auch in Europa werde.

Verhandlungen des Deutschen Bundestages, 1. Wahlperiode, 68. Sitzung am 13.6.1950, S. 2460.

Ich werde an der Verfolgung der Europapolitik und der Politik der Herbeiführung eines guten Verhältnisses zwischen Deutschland und Frankreich trotz aller Zwischenfälle unbedingt festhalten.

> *Verhandlungen des Deutschen Bundestages, 1. Wahlperiode, 144. Sitzung am 30.5.1951, S. 5665.*

Ich kann nur der Hoffnung Ausdruck geben, daß es gelingen möge, die Spannungen zwischen Frankreich und Deutschland möglichst bald aus der Welt zu schaffen. Wir haben ein gemeinsames Ziel. Wir wollen nicht nur für jetzt den Frieden für uns und für Europa retten, sondern wir wollen dafür sorgen, daß auch nach 10 und 20 Jahren, wenn die Welt vielleicht wieder anders aussieht und wenn auch die europäischen Staaten wieder zu stärkeren Staaten geworden sind, ein Krieg in Europa, ein Krieg zwischen Deutschland und Frankreich ein für allemal unmöglich gemacht wird.

> *Verhandlungen des Deutschen Bundestages, 1. Wahlperiode, 190. Sitzung am 7.2.1952, S. 8103.*

Im Zusammenhang mit dem Deutschlandvertrag und dem Vertrag zur Schaffung einer Europäischen Verteidigungsgemeinschaft (EVG)*:

Eine zweite Quelle des Widerstandes gegen den Abschluß der Verträge in Frankreich ist die russophile Meinung, die in einzelnen Teilen der politischen Welt in Frankreich noch besteht und die natürlich von Sowjetrußland aus absolut genährt wird. Die russische Botschaft in Paris ist um einige hundert Köpfe vermehrt worden, ausgesprochen zu dem Zweck, verstärkten Einfluß in Frankreich zu bekommen, und wir dürfen auch nicht vergessen, daß jahrzehntelang das Prinzip der französischen Außenpolitik war: Ein gutes Verhältnis mit Rußland, um Schutz zu haben gegen Deutschland. Wenn nach unserem Zusammenbruch diese Sorge oder Ängste gegenüber Deutschland auch zunächst sich stark vermindert haben, sie sind wieder gewachsen, seitdem Deutschland kraft seiner wirtschaftlichen Erfolge, kraft seiner politischen Erfolge eben eine andere Stellung in der Weltwirtschaft und der Weltpolitik einnimmt als in den Jahren 1945 bis 1947.

Vor dem Bundesparteiausschuß der CDU am 6.9.1952, st. N., S. 15, ACDP VII-001-019/11.
* *Vgl. Zeittafel, S. 454.*

Daher, verstehen Sie mich aber recht, wenn ich das jetzt sage, daher bitte ich Sie, Verständnis dafür zu haben, wenn in Frankreich diese Widerstände [gegen die EVG] sind und Verständnis auch dafür zu haben, daß wir Deutsche versuchen müssen, diese Widerstände aus dem Verstehen heraus zu überwinden, nicht dadurch, daß wir schimpfen und daß wir spektakeln und daß wir alle acht Tage eine große Bundestagsdebatte über die Differenzen haben, sondern daß wir diese Widerstände in zäher und geduldiger Arbeit zu überwinden suchen.

Vor dem Bundesparteiausschuß der CDU am 6.9.1952, st. N., S. 15, ACDP VII-001-019/11.

Es gibt noch politische Kreise in Frankreich, die vielleicht, ohne es zu sagen, doch den Wunsch haben, es bliebe bei der Teilung. Aber, sowohl Großbritannien, gleichgültig welche Regierung das sein mag, wie auch die Vereinigten Staaten erkennen an, nicht uns zu Liebe, sondern aus Gründen der Stabilisierung Europas, daß eine Wiedervereinigung Deutschlands in Freiheit eine absolute Notwendigkeit ist, um Europa

328 »Seid wach für die kommenden Jahre«

zu stabilisieren und in der Welt auch Ruhe und Frieden zu
schaffen.

Vor dem Bundesparteiausschuß der CDU am 6.9.1952, st. N., S. 39f.,
ACDP VII-001-019/11.

*Es gibt keine europäische Politik ohne Frankreich oder gegen
Frankreich, so wie es keine europäische Politik ohne Deutschland oder gegen Deutschland geben kann. Die deutsch-französische Verständigung, im vollen Sinne dieses Wortes, ist für
mich eine Sache des Verstandes und zugleich des Herzens.*

Interview mit Ernst Friedlaender im NWDR am 2.7.1954, Bulletin
Nr. 121/54, S. 1088.

Ich habe immer eines der wichtigsten Ziele unserer Außenpolitik darin gesehen, für die Dauer zu einem Verhältnis der
guten Nachbarschaft mit Frankreich zu gelangen. An diesem
Ziel muß trotz aller Schwierigkeiten, Rückschläge und Ent-
täuschungen festgehalten werden;

(Zustimmung bei den Regierungsparteien und bei Abgeordneten der SPD.)

es verdient unablässige Mühe und rechtfertigt auch Opfer,
weil ohne eine solche Gestaltung des deutsch-französischen
Verhältnisses ein dauerndes Gedeihen Europas undenkbar ist,
weil sonst der Westen nicht die Geschlossenheit erreichen
kann, die er für seine Verhandlungen mit dem Osten dringend
benötigt.

Verhandlungen des Deutschen Bundestages, 2. Wahlperiode, 61. Sitzung
am 15.12.1954, S. 3126.

Vor dem Hintergrund akuter Spannungen zwischen Deutschland und Frankreich wegen der Saar sowie harter Kontroversen hierüber in der Bundesrepublik*:

… ein gutes Verhältnis zwischen Frankreich und Deutschland ist nach wie vor die Grundlage der europäischen Politik und der europäischen Integration.

Vor dem Bundesparteiausschuß der CDU am 1.10.1955, st. N., S. 29, ACDP VII-001-020/5.

* Vgl. Zeittafel, S. 456 f.

Ich darf Sie daran erinnern, daß in Frankreich der Gedanke, daß die Wiedervereinigung nötig ist, um eine Quelle der Unruhe in Europa auszuschalten, nur bei 30 Prozent der Befragten vorhanden ist, daß aber bei 70 Prozent der Befragten die Furcht sehr stark ist, dieses wiedervereinigte Deutschland könne die dominierende Macht in Europa werden.

Vor dem Bundesparteiausschuß der CDU am 16.5.1956, st. N., S. 8, ACDP VII-001-020/8.

Frankreich und die französische Kultur – ich sage Kultur, nicht Zivilisation, bei uns ist ein Unterschied zwischen Kultur und Zivilisation – haben auf meine Bildung einen großen Einfluß gehabt. Wir lernten auf dem Gymnasium als zweite Fremdsprache Latein und dann Französisch. Wir hatten acht Jahre hindurch, bis zum Schluß, französischen Unterricht, so daß wir doch über die französische Literatur und die französische Geschichte recht unterrichtet waren. Der Einfluß Frankreichs – ich meine jetzt nicht den politischen Einfluß – auf das Denken in Europa ist noch immer sehr groß, und ich freue mich darüber.

Informationsgespräch mit Serge Groussard (Le Figaro) am 27.3.1958, st. N., S. 1, ACDP NL von Eckardt I-010-002/1.

Die Verhältnisse in Frankreich spitzten sich in den ersten Monaten des Jahres 1958 in dramatischer Weise zu. Die Regierung Gaillard [Felix Gaillard war vom November 1957 bis April 1958 Ministerpräsident] sah sich zahlreichen Problemen gegenüber, die sie bei ihrem Regierungsantritt im November 1957 mutig angepackt hatte. Sie hatte Maßnahmen eingeleitet auf dem Gebiete des Finanzwesens, sie arbeitete weiter an einer Verfassungsreform, an einer Wahlreform. Aber die Uneinigkeit über diese Fragen wuchs ständig, auch im Regierungslager. Vor allem aber vergiftete die Algerienfrage die gesamte französische Politik. Sie spaltete die Parteien untereinander, und sie war die Ursache der letzten Regierungskrisen der IV. Republik.

Erinnerungen 1955–1959, a. a. O., S. 397f.

Die außenpolitische Lage ist wenig erfreulich; sie ist im Laufe der Entwicklung immer unerfreulicher geworden, und zwar durch die Schwäche Frankreichs, die ja auch eine Schwäche Europas mit sich bringt. Die Schwächung Frankreichs hat sich wohl am klarsten dadurch offenbart, daß das französische Parlament fast stillschweigend auseinandergegangen ist und diesen demokratischen Parlamentarismus, wie ihn die Französische Republik repräsentierte, einfach verlassen und sein ganzes Geschick dem Herrn de Gaulle übergeben hat.* Man darf wohl diese Vorgänge nicht nur unter dem Gesichtspunkt der augenblicklichen Situation betrachten, sondern muß auch die Entwicklung betrachten. Die Wurzeln für diese Vorgänge liegen tiefer. Sie liegen einmal darin, daß die französische Armee sich seit Jahr und Tag von der französischen Regierung verlassen, ja sogar verraten gefühlt hat. Das gilt namentlich von Indochina. Sie fürchtete, daß ihr jetzt in Algier ein gleiches widerfahren werde.[...]

Die zweite Wurzel dieser Agonie – so kann man fast sagen –, die Frankreich befallen hat, war das völlige Versagen des Parlamentarismus, und war der Mangel einer Mehrheitsbildung, die wirklich in der Lage gewesen wäre, eine Ordnung in Frankreich zu schaffen, eine gute Währung zu halten, die Wirtschaft und auch das Verhältnis zur Armee zu ordnen. Seit dem Zusammenbruch Deutschlands hat es in Frankreich ungefähr 25 Regierungen gegeben. Das besagt ja genug!

Vor dem Bundesparteiausschuß der CDU am 11.7.1958, st. N., S. 5ff., ACDP VII-001-007/3.
* Vgl. Zeittafel, S. 458.

Die Regierungsübernahme durch de Gaulle war in der gegebenen Situation unumgänglich und notwendig. Es war die einzig mögliche Lösung. [...] De Gaulle schien die Persönlichkeit zu sein, die über eine entsprechende Autorität und über Fähigkeiten verfügte, um mit diesen Schwierigkeiten fertig zu werden.

Erinnerungen 1955–1959, a. a. O., S. 409.

Wir können nur hoffen und wünschen, daß die Genesung Frankreichs so schnell wie möglich eintritt und daß damit auch die Stärkung Europas weitere Fortschritte macht.

Vor dem Bundesparteiausschuß der CDU am 11.7.1958, st. N., S. 18, ACDP VII-001-021/2.

Unmittelbar nach der Rückkehr von der ersten Begegnung mit Charles de Gaulle (14./15.9.1958) in Colombey-les-deux-Églises:
Ministerpräsident de Gaulle hat mit voller Klarheit darauf hingewiesen, daß eben die Situation zwischen Frankreich und Deutschland sich völlig geändert habe, daß Frankreich bis vor

diesen Jahren immer in der Furcht war – oder große Teile der französischen Bevölkerung in der Furcht gewesen seien, eines Tages von Deutschland angegriffen zu werden. Es war auch nach dem Zusammenbruch Deutschlands im Jahre 1945 in Frankreich noch der Gedanke lebendig gewesen, ob nicht eines Tages doch in Deutschland eine Art von Rache wegen der Niederlage Platz greifen würde. Aber das sei nun alles vorüber, das sei alles vorbei auch in der Mentalität des französischen Volkes; es bestehen keine Gegensätze solcher Art mehr und keine solchen Spannungen zwischen Frankreich und Deutschland. Frankreich und Deutschland könnten sich deswegen gemeinsam und freundschaftlich den größeren Aufgaben widmen, die die beiden Länder gemeinsam haben in Europa und in der Welt.

Pressekonferenz in Bonn am 16.9.1958, st. N., S. 4 f., StBKAH 02.18.

Wie so oft, meine Damen und Herren, macht man sich ja die Bedeutung eines Ereignisses am allerbesten dadurch klar, daß man sich fragt: Wie würde es aussehen, wenn dieses Ereignis nicht eingetreten wäre, oder wenn es nicht so verlaufen wäre, wie es verlaufen ist?! Wenn diese Zusammenkunft nicht gewesen wäre, oder wenn sie ungünstig verlaufen wäre, wäre das natürlich für die ganze europäische Politik, für die Politik der Aussöhnung, der Verständigung, der freundschaftlichen Zusammenarbeit mit Frankreich – wie wir sie nun vom ersten Tage vor neun Jahren, als die Bundesrepublik ins Leben trat, gepflegt haben – vernichtend und verheerend gewesen.

Pressekonferenz in Bonn am 16.9.1958, st. N., S. 6, StBKAH 02.18.

Die Begegnung war eine Bestätigung unserer bisherigen Politik und eine ausgezeichnete Grundlage für eine gute Fortentwicklung.

Pressekonferenz in Bonn am 16.9.1958, st. N., S. 6, StBKAH 02.18.

Die Enttäuschung in Sowjetrußland über de Gaulle ist sehr groß. Man dachte zurück an jene Zeit vor elf, zwölf Jahren, als de Gaulle eine antideutsche und eine prorussische Politik gemacht hat, und hatte gehofft, wenn de Gaulle zur Macht komme, werde das alte Spiel wieder beginnen. Was das aber für uns bedeutet hätte, kann man gar nicht genug schwarz ausmalen; denn dann wären unsere ganzen europäischen Bestrebungen erledigt gewesen, und wir, das geteilte Deutschland, hätten in der Zange gesessen zwischen Sowjetrußland auf der einen Seite und einer prorussisch gesinnten französischen Regierung auf der anderen Seite. Das also wäre für uns eine Katastrophe großen Ausmaßes gewesen, und zwar nicht nur für unsere europäische Politik, sondern auch für die Freiheit unseres Landes.

Vor dem Bundesparteiausschuß der CDU am 28.11.1958, st. N., S. 18, ACDP VII-001-021/4.

Bei de Gaulle hatten wir Deutsche ja unsere Sorge, weil de Gaulle als Ministerpräsident seinerzeit mit den Russen ein Bündnis abgeschlossen hatte gegen Deutschland im Jahre 1944 [im Original irrtümlich 1946]. Das war also damals eine sehr sorgenvolle Zeit gerade vor einem Jahr.

Informationsgespräch mit Walter Lippmann (New York Herald Tribune) *am 17.3.1959, st. N., S. 1, BPA-Pressearchiv F 30.*

Wir können nur wünschen, daß de Gaulle, der ein außerordentlich maßvoller und sehr kluger Staatsmann ist, mit seinen Gedanken und Ideen in Frankreich durchdringt. Kein anderer Mann in Frankreich könnte ihn ersetzen. Wenn es in Frankreich zu größeren Schwierigkeiten käme, würde unser ganzes europäisches Gebäude erfaßt werden und somit die Hoffnung Chruschtschows auf die Zukunft erheblich gestärkt.

Vor dem Bundesparteiausschuß der CDU am 28.9.1959, st. N., S. 11, ACDP VII-001-021/5.

Unmittelbar nach Rückkehr von einer Konferenz der Regierungschefs der Bundesrepublik, Frankreichs, Großbritanniens und der USA in Paris vom 19. bis 21.12.1959:
Unser bester Helfer war de Gaulle.

Hs. Schreiben vom 22.12.1959 an Bundespräsident a. D. Prof. Dr. Theodor Heuss, BA NL Heuss/62.

Nach der gescheiterten Ost-West-Gipfelkonferenz im Mai 1960*:
Eines möchte ich sehr nachdrücklich betonen: Der französische Staatspräsident de Gaulle hat sich in der ganzen Sache als ein fester und zuverlässiger Mann bewährt.

(Beifall.)
Darüber hinaus hat er durch die natürliche Würde, die ihm innewohnt, sehr viel dazu beigetragen, daß die Dinge nicht noch schlimmer geworden sind. Einen größeren Gegensatz als zwischen de Gaulle und Chruschtschow an Würde und Verantwortungsbewußtsein können Sie sich nicht gut vorstellen.

Vor dem Bundesparteiausschuß der CDU am 23.5.1960, st. N., S. 5f., ACDP VII-001-021/8.
* Vgl. Zeittafel, S. 460.

Das deutsche Volk hofft, daß es gemeinsam mit seinem französischen Nachbarn einen Weg beschritten hat, der nicht in die Enge eines überholten Nationalismus zurückführt. Wir sind davon überzeugt, daß es über den nationalen Gemeinschaften eine unauflösliche und legitime europäische Gemeinschaft gibt, in der all das sichtbar und wirksam wird, was Europa in einer jahrhundertelangen Entwicklung an kulturellen und geistigen Werten hervorgebracht hat.

Wir müssen uns dabei allerdings bewußt bleiben, daß auch Europa nur weiterleben kann, wenn es eingebettet bleibt in den größeren Rahmen der atlantischen Gemeinschaft. Das bisher Erreichte in der NATO zu festigen und zu vertiefen, liegt im wohlverstandenen Interesse eines jeden von uns.

Rede in Bonn anläßlich eines Abendessens für den französischen Ministerpräsidenten Michel Debré am 7.10.1960, Bulletin Nr. 191/60, S. 1845f.

... de Gaulle war doch in allen Fragen, die Deutschland betreffen, unsere beste Hilfe. Er hat in meiner Gegenwart 1959* einmal zu Macmillan und Eisenhower gesagt, und zwar wörtlich, er sei für die Wiedervereinigung Deutschlands, weil er nicht Lust habe, daß eines Morgens die Russen am Rhein stünden. Er hat in diesen Fragen immer an unserer Seite gestanden, auch in jener Konferenz im Dezember 1959 [im Original heißt es irrtümlich ›September‹], als Eisenhower und Macmillan geneigt waren, dem Drängen Chruschtschows in der Berlin-Frage, ausgelöst durch die Berlin-Note vom November 1958, in weitestem Maße entgegenzukommen.

Aufzeichnung vom 31.10.1961, S. 2, StBKAH III/52.
* Vgl. Zeittafel, S. 459, sowie Zitat aus Schreiben an Heuss vom 22.12.1959, S. 334.

Diese deutsch-französische Verständigung ist nicht für die Wirren des Tages bestimmt, sondern sie ist für die Dauer bestimmt, für Europa.

Informationsgespräch mit René Lauret (Le Monde) *am 17.5.1962, st. N., S. 2, StBKAH 02.26.*

... Frankreich und Deutschland sind Nachbarstaaten. Wir haben eine lange gemeinsame Grenze, wir haben vielfach eine gemeinsame Geschichte. Wir haben in den letzten hundert Jahren, seit Napoleon, böse Kriege gegeneinander geführt. Ich lege größten Wert darauf, das habe ich seit dem Jahre 1925 getan, daß zwischen Deutschland und Frankreich eine sehr enge Freundschaft entsteht. Lange ehe de Gaulle überhaupt eine Rolle gespielt hat, war das mein Wunsch aus der Geschichte heraus und aus dem Wunsch heraus, daß wir doch zu Europa kommen müßten. Aber Europa kann nicht bestehen, ohne daß Frankreich und Deutschland wirkliche Freunde sind, und das ist unser Bestreben.

Informationsgespräch mit Frank H. Bartholomew und Thomas Raphael Curren (United Press International) am 8.6.1962, st. N., S. 3f., ACDP NL von Eckardt I-010-002/2.

Der erste Gedanke der Montanunion, also der Union Eisen/ Stahl, geht von Frankreich aus, von Robert Schuman.* Robert Schuman hat mir, als er mit dem Vorschlag kam, im Jahre 1950 einen Brief geschrieben und hat darin gesagt: In Frankreich bestehe immer noch die Furcht vor einer Revanche Deutschlands. Wenn Frankreich und Deutschland – das war der politische Sinn der Montanunion – ihre Produktion von Kohle und Stahl miteinander kontrollierten, dann könne keines der beiden Länder Kriegsvorbereitungen treffen, ohne daß das andere Land das sehe, und dadurch würde dann das politische Vertrauen zwischen Frankreich und Deutschland fest gegründet werden. Damit hat er recht. Das ist der Ausgangspunkt dieser ganzen europäischen Institutionen, dafür zu sorgen – herbeigeführt von Robert Schuman –, daß zwischen Frankreich und Deutschland ein gutes und freundschaftliches Verhältnis entsteht.

Informationsgespräch mit Frank H. Bartholomew und Thomas Raphael Curren (United Press International) am 8.6.1962, st. N., S. 4, ACDP NL von Eckardt I-010-002/2.

* Vgl. Zeittafel, S. 452.

Wenn ich von Frankreich und Deutschland spreche, meine ich nicht nur die politische Gemeinschaft, ich meine auch wirklich die menschliche Gemeinschaft dieser beiden Völker. Frankreich und Deutschland müssen eine solche enge Völkergemeinschaft haben, daß in keinem der beiden Länder nach zehn, zwanzig Jahren noch einmal der Gedanke kommen kann, etwas zu tun, was dem anderen schadet. Das muß auch jeder einsehen. Ich sage, wer die Geschichte etwas kennt, der wird mir darin beipflichten.

»Kanzler-Tee« mit der »Teerunde« am 18.6.1962, st. N., S. 12, ACDP NL von Eckardt I-010-003/1.

Unsere Freundschaft und Solidarität mit Frankreich ist und bleibt ein Grundpfeiler der deutschen Politik. Sie beruht auf einem besonders hohen Maß an Übereinstimmung unserer wesentlichen politischen und wirtschaftlichen Interessen, sie gründet sich vor allem auch auf die gleiche Überzeugung von der Bedeutung der Würde und Freiheit des Menschens.

Ansprache bei der Ankunft auf dem Pariser Flughafen Orly am 2.7.1962 zu Beginn eines einwöchigen Staatsbesuches in Frankreich, Bulletin Nr. 119/62, S. 1033.

Ein vereintes Europa, welche Form es auch immer annehmen mag, kann nicht bestehen ohne die engste Verbindung, Freundschaft und Solidarität der beiden Nachbarstaaten Frankreich und Deutschland.

Tischrede aus Anlaß eines Abendessens, gegeben von dem französischen Staatspräsidenten Charles de Gaulle im Palais de l'Elysée in Paris am 3.7.1962, »Mitteilung« Nr. 790/62 des BPA vom 3.7.1962, S. 1.

Bitte denken Sie daran zurück, daß im vorigen Jahrhundert jahrzehntelang eine intime Verbindung mit dem Zarentum und dem preußischen Königshofe bestanden hat. Im übrigen hat Bismarck damals schon die größten Sorgen geäußert wegen des Drucks des zaristischen Rußlands. Die Jahre nach 1890 haben gestanden im Zeichen einer engen Verbindung zwischen dem zaristischen Rußland und später – seit 1944 – dem kommunistischen Sowjetrußland mit Frankreich. Wenn Sowjetrußland in irgendeine nähere politische Verbindung zu Frankreich käme, wären wir verloren, und umgekehrt, wenn Sowjetrußland in irgendeine nähere Verbindung zu Deutschland käme, wäre Frankreich verloren. Diese Gefahr besteht jetzt nicht, aber Menschen kommen und Menschen gehen, und deswegen ist es so notwendig, daß Frankreich und Deutschland so eng aneinandergebracht werden, daß niemals – sei es eine französische, sei es eine deutsche Regierung – jemand auch nur den Gedanken fassen kann, mit Sowjetrußland in nähere Verbindung zu treten.

(Beifall.)

Das war für mich seit jeher der Leitgedanke der ganzen Arbeit.

Vor dem Bundesparteiausschuß der CDU am 13.7.1962, st. N., S. 19f., ACDP VII-001-022/3.

Über eines müssen wir uns jedoch klar sein, daß in der Außenpolitik das Interesse allein entscheidet über das, was ein Land tut, nicht die Liebe, nicht der Haß, die eine gewisse Rolle dabei spielen mögen. Entscheidend ist das Interesse und Gott sei Dank, meine Damen und Herren, das Interesse Frankreichs und Deutschlands ist das gleiche …

Ansprache aus Anlaß eines zu Ehren des Staatspräsidenten Charles de Gaulle gegebenen Abendessens auf dem Petersberg bei Bonn am 5.9.1962, Bulletin Nr. 166/62, S. 1410.

… alle freien Länder, besonders die europäischen, sollten froh über die Tatsache sein, daß dieser jahrhundertealte Gegensatz zwischen Frankreich und Deutschland nun ausgerottet ist, weil dieser Gegensatz, diese alte Feindschaft, eine Katastrophe für ganz Europa und die ganze Welt gewesen sind. Das ist der Grund der Zusammenarbeit zwischen Frankreich und Deutschland, und ich denke, keines der europäischen Länder könnte irgend etwas gegen eine solche Zusammenarbeit einzuwenden haben, weil diese enge Beziehung und diese Freundschaft der Sache der Freiheit und des Friedens in Europa und in der ganzen Welt zugute kommen.

Pressekonferenz im National Press Club in Washington, D. C., am 15.11.1962, Bulletin Nr. 220/62, S. 1873.

Nach Unterzeichnung des deutsch-französischen Vertrages (22.1.1963) unmittelbar nach der Rückkehr in Bonn*:
Ich bin fest davon überzeugt, daß dieser Vertrag später einmal von der Geschichtsschreibung als eines der wichtigsten und wertvollsten Vertragswerke der Nachkriegszeit bezeichnet werden wird …

Fernsehansprache am 23.1.1963, »Mitteilung« Nr. 80/63 des BPA vom 23.1.1963, st. N., S. 2, StBKAH 02.30.
* Vgl. Zeittafel, S. 462 f.

Ein erheblicher Teil dieses Vertrages richtet sich an die Jugend. Er will, daß die Jugend beider Völker aller Stände, nicht nur Schüler und Schülerinnen oder Studenten und Studentinnen, sondern auch die Angehörigen der arbeitenden Berufe sich kennenlernen, daß sie ihre Sprache, ihre Naturschätze, ihre Kulturschätze kennenlernen und so eine große Heimat auch in dem anderen Lande wiederfinden.

Fernsehansprache am 23.1.1963, »Mitteilung« Nr. 80/63 des BPA vom 23.1.1963, st. N., S. 2, StBKAH 02.30.

Immer wieder haben auch in den vergangenen Jahrzehnten Staatsmänner beider Länder versucht, dieses Spannungsverhältnis zwischen Frankreich und Deutschland aus der Welt zu schaffen. Aus unserer jüngsten Geschichte erinnere ich an die Versuche während der Weimarer Republik, die durch die Namen Stresemann und Briand gekennzeichnet sind. Diesen Versuchen waren schon jahrzehntelang vorher Bemühungen Bebels vorausgegangen. Unendlich viel Blut, meine Damen und Herren, Blut und Leid wäre Franzosen und Deutschen, Europa und der Welt überhaupt erspart worden, wenn diese Versuche damals gelungen wären.

(Beifall bei den Regierungsparteien und Abgeordneten der SPD.)

Uns und der Welt wären der Nationalsozialismus, dessen Wurzeln aus dem nicht zustande gekommenen Ausgleich zwischen Frankreich und Deutschland nach dem Kriege von 1914 bis 1918 ihre verderbliche Nahrung gezogen haben, und der letzte Weltkrieg erspart worden. Wären diese Versuche geglückt, so hätten die Geschichte der beiden Völker und die Geschichte Europas einen anderen Verlauf genommen.

Verhandlungen des Deutschen Bundestages, 4. Wahlperiode, 73. Sitzung am 25.4.1963, S. 3418.

Dies Gefühl der Schicksalsgemeinschaft und der Verbundenheit für alle Zukunft zu sichern, – diesem Zweck, meine Damen und Herren, dient der vorliegende [deutsch-französische] Vertrag.

Ohne eine dauernde Aussöhnung zwischen Deutschland und Frankreich, meine Damen und Herren, kann Europa nicht geschaffen werden.

Verhandlungen des Deutschen Bundestages, 4. Wahlperiode, 73. Sitzung am 25.4.1963, S. 3419.

Ich halte diesen deutsch-französischen Vertrag für ein außenpolitisches Ereignis von ganz ungewöhnlicher Tragweite.

Interview mit Wolf Dietrich im ZDF für »Das Interview« am 26.4.1963, Anhang IV des Nachrichtenspiegels I des BPA vom 27.4.1963, S. 2.

Es beginnt nun die Zeit fruchtbarer Zusammenarbeit der beiden Nachbarstaaten, fruchtbar für sie, fruchtbar für Europa und für den Frieden in der Welt. Beide Völker – in der feierlichen Erklärung, die Staatspräsident de Gaulle und ich am 22. Januar 1963 in Paris abgegeben haben, ist das ausdrücklich hervorgehoben – sind sich einig in dem Ziele, ein vereinigtes Europa zu schaffen. Dieser Vertrag krönt das Werk, das 1950 durch den damaligen französischen Außenminister Robert Schuman begonnen wurde.

Fernsehansprache aus Anlaß der Ratifizierung des deutsch-französischen Vertrages durch den Deutschen Bundestag am 16.5.1963, Bulletin Nr. 88/63, S. 773.

Man darf geschichtliche Vorgänge nicht mit gleichen Maßstäben messen wie politische Tagesereignisse. Ich meine z. B. das rein zufällige ungefähr zeitliche Zusammentreffen der Unterzeichnung des Vertrags in Paris durch Staatspräsident de Gaulle und mich mit den Schwierigkeiten, die im Verlauf der Verhandlungen über den Beitritt Englands zur EWG entstanden waren.

Ansprache auf der Eröffnungssitzung der VII. Deutsch-Französischen Konferenz in Bad Godesberg am 24.5.1963, Bulletin Nr. 91/63, S. 798.

Der Vertrag beendet eine Auseinandersetzung, die über vier Jahrhunderte gedauert hat. Das gibt dem Vertrag seinen geschichtlichen Rang. [...] Was den Inhalt des Vertrages angeht, so stellt er in gewisser Weise ein Modell dar für den Inhalt eines Vertrages, der die erste Phase einer politischen Gemeinschaft der Europäer einleiten könnte.

Interview mit John M. Hightower (Associated Press) am 1.7.1963, schriftliche Fassung, S. 7f., StBKAH 02.31.

Ich glaube, daß diese enge Freundschaft, diese enge Verbundenheit zwischen Frankreich und Deutschland, in Europa wie ein neuer Kraftimpuls wirkt. Stellen Sie sich bitte vor, wenn diese Freundschaft nicht bestünde, wäre jeder Versuch, Europa zu schaffen, von vornherein zum Tode verurteilt.

Tischrede aus Anlaß eines Abendessens zu Ehren des französischen Staatspräsidenten Charles de Gaulle in Bonn am 4.7.1963, Bulletin Nr. 117/63, S. 1050.

Der Vertrag sollte nicht Tagesfragen regeln, die Tagesfragen werden auch weiterhin der geduldigen Arbeit der Fachleute bedürfen, die doch aber bei allen Schwierigkeiten, die sie oft bergen, nicht entscheidend sind für das Zusammenleben. Der Vertrag soll vielmehr einen Rahmen geben für das freundschaftliche Zusammenfinden der beiden Völker, das auch der deutschen und der französischen Jugend eine helle und frohe Zukunft sichern soll.

Der deutsch-französische Freundschaftsvertrag wird noch wirken und lebendig sein, wenn manches Ereignis, das heute die Gemüter bewegt, vergessen ist.

Erklärung zur Jahreswende für UPI, zitiert nach Manuskript datiert vom 19.12.1963, S. 1f., StBKAH 02.32.

Ohne die Aussöhnung zwischen Frankreich und Deutschland wären weder der Ausbau der EWG noch die politische Union Europas noch die NATO und eine kommende wirtschaftliche atlantische Gemeinschaft möglich. Sie darf daher nicht als eine Tagesfrage betrachtet werden, sondern sie muß betrachtet werden als eine Frage, die für die Zukunft unserer beiden Völker und Europa von größter Bedeutung ist.

Interview mit dem ZDF am 14.1.1964 aus Anlaß des ersten Jahrestages nach Unterzeichnung des deutsch-französischen Vertrages (22.1.1963), zitiert nach einem schriftlichen Konzept, S. 8f., StBKAH 02.33.

In der Präambel des deutsch-französischen Vertrages wird ausdrücklich gesagt, daß jedes europäische Land, das zu dem Kreis der Sechs [EWG-Staaten] gehört, von den deutsch-französischen Verhandlungen unterrichtet werden soll. Weiter wird dann gesagt, daß dieser deutsch-französische Freundschaftsvertrag den Weg für eine Einigung Europas ebnen soll, weil ohne eine Freundschaft zwischen Frankreich und Deutschland keine Einigung in Europa geschaffen werden könne. Jeder, der unvoreingenommen die ganze Sachlage übersieht, wird darin zustimmen: Dieses deutsch-französische Abkommen ist geradezu die Grundlage einer Einigung Europas.

Vor dem Industrieclub und dem Deutsch-französischen Kreis in Düsseldorf am 23.6.1964, st. N., S. 26, StBKAH 02.33.

... die Grundlage jeder Außenpolitik ist das gemeinsame Interesse und muß es sein, und das Interesse Frankreichs und Deutschlands ist identisch.

Interview mit Conte Henri de Kergolay (Le Figaro) *am 10.2.1967, st. N., S. 3, StBKAH 02.38.*

17 ZU ISRAEL UND DEM JÜDISCHEN VOLK

Wir wollen als Christen die Achtung vor dem Menschen ohne Rücksicht auf seine konfessionelle, rassische oder völkische Zugehörigkeit wiederherstellen. Im Geiste dieser Toleranz sehen wir in unseren jüdischen Landsleuten vollberechtigte Mitbürger. Wir wünschen, daß sie mit gleichen Rechten und Pflichten am geistigen, politischen und sozialen Aufbau unseres Landes teilhaben. Wir können und wollen ihre Mitarbeit nicht entbehren.

Interview mit Allgemeine Wochenzeitung der Juden in Deutschland, *erschienen am 25.11.1949, Nr. 33, 4. Jg.*

Das deutsche Volk ist gewillt, das Unrecht, das in seinem Namen durch ein verbrecherisches Regime an den Juden verübt wurde, soweit wiedergutzumachen, wie dies nur möglich ist, nachdem Millionen Leben unwiederbringlich vernichtet sind. Diese Wiedergutmachung betrachten wir als unsere Pflicht.

Interview mit Allgemeine Wochenzeitung der Juden in Deutschland, *erschienen am 25.11.1949, Nr. 33, 4. Jg.*

Ihre besondere Aufmerksamkeit wird die Bundesregierung dem Ausgleich der den jüdischen Staatsangehörigen zugefügten wirtschaftlichen Schäden widmen. Die bestehende Gesetzgebung bedarf hier mancher Verbesserung und Ergänzung.* Der Staat Israel ist die nach außen sichtbare Zusammenfassung der Juden aller Nationalitäten.

Interview mit Allgemeine Wochenzeitung der Juden in Deutschland, *erschienen am 25.11.1949, Nr. 33, 4. Jg.*
* *Vgl. Zeittafel, S. 455.*

Die Bundesregierung und mit ihr die große Mehrheit des deutschen Volkes sind sich des unermeßlichen *Leides* bewußt, das *in der Zeit des Nationalsozialismus* über die *Juden* in Deutschland und in den besetzten Gebieten gebracht wurde. Das deutsche Volk hat in seiner überwiegenden Mehrheit die an den Juden begangenen Verbrechen verabscheut und hat sich an ihnen nicht beteiligt. Es hat in der Zeit des Nationalsozialismus im deutschen Volke viele gegeben, die mit eigener Gefährdung aus religiösen Gründen, aus Gewissensnot, aus Scham über die Schändung des deutschen Namens ihren jüdischen Mitbürgern Hilfsbereitschaft gezeigt haben. Im Namen des deutschen Volkes sind aber unsagbare Verbrechen begangen worden, die zur moralischen und materiellen *Wiedergutmachung* verpflichten, sowohl hinsichtlich der individuellen Schäden, die Juden erlitten haben, als auch des jüdischen Eigentums, für das heute individuell Berechtigte nicht mehr vorhanden sind.

Verhandlungen des Deutschen Bundestages, 1. Wahlperiode, 165. Sitzung am 27.9.1951, S. 6698.

Die Bundesregierung ist bereit, gemeinsam mit Vertretern des Judentums und des Staates Israel, der so viele heimatlose jüdische Flüchtlinge aufgenommen hat, eine Lösung des materiellen Wiedergutmachungsproblems herbeizuführen, um damit den Weg zur seelischen Bereinigung unendlichen Leides zu erleichtern.

Verhandlungen des Deutschen Bundestages, 1. Wahlperiode, 165. Sitzung am 27.9.1951, S. 6698.

Unter Bezugnahme auf die Erklärung, die die Bundesregierung am 27.9.1951 im Bundestag abgab und in der sie sich bereit erklärte, mit Vertretern des jüdischen Volkes und Israels Verhandlungen wegen der Wiedergutmachung der unter dem nazistischen Regime entstandenen Schäden aufzunehmen, möchte ich Ihnen mitteilen, daß die Bundesregierung den Zeitpunkt für gekommen erachtet, in dem solche Verhandlungen beginnen sollten. Ich bitte Sie, in Ihrer Eigenschaft als Vorsitzender der Conference on Jewish Material Claims against Germany, sowohl dieser Konferenz als auch der Regierung Israels von dieser Bereitschaft Kenntnis zu geben.

Ich möchte dazu bemerken, daß die Bundesregierung in dem Problem der Wiedergutmachung vor allem auch eine moralische Verpflichtung sieht und es für eine Ehrenpflicht des deutschen Volkes hält, das Möglichste zu tun, um das an dem jüdischen Volk begangene Unrecht wiedergutzumachen.

Schreiben vom 6.12.1951 an den Vorsitzenden der Conference on Jewish Material Claims against Germany, Dr. Nahum Goldmann, London. Druck: Erinnerungen 1953–1955, a. a. O., S. 138.

Ich erachte es für eine der vornehmsten moralischen Verpflichtungen des deutschen Volkes, daß es nach Kräften das

tut, was man tun muß, durch eine meinetwegen symbolhafte
Haltung doch zu zeigen, daß es nicht einverstanden ist mit
dem, was in den Jahren des Nationalsozialismus dem Judentum angetan worden ist. Der Bundestag hat wiederholt in ein-
stimmigen Entschließungen Bekundungen des Bedauerns über
diese Freveltaten der Vergangenheit gegenüber den Juden ausgesprochen.

Vor dem Bundesparteiausschuß der CDU am 6.9.1952, st. N., S. 5,
ACDP VII-001-019/11.

Es ist richtig, wir hatten gegenüber dem Staat Israel keine
finanziellen Verpflichtungen, aber es bestand doch eine ungeheure Schuld gegenüber dem gesamten Judentum der Welt.
(Beifall) Der Bundestag hat wiederholt die moralische Verpflichtung des deutschen Volkes anerkannt, nach Möglichkeit
diese Schuld zu tilgen. Wir haben beim Abschluß des Luxemburger Abkommens am 10. September dieses Jahres [Wie-
dergutmachungsabkommen mit dem Staat Israel und der
Conference on Jewish Material Claims against Germany*] das
getan, was das *moralisch Gebotene* war.

Auf dem 3. Bundesparteitag der CDU in Berlin am 18.10.1952, Protokoll
des Parteitages, *hrsg. v. der CDU, Bonn o. J., S. 25.*
* *Vgl. Zeittafel, S. 455.*

Die Bundesrepublik ist entschlossen, im Rahmen des Möglichen wiedergutzumachen, was Hitler dem Judentum angetan
hat. Nichts hat uns hierzu gezwungen als die Forderung des
eigenen Gewissens.

Interview mit Ernst Friedlaender im NWDR am 12.11.1952, Bulletin
Nr. 177/52, S. 1563.

Sicher: bei weitem nicht alle Deutschen waren Nationalsozialisten, und es hat auch manche Nationalsozialisten gegeben, die mit den begangenen Greueln nicht einverstanden waren. Trotzdem ist dieser *Akt der Wiedergutmachung* durch das deutsche Volk notwendig. Denn unter Mißbrauch des Namens des deutschen Volkes sind die Untaten begangen worden.

Soweit überhaupt durch unsere Kraft etwas für die Beseitigung der Folgen geschehen kann – ich denke hier an die entstandenen materiellen Schäden, die der Nationalsozialismus den von ihm Verfolgten zugefügt hat –, hat das deutsche Volk die ernste und heilige Pflicht zu helfen, auch wenn dabei von uns, die wir uns persönlich nicht schuldig fühlen, Opfer verlangt werden, vielleicht schwere Opfer. Die Bundesregierung hat seit ihrem Bestehen diese Pflicht immer anerkannt.

Verhandlungen des Deutschen Bundestages, 1. Wahlperiode, 252. Sitzung am 4.3.1953, S. 12092.

Die Verfolgung der Juden begann in Deutschland mit der nationalsozialistischen Machtergreifung im Jahre 1933. Sie steigerte sich ständig und erreichte während des Krieges, ohne daß sie dadurch zu einer Kriegshandlung im völkerrechtlichen Sinne wurde, jenes grauenerregende Ausmaß, das uns allen in seinem vollen Umfang erst nachträglich bekanntgeworden ist.

Verhandlungen des Deutschen Bundestages, 1. Wahlperiode, 252. Sitzung am 4.3.1953, S. 12093.

Ich glaube, daß der Vertrag mit Israel, der vom Bundestag mit einer solch überwältigenden Mehrheit ratifiziert wurde, am stärksten die Ablehnung des nationalsozialistischen Geistes zeigt. Dieser Versuch einer Wiedergutmachung wurde vom ganzen deutschen Volk als eine moralische Verpflichtung verstanden und äußerst ernst genommen. Wir wissen durchaus, daß die vom Hitler-Regime begangenen Verbrechen nicht ungeschehen gemacht werden können, so wenig wie das daraus entstandene Leid gelöscht werden kann, wie hoch auch die finanzielle Entschädigung sein mag. Aber wir sind freiwillig über eine moralische Verpflichtung hinausgegangen und haben einen rechtlichen Vertrag abgeschlossen.

Vor dem National Press Club in Washington, D. C., am 8.4.1953, Rückübersetzung aus dem Englischen, S. 8f., StBKAH 02.11.

Nach der ersten Begegnung mit dem israelischen Ministerpräsidenten David Ben Gurion im Hotel Waldorf Astoria in New York am 14.3.1960:

Ich bin seit langem ein Bewunderer seiner staatsmännischen Leistung und seines Zielbewußtseins beim Aufbau eines modernen Israel und dessen sehr bemerkenswerter Entwicklung. Das deutsche Volk empfindet tiefe Genugtuung, daß, durch die Wiedergutmachung für Opfer des Nazismus, ein Beitrag für den Aufbauprozess Israels geleistet wird. Ich bin sicher, daß das deutsche Volk, ebenso wie meine Regierung, der Überzeugung ist, daß die gemeinsame Zusammenarbeit und Hilfe für Israel auch in Zukunft Früchte tragen werden.

Erklärung über den Sender Rias II, Berlin, am 14.3.1960, Anhang I zum Nachrichtenspiegel I des BPA vom 15.3.1960.

Vor Beginn des Eichmann-Prozesses*:

Ministerpräsident Ben Gurion hat vor wenigen Tagen gesagt, daß die jungen Deutschen nicht für Untaten vieler Angehöriger der älteren Generation Deutschlands verantwortlich gemacht werden können. Er hat ausdrücklich das Interesse seines Landes an einem freundschaftlichen Verhältnis zu dem neuen Deutschland betont. Für diese Worte vor Beginn der Verhandlungen gegen Eichmann sind wir ihm aufrichtig dankbar.

Fernsehansprache am 10.4.1961, Bulletin Nr. 67/61, S. 641.
* Adolf Eichmann (1906-1962): SS-Obersturmbannführer, Organisator der Massentötung von Juden.

... und wenn ich daran denke, wie wir den Vertrag mit Israel abgeschlossen haben, das haben wir doch getan – jetzt darf ich auch mal von uns hier sprechen – aus moralischen Gründen: Wir wollten einen Akt des Bekenntnisses damit abgeben.

Informationsgespräch mit FLora Lewis Gruson (Washington Post) *und Sydney Gruson* (The New York Times) *am 20.2.1962, st. N., S. 20, StBKAH 02.26.*

Gar zu gern hätte ich noch während meiner Amtszeit die diplomatischen Beziehungen mit Israel hergestellt. Ich habe deswegen in Washington angefragt, weil Washington ja übernommen hatte, dafür zu sorgen, dass im Orient nichts passiere. Washington hat mich gebeten, die diplomatischen Beziehungen jetzt nicht herzustellen. Unter diesen Umständen kann ich leider mein Vorhaben nicht ausführen. Es tut mir sehr leid, aber ich kann nichts daran ändern.

Schreiben vom 8.10.1963 an Bundespräsident a. D. Prof. Dr. Theodor Heuss, StBKAH 10.07.

Von entscheidender Bedeutung für unser Ansehen in der Welt schien mir aber auch vom ersten Tag an das Verhältnis zum Judentum zu sein. Hier handelt es sich um eine eminente moralische Angelegenheit. Ich habe alles darangesetzt, was ich konnte, um die Versöhnung mit dem Judentum, insbesondere aber auch mit dem Staat Israel herbeizuführen.

Auf dem 14. Bundesparteitag der CDU in Bonn am 21.3.1966, Protokoll des Parteitages, *hrsg. v. der CDU-Bundesgeschäftsstelle, Bonn o. J., S. 37.*

Für die Bundesregierung und für mich persönlich war es schon zu Beginn unserer Arbeit ein Hauptziel, unser Verhältnis zu Israel und dem Judentum in Ordnung zu bringen. So wurden denn auch die Verhandlungen, die in Luxemburg am 10. September 1952 mit der Unterzeichnung eines Vertrages endeten, geführt, um einer zwingenden moralischen Verpflichtung nachzukommen. […]

Auf Grund dieses Abkommens hat die Bundesrepublik durch Wiedergutmachungsleistungen versucht, dem Staate Israel bei der Bewältigung der großen Last zu helfen, die durch die Eingliederung von jüdischen Heimatsuchenden aus Europa, durch den Aufbau einer Wirtschaft als Lebensgrundlage für den jungen Staat erwachsen ist. Die gewissenhafte Erfüllung dieses Vertrages und der übrigen Wiedergutmachungsverpflichtungen an allen den vielen deutschen und ausländischen Opfern des Nationalsozialismus hat einerseits dazu beigetragen, daß dem deutschen Volke nach dem Kriege in zunehmendem Maß wieder mit Achtung begegnet wurde, hat aber auch die Voraussetzungen dafür geschaffen, daß eine reguläre Verbindung zwischen der Bundesrepublik und Israel zustande kam.

Artikel unter der Überschrift »Aussöhnung mit Israel«, erschienen in Die Welt *vom 31.3.1966, Nr. 76, 21. Jg.*

Die Versöhnung herbeizuführen, mit Israel und mit dem gesamten Judentum der Welt. Das war mein vornehmstes Anliegen aus dem Gefühl einer tiefen inneren Verpflichtung heraus,

auch aus dem Gefühl heraus, daß die Menschheit gerade
doch dem Judentum so viel verdankt auf allen Gebieten des
menschlichen Geistes und auf dem Gebiete der Religion.

Rede aus Anlaß der Verleihung der Ehrendoktorwürde des Weizmann-
Instituts in Rehovoth am 3.5.1966; Druck: Rolf Vogel, a. a. O., S. 197.

Ich weiß und verstehe, wie schwer es dem jüdischen Volk
fällt, einen Abstand zu finden von dem, was in der nahen Vergangenheit geschehen ist. Aber wenn man nicht den guten
Willen anerkennt, was kann daraus Gutes erblühen? Es ist
verboten, uns und Euch, je zu vergessen, wie der Mensch, der
im Ebenbild Gottes geschaffen wurde, zu einem wilden Tier
sich wandeln kann. Aber ich glaube in voller Aufrichtigkeit,
daß der Weg zur Versöhnung zwischen den beiden Völkern
jetzt geöffnet ist ...

Interview mit Raphael Barschan für die israelische Zeitung Maariv *am*
6.5.1966 in Tel Aviv, zitiert nach einer Übersetzung des BPA, S. 1 f.,
StBKAH 16.52.

Das israelische Volk hat eine lange Vergangenheit, und es ist
fast wie ein Wunder, daß es jetzt wieder als Volk aufgerufen
wird, um im Kreise der Völker seine Stimme zu erheben. Ich
glaube, daß die Welt sich nicht selbst überlassen ist, sondern
daß wir alle in Gottes Hand sind, und daß es eine Fügung
ist, daß das israelische Volk von neuem sich erheben konnte
so stark und so kräftig, wie das der Besucher Ihres Landes mit
Staunen und Bewunderung sieht.

Tischrede während seines Besuches bei David Ben Gurion in Sdeh Boker
am 9.5.1966, am Tag vor seinem Rückflug nach Deutschland; Druck: Rolf
Vogel, a. a. O., S. 202.

Materielle und finanzielle Leistungen können freilich nur ein Anfang sein, Verständnis und gute menschliche Beziehungen sind durch Zahlungen und Lieferungen nicht zu erkaufen. Aber man darf Zahlungen und Lieferungen auch nicht geringschätzen; sie haben nicht nur einen meßbaren und in dieser Hinsicht wahrlich keinen geringen Wert, sondern auch einen unmeßbaren, nämlich als Zeichen guten Willens und der Anerkennung einer Verpflichtung, die eingelöst werden muß. Ich habe jedoch nie geglaubt, daß sich der erwünschte menschliche Ausgleich rasch einstellen werde. Über das Furchtbare, das zwar nicht durch das deutsche Volk, aber im Namen des deutschen Volks und durch deutsche Menschen den Juden angetan worden ist, kann man nicht so leicht hinwegkommen – die Juden nicht und wir nicht. Das braucht seine Zeit, und diese Zeit muß mit redlichem Bemühen um gegenseitiges Verstehen ausgefüllt werden, wobei wir Deutsche immer den ersten Schritt tun müssen, nach allem, was geschehen ist.

Artikel unter der Überschrift »Bilanz einer Reise«[*] in Die politische Meinung, *Juni 1966, Nr. 115, 11. Jg., S. 15.*
[*] *Vgl. Zeittafel, S. 464.*

Wer unsere besondere Verpflichtung gegenüber den Juden und dem Staat Israel verleugnen will, ist historisch und moralisch, aber auch politisch blind. Der weiß nichts von der jahrhundertelangen deutsch-jüdischen Geschichte und nichts von den reichen Beiträgen, die von Juden zur deutschen Kultur und Wissenschaft geleistet worden sind. Er begreift nicht die Schwere der Verbrechen des nationalsozialistischen Massenmords an den Juden.

Artikel unter der Überschrift »Bilanz einer Reise« in Die politische Meinung, *Juni 1966, Nr. 115, 11. Jg., S. 17.*

Das befruchtende Zusammenleben der Völker und besonders des deutschen Volkes mit dem jüdischen hatte für den deutschen Namen nur Ehre und Anerkennung in aller Welt gebracht. Die Vertreibung der jüdischen Geisteswelt aus Deutschland hat eine noch nicht geschlossene Lücke hinterlassen.

> *Beitrag unter der Überschrift »Mein Verhältnis zum jüdischen Volk« für die israelische Zeitschrift* Heatid, *zitiert nach Manuskript, signiert am 8.12.1966, S. 2f., StBKAH 02.37.*

Der Weg zur Annäherung ist für beide Seiten schwer, für uns schwer angesichts der Ungeheuerlichkeit, mit der unsere Vergangenheit belastet ist, für die Israelis schwer angesichts des unendlichen Leides, das das jüdische Volk ertragen mußte. Aber das Leben geht weiter. Um die Zukunft bestehen zu können, muß man nach vorn blicken und sich nicht durch den Bann der Vergangenheit lähmen lassen.

> Erinnerungen 1953–1955, *a. a. O., S. 161.*

18   Zu Grossbritannien

Ich bin der Auffassung, daß auch die englische Wirtschaft in dieser westeuropäischen Wirtschaft mit eingeschlossen werden muß im eigensten Interesse, und daß die englische Wirtschaft mit führend darin sein muß, daß Europa ein gemeinsames Wirtschaftsleben, ein gegenseitiges Wirtschaftsleben erhalten muß. Das ist eine organische Lösung, und das wird zu einer dauernden Befriedung führen. Das wird auch die Vorstufe sein zu dem Ziel, das wir erstreben müssen alle, daß wir so schnell wie möglich zu den Vereinigten Staaten von Europa kommen.

In Düsseldorf auf einer Veranstaltung der CDU am 12.5.1946, st. N., S. 18, ACDP S.Ad.

Wir glauben, daß, wenn ein großer, durch gegenseitige wirtschaftliche Verflechtungen entstehender Binnenmarkt geschaffen wird, bestehend aus England, Frankreich, Belgien, Luxemburg, Holland und der westlichen deutschen Zone, wenn möglich aus dem ganzen Deutschland, dann auch Englands Kraft und Ansehen in der ganzen Welt eine erhebliche Steigerung erfährt. Wir glauben daher, daß England in seinem eigenen wohlverstandenen Interesse auf dieses Ziel hinarbeiten müsse.

In Essen auf einer Veranstaltung der CDU am 24.8.1946, st. N., S. 20, StBKAH 02.03.

Wir wünschen und hoffen, daß England erkennt, daß es –
wenn auch sein Imperium noch so groß ist – eine kontinen-
tale Macht geworden ist und jetzt die weltgeschichtliche
Bedeutung hat, zusammen mit Amerika der Retter Europas
zu werden.

> *Auf dem 1. Parteitag der CDU der britischen Besatzungszone in
> Recklinghausen am 14.8.1947. Druck:* Erster Zonenparteitag der CDU
> der britischen Zone, *hrsg. v. Zonensekretariat der CDU, Köln o. J.,
> S. 18.*

Nach meiner Auffassung ist das Schicksal Englands mit dem
Schicksal Westeuropas absolut verbunden. Die Zeiten, in
denen England eine außereuropäische Macht war, sind meines
Erachtens vorüber. Wenn Westeuropa sich nicht zusammen
schließt und sich nicht wirtschaftlich und politisch erholt,
dann wird auch England darunter leiden. Daher glaube ich,
daß die Frage der Förderung des Gedankens des Zusammenschlusses Europas auch eine eminent englische Angelegenheit
ist und hoffentlich von der englischen Öffentlichkeit auch als
solche anerkannt und gefördert wird.

> *Auf dem 2. Parteitag der CDU der britischen Besatzungszone in Reckling-
> hausen am 28.8.1948. Druck:* Neuaufbau auf christlichen Grundlagen.
> Zweiter Parteitag der CDU für die Brititsche Zone, *Opladen 1948, S. 10.*

Wir können nur wünschen und hoffen, daß die englische
Öffentlichkeit endlich einsieht, daß England eine europäische
Macht geworden ist, d. h. daß England mit Europa steht und
fällt. Wir können nur wünschen und hoffen, daß die englische
öffentliche Meinung möglichst bald einsieht, welche Bedeutung der Zusammenschluß Europas auch für England hat, und
daß es Englands Pflicht ist gegenüber seinem eigenen Volke,

die Rolle in Europa zu übernehmen, die es kraft seiner Größe und Stärke übernehmen muß.

In Mönchengladbach auf einer Veranstaltung der CDU am 12.10.1948, st. N., S. 15, ACDP S.Ad.

Wenn Gross-Britannien sich wirklich als eine europäische Macht ansieht, so könnte es innerhalb des Rahmens der Vereinigten Nationen Europas denjenigen Platz einnehmen, der seiner Stellung und Stärke entspricht.

Interview mit Joseph Kingsbury-Smith (International News Service) am 21.3.1950, Pressemitteilung des BPA Nr. 347/50 vom 21.3.1950, S. 5.

Ich habe mir in den Jahren, als mir die Machthaber des Dritten Reiches zu solchen Betrachtungen Muße ließen, manchmal die Frage vorgelegt, warum das Commonwealth so viele Stürme unerschüttert überdauert hat. Mir scheint deshalb, weil es nicht auf Macht gegründet ist, sondern auf die sittlichen Werte der angelsächsischen Rechtsordnung und die gemeinsame Überzeugung über die Grundwerte des persönlichen, des gesellschaftlichen und des politischen Lebens, vor allem aber, weil den Angelsachsen eine geistige Grundhaltung eigentümlich ist: der Sinn für Maß und die Abneigung gegen theoretische Spekulationen. Die natürliche Veranlagung der Briten zu der von mir gekennzeichneten Geisteshaltung hat eine starke Förderung erhalten durch den insularen Charakter des Landes. Er zwang seine Bewohner, sich gegenseitig abzuschleifen und zu einem Grad von Homogenität zu kommen, der für das Ganze ungemein förderlich war.

Ansprache vor den britischen Mitgliedern der Interparlamentarischen Union am 4.12.1951 in London, Bulletin Nr. 18/51, S. 123.

Großbritannien hat – und das haben mir Mitglieder der Labour-Regierung und Mitglieder der konservativen Regierung gesagt – erklärt, daß es im Hinblick auf sein Commonwealth an einer europäischen Integration, obgleich es ihr sehr wohlwollend gegenüberstehe, nicht teilnehmen könne. Und ich sage Ihnen, ich habe diesen *Standpunkt Großbritanniens* verstanden, wenn ich auch denke, daß im Laufe der Zeit auch da noch manches sich ändern wird.

Auf dem 3. Bundesparteitag der CDU in Berlin am 18.10.1952, Protokoll des Parteitages, *hrsg. v. der CDU, Bonn o. J., S. 33.*

Großbritannien ist der Anregung, sich uns anzuschließen, nicht gefolgt mit Rücksicht auf seine Stellung im Britischen Commonwealth. Es kommt uns nicht zu, über die Schlüssigkeit dieser Begründung mit der britischen Regierung zu streiten. *Aber wir wünschen eine möglichst enge Beteiligung Englands.* Aber es wäre ein schwerer methodischer und politischer Fehler, die Frage so zu stellen, daß Großbritannien nur entweder volles Mitglied der europäischen Gemeinschaft oder Nicht-Mitglied sein könnte. Die Wahrheit ist, daß es zwischen der vollen Mitgliedschaft in der europäischen Gemeinschaft und der absoluten Nicht-Mitgliedschaft Zwischenstufen gibt, Möglichkeiten organischer Verknüpfungen der kontinentalen europäischen Gemeinschaft mit Großbritannien. Eine partielle, relative Zugehörigkeit zu unserer föderativen Gemeinschaft also; das ist es, was wir uns gewöhnt haben, mit dem Ausdruck ›Assoziation‹ zu bezeichnen.

Ansprache vor dem American Committee on United Europe in New York am 16.4.1953, Redetext, S. 7f., StBKAH 02.11.

Ein solches vereinigtes Europa soll, wenn Großbritannien es irgendwie will, Großbritannien einschließen. Aber Sie wissen, daß Großbritannien eine besondere Lage hat. Wenn es nicht ganz mitgeht bei diesem vereinigten Europa, dann sollte es doch so weit wie irgend möglich mitgehen, denn Großbritannien gehört zu Europa.

Vor dem Gemeinschaftsausschuß der hessischen gewerblichen Wirtschaft in Offenbach am 24.9.1954, st. N., S. 4, »Mitteilung an die Presse« Nr. 1063/54 des BPA vom 25.9.1954, StBKAH 02.12.

Meine Meinung ist die: Man soll bei der ganzen Angelegenheit England so weit entgegenkommen, wie es für die EWG überhaupt tragbar ist, d.h. man darf nicht die Europäische Wirtschaftsgemeinschaft opfern Großbritannien zuliebe. Die Europäische Wirtschaftsgemeinschaft – lassen Sie mich bei dieser Gelegenheit das sehr nachdrücklich hervorheben – ist nach unserer Auffassung, auch nach der von Frankreich und Italien, bei weitem nicht in erster Linie eine Wirtschaftskombination, sondern eine politische Kombination. Wir alle betrachten diese Europäische Wirtschaftsgemeinschaft als eine der Vorstufen, um zu einem integrierten Europa zu kommen.

Vor dem Bundesparteivorstand der CDU am 16.9.1959, st. N., S. 10f., ACDP VII-001-008/2.

Wir sind in keinem Land der Welt so wenig beliebt wie in England. Das ist nicht etwa die Folge der deutschen Politik des letzten halben Jahres*, sondern das ist die Folge der Tatsache, daß Deutschland überraschend schnell, insbesondere auch wirtschaftlich, wieder erstarkt ist, daß weiter eine Annäherung zwischen Frankreich und Deutschland erfolgt ist, die im Interesse dieser beiden benachbarten Länder und im Interesse der Entwicklung Europas absolut notwendig ist und die bleiben muß. Man soll in alten Sachen nicht herumwühlen; aber wenn Sie zurückdenken, wie lange schon diese Spannungen sichtbar zutage treten, auch in ernst zu nehmenden englischen Zeitungen, in denen ein sehr unfreundlicher Ton gegenüber Deutschland eingeschlagen wurde, dann werden Sie mir darin beipflichten, daß hier tiefere, aber nicht akute Ursachen zugrunde liegen. Wir müssen versuchen, sehr folgerichtig und Schritt für Schritt das Verhältnis und die Atmosphäre zwischen Großbritannien und der Bundesrepublik, zwischen Großbritannien und dem kontinentalen Westeuropa wieder zu beruhigen.

Vor dem Bundesparteiausschuß der CDU am 28.9.1959, st. N., S. 15, ACDP VII-001-021/5.

* Anspielung auf die unterschiedlichen Auffassungen zu den britischen Vorstellungen zur Schaffung einer europäischen Freihandelszone (vgl. hierzu Zeittafel, S. 459) sowie in Großbritannien diskutierten Plänen eines Disengagements in Mitteleuropa (vgl. Zitat aus der gleichen Sitzung des Bundesparteiausschusses der CDU vom 28.9.1959 in Kapitel 9).

Es ist ganz zweifellos, daß Großbritannien nach dem Zusammenbruch doch den Europafragen sehr distanziert gegenübergestanden hat. Ich weiß nicht, ob Sie wissen, daß Frankreich damals England angeboten hat, in die Montanunion einzutreten, und daß England das abgelehnt hat. Das hat mir seinerzeit Herr Schuman*, der Initiator, selbst gesagt. Und auch jetzt noch, meine Herren, nach dem, was ich höre, sind diese ganzen Fragen England : Europa in England ein Generationenproblem.

»Presse-Tee« mit britischen Journalisten am 8.1.1962, st. N., S. 9, StBKAH 02.26.

* Vgl. Zeittafel, S. 452.

Nach meiner Meinung können die führenden Leute von Staaten wohl den ersten Schritt tun zur Annäherung zweier Länder, aber entscheidend ist, ob die Völker mitgehen, weil die leitenden Männer heute oder morgen verschwinden – das ist der Lauf der Welt –, und die Völker bleiben. Deswegen, so glaube ich, muß man sich fragen, ob das englische Volk bereit ist, zu Kontinentaleuropa zu gehören oder ob das englische Volk sich aus seiner jahrhundertealten Tradition her doch mehr oder weniger als ein besonderer Erdteil oder als eine Insel vor Europa fühlt.

Informationsgespräch mit James Bell, Klaus Dohrn und Charles D. Jackson (Time) *am 28.6.1962, st. N., S. 4, StBKAH 02.26.*

Ich verstehe recht gut die Engländer, die Bedenken [gegen den Beitritt zur EWG] haben. England hat ja nicht nur das Mutterland, sondern auch diese besondere wirtschaftliche Verbindung mit so großen Räumen wie Indien, Pakistan, Neuseeland, Australien, Kanada, um nur die größten zu nennen, und England hat dadurch auch großen politischen Einfluß in der Welt. Wenn ich Engländer wäre, würde ich mir sehr ruhig überlegen: Lohnt es sich für mich, für England, diese Märkte, die ich eben nannte, und damit den politischen Einfluß außerhalb Europas aufzugeben und dagegen den Austausch mit den Sechs einzutauschen?

Informationsgespräch mit James Bell, Klaus Dohrn und Charles D. Jackson (Time) *am 28.6.1962, st. N., S. 5f., StBKAH 02.26.*

Es muß auch untersucht werden, ob nicht durch den Beitritt Englands in den Gemeinsamen Markt das, was jetzt geschaffen ist im Gemeinsamen Markt, nicht mehr weiterleben kann. Das müssen wir auch bedenken. Es ist nicht so, daß, je größer ein Territorium ist, es desto erfolgreicher ist. Das ist ein großer Irrtum.

Informationsgespräch mit James Bell, Klaus Dohrn und Charles D. Jackson (Time) am 28.6.1962, st. N., S. 10, StBKAH 02.26.

Ich muß Ihnen sagen, wenn ich Engländer wäre, ich wüßte auch nicht, was ich tun sollte. Denn sehen Sie mal, die Verbindungen, die Großbritannien durch das Commonwealth in die weite Welt hat, sind doch etwas wert. Man kann immer wieder sagen, das ist kein geschriebener Wert, und die sterben ab – einstweilen sind sie da, und es ist auch für Europa wertvoll, daß Großbritannien diese Verbindungen hat.

»Kanzler-Tee« mit der »Teerunde« am 27.7.1962, st. N., S. 12, StBKAH 02.27.

Nach dem Veto de Gaulles gegen den Beitritt Großbritanniens zur EWG*:

Großbritannien wird früher oder später Mitglied der EWG werden. Das ist so sicher wie das Amen in der Kirche.

Am 19.1.1963 gegenüber der Herausgeberin, vgl. Das Wichtigste ist der Mut!, a. a. O., S. 479.
* Vgl. Zeittafel, S. 462.

Ich war niemals überzeugt davon, daß Großbritannien wirklich in die EWG oder aber die politische Union Europas wollte, und zwar aus Gründen, die ich verstehe.

1. Großbritannien hat insofern eine andere Position als die anderen europäischen Staaten, als es der engste Freund der Vereinigten Staaten ist und dadurch großen Einfluß hat.

2. Das Commonwealth spielt noch immer eine Rolle in den internationalen Verbindungen von Großbritannien, und wenn

Großbritannien wirklich nur sich als europäisches Land fühlen würde, dann müßte es auf diese Vorzüge, die durch das Commonwealth und die Freundschaft mit USA bestehen, verzichten.

Gespräch mit dem kanadischen Historiker Prof. Dr. Richard Hiscocks am 11.6.1964, st. N., S. 8, StBKAH 02.33.

England will nicht, daß Frankreich Europa führt, und wir Deutschen können Europa auf Jahrzehnte hinaus nicht führen wegen der nationalsozialistischen Vergangenheit. Das würden die europäischen Länder nicht mitmachen. Wir wollen das auch nicht, das wäre Dummheit, so etwas erstreben zu wollen. Bleibt übrig Frankreich mit seinen großen außenpolitischen Verbindungen, die Frankreich mehr als wir hat. Nun wünscht das Großbritannien aber nicht, aus Gründen der Rivalität. Daher diese Politik.

Gespräch mit dem kanadischen Historiker Prof. Dr. Richard Hiscocks am 11.6.1964, st. N., S. 9, StBKAH 02.33.

Aber man darf nicht verkennen – man muß auch da objektiv sein –, daß Großbritannien Schwierigkeiten hat.

Vor dem Industrieclub und dem Deutsch-französischen Kreis in Düsseldorf am 23.6.1964, st. N., S. 23, StBKAH 02.33.

19   Zu Polen und Osteuropa

Leider können wir infolge der gesamten internationalen Lage
zur Zeit immer nur von der Integration Westeuropas sprechen. Aber alle diese Pakte, die die Integration fördern, und
diejenigen, die noch zu schließen sind, um sie zu vollenden,
sehen den Beitrag auch der anderen europäischen Länder
vor und werden ihn vorsehen, so daß wir mit Bestimmtheit
hoffen können, im Laufe der Zeit zu einer Integration ganz
Europas zu kommen.

*Verhandlungen des Deutschen Bundestages, 1. Wahlperiode, 221. Sitzung
am 9.7.1952, S. 9797.*

Die Sowjetzone ist besetztes Gebiet und ist zu behandeln nach
der Haager Konvention*, die auch Rußland anerkannt hat.

Die Besatzungsmacht Sowjetrußland ist verpflichtet, dieses
Gebiet zurückzugeben entsprechend dem Willen der Bewohner dieses Gebietes. Natürlich sagt Sowjetrußland, der Wille
der Bewohner ist eindeutig klar; das hat sich bei den Wahlen
gezeigt. – Sie wissen, was wir davon halten, wie die Leute
in einer schamlosen Weise zur Wahlurne geführt worden sind
im Oktober des vergangenen Jahres. Aber für Rußland hat
diese Frage eine eminent politische Bedeutung im Hinblick auf
die Folgen, die eine Freigabe der Sowjetzone auf die anderen

Satellitenstaaten, insbesondere auf Polen und die Tschechoslowakei, ausüben würde.

Ich habe schon gesagt, die wirtschaftlichen Verhältnisse
in Polen und in der Tschechoslowakei sind schlecht, in der
Tschechoslowakei noch schlechter als in Polen. Die Polen sind
seit Jahrhunderten erbitterte Feinde der Russen. In Polen hat
die katholische Kirche noch einen starken Einfluß. Die Polen
sind noch immer zum weitaus größten Teil gesonnene Katho-
liken, und sie fürchten von Sowjetrußland eine Beeinträchti-
gung in der Ausübung ihrer Religion. Alles das weiß Sowjetrußland genausogut wie wir. Es weiß ganz genau, wenn aus
dem Gürtel der Satellitenstaaten, den es vor sich gelegt hat,
die Sowjetzone herauskäme, daß dann kein Mensch dafür
garantieren könnte, was mit den anderen Ländern geschähe.

*Vor dem Bundesparteivorstand der CDU am 3.6.1955, st. N., S. 30f.,
ACDP VII-001-004/3.*
* *Haager Landkriegsordnung vom 18.10.1907 (»Abkommen betreffend
die Gesetze und Gebräuche des Landkrieges«).*

Was heißt es denn [...], hier eine lange Rede darüber zu halten, Europa höre nicht am Eisernen Vorhang auf? Das weiß ich
genau so gut wie Sie! Wollen Sie aber vielleicht jetzt nach
Moskau eine Note senden: Wir verlangen, daß ihr alles das
freigebt, damit wir ein großes und freies Europa bekommen?

*Während der Aussprache am zweiten Tag des 6. Bundesparteitages
der CDU in Stuttgart am 27.4.1956, Protokoll des Parteitages,
hrsg. v. der CDU-Bundesgeschäftsstelle, Bonn o. J., S. 76f.*

Ungarn und Polen sind europäische Länder und sie sind im letzten Grunde christliche Länder. Wir Deutsche haben Sympathie
für jedes Volk, das um seine Freiheit ringt, genauso wie wir
für unser deutsches Volk die Freiheit verlangen; aber wir haben

eine besondere Sympathie für europäische Völker, für christliche Völker, die um ihrer Freiheit willen bereit sind zu sterben.

In Hannover auf einer Großveranstaltung der CDU am 26.10.1956, Bulletin Nr. 205/56, S. 1957.

Die Ungarn haben sich, wie ich glaube, als das heldenmütigste Volk der neueren Geschichte gezeigt.

(Bravo-Rufe.)

Sie haben gekämpft für die Freiheit und für nichts anderes. Sie waren ohne jede Hilfe von außen.

Vor dem Bundesparteivorstand der CDU am 23.11.1956, st. N., S. 13, ACDP VII-001-005/7.

Der Freiheitswille der Bewohner der Satellitenstaaten ist auf die Dauer nicht zu ersticken. Das haben in stärkster Weise die Ereignisse in Ungarn gezeigt. Ein heldenmütiges Volk hat sich in beispielloser Tapferkeit gegen die Unterdrückung zur Wehr gesetzt. Die Fackel der Freiheit, die Ungarn in den Satellitenstaaten angezündet hat, wird niemals wieder erlöschen. Sie hat die ganze Welt auf das Schreckliche und Entsetzliche hingewiesen, das dort vor sich gegangen ist. Die Geschichte wird einst die Tapferkeit und den Freiheitswillen Ungarns mit goldenen Lettern auf ihren Blättern verzeichnen und diese Empörung gegen Druck und Sklaverei als den Beginn einer neuen Epoche in der Nachkriegszeit ansehen.

Ansprache anläßlich der Eröffnung der Grünen Woche in Berlin am 2.2.1957, Bulletin Nr. 24/57, S. 211.

Auch in Polen hat sich der Freiheitswille des polnischen Volkes klar und eindeutig gezeigt. Das polnische Volk wird niemals wieder zurückgeworfen werden können in den Zustand der Unfreiheit, in dem es sich in den vergangenen Jahren befand. Dort wird die Entwicklung, wie wir alle hoffen, in unblutiger Weise – aber unaufhaltsam – weitergehen der Freiheit und Unabhängigkeit entgegen. Dieser Geist der Freiheit verbreitet sich weiter in den anderen Satellitenstaaten. Er wird auch im russischen Volk selbst immer stärker werden. Schließlich wird in dem ganzen Ostblock eine Veränderung vor sich gehen, die in der ganzen Welt, in erster Linie Ihnen, meine Freunde aus der sowjetisch besetzten Zone und aus Berlin, zugute kommen wird.

Ansprache anläßlich der Eröffnung der Grünen Woche in Berlin am 2.2.1957, Bulletin Nr. 24/57, S. 211.

Die Kenner Polens sind der Auffassung, daß die Entwicklung in Polen zur Freiheit hin – ich meine jetzt nicht etwa vom Kommunismus; das ist eine zweite Frage und ein zweites Stadium der Entwicklung – unaufhaltsam sei. Wir können nur hoffen, daß sich diese Entwicklung nicht revolutionär, sondern evolutionär vollziehen wird.

Vor dem Bundesparteivorstand der CDU am 7.2.1957, st. N., S. 4, ACDP VII-001-006/1.

Polen mit seinen 36 Millionen Einwohnern und an die DDR anstoßend ist natürlich für Sowjetrußland von viel größerer Bedeutung als Ungarn.

Daher würde Sowjetrußland – es gehört keine besondere Weisheit dazu, um das festzustellen –, wenn man ihm die Handhabe dazu böte, in Polen mit Gewalt einzugreifen, dort

Zu Polen und Osteuropa

viel grausamer zupacken und eingreifen, als es in Ungarn eingegriffen hat. Das ist auch der Grund, warum unser Außenministerium die ganze Frage der Herstellung der Beziehungen zu den Ostblockstaaten, insbesondere zu Polen mit sehr viel größerer Vorsicht behandeln muß, als das im allgemeinen geschieht. Wir dürfen nichts tun in Polen, was etwa Gomulka* nicht für taktisch richtig hielte. Ob etwas taktisch richtig ist, d.h. ob Gomulka gefährdet ist gegenüber Sowjetrußland, das kann er besser entscheiden als wir und insbesondere viel besser als unsere Bierbankpolitiker.

Daher müssen Sie verstehen, wenn wir an diese ganze Frage mit der größten Vorsicht und Behutsamkeit herangehen.

*Vor dem Bundesparteivorstand der CDU am 7.2.1957, st. N., S. 4f.,
ACDP VII-001-006/1.*
** Wladyslaw Gomulka: 1956-1970 Erster Sekretär des ZK der Vereinigten
Polnischen Arbeiterpartei.*

Ich übersehe vor allem auch nicht die bittere Tatsache der Teilung Europas. Sie setzt unserer politischen Bewegungsfreiheit schwer übersteigbare Grenzen. Niemand kann uns, die wir hier versammelt sind, das Recht bestreiten, für das gesamte Europa zu sprechen. Handeln können wir zur Zeit aber nur für die freien europäischen Völker. Die Zerschneidung der europäischen Mitte und die ständige sowjetische Drohung bleiben bis auf weiteres Tatsachen von größter schicksalsschwerer Bedeutung für uns alle.

*Rede aus Anlaß der ersten Tagung der Europäischen Kulturstiftung in
Amsterdam am 23.11.1957, Bulletin Nr. 219/57, S. 2022.*

Unser Bestreben wird es sein, Verständnis, Achtung und Sympathie zwischen dem heutigen Deutschland und dem

polnischen Volk zu begründen, damit auf diesem Boden der-
einst eine wahre Freundschaft erwachse.

*Ansprache am 31.8.1959 über den Rundfunk aus Anlaß des 10. Jahres-
tages des Kriegsbeginns am 1.9.1939, Bulletin Nr. 159/59, S. 1593.*

Alle Kritiker, die meinen, wenn wir Polen Freundlichkeiten
erwiesen, könnten wir damit den Ostblock aufweichen, die
kennen nicht den Herrn Chruschtschow. Im Gegenteil! Wenn
wir Polen gegenüber Freundlichkeiten erwiesen, die von den
Polen freundlich erwidert würden, dann würde das in Moskau
dem Herrn Gomulka sehr übel angekreidet werden.

*Vor dem Bundesparteiausschuß der CDU am 28.9.1959, st. N., S. 6,
ACDP VII-001-021/5.*

Polen kann man, glaube ich, nicht ohne weiteres mit den anderen östlichen Staaten gleichstellen. Polen ist ein besonderer
Fall, und zwar sowohl was die Polen, die polnische Bevölkerung selbst angeht, als auch, was das Verhältnis Deutschlands
zu Polen angeht. Ganz allgemein ausgesprochen habe ich den
Wunsch, daß das Verhältnis zwischen der Bundesrepublik
Deutschland und Polen im Laufe der Zeit ein gutes Verhältnis
wird. Ich habe weiter, namentlich aus den Schilderungen von
zurückkehrenden Kriegsgefangenen, den Eindruck gewonnen,
daß dieser Wunsch auch in der polnischen Bevölkerung geteilt
wird. Das Verhalten der Bevölkerung gegenüber den zurückkehrenden deutschen Kriegsgefangenen war ausgezeichnet.
Ich glaube, wir Deutsche sollten, ganz gleichgültig, wann das
möglich sein wird, auch wenn es noch längere Zeit dauern
wird, meinetwegen noch Jahre dauern wird, immer im Auge
behalten, ein gutes Verhältnis zu Polen herzustellen.

Pressekonferenz in Bonn am 10.3.1961, Bulletin Nr. 50/61, S. 458.

Unser Ziel ist es, dafür zu arbeiten, daß die Gegensätze der Nationalstaaten in Europa im Laufe der Zeit verschwinden. Das gilt auch für die europäischen Länder, die jetzt dem Ostblock angehören. Unser Ziel ist, daß Europa einmal ein großes, gemeinsames Haus für alle Europäer wird, ein Haus der Freiheit.

Auf dem Deutschlandtreffen der Schlesier in Hannover am 11.6.1961, Bulletin Nr. 106/61, S. 1022.

Polen ist doch durch und durch christlich und antikommunistisch, und ich halte es für gut, wenn man dann da Verbindungen anknüpft, und ähnlich ist es auch mit Ungarn. Aber Polen ist ein Land mit absolut westlicher Kultur.

Informationsgespräch mit James Bell und Hedley Williams Donovan (Time) am 30.5.1963, st. N., S. 8, BPA-Pressearchiv F 30.

Wenn ich von Europa spreche, so meine ich damit alle in Europa liegenden Staaten, mit Ausnahme Sowjetrußlands. Sowjetrußland, ohne seine westwärts liegenden Satellitenstaaten, ist ein Großkontinent für sich.

Letzte außenpolitische Rede Konrad Adenauers in Madrid im Ateneo am 16.2.1967, Redemanuskript, S. 2, StBKAH 02.38.

Auch nach Osten müssen wir blicken, wenn wir an Europa denken. Zu Europa gehören Länder, die eine reiche europäische Vergangenheit haben. Auch ihnen muß die Möglichkeit des Beitritts gegeben werden. Europa muß groß sein, muß Kraft haben, muß Einfluß haben, um seine Interessen in der Weltpolitik zur Geltung bringen zu können.

Letzte außenpolitische Rede Konrad Adenauers in Madrid im Ateneo am 16.2.1967, Redemanuskript, S. 14 f., StBKAH 02.38.

20   ZUR SOWJETUNION

Russland hat in Händen: die östliche Hälfte Deutschlands, Polen, den Balkan, anscheinend Ungarn, einen Teil Österreichs.

Russland entzieht sich immer mehr der Zusammenarbeit mit den andern Grossmächten und schaltet in den von ihm beherrschten Gebieten völlig nach eignem Gutdünken. In den von ihm beherrschten Ländern herrschen schon jetzt ganz andere wirtschaftliche und politische Grundsätze als in dem übrigen Teil Europas.

Damit ist eine Trennung in Osteuropa, dem russischen Gebiet, und Westeuropa eine Tatsache.

Anlage zu einem Schreiben vom 31.10.1945 an Oberbürgermeister Dr. Heinrich Weitz, Duisburg, StBKAH 07.03.

Rußland hat europäische Staaten, europäische Sowjetrepubliken. Warum sollen die nicht in diesen Vereinigten Staaten von Europa sein? Es sind ja auch Sowjetrepubliken in der UNO neben dem gesamten Rußland. Warum soll das unmöglich sein?

In Düsseldorf auf einer Veranstaltung der CDU am 12.5.1946, st. N., S. 18, ACDP S.Ad.

Seit 1945, seit Deutschland aus dem Kreis der europäischen Mächte gestrichen und verschwunden ist, hat Sowjetrußland sich Bulgarien, Rumänien, Jugoslawien und die Tschechoslowakei untertänig gemacht; es hat sein Reich ausgedehnt über den ganzen Osten herüber bis mitten in Europa hinein.

In Düsseldorf auf einer Veranstaltung der CDU am 22.5.1948, Auszüge aus der Rede, S. 2, ACDP S.Ad.

In einer Periode politischer Hochspannung nach Beginn der Blockade Berlins durch die Sowjetunion im Juni 1948*:

Rußland ist wegen seiner wirtschaftlichen Struktur und wegen seiner ungeheuren Größe und der damit verbundenen ganz außerordentlich großen Transportschwierigkeiten nicht in der Lage, einen Offensivkrieg zu führen. Rußland kann wegen seiner ungeheuren Größe wohl einen Defensivkrieg führen, aber keinen Offensivkrieg (Bewegung und Murmeln). Natürlich werden Sie mir entgegenhalten: Wenn auch schon im ersten Stoß die Russen ziemlich weit kommen, dann ist das sehr unangenehm. Sie haben vollkommen recht darin. Aber ich glaube nicht, daß der Russe so unklug ist, einen solchen Stoß zu wagen, weil er genau weiß, daß er alles, was er dabei einsetzt, verlieren wird. Darum glaube ich, daß wir wirklich hoffen können, es kommt zu keinem Krieg, so gefährlich auch die Situation aussieht und so wenig bisher ein Weg irgendwie zur Verständigung zu sehen ist. Ich glaube, daß, wenn nicht etwas ganz Unerwartetes passiert, es nicht zu einem Krieg kommen wird.

In Bonn auf einer Veranstaltung der CDU am 21.7.1948, st. N., S. 10, StBKAH 02.04.
* Vgl. Zeittafel, S. 450.

Aus der historischen Entwicklung der letzten 15 Jahre haben wir gelernt, daß totalitäre Mächte nur dann ihre aggressiven Ziele aufgeben, wenn sie mit einem Gegner zu rechnen haben, der nicht nur militärisch hoch gerüstet, sondern auch vom Willen beseelt ist, dieses Potential zur Verteidigung seiner Existenz unter allen Umständen einzusetzen.

Interview mit Leo Jankowski für West-Echo, *schriftliche Fassung datiert vom 29.4.1949, S. 1, StBKAH 02.02.*

Wir sind durchaus bereit, mit unsern östlichen Nachbarn, insbesondere mit *Sowjet-Rußland* und mit *Polen,* in Frieden zu leben. Wir haben den dringendsten Wunsch, daß die gegenwärtig bestehenden Spannungen zwischen Sowjet-Rußland und den Westalliierten ihre Lösung im Laufe der Zeit auf friedlichem Wege finden. Aber wenn ich ausspreche, daß wir den Wunsch haben, in Frieden mit Sowjet-Rußland zu leben, so gehen wir davon aus, daß auch Sowjet-Rußland und Polen uns unser Recht lassen und unsere deutschen Landsleute auch in der Ostzone und in dem ihnen unterstehenden Teil von Berlin das Leben in Freiheit führen lassen, das deutschem Herkommen, deutscher Erziehung und deutscher Überzeugung entspricht.

Verhandlungen des Deutschen Bundestages, 1. Wahlperiode, 5. Sitzung am 20.9.1949, S. 29.

Ein totalitärer Staat wird nur dann bereit sein, sich friedlich einzuordnen in das Gesamtgefüge der Völker, wenn seine Machthaber wissen, daß jedes Ausbrechen, jeder Angriff für sie selbst schwerste, unter Umständen vernichtende Folgen hat.

Auf dem 1. Bundesparteitag der CDU in Goslar am 20.10.1950, Protokoll des Parteitages, hrsg. v. der CDU, Bonn o. J., S. 15.

… wenn Sie die russische Politik seit 1945 verfolgen und dabei sehen, wie Rußland seit 1945 ganz zielbewußt durch Geduld und durch Zeigen von Macht – es hat selbst seine Macht gar nicht eingesetzt – es erreicht hat, alle diese Satellitenstaaten zu bekommen und jetzt Rotchina in seinen Bann zu kriegen, dann werden Sie mit mir der Auffassung sein müssen, daß Rußland nach diesem bewährten Rezept wird weiterverfahren wollen.

In Bonn vor maßgebenden Politikern der CDU-Kreisparteien Rheinland und Westfalen am 13.1.1951, st. N., S. 38, StBKAH 02.08.

… ich glaube nicht unmittelbar an eine Kriegsgefahr, und ich glaube, daß sich dann, wenn Sowjetrußland sieht, daß die Westalliierten einschließlich Deutschland wirklich entschlossen sind, unter allen Umständen Widerstand zu leisten, eines Tages auch ein echtes Friedensgespräch zwischen den Vereinigten Staaten von Nordamerika und Sowjetrußland anbahnen wird; wann, wissen wir nicht. Aber das eine wissen wir ganz genau: daß gegenüber Sowjetrußland das Dümmste und Verderblichste ist, nichts zu tun, sondern die Dinge laufen zu lassen; (Richtig!) denn dann werden wir geschluckt werden.

In Bonn vor maßgebenden Politikern der CDU-Kreisparteien Rheinland und Westfalen am 13.1.1951, st. N., S. 38 f., StBKAH 02.08.

Für Sowjetrussland muss die Einbeziehung der Bundesrepublik in seine Machtsphäre das oberste Ziel sein, und zwar aus folgenden Gründen: Die Bundesrepublik ist Nachbar von Sowjetrussland, sie hat Bodenschätze, industrielle Unternehmungen und ein qualitativ hochstehendes Menschenmaterial, so dass die Einbeziehung der Bundesrepublik in die sowjetrussische Sphäre eine sehr starke Erhöhung des sowjetrussischen Kriegspotentials mit sich bringen wird. Wenn die Bundesrepublik Deutschland in die sowjetrussische Sphäre gebracht würde, würde damit die Integration Westeuropas illusorisch werden. Dadurch würde die Schaffung eines Dammes gegenüber Sowjetrussland verhindert werden, da ein solcher Damm nur auf der Basis einer Integration Westeuropas einschliesslich Deutschlands geschaffen werden könnte. Die kommunistischen Parteien in Frankreich und Italien würden, wenn die Bundesrepublik unter kommunistischen Einfluss gerät, einen erheblichen Auftrieb erhalten. Möglicherweise würde dann ganz Westeuropa unter sowjetrussischen Einfluss geraten.

Vor dem Ministerkomitee des Europarates in Straßburg am 3.8.1951, Redemanuskript, S. 14 f., vertraulich, StBKAH 02.09.

Solange Sowjetrußland sich keinem starken und einigen Europa gegenübersieht, wird die Tendenz seiner Politik dieselbe bleiben wie bisher. Und aus der latenten Bedrohung, die das Vorhandensein eines solchen Kolosses und dem Bestehen eines schwachen Europas mit sich bringt, kann sich jederzeit dann wieder eine akute Gefahr entwickeln. Der Selbsterhaltungstrieb der europäischen Völker verlangt gebieterisch die Verteidigung unserer christlichen Lebensauffassung von uns allen, die wir in gleicher Weise alle bedroht sind.

Vor den NEI in Bad Ems am 14.9.1951, st. N., S. 12, StBKAH 02.09.

Es wäre ein verhängnisvoller Irrtum, wenn einzelne europäische Länder glauben würden, Sowjetrußland würde sich damit begnügen, den jetzigen Status seiner Macht zu halten oder lediglich noch die Bundesrepublik Deutschland in seinen Machtbereich hineinzuziehen. Das politische Ziel Sowjetrußlands ist m. E. sehr klar, sehr logisch und sehr folgerichtig. Sowjetrußland will unter allen Umständen die Demilitarisierung

Deutschlands festhalten. Es will dann den Rückzug der westalliierten Truppen aus einem demilitarisierten und durch
papierne Verträge *neutralisierten Deutschland* erreichen, und
es will das, weil es weiß, daß dann – und, meine Damen
und Herren, ich sage diese Worte in vollem Bewußtsein ihrer
Tragweite – weil es weiß, daß dann die Bundesrepublik sehr
schnell in die russische Machtsphäre kommen wird.

Vor den NEI in Bad Ems am 14.9.1951, st. N., S. 11, StBKAH 16.08.

Es gibt nur eine Möglichkeit, den Frieden zu erhalten und die
Wiedervereinigung Deutschlands zu erreichen, indem der
Westen möglichst stark gemacht wird, indem wir uns mit dem
Westen verbinden und unseren Teil beitragen zur europäischen Verteidigungsgemeinschaft. Wenn die Sowjets mer-
ken, daß sie ihr Ziel, die Verhinderung der Integration Europas, nicht erreichen, dann wird der Kreml bereit sein, wenn er
nicht verblendet ist – und er ist nach meiner Auffassung nicht
so verblendet – zu verhandeln. Dann muß noch dem Kreml
die Furcht genommen werden, daß ihm der Hals herum-
gedreht werden soll. Dann wird man gewiß zu einer vernünftigen Regelung in Europa kommen.

Vor dem Bundesparteiausschuß der CDU am 12.1.1952, st. N., S. 9f.,
ACDP VII-001-019/9.

Sowjetrußland hat schwere innere Probleme, sogar außerordentlich schwere innere Probleme, nämlich das Nahrungsmit-
telproblem.

Sowjetrußland muß in größtem Umfange Ackerland schaffen, weil der größte Teil des ungeheuren Gebietes unfruchtba-
res Land, Steppe und Urwald ist. Zurzeit ist die Lebensdauer in
Rußland halb so groß wie bei uns – etwa 38 Jahre im Durch-

schnitt – gegenüber etwa 60 Jahren in Westeuropa. Und allein diese Ziffern mögen Ihnen klarmachen, daß Sowjetrußland große innere Aufgaben zu erfüllen hat, wenn es am Leben bleiben will. Es kann aber diese Aufgaben dann nicht erfüllen, wenn es fortwährend rüstet und rüstet. Es bedarf des Kapitals, das es in die Rüstung steckt, und es bedarf der Menschen, die es in Uniformen steckt, um seine Aufgaben erfüllen zu können.

Ich glaube und bin überzeugt, daß der Tag kommen wird, wo man mit Sowjetrußland vernünftig über alle diese Dinge sprechen kann und sprechen muß, und dann wird auch der Tag gekommen sein, wo wir mit unseren Brüdern und Schwestern im Osten in Freiheit wiedervereint sein werden.

In Heidelberg auf einer Veranstaltung der CDU am 1.3.1952, Bulletin Nr. 26/52, S. 254.

Wir sind in Anbetracht unserer geographischen Lage und der Teilung Deutschlands mehr als jedes andere Land an einem echten Ausgleich mit dem Osten interessiert. Aber er darf nicht erkauft werden mit dem Verlust der Freiheit.

Vor dem Verein der Auslandspresse in Bad Godesberg am 25.3.1952, Bulletin Nr. 36/52, S. 366.

Wo das Schicksal von achtzehn Millionen Menschen auf dem Spiel steht, darf sich niemand auf seine persönliche Meinung verlassen und ich am allerwenigsten. Mein Zweifel an der Aufrichtigkeit der Sowjets hindert mich keinen Augenblick daran, mir diesen Zweifel in der Welt der Tatsachen entweder bestätigen oder aber widerlegen zu lassen. Nichts könnte mir für Deutschland lieber sein als eine Widerlegung.

Interview mit Ernst Friedlaender im NWDR, Bulletin Nr. 47/52 vom 26.4.1952, S. 487.

Zur Sowjetunion

Diese sowjetrussische Politik wird teilweise geleitet von Sorge gegenüber einer etwaigen Bedrohung durch die anderen. Man will sich möglichst stark machen gegenüber etwa befürchteten aggressiven Handlungen anderer. Die Politik Sowjetrußlands wird aber in der Hauptsache geleitet von dem *panslawistischen Expansionsdrang*, der von jeher die russische Politik seit Jahrhunderten geführt hat ...

> *In Wetzlar auf einer Veranstaltung der CDU am 30.4.1952, Bulletin*
> *Nr. 50/52, S. 528.*

Rußland war immer beherrscht vom Panslawismus und Expansionsdrang. Dazu kommt die Überzeugung, die in den Herzen der Machthaber so fest wurzelt – wie nur in der Brust des frömmsten Christen der Glaube –, daß die kapitalistischen Staaten am Verwesen und Auseinanderfallen sind und daß der Kommunismus die neue Religion ist, die materialistische Religion, die die Welt beherrscht. Von diesem Standpunkt aus ist die Unterjochung der Satellitenstaaten erfolgt, um sich neue Kräfte zuzuführen und damit weitere Schritte zum Endziel zu tun, zur Unterwerfung ganz Europas. Und das, meine Damen und Herren, ist ja das Ziel Sowjetrußlands.

> *Vor dem Bundesparteiausschuß der CDU am 14.6.1952, st. N., S. 14f.,*
> *ACDP VII-001-019/10.*

Sowjetrußland würde niemals entgegen den zusammen mit den Alliierten geschlossenen Friedensverträgen die Oststaaten zu Satellitenstaaten gemacht haben, wenn es nicht gewußt hätte, den andern in der militärischen Stärke so überlegen zu sein, daß sie ihm nicht in den Arm fallen konnten.

> *Verhandlungen des Deutschen Bundestages, 1. Wahlperiode, 222. Sitzung*
> *am 10.7.1952, S. 9911.*

Wir wollen keinen Krieg mit Sowjetrußland, aber wir wollen unser Land, unsere Menschen in Freiheit zurückhaben. Ich bin überzeugt davon, wenn sich so fast die gesamte Menschheit mit Ausnahme von Sowjetrußland und seinen Satellitenstaaten hinter uns, hinter diese Forderung stellt, wird auf die Dauer auch Sowjetrußland demgegenüber nicht hartnäckig seine Ohren verschließen können.

Ansprache auf der Schlußkundgebung der Tagung der Gemeinschaft katholischer Männer Deutschlands in Bamberg am 20.7.1952, Bulletin Nr. 95/52, S. 935.

Es ist bekannt, daß die Wirtschaft der Sowjetunion seit Jahren eine völlige Kriegswirtschaft ist, daß daher die Konsumproduktion immer weiter zurückgeht und daß infolgedessen der Lebensstandard der breiten Massen in Sowjetrußland ständig sinkt. Auch für einen diktatorisch regierten Staat ist das kein erfreulicher, ja auf die Dauer ist es auch für ihn ein gefährlicher Zustand. Wenn die Sowjetunion einsieht, daß sie im Wege des Kalten Krieges – und zum Kalten Krieg gehört auch die Aufrechterhaltung einer großen und starken Wehrmacht, auch wenn man sie nicht einsetzt – nichts mehr erreicht, dann wird ihr auch die Einsicht dafür kommen, daß diese stärkste Bevorzugung der kriegswirtschaftlichen Produktion vor der Produktion der Konsumgüter nicht mehr lohnend erscheint, und dann wird sie aus eigenem Interesse zu einer Umstellung ihrer Politik bereit sein.

Wir – das ist die westliche Welt einschließlich der Bundesrepublik – müssen unsere Politik darauf richten, dieses Ziel zu erreichen: Sowjetrußland zu dieser Einsicht zu bringen. Dann kommen *vernünftige und aussichtsvolle Verhandlungen,* und dann wird auch die Wiedervereinigung Deutschlands in Frieden und Freiheit kommen. (Beifall) Ich sehe trotz aller Mühe,

die ich mir damit gebe, *keinen anderen Weg* als den von mir
gekennzeichneten.

> *Auf dem 3. Bundesparteitag der CDU in Berlin am 18.10.1952,* Protokoll
> des Parteitages, *hrsg v. der CDU, Bonn o. J., S. 31.*

Wenn wir den Westen so weit haben, daß er einig und geschlossen ist, und wenn er stark ist, nicht etwa, um damit
Sowjetrußland Furcht einzujagen, dann verhandelt Sowjetrußland. Wie jeder Diktaturstaat verhandelt es eben nicht mit
schwachen oder ohnmächtigen Partnern, sondern nur mit
einem starken. Wenn wir soweit sind und wenn es dann gelingt, und das muß gelingen, Sowjetrußland die Furcht zu
nehmen, daß es angegriffen wird, dann ist der Tag gekommen,
an dem mit Sowjetrußland vernünftig verhandelt werden
kann über eine Regelung dieser ganzen Spannungen.

> *In Köln auf einer Veranstaltung der CDU am 2.11.1952, Bulletin*
> *Nr. 171/52, S. 1519.*

Jeder Deutsche ist sich heute über eines klar: für Deutschland
ist angesichts seiner Schwäche ein Pakt mit Sowjetrußland auf
der Grundlage von Partnerschaft und Gleichheit ein Ding der
Unmöglichkeit. Die Ära des Rapallovertrags hat nicht wieder
begonnen. Damals war Sowjetrußland schwach. Es suchte
und fand als Partner ein noch mächtiges Deutschland. Sollten
wir den Versuch einer solchen Partnerschaft machen, wären
wir bald nur noch ein Satellit Sowjetrußlands.

> *Vor dem National Press Club in Washington, D.C., am 8.4.1953,*
> *Rückübersetzung aus dem Englischen, S. 10, StBKAH 02.11.*

Die Politik Sowjetrußlands wird sicher zum Teil von der Furcht bestimmt, einmal einem Angriff ausgesetzt zu sein, und diese Furcht muß Sowjetrußland genommen werden, damit ein wirklicher und dauernder Wille zum Frieden entsteht.

Vor der Interparlamentarischen Union in London am 14.5.1953, Bulletin Nr. 94/53, S. 800.

Das Kriegspotential der Vereinigten Staaten ist erheblich größer als das Sowjetrußlands. Es wird auch – ich glaube, daß es keine zu kühne Prophezeiung ist – Sowjetrußland in absehbarer Zeit nicht möglich sein, auf seinem eigenen Gebiet das Kriegspotential der Vereinigten Staaten zu erreichen. Es hat weder die dazu notwendigen natürlichen Bodenschätze aufgeschlossen, noch kann es auf ungezählte Jahre hinaus seine Konsumgüter-Produktion in der Weise wie bisher hinter der Kriegsproduktion vernachlässigen, weil auch ein diktatorisch, mit grausamer Härte verwaltetes Volk auf die Dauer die Not und Entbehrungen, die damit verbunden sind, nicht tragen kann.

Vor der Türe des von Sowjetrußland beherrschten Gebietes liegen nun die industriellen Gebiete, deren Besitz Sowjetrußland ein stärkeres Kriegspotential geben würde, als es die Vereinigten Staaten zur Zeit haben. Diese Gebiete sind die Bundesrepublik, das nordfranzösische und das belgische Industriegebiet. Durch den Besitz dieser Gebiete würde Sowjetrußland, falls es sie unversehrt bekommt, eine ungeheure Stärkung seiner militärischen und politischen Macht erhalten; sein Kriegspotential würde dann größer sein als das der Vereinigten Staaten.

Diese industriellen Gebiete unversehrt in seine Hände zu bekommen, ist das Ziel der sowjetrussischen Politik in Europa. Das ist das Ziel des von ihm in Europa geführten kalten Krieges.

Vor der Landesverbandstagung der CSU in Augsburg am 14.6.1953, st. N., S. 5f., StBKAH 02.11.

Auch Sowjetrußland wird im Laufe der Zeit zu der Erkenntnis kommen, daß auch seine Bäume nicht in den Himmel wachsen.

Ansprache auf einer Kundgebung der katholischen Heimatvertriebenen aus Nieder- und Oberschlesien in Werl/Westf. am 28.6.1953, Bulletin Nr. 120/53, S. 1020.

Die Wünsche Sowjetrußlands zielen – und daran kann heute niemand mehr zweifeln – darauf hin, zunächst die Vereinigten Staaten aus Europa zu verdrängen, sodann das freie Europa zu unterminieren und schließlich zu absorbieren.

Verhandlungen des Deutschen Bundestages, 2. Wahlperiode, 26. Sitzung am 29.4.1954, S. 1068.

Aber ich glaube doch, dass die Politiker der freien Welt immer, und vielleicht noch stärker als bisher, daran denken müssen, dass Einigkeit und Geschlossenheit ihr bester, vielleicht ihr einziger Schutz sind. Das gilt vor allem von den Politikern Europas, die endlich sich einmal klar darüber werden müssen, dass egoistische Interessen zurücktreten müssen hinter dem grossen gemeinsamen Interesse: dem Schutze der Freiheit.

Rede aus Anlaß des »Überseetages« in Hamburg am 7.5.1954, Redemanuskript, S. 12, StBKAH 02.12.

Die Zielsetzung der Politik der Sowjetunion ist eindeutig und klar. Sie geht hin auf die Beherrschung Europas durch Sowjetrußland. Daher die Satellitenstaaten, daher die Schaffung der Sowjetzone, daher die Schaffung der kommunistischen Parteien in Italien und Frankreich. Die Schlüsselposition, meine Freunde, hält die Bundesrepublik. Ohne die Bundesrepublik ist eine Herrschaft über Westeuropa für Sowjetrußland unmöglich. (Beifall) Wenn aber Sowjetrußland die Herrschaft über die Bundesrepublik in irgendeiner Form bekommt, dann bekommt es damit auch die Herrschaft über Frankreich, die Herrschaft über Italien.

In Düsseldorf auf einer Veranstaltung der CDU am 20.6.1954, st. N., S. 21, StBKAH 02.12.

Ich bin fest überzeugt, daß, wenn Sowjetrußland sieht, daß es im Wege des Kalten Krieges keinen Sieg mehr erringen kann, und wenn Sowjetrußland sieht, daß der Westen stark, aber verhandlungsbereit ist, dann wird auch Sowjetrußland mit uns verhandeln, und das wird der Anfang einer allgemeinen Entspannung sein.

Vor dem Gemeinschaftsausschuß der hessischen gewerblichen Wirtschaft in Offenbach am 24.9.1954, st. N., S. 11, »Mitteilung an die Presse« Nr. 1063/54 des BPA vom 25.9.1954, StBKAH 02.12.

Sowjetrußland kann gar nicht auf die Dauer drei Probleme lösen. Es kann nicht auf die Dauer aufrüsten, wie es das tut; es kann nicht auf die Dauer seine Bevölkerung, deren Ackerboden zu gering ist, versorgen und gleichzeitig Rotchina mit industriellen Erzeugnissen versehen, das geht über seine Kräfte. Das weiß Sowjetrußland ganz genau selbst auch.

In Wiesbaden auf einer Veranstaltung der CDU am 16.11.1954, st. N., S. 12, StBKAH 02.12.

Viele Entwicklungen in der heutigen Zeit sind ja letzten Endes auf einen Bevölkerungsdruck zurückzuführen, weil die übermäßig bevölkerten Gebiete, die ihre Leute nicht mehr ernähren können, danach suchen müssen, weitere Gebiete zu bekommen. Wenn Sie eine Karte von Asien zur Hand nehmen, werden Sie sehen, daß für China das nächste Gebiet für die Entleerung seiner Bevölkerung das sowjetrussische Gebiet ist.

Ich bin fest davon überzeugt, daß auch Sowjetrußland sich solche Dinge überlegt, um sich, wenn es Westeuropa beherrscht und das westeuropäische Potential zur Verfügung hat, dem Osten zuzuwenden. Das sind alles Entwicklungen, die möglich sind, von denen aber kein Mensch sagen kann, ob und wann sie eintreffen werden.

Vor dem Bundesparteivorstand der CDU am 5.2.1955, st. N., S. 67, ACDP VII-001-004/1.

… es wird in gar nicht langer Zeit von Rotchina her für Sowjetrußland eine viel größere Gefahr drohen, als ihm überhaupt von Europa drohen kann. Man muß eben diese ganzen außenpolitischen Dinge unter diesem größeren und höheren Gesichtspunkt sehen, um eine richtige Entscheidung treffen zu können. Deswegen soll man gegenüber den sowjetischen Drohungen ruhige und starke Nerven behalten.

In Hamm/Westf. auf einer Veranstaltung der CDU am 13.2.1955, st. N., S. 11 f., StBKAH 02.13.

Die Möglichkeit für eine Wiedervereinigung kann nur im Rahmen einer Entspannung der Ost-West-Beziehungen gesehen werden. Wenn die Sowjetunion sich – wenn auch zu Unrecht – wirklich bedroht fühlen sollte, dann wird man ihr das Gefühl der Sicherheit geben müssen. Selbstverständlich müßte auch die Sicherheit der freien Völker garantiert werden. Man könnte also an ein umfassendes Übereinkommen der beiden Mächteblocks denken, das sich auf militärische, wirtschaftliche und politische Fragen erstrecken würde. Daß wir eine Verständigung über die Wiedervereinigung als wesentlichen Bestandteil einer solchen Verständigung betrachten, rechtfertigt sich schon aus der Bedeutung der Deutschlandfrage im Kalten Krieg.

Interview mit der Politisch-Sozialen Korrespondenz, *erschienen am 1.4.1955, Nr. 7, IV. Jg., S. 3.*

Der entscheidende Punkt für Sowjetrußland ist doch der, daß Sowjetrußland irgendwie das Gefühl bekommt, es wird nicht angegriffen werden von den Vereinigten Staaten. Erst wenn es das Gefühl bekommt, dann wird es bereit sein, mit sich reden zu lassen und zu einer Verständigung zu kommen.

Vor dem Bundesparteivorstand der CDU am 3.6.1955, st. N., S. 61f., ACDP VII-001-004/3.

Bei den westlichen Völkern spielt die Zeit eine entscheidende Rolle, daher kommt ihre Ungeduld, ihr Drängen auf einen baldigen sichtbaren Erfolg. Für die Russen spielt Zeit keine Rolle. Für sie gilt nur der Raum und nicht die Zeit. Dadurch haben sie bei Verhandlungen, die an sich schon mühsamer Natur sind, einen gewissen Vorteil. Der Westen kann m. E. gar nicht genug Geduld, Festigkeit und Gelassenheit haben und zeigen.

Ansprache in der Harvard-Universität in Cambridge/USA anläßlich der Verleihung der Ehrendoktorwürde der juristischen Fakultät am 16.6.1955, Bulletin Nr. 110/55, S. 913.

Wir müssen uns ganz klar darüber sein, daß nur wenn der Westen diese Einmütigkeit aufrechterhält, es uns gelingen wird, die Sowjets zu vernünftigen Lösungen der großen, uns alle in gleicher Weise berührenden Probleme zu veranlassen. Auf dem Wege zu diesem Ziel, der langwierig, mühsam und

voller Gefahren sein wird, bedarf es einer engen Zusammenarbeit aller derer, die guten Willens sind.

*Schreiben vom 25.7.1955 aus Mürren an US-Präsident Dwight D. Eisen-
hower, BA NL Blankenhorn/53 in Abschrift.*

Die Sowjetunion ist eine der vier Siegermächte, ohne deren
Mitwirkung das vornehmste Anliegen unserer Politik, die *Herstellung der Einheit unseres Landes,* nicht verwirklicht werden
kann. Das Fehlen von Beziehungen zwischen diesen beiden
Staaten, die sich daraus für uns ergebende Unmöglichkeit, unsere nationalen Anliegen auch selbst in Moskau zu vertreten,
ist eine Anomalie. Würde man uns auch deshalb nicht mit
Recht unklug genannt haben, wenn wir das von der Sowjet-
regierung gemachte Angebot, diplomatische Beziehungen aufzunehmen, abgelehnt hätten?*

*Verhandlungen des Deutschen Bundestages, 2. Wahlperiode, 101. Sitzung
am 22.9.1955, S. 5644.*
* *Vgl. Zeittafel, S. 457.*

... das ist dieses große Mißverständnis von der *Politik der
Stärke,* das mich zwingt, das Wort zu ergreifen. Meine Damen
und Herren, es gibt auch eine *Politik der Schwäche,*

(Abg. Dr. Schmid [Frankfurt]: Das ist keine Politik mehr!)

und die Politik der Schwäche ist gegenüber der Sowjetunion
unendlich viel schlimmer als die Politik der Stärke.

(Beifall bei der CDU/CSU.)

Dabei möchte ich doch nachdrücklich betonen, daß, wenn
von einer Politik der Stärke gesprochen wird, gar nicht gedacht ist ausschließlich oder auch nur in der Hauptsache an
militärische Stärke.

(Beifall bei der CDU/CSU. – Zurufe von der SPD.)

Die Politik der Stärke muß darin bestehen, daß man seinen Standpunkt in wichtigen politischen Fragen sehr klar und sehr entschieden auch dem Gegner gegenüber vertritt. Das ist die Politik der Stärke!

Verhandlungen des Deutschen Bundestages, 2. Wahlperiode, 115. Sitzung am 2.12.1955, S. 6162f.

Wir müssen gemeinsam mit dem Westen die Sowjetunion davon überzeugen, daß jeder gewaltsame Versuch zur Ausweitung ihres Herrschaftsbereiches ein aussichtsloses Risiko bedeutet, daß eine wechselseitig garantierte Sicherheit ihrem Sicherheitsbedürfnis voll Rechnung trägt und daß die Beseitigung der Spaltung Deutschlands – sie ist eine der wichtigsten Quellen der gegenwärtigen Spannungen – auch in ihrem ureigenen Interesse liegt.

Interview mit der Politisch-Sozialen Korrespondenz, *erschienen am 1.1.1956, Nr. 1, V. Jg., S. 3.*

Höchste Wachsamkeit und berechtigtes Mißtrauen gegenüber der Politik der Sowjetunion schließen jedoch nicht aus, daß der Westen bereit sein muß, seine Politik laufend daraufhin zu überprüfen, ob sie den weltpolitischen Entwicklungen angepaßt ist. So haben wir die Pflicht, stets darauf zu achten, ob nicht eines Tages doch Anzeichen einer echten Änderung und einer echten Bereitschaft zur Verständigung in den Ländern hinter dem Eisernen Vorhang sichtbar werden.

Ansprache in der Yale-Universität in New Haven/USA anläßlich der Verleihung der Ehrendoktorwürde der juristischen Fakultät am 11.6.1956, Bulletin Nr. 105/56, S. 1026.

Zur Sowjetunion

Wir sollten jedoch nicht müde werden, dem russischen Volk vor Augen zu führen:

daß der Westen nicht an die Echtheit der Abkehr vom Stalinismus glauben kann, ehe die imperialistische Außenpolitik Stalins aufgegeben ist;

daß die Folgen der Spannung sich nicht beseitigen lassen, solange ihre Ursachen nicht behoben sind;

daß zwischen allgemeiner Abrüstung, Sicherheit und der Gewinnung der Freiheit für die Deutschen in der sowjetischen Besatzungszone ein innerer Zusammenhang besteht und jeder Fortschritt auf einem dieser Gebiete von einem Fortschritt auf den beiden anderen begleitet sein muß;

daß die freie Welt sich von ihrer Sicherheit und Freiheit ebensowenig etwas abhandeln läßt wie von den moralischen Prinzipien, auf denen ihre Politik beruht.

Rede vor dem Council on Foreign Relations in New York am 14.6.1956, Redemanuskript, S. 30f., StBKAH 02.13.

Wie alles menschliche Handeln ist auch die Politik des Westens sicher nicht frei von Irrtümern gewesen, aber in ihren Grundzügen hat sie sich als richtig erwiesen. Wenn unsere Chancen, Frieden und Freiheit in der Welt zu retten, heute grösser sind als früher, dann ist dies in erster Linie der Festigkeit und Einigkeit unserer Regierungen und Völker zu verdanken. [...] Dabei sollte der Westen jedoch bereit sein, seine Politik ständig selbst gewissenhaft zu überprüfen und nach neuen Wegen und Möglichkeiten zu suchen.

Rede vor dem Council on Foreign Relations in New York am 14.6.1956, Redemanuskript, S. 33, StBKAH 02.13.

Bei ruhiger Betrachtung der Entwicklung in Sowjetrußland kann man mit Fug und Recht die Hoffnung haben: Es läßt sich auf die Dauer ein Volk von 200 Millionen Menschen nicht durch brutale Gewalt einiger weniger Machthaber Jahrzehnt um Jahrzehnt in einen Zustand herunterdrücken, wie er eben für den Menschen unerträglich ist. Das wird auf die Dauer nicht gehen.

Vor dem Bundesparteivorstand der CDU am 12.7.1956, st. N., S. 22, ACDP VII-001-005/5.

Nach dem Aufstand in Ungarn im Oktober 1956:

Nun werden Sie mich fragen, wie denkst du dir denn überhaupt die Entwicklung. Darauf will ich Ihnen eine Antwort geben. Ich habe seit Jahr und Tag den Glauben gehabt, daß schließlich dieser Ostblock soviel innere Risse bekommen würde, daß sich daraus sein Ende ergäbe. Es war immer meine Überzeugung, daß man den Menschen ein so unwürdiges Leben, wie es die Menschen in Sowjetrußland und in den Satellitenstaaten führen, auf die Dauer einfach nicht zumuten könne, und es werde einmal der Augenblick kommen, wo man sich gegen diese Unterdrückung auflehnen würde. Die Risse in diesem Block haben sich zuerst gezeigt im Jahre 1948 in Jugoslawien; sie haben sich dann gezeigt in Polen und jetzt in Ungarn. Wir wissen auch nicht, was im Kreml vor sich geht. Wir können nur das eine wissen, daß dort Machtkämpfe stattfinden, ob zum Guten oder zum Schlechten, das wissen wir nicht. Wenn ich sage zum Schlechten, dann meine ich folgendes: Wenn in einem solchen diktatorisch regierten Staat Machtkämpfe stattfinden, dann ist es leicht möglich, daß schließlich die Leute zu einer Diversion nach außen übergehen, um das Augenmerk der eigenen Menschen von den inneren Auseinandersetzungen abzuleiten.

Das ist die große Gefahr, die vor uns steht und die noch eine geraume Zeit vor uns stehen wird.

Vor dem Bundesparteivorstand der CDU am 23.11.1956, st. N., S. 27f., ACDP VII-001-005/7.

Wir müssen Europa aufbauen! Wir müssen die NATO festigen, weil kein europäischer Staat allein dem russischen Druck gewachsen sein wird. Wenn wir aber durch die NATO die Vereinigten Staaten an uns binden, dann haben wir doch gerade nach den Erscheinungen, die wir in den letzten zwei Monaten wahrgenommen haben, die begründete Hoffnung, daß dieser Prozess in Sowjetrußland und in den Satelliten weitergehen wird und daß die Sowjetrussen auch eines Tages bereit sein werden – mögen sie eine Staatsform haben, welche sie wollen, das ist ihre Sache –, mit den anderen Mächten zu einer Abrüstung zu kommen, die der Welt endlich wieder den Frieden und die Ruhe gibt, die wir alle seit vielen Jahren so schmerzlich entbehren müssen.

Vor dem Bundesparteivorstand der CDU am 23.11.1956, st. N., S. 29, ACDP VII-001-005/7.

Nach wie vor ist die führende politische Schicht Sowjetrusslands der festen Überzeugung, dass der Kommunismus unter sowjetrussischer Führung die Weltherrschaft erringen werde. Das klingt für Menschen unserer Mentalität unwahrscheinlich, aber es ist so. Es lässt sich das nur erklären, wenn man die Mentalität der atheistischen Diktatur und den Glauben der Russen an ihre Sendung berücksichtigt. Wir haben ähnliches seinerzeit in Deutschland erlebt – ich persönlich auch –, dass die nationalsozialistische Diktatur und die Lehre, dass der Nationalsozialismus die Welt beherrschen werde, Menschen im inneren Denken völlig umgestaltet. Ich glaube, dass die Politiker aller freien Völker immer im Auge behalten müssen, dass der Glaube an die Weltherrschaft des Kommunismus die Russen absolut beherrscht.

Schreiben vom 8.12.1956 an US-Außenminister John Foster Dulles, StBKAH III/2.

Der Schlüssel zur Weltherrschaft durch die Russen liegt in
Europa und nicht in Asien.

> *Schreiben vom 8.12.1956 an US-Außenminister John Foster Dulles,*
> *StBKAH III/2.*

Die Entwicklung in Sowjetrussland und in den Ostblockstaaten zeigt, dass die Zeit für die freien Völker arbeitet, wenn
man den Russen nicht auf irgend eine Weise neue Hoffnung
gibt, dass es ihnen gelingen werde, ihre Schwierigkeiten zu
überwinden.

> *Schreiben vom 8.12.1956 an US-Außenminister John Foster Dulles,*
> *StBKAH III/2.*

Es besteht für mich kein Zweifel, daß der sowjetrussische
Kommunismus von Anfang an Welteroberungspläne gehabt
hat und sie auch noch hegt. Aber es besteht auch für mich
kein Zweifel, daß diejenigen, die die Macht in Sowjetrußland
haben, immer mehr zu der Erkenntnis gelangen, und zwar
gerade durch die Vorgänge des letzten Jahres, daß derartige
Pläne über die Kräfte Sowjetrußlands bei weitem hinausge-
hen. Sowjetrußland kann nicht den niedrigen sozialen Stand
seiner Bevölkerung heben, gleichzeitig in stärkster Weise aufrüsten und die von ihm unterjochten Staaten, in denen sich
der Freiheitswille regt, niedergedrückt halten. Das geht über
seine Kraft.

So glaube ich, daß eine Wende in der Nachkriegsgeschichte,
wie ich eben sagte, kommt. Alle großen historischen Ereignisse – und es handelt sich hier um eine große historische
Entwicklung – treten fast nie in stürmischer Entwicklung von
heute auf morgen ein. In der Geschichte wirken die plötzlich
eintretenden Ereignisse wie Revolutionen und Kriege, mörde-

risch und zerstörend. Die auf Grund innerer Entwicklung mit
Naturnotwendigkeit eintretenden Veränderungen sind zwar
langsamer, aber erfolgreicher.

Ansprache anläßlich der Eröffnung der Grünen Woche in Berlin am
2.2.1957, Bulletin Nr. 24/57, S. 211.

Wir müssen wissen, daß bei Vertragsverhandlungen, bei
denen auf der einen Seite drei, vier, fünf, sechs Mächte stehen
und auf der anderen Seite ein diktatorisch regierter Staat,
diese andere Seite schon bei der Verhandlung viel stärker ist,
weil die anderen sich immer erst wieder zusammenfinden
müssen. Aber das Ziel ist so groß – eine wirkliche Entspannung auf der Welt, eine wirkliche Befriedung auf der
Welt, die Beseitigung des Alpdrucks der atomaren Waffen –
das ist ein so großartiges Ziel, daß keine Arbeit, und mag sie
noch so lange dauern, gescheut werden darf und daß un-
endliche Geduld aufgewendet werden muß, um dieses Ziel zu
erreichen.

Vor der Evangelischen Akademie Westfalen in Bochum am 13.7.1957,
st. N., S. 18, StBKAH 02.16.

Wir in Deutschland, auch unsere Parteien, tun manchmal so,
als ob wir Deutschen für die Russen ein gefürchteter Gegner
seien. Das ist barer Unsinn! Die Russen sind uns militärisch
in jeder Beziehung turmhoch überlegen. Ich vergesse nie,
wie mir einmal Eden* sagte: Es gibt doch nur noch zwei
Großmächte in der Welt, das sind die Vereinigten Staaten und
Sowjetrußland. – Er fügte hinzu, auch England ist keine Großmacht mehr. Das ist vollkommen richtig. Dieser Konflikt in
der Welt hat also seinen eigentlichen Grund in der Gegensätz-
lichkeit dieser beiden Mächte: Vereinigte Staaten und Sowjet-

rußland. Dieser Gegensatz beruht auf einer ideologischen Grundlage, aber nicht auf einer ideologischen Grundlage schlechthin, sondern weil diese ideologische Grundlage Sowjetrußlands sich mit dem Glauben an die Sendung Rußlands verbindet und die sowjetrussischen Führer davon überzeugt sind, daß der Kommunismus unter der Führung Sowjetrußlands die Welt erobern und beherrschen werde.

Das ist die tiefste Ursache der ganzen aggressiven Haltung Sowjetrußlands, die es auf allen Gebieten zeigt.

Vor dem Bundesparteiausschuß der CDU am 17.1.1958, st. N., S. 15f., ACDP VII-001-021/1.

* Sir Anthony Eden, Earl of Avon, britischer Politiker (Konservative Partei): 1951-1955 Außenminister, 1955-1957 Premierminister.

Wir freien Länder in Westeuropa sind in diesem ganzen Kräftespiel in keiner Weise entscheidend. Wenn wir nicht da wären, dann bestünde der Gegensatz zwischen Sowjetrußland und den Vereinigten [Staaten] genau so wie bisher. Wir Deutsche – zum Teil auch Westeuropa – haben in diesem Spiel der Kräfte nur insofern eine Bedeutung, als unser starkes wirtschaftliches Potential, wenn es in die Hand des Gegners käme, dessen Kraft erheblich verstärken würde.

Vor dem Bundesparteiausschuß der CDU am 17.1.1958, st. N., S. 16f., ACDP VII-001-021/1.

Es ist leider Gottes so, daß nur eine sehr starke Rüstung, die der Rüstung der Russen überlegen ist, uns vor dem Kriege schützt. Das ist sehr bitter. Aber dadurch, daß man die Wahrheit einfach nicht erkennen will, schafft man die Realität nicht aus der Welt!

Vor dem Bundesparteiausschuß der CDU am 17.1.1958, st. N., S. 29, ACDP VII-001-021/1.

Wenn auch die Russen – und das müssen wir natürlich sehr
ernst nehmen; die Amerikaner tun es Gott sei Dank auch – in
einzelnen kriegstechnischen Fragen sehr große Erfolge durch
die Konzentration ihrer ganzen Kraft erzielt haben, so ist es
doch ein Unsinn, zu behaupten, die Technik der Russen sei so
weit fortgeschritten, daß sie dauernd allen anderen Staaten
überlegen seien. Wie kann man so etwas sagen! Wir müssen
nur Geduld üben und den Mut und die Nerven behalten. Diese
Dinge müssen durchgestanden werden.*

*Vor dem Bundesparteiausschuß der CDU am 17.1.1958, st. N., S. 34,
ACDP VII-001-021/1.*

* *Zu Sputnik I vgl. Zeittafel, S. 458.*

Und eines Tages – das habe ich auch im Radio gesagt – wer-
den auch die Russen einsehen, daß das russische Volk den
Frieden ebenso nötig hat wie jedes andere Volk auf der Erde.
Solange muß die Zeit durchgestanden werden im Interesse der
Freiheit, im Interesse der Zukunft Deutschlands und Europas
und des Friedens in der ganzen Welt.

*Vor dem Bundesparteiausschuß der CDU am 17.1.1958, st. N., S. 34f.,
ACDP VII-001-021/1.*

Diejenigen, die glaubten, daß mit dem Tode Stalins eine andere, eine nichtaggressive Ära der russischen Politik eintreten
werde, sind bitter enttäuscht worden. Auf dem Kongreß der
Kommunistischen Parteien der sozialistischen Länder im November 1957 ist in der Schlußdeklaration vom 16. November
1957 – sie ist am 22. November durch *TASS* veröffentlicht worden – ausdrücklich *die Beherrschung der Welt* als *Ziel des
Kommunismus* erklärt worden.

*Verhandlungen des Deutschen Bundestages, 3. Wahlperiode, 18. Sitzung
am 20.3.1958, S. 844.*

Ich maße mir kein Urteil über die Regierungsmethoden Sowjetrußlands an; ich maße mir kein Urteil darüber an, was dort geschieht. Aber das eine weiß ich, meine Damen und Herren: daß die Deutschen für eine solche Regierungsmethode keine geeigneten Objekte sind.

Verhandlungen des Deutschen Bundestages, 3. Wahlperiode, 18. Sitzung am 20.3.1958, S. 847.

Die Russen haben vor uns Furcht, und sie trauen uns nicht. Ich meine, die Russen sollten das neue Deutschland und das neue Europa einmal kennenlernen. Ich bin der Auffassung, daß die Russen eine Politik machen, die für ihr eigenes Land nicht gut ist. Rußland hat sehr große Aufgaben im Innern des Landes zu erfüllen. Davon hat mir Chruschtschow gesprochen, davon hat mir Bulganin* gesprochen, und davon haben ebenfalls die anderen nunmehr abservierten Herren** gesprochen. Rußland sollte doch einmal zu der Überzeugung kommen, daß die anderen Länder Rußland in Ruhe lassen wollen. Rußland soll seine eigenen Sachen so regeln, wie es sie für richtig hält, aber es soll auch die anderen in Ruhe lassen und nicht immer Expansion treiben und nicht Kommunisten als fünfte Kolonne gebrauchen. Ich habe erklärt: Rußland wird niemals diese 17 Millionen Deutsche hinter dem Eisernen Vorhang zu Kommunisten machen; es wird immer seine Last damit haben, es hat nichts davon. Rußland würde, wenn es diesen Menschen das Recht gäbe, so zu leben wie sie wollen und nicht wie Rußland und Ulbricht es wollen, sondern wie diese selbst es wollen, dann an Deutschland einen guten Nachbarn haben, während es jetzt nur 17 Millionen Deutsche in dem von Rußland besetzten Gebiet hat, die ihm feindlich gesinnt sind, und hier 52 Millionen Deutsche, die ihm nicht freundlich gesinnt sind. Die Entwicklung Sowjetrußlands zu einem gefestigten, guten Staatswesen braucht noch Zeit, und Rußland sollte sorgen, daß es während dieser Zeit mit den europäischen Völkern gute Nachbarschaft hält; das wäre die klügste Politik, die es treiben könnte.

> *Informationsgespräch mit Serge Groussard* (Le Figaro) *am 27.3.1958, st. N., S. 3 f., ACDP NL von Eckardt I-010-002/1.*
> * *Nikolai A. Bulganin, sowjetischer Politiker, war von 1955 bis 1958 Vorsitzender des Ministerrates der UdSSR.*
> ** *Anspielung u.a. auf Georgij M. Malenkow.*

Wir können uns sehr leicht mit Sowjetrußland verständigen, wenn Sowjetrußland anerkennt, daß jedes Volk ein Recht hat, so zu leben, wie es will und nicht so, wie Sowjetrußland es will.

> *In Berlin auf einer Veranstaltung der CDU in der Deutschlandhalle am 5.12.1958, st. N., S. 14, StBKAH 02.18.*

Ich bin der Auffassung, daß Sowjetrußland sich auch entwickeln wird, wenn es auch Zeit braucht, und daß solche Entwicklungen durchaus im Bereich der Möglichkeit sind, die auch die Russen davon abbringen, die Welt wirtschaftlich erobern zu wollen, und in dem Augenblick hat die Sowjetzone für sie keinen Wert mehr.

> *Informationsgespräch mit Vertretern der amerikanischen Zeitung* Christian Science Monitor *am 26.1.1959, st. N., S. 8 f., StBKAH 02.19.*

Wenn die Sowjets eines Tages begreifen, daß sie in Europa keinen Fußbreit weiterkommen, werden sie zum Umdenken gezwungen. Dann verliert auch der Besitz eines Teiles Deutschlands für sie an Wert. In diesem Sinne war und ist die Bündnispolitik der Bundesrepublik gegenüber dem Westen ein Beitrag zur Wiedervereinigung; denn wir haben dadurch in Europa eine Festigung erreicht, die den Sowjets allmählich den Mut nehmen muß.

Das kann schneller geschehen, als wir uns träumen lassen. In der Geschichte gibt es immer wieder Überraschungen.

Artikel unter der Überschrift »Unter der Bedrohung vom Osten«, Bulletin Nr. 81/60 vom 20.4.1960, S. 778.

Wissen Sie, bei Verhandlungen, namentlich bei Verhandlungen mit den Russen, darf man nicht die Geduld verlieren und darf auch kein Zeichen von Unruhe zeigen. Das kostet sonst viel Geld. Nein, nein, die Ruhe, nur die Ruhe!

Interview mit George Bailey (The Reporter) *am 14.11.1960, st. N., S. 12, StBKAH 02.22.*

Die Bundesregierung hat mehrfach erklärt und wiederholt es bei dieser Gelegenheit, daß sie bereit ist, an Plänen mitzuwirken, die für den Fall der Wiedervereinigung Deutschlands der *Sowjetunion Sicherheitsgarantien* geben. Zuletzt habe ich noch hier an dieser Stelle am 17. Juni dieses Jahres diese Bereitschaft bekräftigt. An dieser Absicht der Bundesregierung hat sich nichts geändert. Die Wiederherstellung der deutschen Einheit würde nicht nur dem Frieden, sondern auch dem richtig verstandenen Sicherheitsinteresse der Sowjetunion und allen anderen Völkern dienen.

Verhandlungen des Deutschen Bundestages, 3. Wahlperiode, 167. Sitzung am 18.8.1961, S. 9772.

Es gibt nur *eine* Möglichkeit, die Beziehungen zwischen dem russischen und dem deutschen Volk auf eine neue Grundlage zu stellen: Dem deutschen Volk muß das Recht zurückgegeben werden, das man keinem Volk der Welt verweigert, durch freie und unbeeinflußte Willensentscheidung eine Regierung zu bilden, die dann den legitimen Auftrag besitzt, für das ganze deutsche Volk zu sprechen, zu handeln und zu entscheiden.

Verhandlungen des Deutschen Bundestages, 3. Wahlperiode, 167. Sitzung am 18.8.1961, S. 9772.

Sie müssen dann bedenken, daß der Nachbar von Rotchina Sowjetrußland ist, daß aber dieser Nachbar – Rotchina – über 650 Millionen Einwohner hat; Sowjetrußland hat etwa über 200 Millionen Einwohner. Die Rotchinesen sind zwar in mancher Hinsicht heute noch etwas hinter Sowjetrußland zurück. Sowjetrußland hat also auf der einen Seite als Nachbar Rotchina und auf der anderen Westeuropa. Wenn Sie sich dieses Bild einmal vor Augen halten, dann werden Sie, glaube ich, mit mir darüber übereinstimmen, daß sehr ernste Entwicklungen möglich oder sogar wahrscheinlich sind; ob diese in 5, 10 oder 15 Jahren eintreten, kann kein Mensch heute beurteilen. Chruschtschow hat mir schon, als ich im Herbst 1955 in Moskau gewesen bin, von diesen ernsten und ernsthaften Entwicklungen gesprochen. Deshalb glaube ich, daß man in der deutschen Situation mit unseren brennenden Problemen und unseren Wunden folgendes niemals vergessen darf: man muß Geduld zeigen, weil die Zeit – soweit das überhaupt von einem Menschen beurteilt werden kann – für uns und nicht gegen uns wirkt.

Vor dem Bundesparteivorstand der CDU am 11.12.1961, st. N., S. 17, ACDP VII-001-010/6.

Ich bin zunächst überzeugt, daß er [Chruschtschow] keinen Krieg will, nicht weil er von Hause aus ein friedlicher Mensch wäre, sondern weil Sowjetrußland aus wirtschaftlichem Interesse keinen Krieg brauchen kann, auch aus innenpolitischen Gründen nicht. Also er will keinen Krieg, und Chruschtschow muß, wenn er halbwegs bei Verstand ist – und das ist er schon –, auch auf einen Modus vivendi mit dem Westen hinaus.

»Kanzler-Tee« mit der »Teerunde« am 14.12.1961, st. N., S. 9, StBKAH 02.25.

Rußland wird eines Tages einmal froh sein, wenn die Länder westlich von ihm und auch Amerika nicht seine Gegner sind, damit es sich gegen das viel stärkere China zur Wehr setzen kann. Wenn Sie einmal die Karte zur Hand nehmen und sich das alles in Ruhe überlegen, dann werden Sie auch, glaube ich, zu der Überzeugung kommen, daß Rotchina für Sowjetrußland ein sehr unangenehmer Nachbar werden kann. Wann diese Entwicklung einsetzt, so habe ich mir damals gesagt [nach Gesprächen mit Chruschtschow in Moskau im September 1955], ob nach 10 Jahren, ob nach 20 Jahren, das kann kein Mensch wissen.

Informationsgespräch mit James Reston (The New York Times) *am 16.12.1961, st. N., S. 9, StBKAH 02.25.*

Wenn es also gelingt – und insofern sind ja vielleicht die ewigen Verhandlungen* ganz gut –, den Russen davon zu überzeugen, daß es den Vereinigten Staaten wirklich Ernst ist mit der Herbeiführung einer Koexistenz und daß sie sich deswegen soviel Mühe geben, dann ist das vielleicht auch ein Fortschritt.

Informationsgespräch mit Dr. Kurt Lachmann (US News and World Report) *am 2.3.1962, st. N., S. 5, StBKAH 02.26.*
    * *Vgl. Zeittafel, S. 459f.*

Etwas kann einem manchmal Sorge machen: daß Sowjetrußland zu der falschen Meinung kommen könnte, der freie
Westen sei nicht einig. Das muß unter allen Umständen ver-
hütet werden, meine Freunde. Ich bin fest überzeugt, wenn
Chruschtschow und seine Leute die feste Überzeugung hätten,
daß die freien Völker des Westens einig sind, dann wären wir
in manchen Fragen – in der Deutschlandfrage, in der Frage
der kontrollierten Abrüstung – sehr viel weiter, als wir jetzt
leider gekommen sind.

Auf dem 11. Bundesparteitag der CDU in Dortmund am 3.6.1962,
Protokoll des Parteitages, *hrsg. v. der CDU-Bundesgeschäftsstelle,*
Bonn o. J., S. 23.

Ich erkläre erneut, daß die Bundesregierung bereit ist, über
vieles mit sich reden zu lassen, wenn unsere Brüder in der
Zone ihr Leben so einrichten können, wie sie es wollen.
(Beifall bei den Regierungsparteien.)
Überlegungen der Menschlichkeit spielen hier für uns eine
noch größere Rolle als nationale Überlegungen.

Verhandlungen des Deutschen Bundestages, 4. Wahlperiode, 39. Sitzung
am 9.10.1962, S. 1639.

Ich bin weder ein Gegner des Versuches, mit der Sowjetunion
auszukommen, noch lehne ich jedes Zugeständnis ab. Ich
würde begrüßen, wenn der Westen mit der Sowjetunion in ein
vernünftiges Gespräch käme. Aber Zugeständnisse auf westlicher Seite sind nur möglich, wenn gleichwertige Zugeständnisse auch auf östlicher Seite gemacht werden.

Interview mit John M. Hightower (Associated Press) am 1.7.1963,
schriftliche Fassung, S. 5, StBKAH 02.31.

Sowjetrußland muß sich doch auch rüsten gegen Rotchina, und gegen Rotchina rüsten, gegen den Westen rüsten, seine Wirtschaft aufbauen – das geht über die Kraft. Das Weitere muß sich finden. Die Entwicklung ist übrigens schneller gekommen, als ich erwartete.

Informationsgespräch mit John M. Hightower (Associated Press)
am 1.7.1963, zusätzlich zu dem schriftlich vereinbarten Interview, st. N.,
S. 11, StBKAH 02.31.

Aber ich möchte auch, daß Sowjetrußland klarer erkennt, daß es diese drei Aufgaben zusammen nicht lösen kann. Aber in demselben Augenblick, in dem der Westen uneinig ist, schöpfen die Russen wieder neue Hoffnung und sagen, wir kriegen es doch fertig. Also, mit der größten Behutsamkeit und mit sehr klarer Überlegung des Zieles muß jetzt die russische Politik und die Politik gegenüber Rotchina betrachtet werden. Es war mir von vornherein klar, bis dieser Augenblick gekommen ist – und auf diesen Augenblick, auf diesen Wandel rechne ich seit einem Gespräch mit Chruschtschow im Jahre 1955, in dem er mir von Rotchina und seinen Sorgen schon sprach, als ich in Moskau war –, muß man Geduld haben, um Gottes willen Geduld haben und nicht zu früh denken, nun ist der Frühling da, nun ist alles wieder gut. Noch lange nicht! Und wenn es noch zehn, zwanzig Jahre dauert, dann hat die Menschheit Glück.

Informationsgespräch mit dem amerikanischen Historiker Prof. Dr. Klaus
Epstein am 13.8.1963, st. N., S. 14 f., StBKAH 02.31.

In der Tat, meine Damen und Herren, die einzige reelle Möglichkeit, mit Sowjetrußland ohne einen Krieg fertig zu werden, besteht darin, daß man ihm unter der Bedingung wirtschaftliche Hilfe anbietet, daß es seine Aggressionspolitik radikal ändert.

Vor dem Industrieclub und dem Deutsch-französischen Kreis in Düssel-dorf am 23.6.1964, st. N., S. 20, StBKAH 02.33.

Neulich ist etwas in der Weltgeschichte passiert, was nach meiner Meinung von allen Zeitungen sehr hätte hervorge-hoben werden müssen. Aber, meine Freunde, unsere Zeitun-gen haben es offenbar nicht verstanden. Es war die Friedens-vermittlung der Sowjetunion zwischen Indien und Pakistan. Ich muß ganz offen sagen, das war eine überraschende Entwicklung für jeden von uns, der die Verhältnisse zwischen Pakistan und Indien früher gekannt hat. Khan* war vorher bei mir und hat mir gesagt, wieviel Truppen er und wieviel Indien ihm gegenüberstehen habe. Daß da die Sowjetunion den Frieden zwischen diesen beiden Völkern vermittelte, das ist für mich ein Beweis dafür, daß die Sowjetunion in die Reihe der Völker eingetreten ist, die den Frieden wollen.

(Beifall und Bewegung.)

Ich weiß, daß ich damit ein kühnes Wort gesprochen habe. Aber, meine Damen und Herren, die Tatsache liegt vor, daß die Sowjetunion zwischen diesen beiden, sich mit bewaffneter Faust gegenüberstehenden Mächten den Frieden herbeigeführt hat.

Auf dem 14. Bundesparteitag der CDU in Bonn am 21.3.1966, Protokoll des Parteitages, hrsg. v. der CDU-Bundesgeschäftsstelle, Bonn o. J., S. 41.
* Mohammed Ayub Khan: 1958-1969 Staatspräsident Pakistans.

21 ZU DEN USA

USA kennt Europa nicht. Ich stand mit den Offizieren der amerikanischen Besatzung hier ganz ausgezeichnet und habe das immer wieder erfahren müssen, dass sie Europa nicht kennen. Daher ist USA auch geneigt, sich nicht für europäische Angelegenheiten zu interessieren. Und doch ist das ganz falsch. Wenn die europäische Kultur, die seit 30 Jahren schwer gelitten hat, ganz zugrunde geht, so wird das auch für USA von grosser Bedeutung sein. Die Gefahr ist gross. Asien steht an der Elbe. Nur ein wirtschaftlich und geistig gesundes Westeuropa unter Führung Englands und Frankreichs, ein Westeuropa, zu dem als wesentlicher Bestandteil der nicht von Russland besetzte Teil Deutschlands gehört, kann das weitere geistige und machtmässige Vordringen Asiens aufhalten. Helfen Sie doch, die Überzeugung in USA zu verbreiten, dass die Rettung Europas nur mit Hilfe von USA erfolgen kann und dass die Rettung Europas auch für USA wesentlich ist.

Schreiben vom 16.3.1946 an William F. Sollmann, Pennsylvania, in der Weimarer Republik sozialdemokratischer Politiker und Publizist, HAStK 1120-596; Original in der Swarthmore College Peace Collection, Pennsylvania, VIII-1-21 und VIII-1-21 a Box 8 DG 45.

Die Hilfe, die die Sowjetunion den Kommunisten in Griechenland gab, veranlaßte den Präsidenten der Vereinigten Staaten,

Truman, am 11. März 1947* eine sehr scharfe und eindeutige Erklärung an die Adresse der Sowjetunion zu richten. Truman war durch den Tod Roosevelts** Präsident der Vereinigten Staaten geworden, nachdem er erst wenige Monate das Amt des Vizepräsidenten innegehabt hatte. Truman hatte in sehr kurzer Zeit ein klares Bild über die außenpolitische Lage, über die Gefahren, die der Kommunismus allen freien Völkern in der Welt brachte, gewonnen. [...]

Präsident Truman kündigte an, daß die Vereinigten Staaten bereit seien, dem griechischen Appell um wirtschaftliche und finanzielle Unterstützung nachzukommen. Er kündigte weiter an, daß auch die Türkei, die sich in einer ähnlichen Situation wie Griechenland befand, amerikanische Hilfe erhalten solle.

Erinnerungen 1945-1953, a. a. O., S. 113.
  * *Vgl. Zeittafel, S. 449.*
  ** *Vgl. Zeittafel, S. 448 f.*

Nur die Vereinigten Staaten können Deutschland und Europa retten.

Schreiben vom 17.12.1947 an Raymond L. Hiles, amerikanischer Stadtkommandant von Köln bis zur Ablösung der Besatzung durch die Engländer im Juni 1945, StBKAH 07.05.

Ich bin davon überzeugt, dass allein die Vereinigten Staaten Europa wieder aufrichten können und dass die Folgen eines dauernden Niedergangs oder Zusammenbruchs Europa's für die ganze Welt schrecklich sein würden; aber die Denkungsart der Völker ist so verschieden, dass allzuleicht Missverständnisse das Vertrauen und die Zusammenarbeit trüben können.

Schreiben vom 16.2.1948 an Captain Albert C. Schweizer, Besatzungsoffizier der amerikanischen Militärregierung in Köln (bis Juni 1945) und Bayern, StBKAH 07.06.

Das Interesse der Vereinigten Staaten an den europäischen Dingen in seiner jetzigen Stärke und Intensität wird eines Tages nachlassen, wenn der Gegensatz zwischen den Vereinigten Staaten und Sowjetrußland nachlassen wird, und der wird eines Tages so oder so doch nachlassen.

> *Auf dem 2. Parteitag der CDU der britischen Besatzungszone in Recklinghausen am 28.8.1948. Druck:* Neuaufbau auf christlichen Grundlagen. Zweiter Parteitag der CDU für die Britische Zone, *Opladen 1948, S. 11.*

Ich glaube nicht, daß jemals in der Geschichte ein siegreiches Land es versucht hat, dem besiegten Land in der Weise zu helfen und zu seinem Wiederaufbau und seiner Erholung beizutragen, wie das die Vereinigten Staaten gegenüber Deutschland getan haben und tun.

(Bravo rechts, in der Mitte und bei Teilen der SPD.)
Wir glauben, meine Damen und Herren, daß eine spätere Geschichtsschreibung dieses Verhalten der Vereinigten Staaten als eine größere Tat bezeichnen wird als seine Anstrengungen im Kriege.

(Sehr richtig! – Lachen bei der KPD.)
Ich weiß, daß unzählige Amerikaner aus echter, persönlicher Teilnahme und Nächstenliebe uns Deutschen in unserer schwersten Not, als hier Hunger und Mangel herrschten, in rührender Weise geholfen haben. Das deutsche Volk wird das dem amerikanischen Volk niemals vergessen dürfen, und es wird das auch nicht vergessen.

> *Verhandlungen des Deutschen Bundestages, 1. Wahlperiode, 5. Sitzung am 20.9.1949, S. 30.*

Wovon lebt Europa? Es lebt von der Gnade der Vereinigten Staaten. Auch das wird nicht immer so bleiben. Es wird eines Tages der Augenblick kommen und kommen müssen, in dem dieses Europa wieder sich selbst helfen kann und auf eigenen Füßen stehen muß.

In München auf einer Veranstaltung der CSU am 3.4.1950, st. N., S. 10, ACDP S.Ad.

Da nach der Natur der Sache das amerikanische Volk nicht gewillt sein wird, auf Jahrzehnte hinaus amerikanische Heere in Europa zu unterhalten, werden die westeuropäischen Länder mit ihrem Menschenmaterial, unterstützt natürlich von den Vereinigten Staaten, einen dauernden wirksamen Schutz gegenüber dem sowjetrussischen Expansionsstreben bilden müssen. Das wird nur möglich sein, wenn es wirklich gelingt, Europa zusammenzufassen und zu integrieren.

Vor dem Ministerkomitee des Europarates in Straßburg am 3.8.1951, Redemanuskript, S. 18 f., vertraulich, StBKAH 02.09.

Wenn die Integration Europas unmöglich wird, wenn der sowjetrussische Einfluß in Westeuropa noch weiter dadurch wachsen würde, werden ganz sicher die Vereinigten Staaten ihr Interesse an Europa eines Tages verlieren. Dann hat Sowjetrußland sein Ziel erreicht: Es ist Herr über ganz Europa. Wenn ihm das gelingt, wenn Sowjetrußland Herr von Europa werden sollte, dann ist es auch für die Vereinigten Staaten ein sehr beachtenswerter Gegner. Eine Teilung der Welt in eine sowjetrussische und eine amerikanische Einflußsphäre erscheint dann durchaus im Bereich der Möglichkeit; und wir, wir Europäer und schließlich auch England, gehören dann zur russischen Einflußsphäre.

Vor den NEI in Bad Ems am 14.9.1951, st. N., S. 11 f., StBKAH 16.08.

Die Vereinigten Staaten, die durch den Kriegsausgang in den Besitz einer Macht gekommen waren, wie sie selten einem Volke zuteil wird, haben gezeigt, daß sie wohl erkannt haben, daß Macht und Reichtum dem Besitzer Pflichten gegenüber der Allgemeinheit auferlegen. Von der späteren Geschichtsschreibung wird meiner Überzeugung nach die moralische Größe, die das amerikanische Volk und seine Regierung bei der Benutzung ihrer Macht gegenüber Europa und besonders auch gegenüber Deutschland gezeigt haben, als *eine der größten Taten eines Volkes* bezeichnet werden.

In Wetzlar auf einer Veranstaltung der CDU am 30.4.1952, Bulletin Nr. 50/52, S. 528.

Für den Westen gibt es eine Verteidigungsmöglichkeit an der Elbe, eine andere am Rhein, eine dritte an den Pyrenäen, eine vierte außerhalb Europas. Ob Europa an der Elbe oder am Rhein verteidigt wird, das hängt vor allem von uns hier in Deutschland ab. [...]

Jedes europäische Zögern ist jedenfalls Wasser auf die Mühlen eines alten oder neuen amerikanischen Isolationismus, oder auch einer politischen Konzeption, die der Verteidigung Asiens den Vorzug gibt.

Interview mit Ernst Friedlaender im NWDR am 30.1.1953, Bulletin Nr. 22/53, S. 175.

Wer sich versichern lassen will, muß eine Prämie zahlen. Wer da glaubt, Europa sei bei Amerika prämienfrei versichert, befindet sich in einem verhängnisvollen Irrtum.

Interview mit Ernst Friedlaender im NWDR am 30.1.1953, Bulletin Nr. 22/53, S. 175.

Wenn dieses Europa nicht den Willen zeigt, sich zu einer Einheit zusammenzufinden, und wenn es nicht den Willen zeigt, eine defensive Abwehrfront gegenüber dem Osten zu errichten, dann liegt doch die Gefahr außerordentlich nahe, daß der verantwortliche Mann in den Vereinigten Staaten sagt: ›Mehr als ich getan habe, kann Amerika nicht tun. Dann muß Europa sehen, wie es selbst fertig wird.‹

Auf einer Großkundgebung des Deutschen Bauernverbandes anläßlich der Grünen Woche in Berlin am 1.2.1953, Bulletin Nr. 22/53, S. 173f.

Nichts wäre falscher als eine Politik, die sich auf die Annahme gründet, die Vereinigten Staaten seien auf Europa angewiesen und könnten sich, auch wenn sie es wollten, daraus nicht mehr zurückziehen. Es ist richtig, daß Amerika heute in Europa wichtige eigene Interessen militärischer und wirtschaftlicher Art wahrzunehmen hat. Aber es ist ein fundamentaler Unterschied, ob diese Interessen verteidigt werden von einem Amerika, das von den Europäern als notwendiges Übel betrachtet und behandelt wird, oder von einem Amerika, das weiß, daß es sich auf seine europäischen Freunde und Partner verlassen kann.

Interview mit dem Rheinischen Merkur, *Ausgabe vom 9.7.1954,*
Nr. 28, 9. Jg.

Eines, meine Freunde, ist völlig klar: ohne die Hilfe und den Schutz der Vereinigten Staaten ist Europa gegenüber dem Druck Sowjetrußlands machtlos und gefährdet.

Vor dem Gemeinschaftsausschuß der hessischen gewerblichen Wirtschaft in Offenbach am 24.9.1954, st. N., S. 3, »Mitteilung an die Presse« Nr. 1063/54 des BPA vom 25.9.1954, StBKAH 02.12.

... das deutsche Volk wird auch nach der Wiederherstellung der deutschen Souveränität die Stationierung amerikanischer Truppen auf deutschem Boden nur als Beweis dafür empfinden, daß die Vereinigten Staaten die Sicherung der Freiheit Westeuropas und der Bundesrepublik als wesentliches Ziel ihrer Politik ansehen. Bereits heute betrachtet die große Mehrheit der westdeutschen Bevölkerung die amerikanischen Truppen auf deutschem Boden nicht mehr als Besatzung, sondern als Verbündete.

Interview mit Hugh Baillie (United Press), zitiert nach Bulletin Nr. 203/54 vom 27.10.1954, S. 1806.

Der Druck, der jetzt indirekt durch Sowjetrußland in Asien ausgeübt wird, hat nach meiner Überzeugung den Zweck, der großen amerikanischen Öffentlichkeit klarzumachen, daß Amerika nicht gleichzeitig in Asien und in Europa festen Fuß fassen und Politik treiben kann. Es ist in der Tat so – und hier geben sich namentlich viele Deutsche einem Irrtum hin –, daß schon immer im westlichen Teil der Vereinigten Staaten, im mittleren Westen, die Frage ›Asien‹ eine viel größere Rolle gespielt hat in der öffentlichen Meinung als die Frage ›Europa‹. Das liegt in der Natur der Dinge. Der amerikanische Kontinent ist so groß, daß man es verstehen muß, wenn man etwa in New York hauptsächlich auf das achtet, was in Europa geschieht, in San Francisco, aber auch schon in Chicago, insbesondere darauf achtet, was in Asien vor sich geht.

Vor dem Bundesparteivorstand der CDU am 5.2.1955, st. N., S. 7, ACDP VII-001-004/1.

Das Ziel der russischen Politik ist, die Vereinigten Staaten aus Europa wegzubringen, weil sie wissen, daß sie dann Europa beherrschen werden. Sie wissen ganz genau, daß es das beste, das einzige Mittel ist, die Vereinigten Staaten zu einer völligen Änderung ihrer Europapolitik zu bringen, wenn dieses Europa sich nicht einigt.

In Goslar auf einer Veranstaltung der CDU am 22.4.1955, st. N., S. 6,
StBKAH 02.13.

Die Vereinigten Staaten haben die führende Rolle, in die sie der Ausgang des letzten Krieges gebracht hat, in einer bewundernswerten Weise erkannt und danach gehandelt. Die Krönung ihrer geschichtlichen Sendung würde es bedeuten, wenn es ihnen gelänge, die Abrüstung herbeizuführen.

Ansprache in der Harvard-Universität in Cambridge/USA anläßlich der
Verleihung der Ehrendoktorwürde der juristischen Fakultät am 16.6.1955,
Bulletin Nr. 110/55, S. 914.

Wir müssen immer mit der Möglichkeit rechnen, daß sich namentlich bei der Entwicklung der nuklearen Waffen Amerika zurückzieht. Das Wort von der ›Festung Amerika‹ ist ein Wort, das wir uns immer vor Augen halten müssen.

Vor dem Bundesparteivorstand der CDU am 20.9.1956, st. N., S. 34,
ACDP VII-001-005/6.

Lebensnotwendigkeiten der europäischen Staaten müssen nicht immer auch Lebensnotwendigkeiten der Vereinigten Staaten sein und umgekehrt; daraus können sich Verschiedenheiten der politischen Auffassungen ergeben, die zu selbständigem politischem Vorgehen führen können. Die europäischen Völker müssen sich, je mehr der letzte Krieg seine unmittelbaren Rückwirkungen auf die jetzige Zeit verliert und zur Geschichte wird, auf ihre eigene Stärke und Verantwortung besinnen, schon – lassen Sie mich auch das noch einmal wiederholen –, weil man den Vereinigten Staaten nicht zumuten kann, bei ihrer Politik in erster Linie an europäische Interessen zu denken.

Rede vor den Grandes Conférences Catholiques in Brüssel am 25.9.1956, Bulletin Nr. 181/56, S. 1726.

Dieses Europa hat sich nun jetzt, vom Standpunkt der Amerikaner, aber auch vom Standpunkt der Vernunft aus betrachtet, seit 1945 politisch so dumm benommen und eine Unklugheit nach der anderen begangen, daß man es verstehen müßte, wenn die Amerikaner sagten, mit den Europäern ist nichts zu machen. Denken Sie bitte daran, welche Haltung Großbritannien Jahre hindurch gegenüber den Bestrebungen zur Vereinigung Europas eingenommen hat. Denken wir bitte daran, daß es zwar gelungen ist, die Montanunion zu schaffen, daß aber dann Frankreich bei dem weiteren Schritt der Schaffung der Europäischen Verteidigungsgemeinschaft am 30. August 1954[*] in der schrecklichsten Weise versagt hat. Wir haben dann die Westeuropäische Union auf der Londoner Konferenz im Oktober 1954 geschaffen. Aber die Westeuropäische Union hat bisher geschlafen. Sie hat geschlafen, weil die Engländer wieder nicht mittun wollten. Die Amerikaner haben ungeheure Aufwendungen im Interesse der Freiheit in der Welt gemacht. Sie sind es doch gewesen, die damals unter Truman in Korea eingegriffen haben. Wenn nun die Amerikaner dieses ganze Gezänke der Europäer dauernd sehen, dann kann man schließlich verstehen, wenn sie sagen, wenn diesem Europa nicht zu helfen ist, wenn das ein Kontinent ist, der sterben will, dann können wir ihn auch nicht mehr am Leben erhalten.

Vor dem Bundesparteivorstand der CDU am 23.11.1956, st. N., S. 23f., ACDP VII-001-005/7.

[*] *Vgl. Zeittafel, S. 456.*

Durch die NATO binden wir die Vereinigten Staaten an uns; ohne die Vereinigten Staaten sind alle europäischen Länder gegenüber der Sowjetunion verloren.

Vor dem Bundesparteivorstand der CDU am 23.11.1956, st. N., S. 28, ACDP VII-001-005/7.

Sicher wird eine Weltmacht wie die Vereinigten Staaten auch den ausserhalb Europas auftretenden Fragen ihre Aufmerksamkeit schenken müssen. Aber nach meiner festen Überzeugung ist für das Schicksal der Menschheit und auch für das Schicksal der Vereinigten Staaten entscheidend, was aus Europa wird.

Schreiben vom 8.12.1956 an US-Außenminister John Foster Dulles, StBKAH III/2.

Wäre in Amerika das Gefühl der Zusammengehörigkeit mit Europa nicht so lebendig gewesen, so wäre das freie Europa auch ein Opfer östlicher Macht geworden und heute nur noch ein historischer Begriff.

Rede aus Anlaß der ersten Tagung der Europäischen Kulturstiftung in Amsterdam am 23.11.1957, Bulletin Nr. 219/57, S. 2022.

Ein wirklicher Gegensatz kann nur entstehen und bestehen zwischen gleichwertigen Gegnern. Der wirkliche Gegensatz besteht nur zwischen Sowjetrußland und den Vereinigten Staaten. Vor den Vereinigten Staaten hatten die Sowjets bisher Angst. Ob sie sie jetzt noch haben, weiß ich nicht. Sie wird noch da sein, aber sie ist durch ihr Selbstbewußtsein auf Grund des Sputniks* jedenfalls erheblich geringer geworden. Alle anderen europäischen Staaten spielen nur insofern in diesem politischen Kräftespiel in der Welt eine Rolle, als es für Amerika oder für Sowjetrußland wichtig ist, ob diese auf der einen Seite oder auf der anderen Seite stehen.

Vor dem Bundesparteivorstand der CDU am 17.1.1958, st. N., S. 103 f.,
ACDP VII-001-007/1.
* Vgl. Zeittafel, S. 458.

Überlegen Sie einmal, wie das wäre, wenn Amerika nicht mehr zu uns hielte! Glauben Sie vielleicht, daß Sowjetrußland uns oder Europa irgendwie fürchten würde? In keiner Weise! Es würde im Handumdrehen mit uns allen glatt fertig werden.

Vor dem Bundesparteivorstand der CDU am 17.1.1958, st. N., S. 104,
ACDP VII-001-007/1.

Denken Sie einmal daran: Es könnte nach einer Wahl in den Vereinigten Staaten – in Amerika sind Wahlen überhaupt eine merkwürdige Sache – der Gedanke auftauchen: Sollen wir bei dem Bild, das Europa bietet, uns noch weiter mit so großen Steuern belasten, sollen wir noch weiter unsere amerikanischen Soldaten diesen Gefahren in Europa aussetzen? Sollen wir nicht lieber mit Sowjetrußland einfach halbpart machen, der eine beherrscht diesen Teil der Erde und der andere jenen, dann haben wir doch bis auf weiteres Ruhe.

Vor dem Bundesparteivorstand der CDU am 17.1.1958, st. N., S. 105,
ACDP VII-001-007/1.

Nun hat Amerika jahrelang geglaubt, keiner könne es übertreffen, – bis auf einmal – ich sage, Gott sei Dank – der Sputnik* kam. Ich sage deshalb Gott sei Dank, weil Amerika dadurch aus seinem Traum erwacht ist.

Vor dem Bundesparteiausschuß der CDU am 17.1.1958, st. N., S.17,
ACDP VII-001-021/1.
* Vgl. Zeittafel, S. 458.

Zu den USA

Wir dürfen uns nicht einbilden, daß Amerika etwa nur um unserer schönen Augen willen uns helfen will und auf eine gute Partnerschaft mit uns Wert legt. Das gilt am wenigsten – lassen Sie mich das in aller Offenheit sagen – von dem Verhältnis der Vereinigten Staaten gegenüber Deutschland. An Frankreich binden die Amerikaner irgendwelche romantische Ideen von der Französischen Revolution her, vor allem von Lafayette; dann schöne Ferien in Frankreich und sonstige Dinge. An Großbritannien binden die Amerikaner zunächst die gemeinsame Sprache und dann vieles anderes Gemeinsame im Wesen und Denken. Aber an uns Deutsche – das hat der Nationalsozialismus sehr gründlich besorgt – bindet Amerika nichts von derartigen Gefühlen und Empfindungen. Das Verhältnis der Amerikaner zu uns beruht auf reinen rationalen Überlegungen. Das müssen wir uns bei alledem, was wir tun, immer wieder klarmachen.

Vor dem Bundesparteiausschuß der CDU am 17.1.1958, st. N., S. 17, ACDP VII-001-021/1.

Der Westen muß einig bleiben! Kein Land darf eine Extratour machen wollen. Sämtliche westlichen Länder müßten es teuer bezahlen, wenn irgendein Land eine Extratour riskieren würde. Es bleibt auch dabei, daß innerhalb der freien Welt die Vereinigten Staaten das einzige Land sind, das die Führerschaft beanspruchen und die freie Welt aus dieser Verstrickung – die auch die unfreie Welt mit umfaßt – herausführen kann.

Vor dem Bundesparteivorstand der CDU am 25.4.1958, st. N., S. 9, ACDP VII-001-007/2.

Der Spannungsherd, das eigentliche Feld der Spannung, das ist doch wahrhaftig nicht zwischen Sowjetrußland und Westeuropa, das ist zwischen Sowjetrußland und den Vereinigten Staaten, und da muß die Abrüstung einsetzen, aber nicht nur der nuklearen Waffen, auch der konventionellen Waffen, die Westeuropa bedrohen. Da müssen sie einsetzen, und wir dürfen uns durch keine Manöver, auch von Deutschen nicht, von dieser Forderung abbringen lassen. Die Welt darf sich nicht davon abbringen lassen, sie darf nicht auf Nebenwege gehen, nicht auf Abwege gehen ...

In Berlin auf einer Veranstaltung der CDU in der Deutschlandhalle am 5.12.1958, st. N., S. 11 f., StBKAH 02.18.

Wir sind bereit, den Nichtmitgliedern des Gemeinsamen Marktes auf wirtschaftlichem Gebiet so weit entgegenzukommen, daß der politische Zweck des EWG-Vertrages dadurch nicht gefährdet wird. Das muß unser Leitgedanke sein. Die übrigen Mitglieder des Gemeinsamen Marktes teilen diese Auffassung. Die Vereinigten Staaten haben sich zu diesen Fragen geäußert, aber nicht öffentlich, sondern intern. Mir hat Eisenhower*, als er damals hier war [im August 1959] gesagt, die europäische Integration hält die Vereinigten Staaten fest an Europa.

Vor dem Bundesparteivorstand der CDU am 9.11.1959, st. N., S. 5, ACDP VII-001-008/3.
* Vgl. Zeittafel, S. 455.

Die EWG ist für die Vereinigten Staaten wirtschaftlich nicht angenehm, aber die Vereinigten Staaten gehen aus von der politischen Bedeutung dieses Vertrages, weil er auch nach ihrer Auffassung zur Integration Europas führen soll. Daher sind sie bereit, über die eventuellen wirtschaftlichen Nachteile, die

die EWG für die Vereinigten Staaten hat, hinwegzusehen, und zwar im Interesse des politischen Zieles.

Vor dem Bundesparteivorstand der CDU am 9.11.1959, st. N., S. 5f., ACDP VII-001-008/3.

Man muß sich auch darüber klar sein – das haben mir gegenüber Amerikaner zugegeben –, daß, wenn die Sowjets die Bundesrepublik und namentlich auch noch das Potential von Frankreich, Italien und den Benelux-Ländern in die Hand bekommen, sie wirtschaftlich stärker sind als die Amerikaner und daß dann der Kommunismus wirklich eine große Schlacht gewonnen hat. Wo immer wir und mit wem wir auch sprechen, müssen wir daher den Amerikanern klarmachen – die Einsichtigen sagen, wir wissen es, und deswegen sind wir bereit, die Opfer für Europa zu bringen –, daß es ihre Sache ist, um die es sich hier handelt.

Wenn Westeuropa in irgendeiner Form mit seiner Wirtschaft dem Kommunismus und den Sowjets anheimfällt, dann hat Amerika die Schlacht verloren.

Vor dem Bundesparteiausschuß der CDU am 18.11.1960, st. N., S. 3f., ACDP VII-001-021./9.

Die Ära Eisenhower ist in den Vereinigten Staaten zu Ende, und an ihre Stelle ist die Demokratische Partei unter dem Präsidenten Kennedy* getreten. Ich glaube, es ist nur natürlich, daß nun diese neue amerikanische Administration Zeit haben will, um sich in das ganze ungeheure Gebiet der amerikanischen Politik hineinzuarbeiten. Wir Europäer vergessen nur zu schnell, daß in den Vereinigten Staaten sehr wesentliche innerpolitische Angelegenheiten einer Neuordnung harren. Ich erwähne nur die Arbeitslosenzahl in den Vereinigten Staaten, die jetzt 5,7 Mill. beträgt; ich erwähne das Schulwesen, die ganze Wirtschaftslage, und dazu kommen dann die außenpolitischen Fragen, die aber nicht nur europäische Fragen sind, sondern auch asiatische Fragen und dazu südamerikanische Fragen.

In Bonn auf einer Veranstaltung der CDU am 9.3.1961, st. N., S. 3, StBKAH 02.23.
* Vgl. Zeittafel, S. 460.

Nach der ersten Begegnung mit US-Präsident John F. Kennedy:
Die Vereinigten Staaten sind als das stärkste Land die natürliche *Führungsmacht* in diesem Bündnis [i.e. in der NATO]. Aber eine Führung unter Freien besteht nicht darin, daß der Stärkste seinen Partnern seinen Willen einfach mitteilt, sondern darin, daß er seine Absichten zeitig erkennen läßt und sie mit seinen Partnern diskutiert. Diesem Prinzip folgen auch die Vereinigten Staaten, und sie sind gewillt, dieses Prinzip in vollem Umfang zu befolgen.

Verhandlungen des Deutschen Bundestages, 3. Wahlperiode, 156. Sitzung am 21.4.1961, S. 8935.

Ich habe immer wieder versucht, den Amerikanern klar zu machen, daß, wenn die Bundesrepublik verloren gehe, im Laufe der Entwicklung auch Frankreich und Italien zu der kommunistischen Welt gehören würden, wenn auch in einer abgeschwächten Form. Dann würde die wirtschaftliche Macht der Sowjetunion die wirtschaftliche Macht der USA bei weitem übersteigen und daß es dann den Sowjets möglich wäre, durch Unterbietungen auf dem Weltmarkt in gewissen Artikeln die USA in ein soziales Chaos zu stürzen.

Aufzeichnung vom 31.10.1961, S. 4, StBKAH III/52.

Sie wissen, daß ich ein Freund der Vereinigten Staaten bin und daß ich immer wieder nur als ein Zeichen wirklicher Größe anerkennen kann, daß die Vereinigten Staaten nach dem Kriege den geschlagenen Völkern in dieser Weise geholfen haben. Da war nach meiner Meinung die große Gefahr, daß Amerika sehr stark versagen würde. Das ist nicht der Fall gewesen.

Informationsgespräch mit Flora Lewis Gruson (Washington Post) *und Sydney Gruson* (The New York Times) *am 20.2.1962, st. N., S. 12, StBKAH 02.26.*

Wie mir scheint, verstehen die Amerikaner zu wenig oder legen zu wenig Wert auf die Mentalität auch der ihnen befreundeten Völker, und damit gewinnt man sich keine Freunde.

Informationsgespräch mit Flora Lewis Gruson (Washington Post) *und Sydney Gruson* (The New York Times) *am 20.2.1962, st. N., S. 16, StBKAH 02.26.*

Es ist von manchen deutschen Politikern und auch von manchen deutschen Zeitungen dann das Wort von [der] ›Atlantischen Union‹ gesprochen worden. Daran denkt kein Mensch! Wenn man zuviel zusammenbringt, platzt manchmal die ganze Geschichte. – Wir wollen mit den Vereinigten Staaten – ich spreche jetzt von EWG – eine Partnerschaft, aber nicht ein allgemeines Gemengsel.

»Kanzler-Tee« mit der »Teerunde« am 2.3.1962, st. N., S. 7f., StBKAH 02.26.

Wir dürfen Amerika unter keinen Umständen aus der Verteidigungsgemeinschaft entlassen, ohne die USA sind wir verloren.

Interview mit Georg Schröder für Die Welt, *erschienen am 18.5.1962, Nr. 115, 17. Jg.*

Das ist unser Bestreben: Wir wollen die Führung der Vereinigten Staaten, Europa soll ein wertvoller Partner sein. Und ich glaube, die Vereinigten Staaten legen auch in der jetzigen Administration noch Wert darauf, daß Europa ein wertvoller Partner der Vereinigten Staaten ist und bleibt.

Auf dem 11. Bundesparteitag der CDU in Dortmund am 3.6.1962, Protokoll des Parteitages, hrsg. v. der CDU-Bundesgeschäftsstelle, Bonn o. J., S. 22.

Man muß sich über folgendes klar sein: wenn es Sowjetrußland gelingen sollte, Westeuropa auf irgendeine Weise in seine Sphäre zu bekommen – nicht durch einen Krieg; ich denke jetzt nicht an einen Krieg –, dann würde sich in der Hand dieser Diktatur Sowjetrußland eine wirtschaftliche Macht vereinigen, die den Vereinigten Staaten sehr schwere Sorgen machen würde. Daher ist die Konzeption für uns beide dieselbe für die Vereinigten Staaten und für die Europäer: die Führung müssen die Vereinigten Staaten haben, weil sie das größte Potential einsetzen können; Europa aber muß ein wertvoller Partner der Vereinigten Staaten sein und bleiben.

Auf dem 11. Bundesparteitag der CDU in Dortmund am 3.6.1962, Protokoll des Parteitages, hrsg. v. der CDU-Bundesgeschäftsstelle, Bonn o. J., S. 22.

Der Gemeinsame Markt mag noch so groß sein und noch so prosperieren – ohne die Vereinigten Staaten sind wir gegenüber Sowjetrußland verloren. Sowjetrußland respektiert nur die Macht, nicht den Wohlstand.

Informationsgespräch mit James Bell, Klaus Dohrn und Charles D. Jackson (Time) *am 28.6.1962, st. N., S. 10, StBKAH 02.26.*

Auf die reale Macht kommt es an, die von den Vereinigten Staaten durch die nuklearen Waffen beherrscht wird. Deswegen sind alle in Europa verloren, wenn wir Ihre Hilfe nicht haben. Davon gehen Sie bitte aus. Ob mit oder ohne Gemeinsamen Markt, ohne Ihre Hilfe sind wir verloren.

Informationsgespräch mit James Bell, Klaus Dohrn und Charles D. Jackson (Time) *am 28.6.1962, st. N., S. 10, StBKAH 02.26.*

Eine große atlantische Wirtschaftsgemeinschaft, das wäre ein Ding, das eigentlich gar nicht funktionieren würde. Sicher werden wir immer mit den Vereinigten Staaten und daher mit seiner Wirtschaft möglichst Hand in Hand gehen. Aber, meine Herren, Amerika muß seine Wirtschaft nach seinen eigenen Interessen führen, und wir Europäer müssen es ja auch, und wir können höchstens vergleichen, wie weit unsere beiderseitigen Interessen eine Annäherung erlauben.

Auf einer Pressekonferenz in Bonn am 23.1.1963, st. N., S. 18, StBKAH 02.30.

Sehen Sie, Amerika ist und bleibt ein Führungsland. Deswegen haben wir das Interesse, daß die inneren Zwistigkeiten, die in jedem Lande sind, in Amerika möglichst gering sind, damit es die Außenpolitik geschlossen und aufmerksam verfolgt.

Informationsgespräch mit Gaston Coblentz (New York Herald Tribune) *am 5.8.1963, st. N., S. 5, StBKAH 02.31.*

Aber Amerika hat einen Mangel, der mit seiner Jugend zusammenhängt. Es sieht Dinge zu sehr nur von seinem Standpunkt aus, und das hängt mit der Jugend zusammen. Nehmen Sie einen jungen Menschen, einen Mann von 25/30 Jahren. Der sieht die Dinge nur von seinem Standpunkt aus an. Ihm kommt gar nicht in den Sinn, daß auch ein anderer Standpunkt, von dem die Sache etwas anders aussieht, genauso berechtigt ist wie sein eigener. An dem Fehler leidet Amerika wegen seiner Jugend. Das tut mir deswegen besonders leid, weil dadurch Amerika in der Welt vielfach nicht den Rang erhält, den es verdient.

Informationsgespräch mit Daniel Schorr (CBS) am 15.8.1963, st. N., S. 13, StBKAH 02.31.

… vom russischen Standpunkt aus betrachtet müssen Sie einmal Europa ansehen, erstens, welche innere Widerstandskraft es hat, zweitens, welch starkes wirtschaftliches und auch militärisches Potential es darstellt. Wenn es Sowjetrußland gelingen würde, Westeuropa nicht etwa zum Satellitenstaate zu machen, nein, in sein politisches Kielwasser zu bekommen, dann wäre Sowjetrußland in der Tat die stärkste Macht der Welt, viel stärker als die Vereinigten Staaten. Das spreche ich sehr offen und sehr ruhig aus, das habe ich auch bedeutenden Amerikanern gegenüber ausgesprochen. Hier in Europa liegt die Gefahr für die Welt, auch für die Vereinigten Staaten, liegt auch für Sowjetrußland die Möglichkeit, so stark zu werden, daß es, auch gegenüber Rotchina, bestehen bleiben kann.

Pressekonferenz in Bonn am 4.8.1964, st. N., S. 15, StBKAH 02.34.

Wenn Sie von Ihrem Krieg in Vietnam hypnotisiert bleiben, wird das amerikanische Volk die Nase voll bekommen. Es wird eine psychologische Grenze erreichen und Sie zum Rückzug in den Isolationismus zwingen.

Interview mit Cyrus L. Sulzberger, erschienen in The New York Times *am 10.2.1965.*

Es war immer meine große Sorge und ist es auch jetzt, daß Amerikas Aufmerksamkeit mehr nach Asien als nach Europa hin gelenkt würde.

Interview mit Wolfgang Höpker für Christ und Welt, *erschienen am 17.9.1965, Nr. 38, XVIII. Jg.*

Ich habe das Gefühl, daß die Leitung der Vereinigten Staaten der Auffassung ist, daß für die Vereinigten Staaten das Wichtigste das ist, was in Asien geschieht, und *ich* bin der Auffassung, daß die verwundbarste Stelle für Amerika Europa ist.

Informationsgespräch mit James Bell (Time & Life) *am 3.1.1966, st. N., S. 3 f., StBKAH 02.37.*

Die Interessen Europas und die der Vereinigten Staaten sind nicht immer identisch, und die europäischen Staaten müssen durch die Einigung Europas in die Lage versetzt werden, auch ihre Interessen zur Geltung zu bringen. Das Wesentliche und Grundsätzliche, die Erhaltung der Freiheit und des Friedens als die höchsten Güter der Menschheit, sind in den Vereinigten Staaten und in Europa in gleicher Weise Ziel der Politik.

Letzte außenpolitische Rede Konrad Adenauers in Madrid im Ateneo am 16.2.1967, Redemanuskript, S. 16 f., StBKAH 02.38.

22 Herausforderungen und Gefahren

Materialismus und Christentum, das sind die großen entgegengesetzten Pole, die sich allmählich immer klarer und deutlicher abzeichnen. Ob die Mehrheit unseres Volkes auf materialistischem Boden verharrt oder ob sie zurückfindet zu der Weltanschauung des Christentums, das ist die entscheidende Frage für unser Volk.

In Essen auf einer Veranstaltung der CDU am 24.8.1946, st. N., S. 5, StBKAH 02.03.

Es hat Sternstunden der Menschheit gegeben, aber auch Perioden tiefster Sorge und Not; Perioden, in denen die Zukunft in schwere Wolken gehüllt ist, in denen sich das Geschick der Menschheit für Generationen entscheidet, sei es zum Guten, sei es zum Bösen. In einer solchen Zeit leben wir jetzt: in unserer Zeit wird es sich entscheiden, ob Freiheit, Menschenwürde, christlich-abendländisches Denken der Menschheit erhalten bleibt oder ob der Geist der Finsternis und der Sklaverei, ob der anti-christliche Geist für eine lange, lange Zeit seine Geißel über die hilflos am Boden liegende Menschheit schwingen wird.

Auf dem 1. Bundesparteitag der CDU in Goslar am 20.10.1950, Protokoll des Parteitages, *hrsg. v. der CDU, Bonn o. J., S. 12.*

Nichts ist dauernd auf Erden und alles fließt. Aber der Fluß der Entwicklung kann langsam und geordnet sein wie etwa in dem Jahrhundert, das 1815 mit dem Wiener Kongreß begann und das 1914 mit dem Ausbruch des Ersten Weltkrieges endete. In solchen Zeiten ist vielleicht die Mehrzahl der Menschen berechtigt, den eigenen Geschäften sich zu widmen und sich um politische Angelegenheiten nicht zu kümmern. Aber es kann auch Perioden geben, die erfüllt sind von Sturm, von einer atemberaubenden Schnelligkeit der Entwicklung, in denen es nur eine Wahl zwischen Gut und Böse, zwischen Leben und Untergang gibt, und in denen diese Wahl schnell und ohne Zögern getroffen werden muß. In einer solchen Periode hat kein Mensch das Recht, sich abseits zu stellen. Kein Mensch und kein Volk hat dies Recht. Jeder Mensch und jedes Volk hat dann die Pflicht, Stellung zu nehmen und das von ihm als richtig Erkannte mit äußerster Zähigkeit und Energie durchzuführen.

Auf dem 1. Bundesparteitag der CDU in Goslar am 20.10.1950, Protokoll des Parteitages, *hrsg. v. der CDU, Bonn o. J., S. 12.*

Wenn wir die politischen Verhältnisse des Jahres 1914 vergleichen mit dem heutigen Zustand, dann erkennen wir erst, was in der, geschichtlich betrachtet, so kurzen Zeitspanne von 36 Jahren sich ereignet hat. Wir nehmen wahr, welch ungeheuren Kräfte durch die beiden Kriege entfesselt worden sind und welch neuer, noch unendlich größeren Katastrophe die Menschheit in reißender Schnelligkeit entgegentreibt, wenn nicht rechtzeitig, wenn nicht buchstäblich im letzten Augenblick, entscheidende Maßnahmen getroffen, feste Dämme gezogen werden.

Auf dem 1. Bundesparteitag der CDU in Goslar am 20.10.1950, Protokoll des Parteitages, *hrsg. v. der CDU, Bonn o. J., S. 12 f.*

Diese Maßlosigkeit in unseren Ansprüchen ist unbeschreiblich und ist ein schwerer Schaden für das deutsche Volk. Das ist psychologisch vielleicht zu erklären aus all dem, was das deutsche Volk in den vergangenen Jahren hat entbehren müssen – dann möchte man gern nachholen –, und auch im Hinblick auf die Ungewißheit der Zukunft, die viele, allzuviele dazu veranlaßt, zu sagen: Ich will den Augenblick genießen, koste es, was es wolle; ich weiß nicht, ob ich morgen überhaupt noch am Leben bin. Aber aus diesen beiden Wurzeln heraus ist in unserer deutschen Bevölkerung eine Höhe der Ansprüche entstanden, die wirklich nicht erfüllt werden kann (Sehr richtig!) und die von keiner Regierung erfüllt werden kann. Von diesen Ansprüchen müssen wir wieder herunterkommen und werden wir wieder herunterkommen. Die Gewalt der Tatsachen wird uns dazu zwingen.

In Bonn vor maßgebenden Politikern der CDU-Kreisparteien Rheinland und Westfalen am 13.1.1951, st. N., S. 15, StBKAH 02.08.

Der heutige Mensch und vor allem der junge Mensch in vielen Ländern drängt geradezu zur Vermassung, weil er selbst keine Verantwortung übernehmen will für seine Entschlüsse, für das, was er tut. Jeder, der diese Entwicklung mit einiger Aufmerksamkeit verfolgt, muß geradezu erschrecken vor dieser Gefahr.

Im Pontificium Collegium Germanicum in Rom am 20.6.1951, st. N., S. 1, Privatbesitz.

Nach meiner Meinung ist eines der Hauptübel im Leben Europas, im wirtschaftlichen und politischen Leben, die materialistische Lebensauffassung.

Rede vor den NEI in Bad Ems am 14.9.1951, st. N., S. 7, StBKAH 02.09.

Diese materialistische Einstellung führt in ihrer äußersten Konsequenz notwendig zu kommunistischen und diktatorischen Entwicklungen, jedenfalls zu Entwicklungen, die sich über das Recht der Einzelperson hinwegsetzen.

Rede vor den NEI in Bad Ems am 14.9.1951, st. N., S. 9, StBKAH 02.09.

Ich hielt es für nötig, Ihnen die Größe der Gefahren, die dem Christentum, der christlichen Kultur, die Gesamt-West-Europa drohen, in aller Ausführlichkeit darzulegen, denn nur dann, wenn man die Größe einer Gefahr wirklich erkennt, überlegt man sich auch, wie man dieser Gefahr begegnen kann und faßt man mit der nötigen Tatkraft die dazu nötigen Entschlüsse.

Rede vor den NEI in Bad Ems am 14.9.1951, st. N., S. 9, StBKAH 02.09.

Ich bin fest überzeugt, daß es eine Rettung gibt, wenn wir nur wollen, wenn wir nur entschlossen sind, alle die Kraft anzuwenden zum Widerstand und zur Bekämpfung, die in uns wohnt. Die Rettung des Abendlandes, die Rettung der christlichen Kultur, wird entscheidend mit beeinflußt werden durch einen Zusammenschluß der politischen, auf dem Boden des Christentums stehenden Kräfte.

Rede vor den NEI in Bad Ems am 14.9.1951, st. N., S. 9, StBKAH 02.09.

Wir stehen noch *inmitten* einer Epoche fast revolutionärer politischer und wirtschaftlicher Umgestaltungen. Um so wichtiger erscheint es mir inmitten der wogenden Flut, in der wir stehen, sich immer wieder zu besinnen auf die *tragenden Fundamente* menschlichen Zusammenlebens.

Hs. Redeentwurf für eine »Katholische Kundgebung« (so die Formulierung laut Tagesplan, StBKAH 04.02) in Essen am 23.9.1951, S. 2f., StBKAH 02.09.

Das *Gegenteil* des personenhaften Seins, wie wir es auf Grund unserer *christlichen* Weltanschauung als *Norm* verlangen müssen, *ist die Vermassung,* die den Menschen *erniedrigt,* ihn seiner *Persönlichkeit beraubt.* Wir stehen *mitten in der Vermassung.* Sie wird *begünstigt* durch die *fortschreitende Industrialisierung* und durch die *fortschreitende Typisierung* und *Normierung* der *industriellen Arbeit.* Sie wird weiter gesteigert durch die fortschreitende Technisierung und die damit verbundene *Uniformierung unserer Kultur* und *unserer Unterhaltung.* Ein *vermasstes Volk* ist *kein Kulturvolk, kein christliches Volk.*

> *Hs. Redeentwurf für eine »Katholische Kundgebung« (so die Formulierung laut Tagesplan, StBKAH 04.02) in Essen am 23.9.1951, S. 14ff., StBKAH 02.09; die Unterstreichungen galten dem mündlichen Vortrag der Rede.*

Wir alle sind uns darin einig, daß wir in einer Zeit leben, in der alles und jedes in Frage gestellt ist, alle Bindungen, alle Ziele, alle Erkenntnis. [...] Der Gefahren, die eine solche gärende Zeit in sich birgt, kann man nur Herr werden, wenn man auf festem Boden steht, wenn man erkennt, daß die ethischen Ziele, die ethischen Gesetze, die auf religiösem Boden wurzeln, allein den Menschen den inneren Halt und die innere Festigkeit geben.

> *Auf dem 2. Bundesparteitag der CDU in Karlsruhe am 19.10.1951,* Protokoll des Parteitages, *hrsg. v. der CDU, Bonn o. J., S. 18 f.*

Ich hoffe, daß wir erleben werden, daß die Geißel der Menschheit, die so viele Kriege hervorgebracht hat, der Nationalismus, verschwindet. Aber schon tuen sich zwei neue große Gefahren für den Fortschritt der Menschheit auf. Ich meine den Materialismus und die Vermassung. Wenn es nicht gelingt, den Materialismus und die Vermassung zu besiegen, dann, fürchte ich, wird die Menschheit noch in weitere Kriege und in weitere Epochen des Niederganges hineinkommen.

Ansprache in Bonn aus Anlaß einer der UNESCO gewidmeten Feierstunde im Plenarsaal des Deutschen Bundestages am 14.1.1952, Bulletin Nr. 7/52, S. 68.

Auf längere Sicht betrachtet ist die Zukunft der abendländischen Menschheit durch nichts, aber auch durch gar nichts, durch keine politische Spannung so sehr gefährdet wie durch die Gefahr der Vermassung, der Uniformierung des Denkens und Fühlens, kurz, der gesamten Lebensauffassung und durch die Flucht aus der Verantwortung, aus der Sorge für sich selbst.

Ansprache auf dem Deutschen Handwerkstag in Düsseldorf am 27.4.1952, Bulletin Nr. 48/52, S. 500.

Man mag mit einer solchen Vermassung und Uniformierung der Arbeit und des Denkens zunächst auf wirtschaftlichem Gebiet einen schnelleren Fortschritt erzielen als durch Schonung und Pflege der individuellen Freiheit. Aber auf die Dauer führt eine Politik der Vermassung, ja schon eine Politik, die es zuläßt, daß das Individuelle verkümmert, mit absoluter Sicherheit zum Niedergang, zu einem katastrophalen Niedergang auf schlechthin allen Gebieten der menschlichen Betätigung.

Ansprache auf dem Deutschen Handwerkstag in Düsseldorf am 27.4.1952, Bulletin Nr. 48/52, S. 500.

Ich fürchte, wir sind viel zu sehr von dem Gedanken beherrscht, daß das menschliche Sein sich im wesentlichen auf der jetzigen Stufe halten werde, daß vielleicht gelegentlich

Schwankungen eintreten können, daß aber trotzdem und trotz aller Zwischenfälle die aufsteigende Linie in der menschlichen Kultur und in den materiellen Gebieten gesichert sei. Ich glaube, daß eine solche Überzeugung durch nichts gerechtfertigt ist, ja, daß sie nur zu leicht einen dazu verleiten kann, falsche Wege zu gehen.

Ansprache in der Frankfurter Universität am 30.6.1952, Bulletin Nr. 81/52, S. 826.

Spezialisierung und Zersplittern des Wissens ist eine *sehr ernste Gefahr,* und es darf nicht dazu kommen, daß sich die Universitas umgestaltet in ein Bündel gehobener Fachschulen, die gelegentlich bei den Universitätsfesten zusammenkommen.

Ansprache in der Frankfurter Universität am 30.6.1952, Bulletin Nr. 81/52, S. 826.

Wir sind Gegner der materialistischen Weltauffassung, aber der Kampf darum, ob Deutschland, ob Europa dem Materialismus anheimfallen sollen oder dem Christentum erhalten bleiben, der wird sich noch viele Jahre hindurch abspielen, und zwar auf Gebieten, die wir zunächst nicht in Angriff nehmen können, die aber in Angriff genommen werden müssen, auf dem Gebiet der Familie, und auf dem Gebiet vor allem der Erziehung der Jugend. Dieser Kampf um die Seele des deutschen Volkes und um die Seele Europas, die christliche Seele Europas, der uns und unsere Nachfahren noch lange beschäftigen wird, denn wir müssen gegenüber diesem materialistischen Zeitgeist letzten Endes den Sieg davontragen ...

Vor dem Bundesparteiausschuß der CDU am 6.9.1952, st. N., S. 8, ACDP VII-001-019/11.

Im Mittelstand erkenne ich das stärkste Bollwerk gegen den
verderblichen Geist des Kollektivismus und der Vermassung ...

Interview mit Franz Effer, Pressedienst des Einzelhandels, zitiert nach
Bulletin Nr. 168/52 vom 31.10.1952, S. 1495.

Die verschiedenen Systeme des Totalitarismus hätten niemals
auch nur annähernd die ungeheure Macht über Millionen von
Menschen gewinnen können, wenn nicht gewisse Tendenzen
der modernen Zivilisation das Terrain für die Beherrschung
der Massen vorbereitet hätten. Der moderne Mensch ist sich
weithin nicht mehr seiner Eigenständigkeit und seines
Eigenwertes bewußt. Er erarbeitet sich nicht mehr selbst sein
Weltbild, sondern akzeptiert vielfach aus Bequemlichkeit die
fertige Schablone, die ihm die Kollektivität bietet.

Rede in der Georgetown University in Washington, D.C., anläßlich
der Verleihung der Ehrendoktorwürde der juristischen Fakultät am
7.4.1953, Redetext, S. 3., StBKAH 02.11.

Es ist wohl sicher, daß das Pressewesen und die moderne
Nachrichtengebung in großen Teilen unserer Welt ständig
derart ausgedehnt worden ist, daß der moderne Mensch sozu-
sagen die ganze Welt gleichzeitig erlebt. Dieser Fülle ist der
Mensch noch nicht gewachsen, er kann nicht alles in sich aufnehmen, und was die Hauptsache ist, geistig verarbeiten.
Infolge dieser Entwicklung sind viele Menschen in ihrem
geistigen Leben verflacht und haben nur noch Sinn für die
allerneueste Nachricht, die desto besser erscheint, je sensatio-
neller sie ist oder aufgemacht ist.

Rede vor dem Internationalen Presseinstitut in London am 14.5.1953,
Bulletin Nr. 91/53, S. 774.

Die Nachrichtengebung legt es m. E. zu sehr auf die Erregung des Menschen an. In einem Zeitalter, in dem große Entfernungen in wenigen Stunden zu überbrücken sind, in dem Waffen ersonnen werden, die sich noch vor wenigen Jahrzehnten die kühnste Phantasie nicht träumen ließ, wird keineswegs jede zu schnellen und gefährlichen Entschlüssen drängende Erregung bekämpft, sondern oft bewußt aufgepeitscht. Alle Mittel der öffentlichen Meinungsbildung tragen heute eine größere Verantwortung denn je zuvor.

Rede vor dem Internationalen Presseinstitut in London am 14.5.1953, Bulletin Nr. 91/53, S. 774.

Die Presse sollte ihrer Tradition treu bleiben und sich auf die volle Entfaltung ihrer großen Möglichkeiten besinnen, das Wesentliche, die Essenz aus der ungeheuren Flut der Aktualitäten auszuwählen und zu verarbeiten und dadurch einer gesunden Urteilsbildung zu dienen.

Vor dem Internationalen Presseinstitut in London am 14.5.1953, Bulletin Nr. 91/53, S. 774.

Haben wir alle überhaupt verstanden, daß wir in einer Zeitwende leben? Haben wir alle begriffen, daß für lange, lange Zeit das Schicksal der Menschheit davon abhängt, ob und wie wir, die jetzt Lebenden, die Prüfung, die über uns alle gekommen ist, bestehen? Auf unsere Schulter, auf die Schultern der jetzt Lebenden, ist eine ungeheure Verantwortung gelegt, die Verantwortung für viele kommende Geschlechter. Wir, die jetzt Lebenden, werden die Verantwortung dafür tragen, ob das zum Kehricht geworfen wird als nutzloser Plunder, was wir von unseren Vätern ererbt haben: Gerechtigkeit, Güte, Barmherzigkeit, Lauterkeit, Seelenfrieden, Nächstenliebe, Frömmigkeit, Freiheit und Frieden.

Weihnachtsansprache am 25.12.1953 über die deutschen Rundfunksender.
Druck: Martin Verlag, Buxheim/Allgäu o. J., o. S.

Ich weiß nicht, ob wir uns bewußt sind, auf welch schmalem Grat wir wandern, welche Tiefen sich zu beiden Seiten unseres Weges auftun, welch höllische Abgründe uns verschlingen werden, wenn wir straucheln und fallen. Wer die Augen schließt, sieht nicht die Finsternis, die um ihn herrscht. Wer die Augen schließt, sieht nicht den Abgrund. Er sieht nicht die Schmalheit seines Pfades, nicht die Gefahren, in denen er wandelt. Wer die Augen schließt, sieht auch nicht das Licht, das ihm von weitem winkt.

Wer die Augen öffnet, sieht die Gefahren, er sieht, wohin er seine Füße setzen, welchen Weg er gehen muß, um zum Licht zu kommen.

Weihnachtsansprache am 25.12.1953 über die deutschen Rundfunksender.
Druck: Martin Verlag, Buxheim/Allgäu o. J., o. S.

Wenn auch Gefahren und Entwicklungen ganz neuer Art uns bedrohen, so wissen wir doch, daß diese ebensowenig »das Ende« bedeuten werden wie andere schwere Ereignisse vordem. Solange die Menschheit auf ihr Gewissen hört, wird sie die zerstörenden Kräfte auch in ihrer schlimmsten Erscheinung sich dienstbar zu machen verstehen.

Artikel unter der Überschrift »Unsere politischen Aussichten«, Bulletin
Nr. 74/54 vom 21.4.1954, S. 649.

Wenn die geistige Arbeit nicht besser gewertet wird, wird unser Volk nicht nur geistig, auch wirtschaftlich schwersten Schaden leiden.

Ansprache in der Technischen Universität Berlin am 19.7.1954, Bulletin Nr. 133/54, S. 1198.

Massenherrschaft bedeutet Massendenken und damit Unterdrückung des individuellen Geistes, bedeutet Einflußlosigkeit des Einzelgängers, der ja, wie wir wissen, zu allen Zeiten der Menschheit den Fortschritt gebracht hat. Als Akademiker sind Sie berufen, der Vermassung, die auch uns in der freien Welt bedroht, entgegenzutreten, zu helfen, daß wir keine Masse werden, gelenkt durch Spruchbänder und Lautsprecher und unterworfen all den trostlosen Folgen in politischer, wirtschaftlicher und persönlicher Hinsicht, die sich aus der Vermassung ergeben. Vermassung und geistiges Schaffen sind einander diametral entgegengesetzt. Ohne ein Klima, das der Entfaltung der schöpferischen Persönlichkeit Möglichkeiten bietet, wird das deutsche Volk zugrunde gehen.

Ansprache in der Technischen Universität Berlin am 19.7.1954, Bulletin Nr. 133/54, S. 1198.

Wir leben in einer Periode der zur Gefahr für alle gestalteten Unruhe in der Welt. Diese Periode begann vor 50 Jahren – ihr Ende ist noch nicht abzusehen. Sie ist erfüllt von furchtbaren Kriegen, die namenloses Elend über Millionen von Menschen brachten, und die an den Grundfesten unserer sittlichen Werte rüttelten.

Diese Periode der Unruhe ist auch gekennzeichnet durch unerhörte Fortschritte der Technik, die sich zum Segen, aber auch zum Fluch der Menschheit auswirken können.

Weihnachtsansprache am 25.12.1955 über die deutschen Rundfunksender. Druck: Martin Verlag, Buxheim/Allgäu o. J., o. S.

Wenn die Bande der Familie sich lockern, wenn die Eltern nicht mehr ihre Pflichten gegenüber den Kindern, wenn die Kinder nicht mehr ihre Pflichten gegenüber den Eltern erkennen, wenn die Liebe in der Familie schwindet, die Sorge füreinander, die Ehrfurcht, dann hat der Sturm unserer Zeit ein weites Loch in den Damm gerissen, der Frieden, Freiheit, Gottesglauben vor den Meeresfluten schützt, die der Sturm der Unruhe aufgewühlt hat.

Weihnachtsansprache am 25.12.1955 über die deutschen Rundfunksender. Druck: Martin Verlag, Buxheim/Allgäu o. J., o. S.

Von Bonn etc. etc. kann ich mich in Gedanken noch nicht lösen, es ist alles zu sehr in Bewegung in der Übergangsepoche, in der wir zu leben verurteilt sind.

Hs. Schreiben vom 30.3.1956 aus Ascona an Bundespräsident Prof. Dr. Theodor Heuss, BA NL Heuss Nr. 62.

Gott hat die jetzt lebenden Menschen in eine schwere Zeit hineingestellt. Ich denke jetzt nicht an den hinter uns liegenden Krieg und seine Zerstörungen, ich denke an die ganze Unruhe, die unsere Zeit beherrscht, eine Unruhe, die nur zu sehr den Menschen dazu bringt, das zu vergessen, was seinem Leben allein einen dauernden Halt und einen dauernden Wert geben kann.

Ich denke dabei auch daran, daß der Kampf gegen den Materialismus von jedem einzelnen gekämpft und bestanden werden muß. Ich denke daran, daß das siegreiche Bestehen dieses Kampfes allein unser Vaterland und ganz Europa für das Christentum retten kann.

Grußwort vom 8.8.1956 an den Evangelischen Kirchentag in Frankfurt/Main, Bulletin Nr. 147/56, S. 1427.

Die Gefahren, die von dem atheistischen Materialismus uns, Europa, der ganzen christlichen Welt drohen, sind ungeheuer groß, weil hinter ihm große politische Macht steht. Die Auseinandersetzung mit ihm wird schwer sein und lange dauern. Ich spreche hier nicht von politischem Kampf, ich spreche von dem geistigen Kampf, der geistigen Auseinandersetzung, dem geistigen Sieg über den Materialismus, den wir erringen müssen, den wir erringen werden.

Auf der Schlußkundgebung des 77. Deutschen Katholikentages in Köln am 2.9.1956, Bulletin Nr. 165/56, S. 1594.

... es gibt Quellen der Schwäche für uns. Das ist einmal unser Hang zum Materiellen, zum materiellen Genuß und zur materiellen Macht. Mit ihm geht Hand in Hand eine erschreckende Nichtachtung der geistigen Werte, eine Nichtachtung der auf Sachkenntnis beruhenden Autorität. Eine weitere Quelle unserer Schwäche ist die Entwurzelung so vieler, das Schwinden der Persönlichkeit, das Hintreiben, das Sich-treiben-lassen zur Vermassung. Vermassung aber ist die Vorstufe des Materialismus.

Über die überaus ernste geistige Lage, in der wir, in der die Welt sich befindet, ist unser Volk in allen seinen Schichten und Ständen sich nicht genügend klar.

Auf der Schlußkundgebung des 77. Deutschen Katholikentages in Köln am 2.9.1956, Bulletin Nr. 165/56, S. 1594.

Ich weiß nicht, ob es gerechtfertigt ist, von irgendeinem europäischen Staat noch in *dem* Sinne als Großmacht zu sprechen, wie man das mit Fug und Recht zu Beginn dieses Jahrhunderts tun konnte. Wenn aber ein Großer und ein Kleiner oder ein Großer und mehrere Kleine zusammen Politik treiben wollen, dann ergibt sich ganz von selbst bei dem Großen ein

Herausforderungen und Gefahren

Führungsanspruch, bei den Kleinen ein Abhängigkeitsgefühl. Das ist unter den verschiedensten Gesichtspunkten nicht gut; unbedingt führt das Abhängigkeitsgefühl der Kleinen aber im Laufe der Entwicklung zum Nachlassen ihrer Kräfte. Die technische Entwicklung, die Entwicklung der nuklearen Waffen, die Monopolstellung, die die zwei Weltmächte dadurch erhalten, führt auf die Dauer zu untragbaren Verhältnissen für alle Kleinen.

Rede vor den Grandes Conférences Catholiques in Brüssel am 25.9.1956, Bulletin Nr. 181/56, S. 1726 f.

Die politische und wirtschaftliche Vormachtstellung Europas, die zu Anfang dieses Jahrhunderts noch unbestritten war, ist lange dahin. Ob die europäische Kultur ihre führende Stellung behalten wird? Ich glaube nicht, wenn wir sie nicht verteidigen und den neueren Verhältnissen entsprechend entwickeln, denn auch Kulturen sind, wie die Geschichte zeigt, gefährdet.

Rede vor den Grandes Conférences Catholiques in Brüssel am 25.9.1956, Bulletin Nr. 181/56, S. 1728.

Die Feinde von heute sind nicht die anderen Nationen. Die Feinde von heute sind vielmehr Armut, Unwissenheit, Krankheit und Diskriminierung. Was wir brauchen, ist eine Zusammenarbeit im Sinne einer Menschheitsfamilie der ganzen Welt. Durch Nutzbarmachung der reichen Energiequellen, die in diesem nuklearen Zeitalter in der ganzen Welt erschlossen wurden, kann die Menschheit diese Feinde überwinden. Unwissenheit und mangelndes Verständnis zwischen asiatischen, afrikanischen und westlichen Völkern ist heute die größte Gefahr.

Gespräch mit Professor Arthur H. Compton (Nobelpreisträger für Physik), Vorsitzender der World Brother Hood von Nordamerika, am 17.5.1957, Bulletin Nr. 93/57, S. 833.

Ich weiß, daß derjenige, der in relativ guten Zeiten wie der Prediger in der Wüste dasteht und auf die großen Gefahren hinweist, auf die ungeheuren Gefahren, die uns allen drohen, manchmal nicht gern gehört wird. Aber gerade wenn man an der Spitze eines Landes steht, wenn man für die Führung der Regierungsgeschäfte in der Bundesrepublik verantwortlich ist, wie ich das bin, dann glaube ich, hat man die Pflicht, überall, wo man steht, das zu sagen, was man wirklich denkt. Nur dadurch kann man, wie ich meine, seine Pflicht tun und auch Unheil verhüten.

Vor der Evangelischen Akademie Westfalen in Bochum am 13.7.1957, st. N., S. 9f., StBKAH 02.16.

Durch eine aktive Politik muß dafür gesorgt werden, daß die geistigen Kräfte unseres Volkes nicht infolge der Gefahren, die die Entwicklung von Technik und Wirtschaft in sich bergen, verkümmern.

Telegramm an den Hauptvorstand der DAG aus Anlaß des 6. Gewerkschaftskongresses der DAG in Hamburg, zitiert nach Bulletin Nr. 188/57 vom 9.10.1957, S. 1725.

So lassen Sie mich noch einmal vor dem Geist des partikularen Eigensinns der europäischen Staaten warnen, denn darüber besteht kein Zweifel: Das Nebeneinander kleiner politischer Gebilde im Schatten der Großen verbürgt uns keine sichere Zukunft.

Rede aus Anlaß der ersten Tagung der Europäischen Kulturstiftung in Amsterdam am 23.11.1957, Bulletin Nr. 219/57, S. 2024.

Herausforderungen und Gefahren   439

Wirtschaftliche Machtzusammenballungen können in der Hand
von Unternehmern ebenso gefährlich sein, wie in der Hand
von Organisationen von Arbeitnehmern. (Lebhafter Beifall.)
Kartelle können gefährlich werden, aber auch Gewerkschaften.

Diese Erscheinungsformen der Machtzusammenballung
auf der einen wie auf der anderen Seite werden wir darum
mit großer Sorgfalt zu beobachten haben, damit sie nicht die
Freiheit der wirtschaftlichen Entwicklung beeinträchtigen.

> *Auf dem 8. Bundesparteitag der CDU in Kiel am 19.9.1958,* Protokoll des
> Parteitages, *hrsg. v. der CDU-Bundesgeschäftsstelle, Bonn o. J., S. 23.*

Die Außenpolitik und die Innenpolitik ist z.Zt., wie Sie wissen
werden, recht in Bewegung. Was schließlich herauskommen
wird, liegt im Schoße der Götter. Ich fürchte nur, diese
Bewegungen und Erschütterungen in der Welt werden noch
lange dauern; hoffentlich bleibt das deutsche Volk stark und
geduldig.

> *Hs. Schreiben vom 22.10.1959 an Bundespräsident a. D.,*
> *Prof. Dr. Theodor Heuss, BA NL Heuss/62.*

… sorgen wir, daß wir nicht untergehen im Materialismus!
Sorgen wir, daß auch die deutsche Jugend erkennt, daß das
Leben wirklich nicht identisch ist mit Vergnügungen, mit mög-
licher Flucht vor der Arbeit. Sorgen wir dafür, daß das ganze
deutsche Volk, auch die Jugend, die ich immer wieder besonders erwähne, sich darüber klar ist, daß nur derjenige ein
befriedigendes Leben führt, der sich der Verantwortung bewußt wird, die auf ihm liegt und der er nach besten Kräften
gerecht zu werden versucht.

> *Ansprache aus Anlaß einer Feierstunde zum zehnjährigen Bestehen der*
> *Vereinigung der Opfer des Stalinismus in Königswinter am 13.2.1960,*
> *Bulletin Nr. 31/60, S. 297.*

Vermassung eines Volkes verträgt sich nicht mit der Freiheit und der Würde des Menschen. Der Widerstand gegen die Vermassung ist eine der Hauptaufgaben, die wir lösen müssen. Diese Vermassung hängt zusammen mit der Hast, ja mit der Hetze des Lebens, das wir führen.

Diese Hast und diese Hetze und auch diese Unsicherheit unseres Lebens sind, wenigstens zum Teil, eine Folge der Entwicklung der Technik – ich gebrauche das Wort ›Technik‹ hier im weitesten Sinne des Wortes –, vielleicht würde man auch sagen können: der Nützung der Kräfte unseres Planeten. Hüten wir uns, diese Kräfte anzubeten! Das würde ein verfeinerter Materialismus sein. Das oberste in der Wissenschaft, in ihren Fortschritten und in der Wirtschaft und in der Politik ist und bleibt der Mensch, sein Geist und seine Seele.

Ansprache anläßlich des Deutschen Handwerkstages in Köln am 20.6.1961, Bulletin Nr. 113/61, S. 1093.

Ich sehe mit Schrecken, wie die Jugend – wobei ich unter Jugend junge Leute bis zu 35 Jahren verstehe – immer mehr dem Christentum und dem christlichen Gedankengut entfremdet wird. [...] Deshalb müssen wir viel mehr als vor 15 Jahren immer wieder zum Ausdruck bringen und beweisen, daß es allein die Wahrheiten des Christentums sind, auf denen – trotz der Entwicklung dieser Zeit – das Wohlergehen der Menschen aufgebaut werden kann.

Vor dem Bundesparteivorstand der CDU am 10.5.1962, st. N., S. 124f., ACDP VII-001-011/3.

Wie können wir – lassen Sie mich sagen wir Abendländer, um nicht zu sagen wir Europäer, weil ich die Vereinigten Staaten von Amerika mit einschließen möchte –, warum können wir

Abendländer einem so mächtigen Staat, wie es Sowjetrußland geworden ist, widerstehen? Sicher auch aufgrund unseres Kräftepotentials. Aber auf die Dauer können wir nur widerstehen kraft unserer geistigen Verfassung. Nur dann können wir widerstehen, wenn wir uns zutiefst bewußt sind, welch kostbares Gut wir Abendländer haben an der gemeinsamen Kultur, die auf christlichem Boden ruht.

Ansprache auf einem Festakt anläßlich der 10. Sommertagung des Politischen Clubs an der Evangelischen Akademie in Tutzing am 19.7.1963, st. N., S. 8 f., StBKAH 02.31.

Wir müssen darauf achten, [...] daß unsere Jugend nicht das Materielle als den Sinn dieses Lebens ansieht, sondern das Geistige und das Religiöse.

Ansprache auf einem Festakt anläßlich der 10. Sommertagung des Politischen Clubs an der Evangelischen Akademie in Tutzing am 19.7.1963, st. N., S. 9, StBKAH 02.31.

Ich meine, in einer Periode, in der alles fließt, kommt es darauf an, ob man von Anfang an die richtige Richtung eingeschlagen und sie gesichert hat; das ist das entscheidende.

Informationsgespräch mit Cyrus L. Sulzberger (The New York Times) *am 22.7.1963, st. N., S. 4, StBKAH 02.31.*

In der Geschichtsperiode, in der wir uns gegenwärtig befinden, kommt es darauf an, daß man die geistige Orientierung nicht verliert. Das ist entscheidend für die weitere Zukunft.

Ende August 1963 gegenüber der Herausgeberin, vgl. Das Wichtigste ist der Mut!, *a. a. O., S. 541.*

Wir sollen uns gar nicht einbilden, als wenn Deutschland nun für immer an der Spitze aller zivilisierten und kultivierten Völker stünde. Im Gegenteil, ich mache mir große Sorge, wie die Entwicklung weitergehen wird, und ich bin der Auffassung, daß auf dem Gebiete des Schulwesens, der Hochschulbildung und der Kultur überhaupt einmal gründlich nachgeprüft werden muß, was man da tun kann.

Interview mit Dr. Ernst Weisenfeld für die ARD am 8.10.1963, st. N., S. 4, StBKAH 02.32.

Im Fernsehen erblicke ich wirklich eine Gefahr, auch für die Erwachsenen – eine Gefahr unserer Zeit.

Interview mit Will McBride (Twen) *am 17.2.1966, st. N., S. 5, StBKAH 02.37.*

Eine der großen Gefahren, die die Verwirklichung eines vereinigten Europas bedrohen, sehe ich in dem Mangel an Vorausschau der Entwicklung, in der Kleinheit des Denkens, die zu einer Überschätzung des Gewordenen, Bestehenden und zur Blindheit und zur Unterschätzung des Auf-uns-zu-Kommenden führt. Darüber hinaus ist es die Gefahr der Gewöhnung, der wir oft in geistig-politischer Hinsicht begegnen.

Erinnerungen 1955-1959, a. a. O., S. 17.

Da schickt man nun Raketen zum Mond, und dabei weiß die arme geplagte Menschheit offenbar nicht einmal mehr, welch ein Besitz Kultur ist, wie gefährdet sie ist, und vor allem, wie schwer es ist, Kultur, wirkliche Kultur hervorzubringen. Wie leicht wird sie zerstört und verfällt sie, und wie schwer wird eine neue geschaffen. Man darf nicht vergessen, daß es in der Geschichte Perioden gibt, Wellenbewegungen. Das eine Volk steigt, das andere fällt ab.[...] Ein Auf und ein Ab. So ist es mit Völkern und mit Kulturen – und die Menschen heute sehen nicht die Gefahren!

Im März 1966 gegenüber der Herausgeberin, vgl. Meine Erinnerungen an Konrad Adenauer, *a. a. O., S. 259.*

Die Gefahr, in der die europäischen Völker schweben, wird klar, wenn man die Verteilung der Macht auf der Erde prüft und dabei feststellen muß, mit welcher Schnelligkeit der Verlust der europäischen Länder an Macht schon fortgeschritten ist.

Letzte außenpolitische Rede Konrad Adenauers in Madrid im Ateneo am 16.2.1967, Redemanuskript, S. 3, StBKAH 02.38.

Lassen Sie mich zum Schluß zusammenfassend noch einmal eindringlich hinweisen auf die außerordentliche Gefährlichkeit der politischen Lage in unserer Zeit. Die Gefährlichkeit beruht einerseits in der Schnelligkeit, mit der sich umwälzende Machtverschiebungen vollzogen haben und noch vollziehen. Sie liegt weiter in dem Vorhandensein von Supermächten, deren Bestehen die Gefahr in sich birgt, daß die übrigen Mächte zu mehr oder weniger Bedeutungslosigkeit verurteilt werden, sie werden Werkzeuge des Willens der ganz Großen. Sie liegt schließlich in der Unübersehbarkeit der Entwicklung Rotchinas.

Diese Gefährlichkeit der Lage, die außerordentliche Schnelligkeit der Entwicklungen, zwingt Europa zu schnellem, entschlossenem Handeln, zwingt es zur schnellen politischen Einigung, um seine besonderen Interessen zu wahren, und damit seine Existenz als Faktor des Weltgeschehens zu erhalten.

Letzte außenpolitische Rede Konrad Adenauers in Madrid im Ateneo am 16.2.1967, Redemanuskript, S. 17f., StBKAH 02.38.

... ich bin bekannt dafür, daß ich ein Störenfried bin. Man muß mich nehmen wie ich bin. Wenn ich ein Störenfried bin, dann geschieht es auch aus gutem Grund. Und, meine Damen und Herren, wenn jemand Schlafende aufweckt, damit sie aufpassen, dann ist der Betreffende kein Störenfried. Ich möchte rufen, seid wach! Seid wach für die kommenden Jahre.

Letzte öffentliche Rede Konrad Adenauers in München am 28.2.1967, zitiert nach der Wiedergabe im Bayernkurier *vom 29.4.1967, Nr. 17, 18. Jg.*

ANHANG

ZEITTAFEL

5.1.1876	Konrad Adenauer geboren in Köln als Sohn des Sekretärs und späteren Kanzleirates am Oberlandesgericht in Köln Konrad Adenauer und dessen Ehefrau Helena, geb. Scharfenberg.
1894	Abitur am Apostelgymnasium in Köln.
1894–1897	Jurastudium in Freiburg, München und Bonn.
1897	Erstes juristisches Staatsexamen.
1901	Zweites juristisches Staatsexamen; anschließend Assessor bei der Staatsanwaltschaft Köln.
1903–1905	Tätigkeit in der Kanzlei des Kölner Rechtsanwalts Hermann Kausen.
1904	Heirat mit Emma, geb. Weyer. Kinder: Konrad (*1906 bis 1994), Max (*1910) und Ria (*1912).
1905–1906	Hilfsrichter beim Landgericht Köln.
1906	Beigeordneter der Stadt Köln.
1909	Erster Beigeordneter und damit Erster Stellvertreter des Oberbürgermeisters.
1.8.1914	Ausbruch des Ersten Weltkrieges.
6.10.1916	Tod von Emma Adenauer.
18.9.1917	Einstimmige Wahl Adenauers zum Oberbürgermeister durch die Kölner Stadtverordnetenversammlung.
12.2.1918	Ernennung zum Mitglied des Preußischen Herrenhauses »auf Lebenszeit«; die Mitgliedschaft erlischt mit dem Ende des Kaiserreiches.
11.11.1918	Waffenstillstand.
28.6.1919	Unterzeichnung des Friedensvertrages in Versailles.
1919	Heirat mit Auguste (genannt Gussie), geb. Zinsser. Kinder: Ferdinand (*1921, nach wenigen Tagen gestorben),

	Paul (*1923), Lotte (*1925), Libet (*1928) und Georg (*1931).
1921	Wahl zum Präsidenten des Preußischen Staatsrates; in diesem Amt bis 1933 jährlich durch Wahl bestätigt.
1921	Erste Kandidatur für das Amt des Reichskanzlers.
1923	Anfang Januar Besetzung des Ruhrgebietes durch Frankreich, da deutsche Reparationsleistungen nicht pünktlich erfolgten. Daraufhin verkündet am 13.1.1923 Reichskanzler Wilhelm Cuno den »passiven Widerstand«. Fortschreitende Inflation und Wirtschaftskrise in Deutschland. Am 12.8.1923 Rücktritt von Cuno. Sein Nachfolger Gustav Stresemann ist zum Einlenken bereit. Der »passive Widerstand« wird abgebrochen.
1926	Zweite Kandidatur Adenauers für das Amt des Reichskanzlers; er zieht diese Kandidatur zurück wegen einer zu schwachen Mehrheit unter einer etwaigen Kanzlerschaft durch ihn.
30.1.1933	Ernennung Adolf Hitlers zum Reichskanzler.
13.3.1933	Amtsenthebung Adenauers als Oberbürgermeister durch die Nationalsozialisten.
1933/34	Adenauer verbirgt sich im Benediktiner-Kloster Maria Laach.
1934	Umzug der Familie Adenauer nach Berlin-Neubabelsberg.
30.6.1934	Vorübergehende Verhaftung Adenauers im Zusammenhang mit dem »Röhm-Putsch«.
1.5.1935	Umzug nach Rhöndorf.
20.8.1935	Ausweisung aus dem Regierungsbezirk Köln; Adenauer etwa ein Jahr in Unkel.
1935	Ein gegen Adenauer geführtes Disziplinarverfahren wird eingestellt. Anschließend Zahlung eines Teiles der Adenauer zustehenden Pension sowie Entschädigung für sein zwangsenteignetes Kölner Wohnhaus.
1936–1937	Hausbau in Rhöndorf; Adenauer lebt hier bis zu seinem Tod.
26.8.1944	Im Zusammenhang mit dem Putschversuch gegen Hitler vom 20.7.1944 Verhaftung Adenauers. Fluchtversuch und erneute Verhaftung. Einzelhaft im Gestapogefängnis Brauweiler; Entlassung am 26.11.1944.
März 1945	Amerikanische Truppen im Rheinland.
12.4.1945	Tod von US-Präsident Franklin D. Roosevelt; US-Vizepräsident Harry S. Truman wird sein Nachfolger.

Zeittafel 449

4.5.1945	Adenauer wird von der amerikanischen Besatzung als Oberbürgermeister von Köln eingesetzt.
7.5.1945	In Reims Unterzeichnung der Kapitulationsurkunde durch die deutsche Wehrmacht.
9.5.1945	In Berlin-Karlshorst wird diese Unterzeichnung wiederholt. Um 00.01 Uhr: Die Gesamtkapitulation tritt in Kraft.
5.6.1945	Frankreich, Großbritannien, Sowjetunion und USA veröffentlichen gemeinsam vier »Deklarationen« zur Niederlage und zur künftigen Gestaltung Deutschlands.
1.7.1945	Die von US-Truppen besetzten Länder Sachsen und Thüringen sowie Teile von Mecklenburg werden gegen die drei West-Sektoren in Berlin ausgetauscht.
17.7.–2.8.1945	Potsdamer Konferenz der Regierungschefs von Großbritannien, der Sowjetunion und der USA.
2.8.1945	Verabschiedung des Kommuniqués von Potsdam (»Potsdamer Abkommen«). Deutschland soll eine politische und wirtschaftliche Einheit bleiben. Frankreich tritt später zu einzelnen Teilen des »Potsdamer Abkommens« bei.
6.10.1945	Entlassung Adenauers als Oberbürgermeister von Köln durch die britische Besatzung, die am 21.6.1945 die amerikanische Besatzung im Rheinland abgelöst hatte. Verbot jeglicher politischen Betätigung unter Androhung eines Militärgerichtsverfahrens. Aufhebung dieses Verbots im Dezember 1945.
1.3.1946	Auf einer Tagung in Neheim-Hüsten wird Adenauer zum Vorsitzenden der CDU der britischen Besatzungszone gewählt.
17.7.1946	Die britische Militärregierung gibt die Bildung des Landes Nordrhein-Westfalen bekannt.
2.10.1946	Adenauer wird Fraktionsvorsitzender der CDU im Landtag des neugeschaffenen Landes Nordrhein-Westfalen.
11.3.1947	Rede des US-Präsidenten Harry S. Truman. Verkündung der »Truman-Doktrin«: Die USA werden künftig kommunistischen Bedrohungen von freien demokratischen Ländern Einhalt gebieten. Anlaß: Hilfsersuchen von Griechenland und der Türkei.
5.6.1947	US-Außenminister George C. Marshall gibt ein Wirtschaftshilfsprogramm für Europa einschließlich Osteuropas bekannt. Die Sowjetunion weist den Plan zurück und verhindert eine Beteiligung osteuropäischer Staaten.

25.11.–15.12.1947	In London Außenministerkonferenz der vier Siegermächte Frankreich, Großbritannien, Sowjetunion und USA. Hauptthema: Die deutsche Frage. Gegensatz zwischen den Westmächten und der Sowjetunion wird überdeutlich. Abbruch der Konferenz unter Vertagung auf einen unbestimmten Zeitpunkt. Anlaß hierfür gaben Reparationsforderungen der Sowjetunion an Deutschland in Höhe von 10 Milliarden US-Dollar. Dies wäre einer Versklavung Deutschlands gleichgekommen. Die Westmächte bemühen sich nunmehr, um dem wirtschaftlichen Niedergang Westeuropas infolge der zunehmenden Verelendung in Deutschland entgegenzuwirken, ohne Beteiligung der Sowjetunion Maßnahmen zum Zusammenschluß wenigstens der drei westlichen Besatzungszonen zu ergreifen und Lösungen für ihre künftige politische Gestaltung zu finden.
23.2.–2.6.1948	In London Sechs-Mächte-Konferenz über Deutschland; Teilnehmer: Frankreich, Großbritannien, die USA und die Benelux-Staaten. Als Ergebnis werden »Empfehlungen« für die künftige Gestaltung Deutschlands verabschiedet. Unter anderem wird die Empfehlung ausgesprochen, die Ministerpräsidenten der westdeutschen Länder zu ermächtigen, eine verfassunggebende Versammlung einzuberufen. Die »Londoner Empfehlungen« stoßen in den westlichen Besatzungszonen zunächst auf scharfe Ablehnung. Man befürchtet vor allem schwerwiegende Folgen für die Einheit Deutschlands. Auch sieht man in den wirtschaftlichen Konsequenzen der »Empfehlungen« die Gefahr einer Verknechtung.
24.6.1948–12.5.1949	Blockade Berlins: Aus Protest gegen die während der ersten Phase der Londoner Sechs-Mächte-Konferenz gefaßten Beschlüsse verlassen die Sowjets am 20.3.1948 den Kontrollrat und beginnen mit einer sich verschärfenden Blockade der Land- und Wasserwege von und nach Berlin. Nach Einführung der Währungsreform in den westlichen Besatzungszonen Deutschlands und in Berlin erreichen die Maßnahmen der Blockade ihren Höhepunkt. Die Antwort des Westens besteht in der Einrichtung einer Luftbrücke durch US-Streitkräfte zur Versorgung der Bevölkerung West-Berlins.

Zeittafel	451

3.3.1948	Tod von Gussie Adenauer an den Folgen einer in Gestapo-Haft im August 1944 zugezogenen Erkrankung.
21.6.1948	Währungsreform durch die westlichen Besatzungsmächte (Einführung der D-Mark). Zugleich Einführung einer Wirtschaftsreform, der »Sozialen Marktwirtschaft«, durch den Direktor der Verwaltung für Wirtschaft des Vereinigten Wirtschaftsgebietes (Frankfurter Wirtschaftsrat), Prof. Dr. Ludwig Erhard. Die »Soziale Marktwirtschaft« wird durchgesetzt mit den Stimmen der CDU, CSU, FDP und DP.
1.9.1948	Eröffnungssitzung des Parlamentarischen Rates, der von den Ministerpräsidenten der elf Länder der drei Westzonen einberufenen verfassunggebenden Versammlung. Wahl Adenauers zum Präsidenten.
4.4.1949	In Washington Unterzeichnung des Nordatlantik-Paktes (NATO). Ziel des Vertrages: Schutz der regionalen und kollektiven Sicherheit des Westens.
5.5.1949	In London Unterzeichnung eines Statuts zur Gründung des Europarates; am 8.8.1949 Beginn der ersten Sitzungsperiode.
8.5.1949	Verabschiedung des Grundgesetzes durch den Parlamentarischen Rat.
10.5.1949	Wahl Bonns zur vorläufigen Bundeshauptstadt.
23.5.1949	Das Grundgesetz tritt in Kraft. Es war als Provisorium für die Übergangszeit bis zur Wiedervereinigung Deutschlands geschaffen worden. Mit Rücksicht auf die Wahrung des Viermächtestatus von Berlin, der angesichts der Insellage Berlins inmitten des kommunistischen Machtbereiches zum Schutz und zur Wahrung der Freiheit West-Berlins als unverzichtbar beurteilt wird, kann Berlin kein fester Bestandteil der Bundesrepublik werden. Man findet jedoch Wege, die Gültigkeit des Grundgesetzes und der vom Deutschen Bundestag beschlossenen Gesetze auch für West-Berlin wirksam werden zu lassen. Von großer Bedeutung ist die Einführung des Artikels 24 in das Grundgesetz, der Möglichkeiten eröffnet, Hoheitsrechte auf zwischenstaatliche Einrichtungen zu übertragen und die Bundesrepublik Deutschland zur Wahrung des Friedens in ein System kollektiver Sicherheit einzuordnen.

23.5.–20.6.1949	In Paris Außenministerkonferenz Frankreichs, Großbritanniens, der Sowjetunion und der USA. Keine Verständigung in der Deutschlandfrage.
14.8.1949	Wahlen zum 1. Deutschen Bundestag; die CDU und CSU gewinnen 31 Prozent der Stimmen und werden damit stärkste Fraktion. Insgesamt im 1. Deutschen Bundestag vertreten: elf Parteien.
12.9.1949	Wahl von Professor Dr. Theodor Heuss (FDP) zum Bundespräsidenten.
15.9.1949	Wahl Adenauers zum Bundeskanzler; Bildung der ersten Regierung Adenauer aus CDU/CSU, FDP und DP.
21.9.1949	Das Besatzungsstatut tritt in Kraft. Die Außenpolitik bleibt den Besatzungsmächten vorbehalten.
7.10.1949	Gründung der Deutschen Demokratischen Republik. Der Alleinvertretungsanspruch für alle Deutschen durch die Bundesrepublik wird während der Regierungszeit Adenauers konsequent aufrechterhalten. Die Bundesrepublik Deutschland gilt als die einzige legitime Vertretung des deutschen Volkes.
3.3.1950	In Paris Unterzeichnung der »Saarkonventionen« durch den französischen Außenminister Robert Schuman und den saarländischen Ministerpräsidenten Johannes Hoffmann. Sie kommen praktisch einer wirtschaftlichen Annektierung des Saarlandes durch Frankreich gleich. Ernste Spannungen zwischen der Bundesrepublik und Frankreich sind die Folge.
7.3.1950	Vorschlag Adenauers zur Schaffung einer deutsch-französischen Union. Adenauer macht diesen Vorschlag, um die durch die »Saarkonventionen« entstandene gefährliche Situation durch einen Schritt nach vorn zu überwinden und aus ihr herauszuführen. Adenauer ging davon aus, daß sich das Saarproblem von selbst lösen werde, wenn die deutsch-französischen Beziehungen auf einer höheren Ebene entkrampft würden.
9.5.1950	Vorschlag des französischen Außenministers Robert Schuman zur Gründung einer europäischen gemeinsamen Hohen Behörde für Kohle, Eisen und Stahl (Montanunion). Adenauer stimmt diesem Plan, der auch anderen europäischen Staaten zur Mitwirkung offenstehen soll, noch am gleichen Tag zu. Er verstand den Vorschlag Schumans

Zeittafel 453

| | als eine positive Reaktion auf seinen Vorstoß vom 7.3.1950. Belgien, Holland, Italien und Luxemburg folgen gleichfalls der Aufforderung Schumans. Großbritannien läßt am 3.6.1950 verlauten, man sei noch nicht in der Lage, sich anzuschließen, man hoffe aber auf laufende Informierung. |

25.6.1950 Ausbruch des Korea-Krieges.

10.8.1950 Im Europarat Vorschlag des britischen Premierministers Churchill zur Schaffung einer europäischen Armee unter deutscher Beteiligung.

30.8.1950 Adenauer richtet angesichts der wachsenden Ost-West-Spannung zwei Memoranden an die Westmächte, die die Sicherheit der Bundesrepublik und Berlins sowie die Neuordnung der Beziehungen zu den westlichen Besatzungsmächten zum Inhalt haben. Für Mitte September war eine Außenministerkonferenz der drei Westmächte in New York anberaumt. Adenauer kam es darauf an, vor dieser Konferenz den Außenministern die deutsche Position zur Kenntnis zu bringen, zumal erkennbar war, daß die Westmächte angesichts der Vorgänge in Korea und der Befürchtung, eine ähnliche Situation könne sich inmitten Europas entwickeln, an einem deutschen Verteidigungsbeitrag zum Schutz Westeuropas interessiert waren. Sicherheit der Bundesrepublik und Berlins sowie Erlangung der Gleichberechtigung und Souveränität sind Ziele, die Adenauer mit den beiden Memoranden verfolgt.

12.–19.9.1950 In New York Außenministerkonferenz der drei Westmächte. In dem Abschlußkommuniqué heißt es: »Sie [die drei Mächte] werden jeden Angriff gegen die Bundesrepublik oder gegen Berlin, gleichgültig von welcher Seite er ausgeht, so behandeln, als wäre es ein Angriff gegen sie selbst.«
Zum Alleinvertretungsrecht der Bundesrepublik Deutschland heißt es, daß bis zur Wiedervereinigung Deutschlands die Regierung der Bundesrepublik als die einzige nach Freiheit und Recht konstituierte Regierung allein berechtigt sei, als Vertreterin des deutschen Volkes zu sprechen.
Ferner wird eine neue Phase der Beziehungen zur Bun-

desrepublik angekündigt. Diese neue Phase führt zu der Unterzeichnung des Deutschlandvertrages (Generalvertrag) im Mai 1952.

Hinsichtlich eines deutschen Verteidigungsbeitrages führt die Entwicklung zu dem Plan, eine Europäische Verteidigungsgemeinschaft (EVG) zu schaffen, der jedoch im August 1954 an der Haltung der französischen Nationalversammlung scheitert.

20.–22.10.1950 Konstituierung der CDU auf Bundesebene auf ihrem ersten Bundesparteitag in Goslar. Wahl Adenauers zum Bundesparteivorsitzenden.

15.3.1951 Nachdem am 6.3.1951 der Bundesrepublik eine Erweiterung der Souveränität, und zwar auf das Gebiet der Außenpolitik, zugestanden worden war, übernimmt Adenauer zusätzlich zu dem Amt des Bundeskanzlers auch das Amt des Außenministers.

18.4.1951 In Paris Unterzeichnung des Vertrages über die Montanunion (Schuman-Plan) durch Belgien, die Bundesrepublik Deutschland, Frankreich, Holland, Italien und Luxemburg.

10.3.1952 Noten der Sowjetunion an Frankreich, Großbritannien und die USA mit dem Vorschlag zu einer Konferenz der vier Siegermächte über die Deutschlandfrage. Den Noten ist der Entwurf zu einem Friedensvertrag mit Deutschland beigefügt. Aus diesem Entwurf geht hervor, daß zunächst die vier Siegermächte über den Friedensvertrag verhandeln sollen und erst zu einem späteren Zeitpunkt eine gesamtdeutsche Vertretung hinzuzuziehen sei.

Eine Klärung der Frage, ob eine zu bildende gesamtdeutsche Regierung aus freien Wahlen hervorgehen sollte und vor allem, was die Sowjetunion unter freien Wahlen verstand, wird in den folgenden Monaten in einem insgesamt acht Noten umfassenden Notenwechsel versucht. Als Resultat dieses Notenwechsels wird im Laufe des Sommers 1952 deutlich, daß die Sowjetunion keinen Abschluß eines Friedensvertrages mit einer aus freien Wahlen hervorgegangenen Vertretung ganz Deutschlands will.

26./27.5.1952 Unterzeichnung des Deutschlandvertrages in Bonn und des Vertrages über die Europäische Verteidigungsgemeinschaft (EVG) in Paris.

	Der am 26.5.1952 in Bonn unterzeichnete Deutschland-vertrag soll der Bundesrepublik die Souveränität zurück-geben. Sein Inkrafttreten ist an den am 27.5.1952 in Paris unterzeichneten Vertrag über die Europäische Verteidi-gungsgemeinschaft gekoppelt.
10.9.1952	In Luxemburg Unterzeichnung des Wiedergutmachungs-abkommens mit dem Staat Israel und der »Conference on Jewish Material Claims against Germany«. Hierin werden als symbolhafte Wiedergutmachung für die Verbrechen der Nationalsozialisten an Juden Leistungen in Höhe von drei Milliarden DM in Form von Warenlieferungen inner-halb eines Zeitraumes von zwölf Jahren vereinbart. Außerdem erfolgen Zahlungen auf Grund des Bundesent-schädigungsgesetzes, des Bundesrückerstattungsgesetzes sowie aus Ansprüchen, die sich aus früherer Zugehörig-keit zum öffentlichen Dienst in Deutschland ergaben.
4.11.1952	Wahlsieg der Republikanischen Partei in den USA, Gene-ral Dwight D. Eisenhower wird Präsident. Er ernennt John Foster Dulles zum Außenminister.
27.2.1953	Unterzeichnung des »Londoner Schuldenabkommens«. Mit diesem Abkommen geht die Bundesrepublik Deutsch-land die Verpflichtung ein, die deutschen Vorkriegsschul-den und die Schulden aus der unmittelbaren Nachkriegs-zeit zu übernehmen. Dieses Abkommen war eine Voraussetzung für die Wiedergewinnung des deutschen Kredits und eine wesentliche Bedingung für die positive Entwicklung der deutschen Wirtschaft, insbesondere des Exports. Ein weiterer Aspekt dieses Abkommens lag in der mit ihm verbundenen Anerkennung der Identität der Bundesrepublik Deutschland mit dem Deutschen Reich und des Alleinvertretungsanspruches der Bundesrepublik für das deutsche Volk durch die Unterzeichnerstaaten.
5.3.1953	Tod von Josef W. Stalin. 13.9.1953: Nikita S. Chru-schtschow wird Generalsekretär des ZK der KPdSU; am 27.3.1958 wird er auch Ministerpräsident der UdSSR.
17.6.1953	Aufstand in der DDR und in Ost-Berlin.
6.9.1953	Wahlen zum 2. Deutschen Bundestag; die CDU und CSU erringen 45,2 Prozent der Stimmen. Adenauer bildet sein 2. Kabinett mit CDU/CSU, FDP, DP und GB/BHE.
25.1.–18.2.1954	Außenministerkonferenz Frankreichs, Großbritanniens, der Sowjetunion und der USA in Berlin. Die Beratungs-

themen sind Deutschland, Österreich und die europäische Sicherheit. Hinsichtlich der Deutschlandfrage und der Frage eines europäischen Sicherheitssystems werden keine Lösungen erreicht. Für Österreich führen die Beratungen in der Folge zu einem Friedensvertrag, nach dem Österreich den Status eines neutralisierten Landes erhält.

30.8.1954	Scheitern des Vertrages über die Europäische Verteidigungsgemeinschaft (EVG) an der Haltung der französischen Nationalversammlung.
28.9.–3.10.1954	In London Verhandlungen, um die durch das Scheitern der EVG entstandene Krise zu überwinden.
19.–23.10.1954	Anschließende Verhandlungen in Paris.

Die Souveränität der Bundesrepublik, die Verpflichtung der Alliierten zur Wiedervereinigung Deutschlands und zur Sicherung Berlins sowie eine deutsche gleichberechtigte Beteiligung an der Verteidigung Europas sind die Probleme, die von neuem in einem Vertragswerk zu lösen sind.

Ergebnis der in London und Paris geführten Verhandlungen sind die Schaffung der Westeuropäischen Union (WEU) und die Einigung über den Beitritt der Bundesrepublik hierzu sowie zur NATO. Außerdem wird zwischen der Bundesrepublik und Frankreich eine Regelung der Saarfrage erreicht (vgl. unter 23.10.1955).

5.5.1955	Der Deutschlandvertrag tritt in Kraft. Die Bundesrepublik wird souverän. Der Vertrag enthält die Verpflichtung Frankreichs, Großbritanniens und der USA, sich gemeinsam mit der Bundesrepublik auf friedlichem Wege für die Wiedervereinigung Deutschlands in Freiheit einzusetzen. Die Viermächteverantwortung für die Wiederherstellung der Einheit Deutschlands bleibt unangetastet; dies ist vor allem auch im Hinblick auf die Sicherheit und Lebensfähigkeit Berlins von entscheidender Bedeutung. Die Gefahr, daß künftig etwa die vier Siegermächte über die Köpfe der Deutschen hinweg eine friedensvertragliche Regelung treffen könnten, wird durch den Deutschlandvertrag ausgeschaltet.
5.5.1955	Beitritt der Bundesrepublik Deutschland zur WEU.
9.5.1955	Beitritt der Bundesrepublik Deutschland zur NATO.
7.6.1955	Adenauer gibt das Amt des Bundesministers des Aus-

Zeittafel 457

| | wärtigen, das er neben dem Amt des Bundeskanzlers seit dem 15.3.1951 innehatte, ab. Sein Nachfolger wird Dr. Heinrich von Brentano. |

17.–23.7.1955 Konferenz der Regierungschefs der vier Siegermächte in Genf. Man erreicht keine Fortschritte in der Frage der Wiedervereinigung Deutschlands. Eine für Oktober angesetzte Außenministerkonferenz der vier Staaten verläuft ebenfalls ergebnislos.

9.–13.9.1955 Verhandlungen Adenauers in Moskau. Das Ergebnis ist die Aufnahme diplomatischer Beziehungen bei Wahrung des Rechtsstandpunktes der Bundesrepublik Deutschland hinsichtlich der Grenzfragen, des Alleinvertretungsanspruchs sowie der Nichtanerkennung der DDR. Adenauer erwirkt die Rückkehr von über 10 000 deutschen Kriegsgefangenen und über 20 000 Zivilpersonen.

23.10.1955 Volksabstimmung an der Saar über das im Oktober 1954 in Paris ausgehandelte »Saarstatut« (Europäisierung der Saar). Zwei Drittel der saarländischen Bevölkerung verwerfen das Statut. Gemäß den von Adenauer in Paris mit der französischen Regierung getroffenen Vereinbarungen folgen die ersten freien Wahlen im Saarland. Am 1.1.1957: Rückkehr des Saarlandes zu Deutschland.

1.1.1956 Die erste Einheit der Bundeswehr im Garnisonsort Andernach.

23.10.1956 Volksaufstand in Ungarn. Er wird am 11.11.1956 durch sowjetische Truppen niedergeschlagen. In Polen ebenfalls Unruhen und Auflehnung der Bevölkerung gegen das kommunistische Regime.

29.10.–6.11.1956 Bewaffnete Auseinandersetzung um den Suez-Kanal, ausgelöst durch dessen Verstaatlichung durch die ägyptische Regierung am 26.7.1956.

22.1.1957 Verabschiedung des Gesetzes über die Reform der Rentenversicherung für Arbeiter und Angestellte im Deutschen Bundestag (Einführung der »Dynamischen Rente«). Man hält an einer individuellen Rentengestaltung fest; die Höhe der Renten soll an den jeweils erreichten Stand der laufenden Einkommen der arbeitenden Bevölkerung gebunden sein. Sie geht von dem Zusammenhang zwischen Beitragsleistung und Versicherungsleistung aus.

25.3.1957 In Rom Unterzeichnung der Verträge über die Gründung

458 Anhang

	der Europäischen Wirtschaftsgemeinschaft (EWG) und der Europäischen Atomgemeinschaft (Euratom). Die »Römischen Verträge« treten in Kraft am 1.1.1958.
15.9.1957	Wahlen zum 3. Deutschen Bundestag. CDU und CSU gewinnen die absolute Mehrheit mit 50,2 Prozent der Stimmen. Die dritte Regierung Adenauer wird gebildet aus CDU/CSU und DP.
4.10.1957	Der Sowjetunion gelingt der Start des ersten künstlichen Erdsatelliten »Sputnik I«. Die Bedeutung dieses Erfolges liegt vor allem in der Fähigkeit der Sowjetunion zum Bau von Langstreckenraketen, die den Start ermöglichten.
7.3.1958	Vorschlag Adenauers an den Kreml über den sowjetischen Botschafter in Bonn, Andrej A. Smirnow, der DDR den Status von Österreich zu geben. Ziel Adenauers ist, für die in der DDR lebenden Menschen die Möglichkeit zu einer freien Willensentscheidung bei der Wahl ihrer Regierung zu erreichen und ihre Lebensbedingungen zu erleichtern bei gleichzeitiger Offenhaltung der Möglichkeit einer Wiedervereinigung Deutschlands. Die sowjetische Regierung reagiert nicht auf diesen Vorschlag.
1.6.1958	Berufung von General Charles de Gaulle zum Ministerpräsidenten Frankreichs; Ende der IV. Republik: Am 28.9.1958 durch eine Volksabstimmung Annahme der Verfassung der V. Republik Frankreichs.
14./15.9.1958	Erste Begegnung Adenauers mit Charles de Gaulle in Colombey-les-deux-Églises.
27.11.1958	Berlin-Ultimatum Chruschtschows. Er kündigt in gleichlautenden Noten an Frankreich, Großbritannien und die USA den Viermächtestatus von Berlin auf und fordert, daß binnen sechs Monaten eine Vereinbarung über einen neuen Status für West-Berlin als »Freie Stadt« getroffen werde. Er kündigt an, daß anderenfalls die Berlin-Rechte der UdSSR auf die DDR übertragen würden. Hiermit Auslösung einer Berlin-Krise, die sich über mehrere Jahre hinzieht.
21.12.1958	Wahl von Charles de Gaulle zum Staatspräsidenten Frankreichs.
7.4.1959	Adenauer wird als Kandidat für das Amt des Bundespräsidenten nominiert.
11.5.1959	In Genf Beginn einer Außenministerkonferenz der vier

	Staaten Frankreich, Großbritannien, Sowjetunion und USA. Auf der Tagesordnung: Berlin.
24.5.1959	Tod von US-Außenminister John Foster Dulles.
4.6.1959	Adenauer zieht die Kandidatur für das Amt des Bundespräsidenten zurück.
1.7.1959	Wahl des CDU-Politikers Dr. Heinrich Lübke zum Bundespräsidenten.
10.–21.7.1959	In Stockholm wird auf einer Konferenz der Staaten Dänemark, Großbritannien, Norwegen, Österreich, Portugal, Schweden und Schweiz beschlossen, offizielle Verhandlungen über die Schaffung einer Europäischen Freihandelszone (EFTA) aufzunehmen. Diese beginnen am 8.9.1959.
13.7.1959	In Genf Beginn einer zweiten Verhandlungsphase der Außenminister Frankreichs, Großbritanniens, der Sowjetunion und der USA. Am 5.8.1959 werden sie ergebnislos beendet unter Vertagung auf unbestimmte Zeit.
3.8.1959	US-Präsident Dwight D. Eisenhower kündigt ein Treffen mit dem sowjetischen Ministerpräsidenten Nikita Chruschtschow in den USA an.
26./27.8.1959	Eisenhower in der Bundesrepublik während einer Blitzreise nach Europa, die der Abstimmung der mit Chruschtschow geplanten Verhandlungen dienen soll.
15.–27.9.1959	Besuch Chruschtschows in den USA.
28.9.1959	US-Präsident Eisenhower verkündet auf einer Pressekonferenz die Übereinkunft mit Chruschtschow, auf eine Frist für künftige Berlin-Verhandlungen zu verzichten. Damit Aufhebung des Berlin-Ultimatums vom 27.11.1958.
21.12.1959	Die Regierungschefs von Frankreich, Großbritannien und den USA laden Chruschtschow zu einem Gipfeltreffen nach Paris ein. Man einigt sich auf den 16.5.1960 als Beginn dieser Konferenz.
4.1.1960	Unterzeichnung einer Konvention zur Gründung einer Europäischen Freihandelszone (EFTA) durch Dänemark, Großbritannien, Norwegen, Österreich, Portugal, Schweden und die Schweiz. In der EFTA, die am 3.5.1960 in Kraft tritt, erfolgt der Zusammenschluß derjenigen Staaten, die sich zum damaligen Zeitpunkt nicht für einen Beitritt zur EWG entscheiden konnten.
15.3.1960	Beginn von Abrüstungsverhandlungen im Rahmen eines von Frankreich, Großbritannien, der Sowjetunion und

	den USA eingesetzten Zehnmächteausschusses in Genf. Sie werden bereits am 27.6.1960 wieder abgebrochen. In den folgenden Jahren werden immer wieder Abrüstungsverhandlungen aufgenommen, unterbrochen und dann erneut wieder fortgesetzt.
12.3.–2.4.1960	Reise Adenauers in die USA und nach Japan.
14.3.1960	Begegnung mit dem israelischen Ministerpräsidenten David Ben Gurion im Hotel Waldorf Astoria in New York. Am gleichen Tag Begegnung mit dem Generalsekretär der Vereinten Nationen Dag Hammarskjöld.
5.5.1960	Bekanntgabe durch Moskau, daß am 1.5.1960 ein US-Aufklärungsflugzeug vom Typ U-2 bei Swerdlowsk abgeschossen worden ist.
16.–17.5.1960	Scheitern der Gipfelkonferenz Frankreichs, Großbritanniens, der UdSSR und der USA in Paris vor ihrem Beginn. Chruschtschow fordert eine Entschuldigung des US-Präsidenten wegen des Überfliegens sowjetrussischen Gebietes. Hierzu ist Eisenhower nicht bereit. Ein Hauptgegenstand der Beratungen sollte die Berlin- und Deutschlandfrage sein. Am 20.5.1960 Verlautbarung aus Moskau, daß bis zu einem neuen Gipfeltreffen der Status quo nicht angetastet werde.
8.11.1960	In den USA Wahlsieg der Demokratischen Partei, John F. Kennedy wird Präsident. Am 12.12.1960 Ernennung von Dean Rusk zum Außenminister.
3.–4.6.1961	In Wien Treffen Kennedys mit Chruschtschow. Hierbei lediglich eine Annäherung der Standpunkte in der Laos-Frage. Keine Annäherung der Standpunkte in der Deutschlandfrage. In den folgenden Wochen Zuspitzung der Ost-West-Spannungen.
25.7.1961	In einer Rundfunk- und Fernsehansprache gibt Kennedy Überblick über militärische Maßnahmen zur Abwehr weltweiter Bedrohung und nennt West-Berlin einen Prüfstein des westlichen Verteidigungswillens.
7.8.1961	Chruschtschow kündigt Verstärkung der sowjetischen Streitkräfte an den westlichen Grenzen der UdSSR an sowie Einberufung von Reservisten.
10.8.1961	Großbritannien stellt einen offiziellen Antrag auf Mitgliedschaft in der EWG. Die Beitrittsverhandlungen beginnen am 10.10.1961.

13.8.1961	Stacheldrahtverhaue und Beginn eines Mauerbaus quer durch Berlin. Dies bedeutet einen Bruch des Viermächte-status von Berlin durch die Sowjetunion. Vorangegangen war ein dramatischer Anstieg des Flüchtlingsstroms aus der DDR in die Bundesrepublik.
19.–21.8.1961	US-Vizepräsident Lyndon B. Johnson in Bonn und Berlin. Bekräftigung der Sicherheitsgarantie für West-Berlin. Adenauer am 15.10.1963 in einer Sendung des ZDF: »Ich wollte mit Johnson nach Berlin fliegen, aber Johnson hat mir erklärt, daß er das nicht wünsche.« Der Viermächte-status von Berlin verlangte einen denkwürdigen Preis.
22.8.1961	Adenauer in Berlin.
17.9.1961	Wahlen zum 4. Deutschen Bundestag. Die CDU/CSU ver-liert die absolute Mehrheit.
7.11.1961	Vierte Wahl Adenauers zum Bundeskanzler. Regierungs-bildung aus CDU/CSU und FDP.
17.4.1962	Auf einer Außenministerkonferenz der EWG-Staaten in Paris Scheitern der Bemühungen zur Schaffung einer Politischen Union Europas. Die Außenminister Hollands und Belgiens weigern sich, hierüber weiter zu verhan-deln, solange nicht Großbritannien der EWG beigetreten ist oder der Zeitpunkt des Beitritts feststeht.
Juni 1962	Kontakte des deutschen Botschafters in Moskau, Dr. Hans Kroll, mit der Sowjetregierung führen zu einem Vor-schlag Adenauers, einen »Burgfrieden« von zehnjähriger Dauer zu vereinbaren. Adenauer erhofft sich hiervon, für die Menschen in der DDR mehr Freiheit und auch die Durchsetzung des Selbstbestimmungsrechts der Völker zu erreichen. Nach Ablauf von zehn Jahren soll die Be-völkerung der DDR frei über ihren künftigen politischen Weg bestimmen können. Diese Bemühungen führen zu keinem Ergebnis. Im Frühjahr 1963 ergreift Chruschtschow die Initiative zu neuen Kontakten. Doch Adenauers Rücktrittstermin steht fest, und ihm sind die Hände gebunden. Mißernten in der Sowjetunion und fehlgeschlagene Agrarpläne Chruschtschows hatten in der Sowjetunion zu ernsten wirtschaftlichen Schwierigkeiten geführt. Mitte Oktober 1964 wird Chruschtschow gestürzt.
2.–8.7.1962	Staatsbesuch Adenauers in Frankreich. Abschluß bildet eine deutsch-französische Militärparade auf dem

	Schlachtfeld des Ersten und Zweiten Weltkrieges Mourmelon und ein Pontifikalamt in der Kathedrale von Reims.
4.–9.9.1962	Staatsbesuch von Staatspräsident Charles de Gaulle in der Bundesrepublik.
22.–28.10.1962	Kuba-Krise, ausgelöst durch die Entdeckung von Raketenbasen auf Kuba durch amerikanische Aufklärungsflugzeuge sowie von Schiffen mit sowjetischen Mittel- und Langstreckenraketen, die Kuba ansteuerten. Blockade Kubas und Einschaltung der UNO zur Entschärfung der Krise. Am 28.10. Weisung Chruschtschows zum Abbau der Raketenstützpunkte und Rückbeförderung der Raketen in die Sowjetunion.
28.10.1962	Beginn der »Spiegel-Affäre«. Auf Grund des Verdachts auf Landesverrat werden mehrere Redakteure und der Herausgeber des Nachrichtenmagazins *Der Spiegel* auf Veranlassung der Bundesanwaltschaft verhaftet. Konflikt mit der FDP, da der der FDP angehörende Justizminister über diese Maßnahme nicht rechtzeitig eingeschaltet worden war. Die Krise mit der FDP führt zu einer Kabinettsumbildung. Das 5. Kabinett Adenauer setzt sich wieder aus Vertretern der CDU/CSU und der FDP zusammen.
14.1.1963	Veto de Gaulles gegen die Aufnahme Großbritanniens in die EWG zu diesem Zeitpunkt. Der französische Premierminister Georges Pompidou führt auf einer Pressekonferenz am 5.2.1963 als Grund für diesen Schritt an, daß während der seit dem 10.10.1961 laufenden Verhandlungen mit Großbritannien die Auffassung gewonnen worden sei, daß Großbritannien nicht bereit und in der Lage sei, alle Rechte und Pflichten aus den »Römischen Verträgen« (25.3.1957) zu übernehmen.
22.1.1963	In Paris Unterzeichnung des deutsch-französischen Freundschaftsvertrages. Er sieht unter anderem regelmäßige halbjährliche Konsultationen der beiden Regierungen vor. Hierdurch soll eine enge Zusammenarbeit beider Länder quasi institutionalisiert werden. Weitere Schwerpunkte der Intentionen des Vertrages gelten dem Wunsch, die Jugend beider Völker zusammenzuführen sowie der Förderung von Partnerschaften zwischen deutschen und französischen Städten.

	Nachdem die Bemühungen zur Gründung einer politischen Union Europas nach intensiven Anstrengungen seit 1960 im April 1962 in einer Sackgasse geendet und Versuche, sie daraus herauszuführen, im Sommer des gleichen Jahres gescheitert waren, entschließen sich Adenauer und de Gaulle, mit dem deutsch-französischen Vertrag auf dem Weg eines politischen Zusammenschlusses einen Schritt nach vorn zu machen. Der deutsch-französische Vertrag wird von Adenauer und de Gaulle als ein Fortschritt in Richtung einer politischen Union Europas verstanden. Sie unterstreichen, daß er keinen Exklusiv-Charakter habe.
23.4.1963	Der Bundesminister für Wirtschaft Professor Dr. Ludwig Erhard wird von der CDU/CSU-Bundestagsfraktion als Kandidat für die Nachfolge Adenauers im Amt des Bundeskanzlers bestimmt.
16.5.1963	Der Deutsche Bundestag verabschiedet bei vier Gegenstimmen und vier Stimmenthaltungen den deutsch-französischen Freundschaftsvertrag. Er tritt am 2.7.1963 in Kraft. In einer dem Vertrag vorangestellten Präambel wird unter anderem ausdrücklich erklärt, daß die Rechte und Pflichten aus den von der Bundesrepublik abgeschlossenen multilateralen Verträgen unberührt bleiben. Weiter heißt es, daß der Vertrag zu einer Festigung des Zusammenschlusses der freien Völker, insbesondere zu einer engen Partnerschaft zwischen Europa und den Vereinigten Staaten beitragen sowie die Einigung Europas fördern soll, und zwar auf dem durch die Schaffung der EWG beschrittenen Weg unter Einbeziehung Großbritanniens und anderer zum Beitritt gewillter Staaten.
23.–26.6.1963	Besuch von US-Präsident John F. Kennedy in der Bundesrepublik und in West-Berlin. Er bekräftigt erneut den Willen der USA, für das Recht auf Selbstbestimmung und für die Wiedervereinigung Deutschlands in Frieden und Freiheit einzutreten.
4.–5.7.1963	Erste Konsultationen in Bonn im Rahmen des deutsch-französischen Vertrages.
5.7.1963	Unterzeichnung des Abkommens über die Gründung des Deutsch-Französischen Jugendwerkes.
4.9.1963	Tod von Robert Schuman.
15.10.1963	Rücktritt Adenauers vom Amt des Bundeskanzlers.

22.11.1963	Ermordung von US-Präsident John F. Kennedy in Dallas, Texas; der bisherige US-Vizepräsident Lyndon B. Johnson wird sein Nachfolger.
12.12.1963	Tod von Theodor Heuss.
16.3.1964	Achte Wiederwahl Adenauers zum Bundesparteivorsitzenden der CDU.
9.11.1964	In Paris feierliche Aufnahme Adenauers in die Académie Française (Kreis der Unsterblichen).
14.11.1964	Tod des CDU/CSU-Fraktionsvorsitzenden im Deutschen Bundestag Dr. Heinrich von Brentano.
19.9.1965	Fünfte Wahl Adenauers zum Mitglied des Deutschen Bundestages.
12.10.1965	Erscheinen des ersten Bandes von Adenauers *Erinnerungen*. Der zweite Band erscheint im Herbst 1966, der dritte wenige Monate nach seinem Tod, der vierte als Fragment im Herbst 1968.
21.–23.3.1966	Adenauer legt auf dem 14. Bundesparteitag der CDU das Amt des Bundesparteivorsitzenden nieder. Sein Nachfolger wird Bundeskanzler Prof. Dr. Ludwig Erhard.
2.–10.5.1966	Besuch Adenauers in Israel.
1.12.1966	Ablösung der CDU/CSU-FDP-Koalition unter Bundeskanzler Erhard durch die Bildung einer Großen Koalition der CDU/CSU und SPD unter Bundeskanzler Dr. Kurt Georg Kiesinger.
14.–19.2.1967	Besuch Adenauers in Spanien. In Madrid am 16.2.1967 letzter Appell Adenauers zur Schaffung der Politischen Union Europas.
19./20.2.1967	Auf dem Rückflug letzte Begegnung Adenauers mit Staatspräsident Charles de Gaulle in Paris am 20.2.1967.
28.2.1967	Letzte Reise Adenauers, sie führt nach München. Dort wird in einer Feierstunde von der Deutschland Stiftung e.V. ein Preis gestiftet, der seinen Namen trägt. Zweck des Preises: das konservativ-ethische Gedankengut in Deutschland zu fördern.
29.3.1967	Adenauer erleidet einen Herzinfarkt.
4.4.1967	Auf Wunsch Adenauers Besuch von Bundeskanzler Dr. Kurt Georg Kiesinger in Rhöndorf. Adenauers Hauptanliegen: seine Sorge um Europa.
19.4.1967	Tod Konrad Adenauers.
25.4.1967	Staatsakt im Deutschen Bundestag, anschließend Pontifikalamt im Kölner Dom. Zu den Trauerfeierlichkeiten

sind die wichtigsten Staatsmänner der westlichen Welt anwesend, unter ihnen der französische Staatspräsident Charles de Gaulle, US-Präsident Lyndon B. Johnson, der britische Premierminister Harold Wilson und der langjährige israelische Ministerpräsident David Ben Gurion. Beisetzung Adenauers auf dem Rhöndorfer Waldfriedhof.

Abkürzungen

a. a. O.	am angegebenen Ort
Abb.	Abbildung
Abg.	Abgeordneter
ACDP	Archiv für Christlich-Demokratische Politik der Konrad-Adenauer-Stiftung
AFP	Agence France-Presse
Anm.	Anmerkung
AP	Associated Press
ARD	Arbeitsgemeinschaft der öffentlich-rechtlichen Rundfunkanstalten der Bundesrepublik Deutschland
Art.	Artikel
BA	Bundesarchiv
BBC	British Broadcasting Corporation
Bd./Bde.	Band/Bände
BHE	Block der Heimatvertriebenen und Entrechteten
BPA	Bundespresseamt; Presse- und Informationsamt der Bundesregierung
BR	Bayerischer Rundfunk
Bulletin	Bulletin des Presse- und Informationsamtes der Bundesregierung
bzw.	beziehungsweise
CBS	Columbia Broadcasting System
CDP	Christlich-Demokratischer Pressedienst
CDU	Christlich-Demokratische Union Deutschlands
CSU	Christlich-Soziale Union
DAG	Deutsche Angestellten-Gewerkschaft
DDR	Deutsche Demokratische Republik
ders.	derselbe

Abkürzungen

DGB	Deutscher Gewerkschaftsbund
d.h.	das heißt
Dimitag	Dienst mittlerer Tageszeitungen
Dok.	Dokument
DP	Deutsche Partei
dpa	Deutsche Presse-Agentur
ebda.	ebenda
EFTA	European Free Trade Association
EGKS	Europäische Gemeinschaft für Kohle und Stahl
EKD	Evangelische Kirche in Deutschland
Erinnerungen,	
Bd. 1–4	vgl. Quellenverzeichnis
Euratom	Europäische Atomgemeinschaft
EVG	Europäische Verteidigungsgemeinschaft
EWG	Europäische Wirtschaftsgemeinschaft
FAZ	Frankurter Allgemeine, Zeitung für Deutschland
f./ff.	folgende
FDP	Freie Demokratische Partei
GATT	General Agreement of Tariffs and Trade
GB	Gesamtdeutscher Block
Gestapo	Geheime Staatspolizei
GG	Grundgesetz
HAStK	Historisches Archiv der Stadt Köln
H.	Heft
hrsg. v.	herausgegeben von
Hs.	Handschriftlich
Jg.	Jahrgang
Kap.	Kapitel
KPD	Kommunistische Partei Deutschlands
KPdSU	Kommunistische Partei der Sowjetunion
KZ	Konzentrationslager
MdB	Mitglied des Deutschen Bundestages
ms.	maschinenschriftlich
NATO	North Atlantic Treaty Organization
NDR	Norddeutscher Rundfunk
NEI	Nouvelles Équipes Internationales. Im Jahr 1947 gegründeter Zusammenschluß der Christlich Demokratischen Parteien Westeuropas
NL	Nachlaß
NSDAP	Nationalsozialistische Deutsche Arbeiterpartei
NWDR	Nordwestdeutscher Rundfunk

o. D.	ohne Datum
o. S.	ohne Seitenzahl
o. Sign.	ohne Signatur
OECD	Organization for Economic Cooperation and Development
OEEC	Organization for European Economic Cooperation
o. J.	ohne Jahr
Rias	Rundfunk im amerikanischen Sektor von Berlin
SA	Sturmabteilung der NSDAP
S.Ad.	Sammlung Adenauer
SBZ	Sowjetische Besatzungszone
SED	Sozialistische Einheitspartei Deutschlands
SPD	Sozialdemokratische Partei Deutschlands
SFB	Sender Freies Berlin
SS	Schutzstaffel der NSDAP
StBKAH	Stiftung Bundeskanzler-Adenauer-Haus
st. N.	stenographische Niederschrift
SWF	Südwestfunk
TASS	Telegrafnoje Agenstwo Sowjetskowo Sojusa
»Teerunde«	Ein Kreis von zirka sieben bis zehn Journalisten, die Adenauer mehr oder weniger regelmäßig zu vertraulichen Informationsgesprächen einlud.
UdSSR	Union der Sozialistischen Sowjet-Republiken
UNESCO	United Nations Educational, Scientific and Cultural Organization
UN/UNO	United Nations Organization / Vereinte Nationen
UPI	United Press International
USA/US	United States of America
vgl.	vergleiche
WDR	Westdeutscher Rundfunk
WEU	Westeuropäische Union
ZDF	Zweites Deutsches Fernsehen
ZK	Zentralkomitee
[ ]	Ergänzungen und Erläuterungen der Herausgeberin
[...]	Textauslassungen

Quellenverzeichnis

Ungedruckte Quellen

Archiv für Christlich-Demokratische
Politik der Konrad-Adenauer-Stiftung
- stenographische Niederschriften
von Reden, Interviews und Infor-
mationsgesprächen
- stenographische Niederschriften
der CDU-Bundesparteivorstands-
und -ausschußsitzungen
- Briefe

Bundesarchiv
- Briefe

Historisches Archiv der Stadt Köln
- Briefe

Presse- und Informationsamt der
Bundesregierung
- Pressearchiv
- Dokumentation

Stiftung Bundeskanzler-Adenauer-
Haus
- stenographische Niederschriften
von Reden, Interviews und Infor-
mationsgesprächen
- Briefe
- Aufzeichnungen

Gedruckte Quellen

Adenauer, Konrad: Erinnerungen, Bd.
I 1945–1953; Bd. II 1953–1955; Bd.
III 1955–1959; Bd. IV 1959–1963.
Fragmente. Stuttgart 1965–1968.

Adenauer, Konrad: »Aus meinem
Leben«, Langspielplatte, Elektrola
GmbH, Köln 1961.

Adenauer, Konrad: Weihnachtsan-
sprachen, Buxheim/Allgäu o. J.

Adenauer, Konrad: Rundfunkrede
über den NWDR am 6.3.1946,
Druck: Balduin Pick, Köln o. J.

Adenauer, Konrad: Rede in Bonn am
7.4.1946. Druck: Franz Anton
Uckelmann, Rhöndorf o. J.

Bulletin des Presse- und Informationsamtes der Bundesregierung.

Gaus, Günter: *Zur Person*. Porträts
in Frage und Antwort, Band II,
München 1966.

Osterheld, Horst: *Konrad Adenauer.
Ein Charakterbild,* Bonn 1973.

Poppinga, Anneliese: *Meine Erinnerungen an Konrad Adenauer,*
Stuttgart 1970.

Poppinga, Anneliese: *Das Wichtigste*

ist der Mut!, Bergisch Gladbach 1994.

Pressedienst des Landes Berlin, Berlin.

Protokoll des 1. Parteitages der CDU der britischen Besatzungszone 1947, hrsg. v. Zonensekretariat der CDU der britischen Zone, Köln o. J.

Protokoll des 2. Parteitages der CDU der britischen Besatzungszone 1948, Druck: Opladen 1948.

Protokolle der Bundesparteitage der CDU, hrsg. v. der CDU bzw. CDU-Bundesgeschäftsstelle, Bonn.

Schriftenreihe der CDU des Rheinlandes, Köln.

Schriftenreihe der Jungen Union, Bergisch Gladbach.

Siegler & Co., *Dokumentation zur Deutschlandfrage,* Hauptband I, Bonn, Wien, Zürich 1970.

Stenographische Berichte über die Sitzungen des Landtages Nordrhein-Westfalen, Düsseldorf.

Verhandlungen des Deutschen Bundestages, Stenographische Berichte.

Vogel, Rolf: *Deutschlands Weg nach Israel. Eine Dokumentation,* Stuttgart 1967.

Weymar, Paul: *Konrad Adenauer. Die autorisierte Biographie,* München 1955.

Zeitungen und Zeitschriften

Aften Posten, Oslo

Allgemeine Wochenzeitung der Juden in Deutschland, Düsseldorf

Bayernkurier, München

Christ und Welt, Stuttgart

Dagens Nyheter, Stockholm

Der Tag, Berlin

Der Tagesspiegel, Berlin

Deutsche Tagespost, Würzburg

Die Politische Meinung, Eichholz/St. Augustin

Die Welt, Hamburg

Die Zeit, Hamburg

Echo der Zeit, Münster

Elseviers Weekblad, Amsterdam

Foreign Affairs, New York

Frankfurter Allgemeine, Zeitung für Deutschland, Frankfurt/Main

Le Monde, Paris

L'Epoca, Mailand

Kommunalpolitische Blätter, Bonn

O Globo, Rio de Janeiro

Politisch-Soziale Korrespondenz, Bonn

Rheinischer Merkur, Köln

Ruhr-Nachrichten, Dortmund

Schwyzer Nachrichten. Tageszeitung des Kantons Schwyz, Einsiedeln

The New York Times, New York

US News and World Report, Washington, D. C.

Welt am Sonntag, Hamburg

Wort und Wahrheit. Monatsschrift für Religion und Kultur, Wien

Hinweis auf die folgenden Quelleneditionen

Adenauer – Rhöndorfer Ausgabe, hrsg. v. Rudolf Morsey und Hans-Peter Schwarz im Auftrag der Stiftung Bundeskanzler-Adenauer-Haus, Bearbeiter Hans Peter

Mensing und Hanns Jürgen Küsters, Berlin 1983–1995. Darin:

Briefe 1945–1947, 1947–1949, 1949–1951, 1951–1953, 1953–1955.

Teegespräche 1950–1954, 1955–1958, 1959–1961, 1961–1963.

Theodor Heuss – Konrad Adenauer. Unserem Vaterlande zugute. Der Briefwechsel.

Adenauer im Dritten Reich.

Protokolle des CDU-Bundesparteivorstandes, hrsg. v. Klaus Gotto, Hans Günter Hockerts, Rudolf Morsey und Hans-Peter Schwarz im Auftrag der Konrad-Adenauer-Stiftung, Bearbeiter Günter Buchstab:

Protokolle 1950–1953, Stuttgart 1986.

Protokolle 1953–1957, Düsseldorf 1990.

Protokolle 1957–1961, Düsseldorf 1994.

Personen- und Ortsregister

A

Adenauer, Max 14
Algier 330
Altschull, Herbert 25f., 47, 87
Amsterdam 62, 306f., 369, 413, 438
Andernach 103, 211, 457
Appel, Reinhard 67
Ascona 435
Athen 42
Augsburg 134, 151, 181f., 244, 262, 268f., 382
Ayub Khan, Mohammed 403

B

Bad Ems 78, 239, 289, 376f., 407, 426f.
Bad Godesberg 19, 88, 101, 136, 154, 187, 233, 259, 264, 291, 315, 342, 378
Bailey, George 398
Baillie, Hugh 133, 137f., 207, 410
Ball, Robert 172
Bamberg 37, 53, 81, 101, 205, 260, 293, 380
Barschan, Raphael 94, 353

Bartholomew, Frank H. 310f., 336f.
Bayreuth 134, 182, 267
Bebel, August 340
Beer, Karl Willy 67
Behnck, Peter 14
Bell, James 277, 315, 362f., 371, 421, 423
Ben Gurion, David 350, 353, 460, 465
Bergisch Gladbach 33, 44, 97, 118, 284
Berlin 18, 20, 24, 30, 39, 45, 48, 54, 60, 63, 70, 81, 83, 103, 109, 128f., 143, 148, 151, 154, 157, 165, 169ff., 180, 183, 190-199, 221, 225, 227, 242, 247ff., 269, 275, 277, 293, 305, 335, 348, 350, 359, 367f., 373f., 381, 393, 397, 409, 416, 434, 448-451, 453, 455f., 458-461, 463
Berlin-Karlshorst 108, 449
Berlin-Neubabelsberg 448
Berlin-Tempelhof 198
Bern 109
Bettiza, Enzo 317
Biel, Karin-Christa 14
Bismarck, Otto von 128, 130, 159, 261, 301, 316, 338
Blankenhorn, Herbert 387
Bochum 57, 266, 305, 393, 438
Böckler, Hans 220

Personen- und Ortsregister

Böhler, Wilhelm 77

Bonn 16, 18f., 26, 30, 32, 34, 38f.,
42f., 45, 50f., 54, 56-60, 65, 68, 71,
75, 79, 81, 87, 96f.100f., 103, 107,
122, 124, 128f., 132, 140f., 145, 163,
176f., 179f., 190f., 221, 227, 231,
237, 242, 248, 255, 259, 270ff., 275,
279f., 285, 293, 304, 315, 317, 332f.,
339, 342, 352, 359, 366, 370, 373ff.,
381, 401, 403, 418, 420ff., 424ff.,
428f., 435, 439, 447, 451, 454f., 461,
463

Botrot, Jean 30

Brauweiler (Gestapogefängnis) 448

Brentano, Heinrich von 22, 58, 457,
464

Bretholz, Wolfgang 31

Briand, Aristide 301, 340

Brüssel 302ff., 314, 412, 437

Buchstab, Günter 14

Bulganin, Nikolai A. 396f.

Buxheim/Allgäu 18, 20f., 23f., 26,
35, 38, 54, 68, 105, 232f., 433ff.

C

Cadenabbia 9, 274

Cambridge/Massachusetts 57, 386,
411

Chicago 410

Chruschtschow, Nikita S. 63, 176,
194, 443, 335, 370, 396, 399f., 402,
455, 458-462

Churchill, Winston S. 301, 453

Coblentz, Gaston 421

Colombey-les-deux-Èglises 331, 458

Compton, Arthur H. 437

Cromwell, Oliver 137

Cuno, Wilhelm 448

Curren, Thomas Raphael 310f., 336f.

D

Dahms, Wilhelm 14

Dallas/Texas 464

Debré, Michel 335

Den Haag 365f.

Dietrich, Wolf 341

Dohrn, Klaus 277, 362f., 421

Donovan, Hedley Williams 315, 371

Dortmund 16, 18, 37, 55, 61, 82, 131,
193f., 217, 263, 401, 420

Duisburg 95, 111, 372

Dulles, John Foster 280, 391f., 413,
455, 459

Düsseldorf 37, 45, 71, 87, 116f., 176,
182, 200, 218, 221, 235f., 255, 267,
275, 279, 283, 285, 299, 316f., 343,
356, 364, 372f., 384, 403, 429

Düsseldorf-Oberkassel 56

E

Eckardt, Felix von 23, 25, 62, 310f.,
329, 336f., 397

Eden, Sir Anthony E., Earl of Avon
393f.

Effer, Franz 222, 243, 431

Eggeling, Erich 278

Ehlers, Hermann 37, 59

Eichmann, Adolf 350f.

Einsiedeln 323f.

Eisenhower, Dwight D. 335, 387,
416f., 455, 459f.

Elsaesser, Dr. 320f.

Epstein, Klaus 92, 174, 402

Erhard, Ludwig 236, 274, 451, 463f.

Essen 118, 356, 424, 427f.

F

Fäuster, Ulrike 14
Fisch (Abgeordneter) 203
Fontaine, André 150
Frankfurt am Main 17, 35, 46, 236f.,
　260, 292, 387, 430, 435
Frantz, Constantin 301
Freeman, John H. 184
Freiburg im Breisgau 320f., 447
Friedlaender, Ernst 16, 19, 51f., 54,
　81, 145ff., 153f., 202f., 206, 261,
　294, 328, 348, 378, 408
Fuerbringer, Otto 172
Fulbright, James William 214
Funke, Silvia 14

G

Gaillard, Felix 330
Gaulle, Charles de 110f., 171, 195,
　308, 330f., 333-336, 338f., 341f.,
　363, 458, 462-465
Gaus, Günter 31, 72f.
Genf 255, 457ff., 460
Gereke, Günther 77
Goldmann, Nahum 347
Gomulka, Wladyslaw 369f.
Görres, Joseph von 301
Goslar 34, 100, 159, 184, 270, 302,
　374, 411, 424f., 454
Gotto, Klaus 14
Graham, Billy 40
Greene, Hugh Carleton 195
Groussard, Serge 25, 62, 329, 397
Gruson, Flora Lewis 27, 63, 188,
　312, 351, 419
Gruson, Sydney 27, 63, 188, 351,
　419

H

Hallstein, Walter 309, 314
Hamburg 23, 60, 103, 225, 228f., 231,
　248f., 383, 438
Hamm/Westfalen 183, 270, 385
Hammarskjöld, Dag 460
Hange, Franz 278
Hannover 42f., 140, 176, 255, 367,
　371
Hargrove, Charles 89
Haydn, Joseph 26
Hegel, Georg Wilhelm Friedrich 96
Heidelberg 16, 100, 125, 219, 238,
　378
Heineman, Dannie N. 110
Hemmerle, Eduard 99
Henkels, Walter 197
Herder, Johann Gottfried von 96
Heuss, Theodor 62, 64, 185, 334f.,
　351, 435, 439, 452, 464
Hightower, John M. 315, 342, 401f.
Hiles, Raymond L. 405
Hindenburg, Paul von Beneckendorff
　und von H. 94
Hiscocks, Richard 94, 107, 364
Hitler, Adolf 105, 122, 125, 130, 133,
　204f., 348, 350, 448
Hoffmann, Johannes 452
Hommel, Engelbert 14
Höpker, Wolfgang 423

J

Jackson, Charles D. 277, 362f., 421
Jankowski, Leo 322, 374
Johnson, Lyndon B. 461, 464f.

Personen- und Ortsregister 475

K

Kahlenberg, Friedrich P. 14
Karlsruhe 45, 428
Kassel 226
Kausen, Hermann 447
Keim, Walther 14
Kelber, Geo 64
Kennedy, John F. 417f., 460, 463f.
Kergolay, Conte Henri de 73, 344
Kern, Harry 23
Ketterle, Christiane 14
Kiel 38, 87, 439
Kiesinger, Kurt Georg 464
Kingsbury-Smith, Joseph 286, 325, 358
Kleinmann, Hans-Otto 14
Köln 14f., 18f., 31, 39, 44, 49f., 54, 56f., 60, 70, 74, 79, 96, 98f., 111 bis 115, 120f., 129, 132, 138, 150, 193, 217, 219, 230, 232f., 235, 240, 256, 260, 271, 275, 281f., 284f., 357, 381, 405, 436, 440, 447ff., 464
Königswinter 274, 439
Kraft, Waldemar 82
Kroll, Hans 461
Krone, Heinrich 88

L

La Fayette, Marie Joseph Motier, Marquis de 415
Lachmann, Kurt 27, 48, 68, 277f., 400
Lauret, René 336
Lenz, Otto 131
Lippmann, Walter 26, 333
Lippstadt 119f.
London 80, 100, 110f., 161, 179, 195, 201f., 241, 243f., 246, 258, 261,

290, 296f., 347, 358, 382, 412, 431f., 450f., 455f.
Lövenich bei Köln 121
Lübke, Heinrich 459
Lugano 119
Lüneburg 184

M

Macmillan, Harold 335
Madrid 318f., 371, 423, 443, 464
Malenkow, Georgij M. 397
Maria Laach (Benediktiner-Kloster) 448
Marshall, George C. 449
McBride, Will 31, 43, 442
Mellies (Abgeordneter) 205
Menzel (Abgeordneter) 185
Menzel, Rolf 67
Meyer-Sevenich, Maria 76
Millowitsch, Lucy 121
Mollet, Guy 304
Mönchengladbach 49f., 322, 358
Morsey, Rudolf 14
Moskau 58, 163, 366, 370, 387, 399f., 402, 457, 460f.
Mühlheim an der Ruhr 15, 257
München 99, 134, 168, 268, 287, 407, 444, 447, 464
Münster 75, 119, 218
Mürren 387

N

Napoleon I. Bonaparte (Kaiser) 336
Naupert, Heinz 14
Neheim-Hüsten 115, 256, 449
Nelleßen-Strauch, Dagmar 14

Neuenkirchen/Kreis Wiedenbrück
118
Neumünster 299
Neusatzeck bei Bühl 34
New Haven/Connecticut 388
New York 164, 212, 295, 302, 350,
359, 389, 410, 453, 460
Niebergall (Abgeordneter) 147 f.,
204
Nitzsche, Max 197
Nürnberg 61

O

Odehnal, Harald 14
Offenbach am Main 20, 300, 360,
384, 409
Oldenhage, Klaus 14
Opladen 15, 50, 123 f., 191, 219, 257,
286, 321, 357, 406
Osnabrück 21, 33, 57, 218, 283
Osterheld, Horst 40
Otto, Paul 21, 57

P

Page, Barbara 110
Paris 27, 56, 104, 161, 206, 209, 214,
264, 297, 312, 326, 334, 337 f., 341 f.,
452, 454-457, 459-462, 464
Pennsylvania 113, 120, 401
Petersberg 339
Pferdmenges, Robert 72
Pluschke-Clasen, Ellen 14
Pompidou, Georges 462
Potsdam 108 ff., 133, 149, 261, 449
Proske, Rüdiger 67

R

Raymunda, M. (Schwester) 34
Real, Heinz Jürgen 14
Recklinghausen 15, 33, 44, 50, 97,
99, 118, 121, 123 f., 191, 219, 257, 284,
286, 321, 357, 406
Regensburg 104
Rehovoth 353
Reimann (Abgeordneter) 204 f.
Reims 108, 449, 462
Reiners-Adenauer, Ria 14
Renner (Abgeordneter) 152, 192
Reston, James 171, 308, 400
Rhöndorf 14, 32, 75, 96 f., 448, 464 f.
Ridgway, Matthew 204
Rings, Johannes 285
Röhm, Ernst 448
Rom 42, 308, 426, 457
Roosevelt, Franklin D. 405, 448
Rörig, Hans 109
Rusk, Dean 460

S

Saarbrücken 110
San Francisco 261, 410
Schäfer, Hermann 225
Schmelzer, Robert 167, 250
Schmid, Dr. (Abgeordneter) 387
Schmücker, Kurt 85
Schorr, Daniel 28 f., 67, 69, 90, 92,
104, 422
Schröder, Georg 216, 310, 420
Schulze-Vorberg, Max 93, 197
Schuman, Robert 288, 292, 311,
336 f., 341, 361, 452 ff., 463
Schwarz, Hans-Peter 14
Schweizer, Albert C. 405
Sdeh Boker 353

Personen- und Ortsregister

Seeling, Otto 77
Silverberg, Paul 119
Smirnow, Andrej A. 458
Solingen 133
Sollmann, William F. 113, 120, 404
Stalin, Josef W. 190, 389, 395, 455
Stern-Rubarth 110
Stockholm 459
Straßburg 51, 126 f., 178, 240, 288, 290, 298, 376, 407
Stresemann, Gustav 301, 340, 448
Strohbach (Abgeordnete) 147
Stucki, Lorenz 69
Stuttgart 59, 227, 248, 271, 366
Sulzberger, Cyrus L. 29, 40 f., 91, 423, 441
Swerdlowsk 460

T

Tel Aviv 94, 353
Thiele (Abgeordnete) 203 f.
Tingsten (Professor) 160
Treiss, Karlheinz 99
Truman, Harry S. 405, 412, 448 f.
Tschaikowsky, Pjotr Iljitsch 26
Tutzing 29, 441

U

Ulbricht, Walter 170, 197, 396
Unkel am Rhein 448

V

Vence 62
Versailles 447
Vogt, Josef 19

W

Walden, Mathias 67
Washington, D.C. 36, 55, 61, 67, 82, 162, 166, 171, 196, 294 f., 339, 350 f., 381, 431, 450
Watenstedt-Salzgitter 55, 152
Wehner, Herbert 185
Weisenfeld, Ernst 442
Weitz, Heinrich 95, 111, 372
Wendt, Hans 139
Werl/Westfalen 383
Wessel, Horst 205
Wetzlar 45, 379, 408
Weymar, Paul 21, 57
Wien 42, 58, 85, 163, 460
Wiesbaden 102, 384
Wilms, Dorothee 14
Wilson, Harold 465
Wittrock (Abgeordneter) 215
Wuppertal/Elberfeld 32, 75, 116, 282 f.
Würzburg 40, 318

Z

Zürich 58, 69, 163

Sachregister

A

Abendland/abendländisch 36, 41f.,
135, 208, 222, 281, 289f., 299, 301,
312, 424, 427, 429, 440f.
Abrüstung (siehe auch:
Entspannung) 57, 147, 165, 167f.,
171, 173f., 188f., 210, 214ff., 389,
391, 401, 416, 459f.
Abstimmung 85, 93
Afrika/afrikanisch 172, 211, 306,
437
Aften Posten 290
Akademiker 225, 434
Akropolis in Athen 42
Algemeen Handelsblad 237, 322
Algerien 330
Alleinvertretungsanspruch der Bun-
desrepublik Deutschland (siehe:
Deutschlandpolitik)
*Allgemeine Wochenzeitung der Juden
in Deutschland* 345f.
Alliierte 110, 112, 116f., 131, 147, 149f.,
155, 190, 192f., 204, 374f., 379, 456
Alliierter Kontrollrat 108, 110, 116,
450
American Committee on United
Europe 295, 359

Amerika (siehe: Vereinigte Staaten
von Amerika)
Angelsächsische Länder 82
Antidemokratisch 90
Antike, griechisch-römische 41
Arbeiterschaft 229
Arbeitnehmer 104, 439
Arbeitsgemeinschaft der öffentlich-
rechtlichen Rundfunkanstalten der
Bundesrepublik Deutschland
(ARD) 442
Arbeitslosenfürsorge 245
Arbeitslosenversicherung 245
Arbeitslosenzahl 417
Arbeitszeitverkürzung 249
Archiv für Christlich-Demokratische
Politik der Konrad-Adenauer-
Stiftung 14
Armut 25, 28, 227, 437
Asien (siehe auch: Ferner Osten)
211, 285, 306, 384, 392, 404, 408,
410, 418, 423, 437
Associated Press 25f., 47, 87, 110, 315,
342, 401f.
Association de la Presse Diplomatique
Française 56, 206, 264, 297
Association de la Presse Étrangère
56, 206, 264, 297

Sachregister 479

Atlantik-Pakt (siehe: North Atlantic Treaty Organization)

Atomare Waffen (siehe: Nukleare Waffen)

Atomwaffenfreie Zone 187

Aufbaujahre der Bundesrepublik Deutschland 10

Aufgaben 20, 28 f., 131, 141

Aufrüstung 201

Außenpolitik 11, 54, 61, 64, 84, 135, 141, 150, 162, 178, 180, 222, 226, 241, 256-280, 313, 316, 327 f., 330, 339, 344, 364, 385, 389, 418, 421, 439, 452, 454

Außenpolitischer Ausschuß des US-Senates 55, 214

Australien 362

Auswärtiges Amt, Bonn 48

B

Balkan 372

Barbarei 32

Bayerischer Rundfunk (BR) 93, 136, 166, 187, 250, 272

Bayern 405

BBC London 195

Begabtenförderung 229

Belgien 118, 186, 282, 294, 313, 320, 325, 356, 382, 453 f., 461

Beneluxstaaten 257, 286, 289, 313, 325, 417, 450

Berlin-Blockade 373, 450

Berlin-Ultimatum vom 27.11.1958 194, 335, 458 f.

Berliner Außenministerkonferenz (25.1.-18.2.1954) 154

Besatzungsgewalt 155

Besatzungsmächte 105, 130 f., 155, 167, 196, 365, 404, 449, 452

Besatzungsrecht 130

Besatzungsstatut 127, 265

Besatzungszone, britische 15, 50, 74, 96, 99, 114 f., 118-124, 165, 191, 217, 219, 235, 256 f., 281 f., 284, 286, 321, 357, 389, 406, 449

Besinnung 24, 34

Betriebsverfassungsgesetz (siehe auch: Mitbestimmung) 243

Brüderlichkeit 137

Bulgarien 144, 373

Bulletin des Presse- und Informationsamtes der Bundesregierung 12 ff.

Bund 88, 135, 192, 232, 238, 243

Bundesarchiv 14

Bundesentschädigungsgesetz 455

Bundesgartenschau 60

Bundeshaushalt 243

Bundeskanzler 65, 70, 83, 89, 93 f., 129, 176, 193, 324, 452, 454, 457, 461, 463

Bundesparteiausschuß der CDU 13, 28, 39, 53, 66, 79, 84, 86-89, 127 f., 144, 149, 177 f., 180, 186, 189, 196, 215, 231 f., 242, 273, 275, 313, 327 ff., 331, 333 f., 338, 348, 361, 370, 377, 379, 394 f., 415, 430

Bundesparteitag der CDU 13, 18 f., 21, 34, 38 f., 42 f., 45, 54, 56 f., 59 f., 71, 81, 100, 103, 128 f., 132, 140, 176, 180, 221, 227, 231, 242, 248, 255, 271, 275, 293, 317, 348, 352, 359, 366, 374, 381, 401, 403, 420, 424 f., 428, 439, 454, 464

Bundesparteivorstand der CDU 13, 22, 25, 36, 39, 46, 58-63, 69, 83-86, 93, 158 ff., 162, 167, 187, 210, 212, 226, 228, 271, 276, 307, 360, 366 bis 369, 385 f., 390 f., 399, 410-414, 416 f., 440

Bundespräsident 62, 64, 94, 334, 351, 435, 439, 452, 459

Bundespresseamt (BPA) 12 ff., 20, 25 f., 30, 63, 67, 69 f., 94, 170, 172, 175, 258, 279, 286, 288, 316, 325, 338-341, 350, 353, 358, 360, 371, 384, 409

Bundesrat 84, 87

Bundesregierung 12, 78, 87 f., 90 ff., 124, 130 f., 133, 140 f., 143, 152, 154, 156, 165, 169, 173, 180, 187, 197, 203, 208, 222 f., 233, 241, 245 f., 249, 259, 261, 277, 338, 346 f., 349 f., 352, 398, 401, 426

Bundesrepublik Deutschland (siehe: Deutschland)

Bundesrückerstattungsgesetz 455

Bundesstaat 95, 97, 112

Bundestag (siehe: Deutscher Bundestag)

Bundestagsdebatte 327

Bundestagsfraktion der CDU/CSU 88, 463

Bundestagsprotokolle 13

Bundestagsverhandlungen 83

Bundestagswahl 85 f.

Bundesverband der Deutschen Zeitungsverleger 230

Bundeswehr 103, 211, 457

Bündnislosigkeit (siehe: Neutralisierung Deutschlands)

Bündnispolitik 212

Bürger (siehe: Staatsbürger)

Burgfriedenplan (siehe: Deutschlandpolitik)

C

CDU-Bundesgeschäftsstelle 19, 38 f., 42 f., 56 f., 59 f., 71, 103, 132, 140,

176, 227, 231, 248, 255, 271, 275, 317, 352, 366, 401, 403, 439

China, Volksrepublik 183, 375, 384 f., 399 f., 402, 420, 422, 443

Christ/Christentum/christlich 22, 25, 32-37, 39-43, 50, 74, 84, 96, 100 f., 135, 145, 154, 222, 243, 290, 299, 321, 345, 366 f., 371, 376, 379, 424, 427 f., 430, 435 f., 440 f.

Christ und Welt 313, 423

Christian Science Monitor 397

Christlich-Demokratische Union (CDU) 13, 15 f., 18 f., 21 f., 25, 28, 32 ff., 36-39, 42-46, 49 f., 52-63, 66, 69 ff., 74-79, 81-89, 93, 96-101, 103 f., 114-125, 127 ff., 131 ff., 140, 144 f., 149 f., 158 ff., 162, 167, 174, 176 ff., 180, 182-189 ff., 193 f., 196 f., 200, 210, 212, 215, 217-221, 226 ff., 231 f., 235-240, 242, 248, 253, 255 ff., 260, 263, 266 f., 269 ff., 273, 275 f., 281-286, 293, 299, 302, 307, 313, 317, 321 f., 327 ff., 331, 333 f., 338, 348, 352, 356-361, 366-370, 372-375, 377 ff., 381, 384-387, 390 f., 394 f., 397, 399, 401, 403, 406, 408, 410 bis 418, 420, 424 ff., 428, 430, 439 f., 449, 451 f., 454 f., 458, 461-464

Christlich-Soziale Union (CSU) 13, 16, 61, 77 f., 89, 104, 125, 134, 151, 168, 174, 181 f., 185, 188, 197, 219, 236 ff., 244, 253, 262, 267 ff., 287, 382, 387, 407, 451 f., 455, 458, 461 bis 464

Columbia Broadcasting System (CBS) 28 f., 67, 69, 90, 92, 104, 422

Commonwealth 261, 358 f., 363 f.

Conference on Jewish Material Claims against Germany 54, 347 f., 455

Sachregister 481

Corriere della Sera 317

Council on Foreign Relations 164,
212, 302, 389

D

Dagens Nyheter 160

Dänemark 311, 459

Demilitarisierung Deutschlands 178,
376 f.

Demokratie/demokratisch 74-94, 96,
100, 104 ff., 109, 112, 125 f., 134, 168,
191, 202, 205, 290, 314

Denken, politisches 47

Denkens, Verwilderung des geistigen
26

Der Tag 227, 247 f.

Deutsch-Französische Konferenz
315, 342

Deutsch-französischer Freundschaftsvertrag

Deutsch-Französischer Krieg von
1870/71 96

Deutsch-französischer Freundschaftsvertrag (22.1.1963) 316, 332, 336,
339-343, 462 f.

Deutsch-Französisches Jugendwerk
463

Deutsche Angestellten-Gewerkschaft
(DAG) 225, 438

Deutsche Demokratische Republik
(DDR) 143, 165, 194, 368, 452, 455,
457 f., 461

Deutsche Frage (siehe: Wiedervereinigung Deutschlands)

Deutsche Industrieausstellung 227

Deutsche Partei (DP) 237, 451 f., 455,
458

Deutsche Presse-Agentur (dpa) 278

Deutsche Tagespost 40, 318

Deutsche Welle 26, 47, 139

Deutscher Bauerntag 226

Deutscher Bauernverband 409

Deutscher Bundestag 9, 14, 18, 21,
29 f., 53, 64, 77 f., 83 f., 87-93, 102,
105, 125, 130-133, 135, 138 ff., 143 ff.,
147 f., 152-158, 161 ff., 166, 169,
174 f., 185, 188, 192, 197, 201, 204 f.,
207 f., 210, 215, 219 ff., 223-226, 234,
238 f., 243-246, 252 ff., 257 f., 265,
274, 276 f., 286, 289, 291, 297 f.,
300 f., 308 f., 325 f., 328, 341, 346 bis
349, 365, 374, 379, 383, 387 f., 395 f.,
398 f., 401, 406, 418, 429, 451 f., 455,
458, 461, 463 f.

Deutscher Genossenschaftstag 102

Deutscher Gewerkschaftsbund
(DGB) 23, 103, 220, 228 f., 248 f.,
255

Deutscher Handwerkstag 45, 221,
223, 233, 429, 440

Deutscher Sparkassentag 247

Deutsches Reich 112, 130, 243 f., 246,
455

Deutschland 10, 37, 46 f., 53, 59, 77,
80 ff., 86, 95, 101, 106, 108 f., 113,
121-136, 139-189, 191 ff., 197, 199 bis
202, 205-209, 215, 222, 225 f., 232,
234, 236 f., 240 ff., 245, 252 f.,
255 ff., 259-263, 265 ff., 274 f., 279,
281 f., 284, 286, 288-294, 299, 301,
310, 313, 320-346, 348-353, 355 f.,
360 f., 369-373, 375-378, 380-384,
388, 391, 393, 395-398, 404 ff., 408,
410, 415, 417 f., 430, 438, 442, 448
bis 454, 456 ff., 463 f.

Deutschland Stiftung e.V. 464

Deutschlandfrage 58, 163, 386, 401,
452, 454, 456, 460

Deutschlandpolitik 110, 142 f., 154,
165 f., 208, 452 f., 455, 457, 461

Deutschlandvertrag 131, 147, 149 f., 158 f., 326, 454 ff.

Dezentralisation 112

Dichtung 41

Die politische Meinung 354

Die Welt 216, 310, 352, 420

Die Weltwoche 69

Die Zeit 16, 291 f., 324

Dienst mittlerer Tageszeitungen (Dimitag) 106, 139, 173

Diktatur 27, 30, 43, 74, 80, 170, 380 f., 391, 420

Disengagement, Großbritanniens Pläne für Mitteleuropa 361

Dritte Welt 273

Drittes Reich 358

Dummheit 26 f., 29, 47, 364

Dynamik 17, 46

Dynamische Rente (siehe: Rentenreform)

E

Echo der Zeit 35, 203, 222, 241, 243

Ehrlichkeit 72, 266

Eigenstaatlichkeit 168

Eigentum 218, 221, 225, 346

Einheit Deutschlands (siehe: Wiedervereinigung Deutschlands)

Einheitsstaat 95

Einzelhandel 222, 243, 431

Eiserner Vorhang 109, 151, 161, 262, 265, 366, 388, 396

Elsaß-Lothringen 171

Elseviers Weekblad 125

England (siehe: Großbritannien)

Entmilitarisierte Zone in Europa 186 f.

Entnazifizierung 117 f.

Entspannung (siehe auch: Abrüstung/Deutschlandpolitik) 148, 150, 153, 160, 166 f., 171, 175, 264, 384 f., 393

Entwaffnung Deutschlands 127

Entwertung der D-Mark 252, 254

Erbfeindschaft 324

Erfahrung 71, 73, 145, 247, 290, 320

Erfolg 24, 67 f., 90, 193, 273, 278, 299, 386

Erneuerung, religiös-seelische 33

Erster Weltkrieg 80, 105, 125 f., 130, 209, 291, 299, 340, 425, 462

Erziehung 220 f., 295, 374, 430

Ethik/ethisch 38 f., 41, 61, 112, 205, 223 f., 233, 428, 464

Europa/Europäer 11, 33, 81 f., 102, 107, 109, 111, 117, 119, 121 f., 124 f., 129 f., 132-136, 142 ff., 146, 148, 156, 163 f., 168, 172 ff., 176-181, 183-186, 188, 191, 195, 200 f., 203 f., 206 f., 212, 222, 258, 260 f., 265 f., 269, 275, 280-319, 321-332, 335-342, 352, 356 ff., 360-367, 369, 371 ff., 376 ff., 382 f., 385, 391 f., 394-397, 399, 404 bis 414, 416 f., 420-423, 426 f., 430, 435-438, 440, 442 f., 450, 453, 456, 461, 463 f.

Europa-Union 285

Europäische Atomgemeinschaft (EURATOM) 307, 458

Europäische Gemeinschaft für Kohle und Stahl (EGKS) 206, 288 f., 296 f., 307, 336, 361, 412, 452, 454

Europäische Integration 102, 107, 153, 178, 289, 302, 304, 307, 313, 317, 359 f., 365, 376 f., 407, 416

Europäische Kulturstiftung 62, 306 f., 369, 413, 438

Europäische Politische Union/Gemeinschaft (EU/EG) 125, 133, 135,

Sachregister 483

142, 146, 179, 206, 296, 308 ff.,
312 ff., 316 f., 322, 335, 337, 342 f.,
359 ff., 363, 461, 463
Europäische Sicherheitszone (siehe
auch: Neutraler Gürtel in
Europa)
Europäische Verteidigungsgemein-
schaft (EVG) 20, 149, 203 f.,
206 f., 292, 296, 326 f., 377, 412,
454 ff.
Europäische Wirtschaftsgemeinschaft
(EWG) 254, 305, 307 ff., 311 ff.,
315, 317 f., 342 f., 360, 362 f., 416 f.,
419 ff., 458-463
Europäisches Parlament 307, 315
Europarat 51, 126 f., 178, 240, 287,
290, 298, 307, 376, 407, 451, 453
European Free Trade Association
(EFTA) 361, 459
Evangelische Akademie in Tutzing
29, 441
Evangelische Akademie Westfalen
305, 393, 438
Evangelische Kirche Deutschlands
(EKD) 145
Evangelische Kirchentage 39, 165, 435
Exekutive 141
Expansionsstreben der UdSSR 407
Export (siehe: Wirtschaftspolitik)

F

Facharbeiter 221, 224
Familie 225, 231 ff., 430, 435
Faulheit 29
Feigheit 26
Ferner Osten 260, 265
Fernsehen 64, 170, 173, 339 ff., 351,
442
Finanzpolitik 212, 227, 235-255

Flüchtlinge/Flüchtlingsproblem (siehe
auch: Vertriebene) 116, 130, 253
Föderalismus/föderalistisch/födera-
tiv 98 ff., 107, 287, 294, 359
Foreign Affairs 81 f., 129 f., 199, 314
Foreign Press Association 80, 202,
258, 290
Fortschritt 20, 125, 209, 242, 264,
290, 312, 389, 428 f., 434
Fraktion(szwang) 76, 93
Frankfurter Allgemeine Zeitung
(FAZ) 273
Frankfurter Wirtschaftsrat 236 f.,
451
Frankreich 108, 111, 118, 122, 137, 154,
171, 179 f., 186, 194 f., 200, 255, 257,
273, 280, 282, 284, 286, 289, 291 f.,
294, 310, 313, 320-344, 356, 360 f.,
364, 376, 382 ff., 404, 412, 415,
417 f., 448 ff., 452, 454 ff., 458-461
Französische Revolution 137, 415
Frauen in der Politik 68, 75, 87, 98
Freie Demokratische Partei (FDP)
197, 236, 451 f., 455, 462, 464
Freihandelszone (siehe: European
Free Trade Association)
Freiheit 15, 17 f., 33, 36 f., 39, 42, 55,
75, 79 ff., 87, 96, 100, 103 f., 106 f.,
127, 137, 139, 141, 144-151, 153 f., 156,
159-162, 164-167, 169 f., 173, 183, 186,
193, 195 f., 198 f., 203, 208, 217 ff.,
222, 229, 233, 235, 264, 280, 286,
290 f., 294, 296, 299, 301, 327, 339,
366 ff., 371, 374, 378, 380, 383, 389,
392, 395, 410, 423 f., 429, 433, 440,
453, 456, 461, 463
Freiheitskriege 95
Frieden 18, 39, 47, 57, 106 f., 139, 141,
144 f., 148, 150 f., 153 f., 156, 159,
162, 164 f., 167 f., 174, 197 f., 203,
208 ff., 213, 264, 287 f., 294, 328,

339, 341, 374, 377, 380, 389, 391, 395,
398, 403, 423, 433, 451, 463
Friedensvertrag mit Deutschland
120, 149, 155 ff., 171, 454

G

Geborgensein 33
Geduld 16, 67, 118, 134, 148, 164,
175 f., 269 f., 273, 277, 315, 318, 375,
386, 393, 398
Gegenwart 48
Gegner, politischer 59
Geheime Staatspolizei (Gestapo)
448, 451
Gelassenheit 23
Gemeinden/Gemeindepolitik 50,
82, 85, 97, 126, 238 f.
Gemeinsamer Markt (siehe: Euro-
päische Wirtschaftsgemeinschaft)
Gemeinschaft der Völker 128, 130,
133, 258, 337
Gemeinschaft katholischer Männer
Deutschlands 37, 53, 81, 101, 205,
260, 293, 380
Gemeinschaftsausschuß der hessi-
schen gewerblichen Wirtschaft
20, 300, 360, 384, 409
Gemeinschaftsleben im Staat 34
Gemeinwesen, städtisches 99
Geographie/geographisch 128, 136,
163, 180, 183 f., 188, 270, 288, 318,
378
Georgetown University 36, 431
Gerechtigkeit 42, 48, 134, 208
Gerissenheit 66
Gesamtdeutscher Block/BHE 82, 455
Geschichte 10, 25, 32, 44-48, 56, 63,
81, 104, 113, 116, 121 f., 136 f., 210,
253, 288, 295 f., 298, 310, 312, 318,

323, 336 f., 339-342, 354, 357, 367,
392, 398, 403, 406, 408, 411, 419,
425, 437, 441, 443
Gesetzgebung 84, 88, 220, 346
Gewalt 15, 26, 38, 43, 47, 118, 121, 153,
156, 160, 171, 173, 202, 213, 256, 282,
368, 390
Gewaltherrschaft, kommunistische
155
Gewaltverzicht 121, 153, 156, 160, 171,
173
Gewerkschaften 86, 98, 103, 217, 220,
223, 239, 248, 251, 439
Gewissenskonflikt 60
Gewissenspflicht 60
Ghostwriter 12
Glaubwürdigkeit, Verlust an 41
Gleichberechtigung 264
Gleichgewicht, inneres 23
Gleichheit 137
Glück 24, 33 f.
Grandes Conférences Catholiques
302 ff., 412, 437
Griechenland 41, 404 f., 449
Großbritannien 108, 111, 122, 137, 154,
158, 188, 194, 200, 255, 273, 282 ff.,
289, 311, 320, 324 f., 327, 334, 342,
356-364, 393, 404, 407, 412, 415,
449 f., 452-456, 458-463
Großmacht/Großmächte 145, 261,
393, 436
Grundgesetz 87, 94, 106 f., 134 f.,
140 f., 160 f., 167, 192, 230, 451
Grüne Woche in Berlin 24, 60, 165,
249, 305, 367 f., 393, 409

H

Haager Landkriegsordnung vom
18.10.1907 365 f.

Sachregister

Handwerk 221-224, 226
Harvard University 57, 386, 411
Heatid 355
Heimat 106, 240, 324
Herrenrasse 114f.
Herrenvolk 114
Historisches Archiv der Stadt
  Köln 14
Hitler-Diktatur/-Regime 105, 350
Hochschulausbildung 442
Holland (siehe: Niederlande)
Humanismus 41

I

Ich-Sucht 34
Idealist 25
Indien 362, 403
Individuum 42, 236
Indochina 330
Industrialisierung 428
Inflation 125
Innenpolitik 61, 135, 171, 217-234,
  243, 273, 275, 279, 417, 439
Integration Europas (siehe: Euro-
  päische Integration)
Interalliierte Behörde 108
International News Service 286, 325,
  358
International Press Club 196
Internationales Presse-Institut 296,
  431f.
Interparlamentarische Union 179,
  261, 296f., 358, 382
Irland 311
Island 311
Isolationismus, amerikanischer 408,
  423
Isolierung Deutschlands 108-142,
  265, 291

Israel 54, 246, 345-355, 455, 464
Italien 179, 195, 289, 294, 360, 376,
  383f., 417f., 453f.

J

Japan 460
Juden/jüdisch 246, 345-355
Jugend 220, 229, 231, 285, 299, 340,
  343, 422, 430, 439ff., 462
Jugoslawien 185, 373, 390
Junge Union der CDU 33, 44, 97, 118,
  284

K

Kabinettsbildung (siehe auch: Koali-
  tion) 91
Kaiserreich 112
Kalter Krieg (siehe: Ost-West-Konflikt)
Kanada 362
Kandidatenaufstellung für den Deut-
  schen Bundestag 88, 92
Kanzler-Demokratie 94
Kapitol in Rom 42
Kapitulation der Wehrmacht 108,
  119, 125, 449
Katholik/katholisch 33, 37, 40, 53, 81,
  101, 366
Katholikentag 436
Kirchen 154, 220
Klugheit 22, 31, 56, 65, 73, 102
Koalition/Koalitionsbildung 82, 91,
  220, 261, 464
Kollektivscham 137
Kollektivschuld 137
Kölnische Rundschau 99
Kölnische Zeitung 109
Kolping-Werk 271

Kongreß der Kommunistischen Parteien der Sozialistischen Länder 395

Kommunalpolitische Arbeitsgemeinschaft der CDU/CSU Deutschlands 77

Kommunen/Kommunalpolitik 50, 85, 87, 104

Kommunismus/kommunistisch 67, 82, 109, 138 f., 144, 155, 164, 166, 169, 184, 186, 195, 209, 222, 234, 236, 290, 301, 338, 368, 376, 379, 383, 391 f., 394 ff., 404 f., 417 f., 427, 449, 451

Kommunistische Partei Deutschlands (KPD) 191 f., 204 f., 325, 383, 406

Konflikte 58, 70

Kongo 172

Konjunktur 252

Konstruktives Mißtrauensvotum 94, 141

Kontrollrat (siehe: Alliierter Kontrollrat)

Konzentrationslager 137

Korea(krieg) 177, 412, 453

Kraft 29

Kriegsdienstverweigerung 202

Kriegsende 1945 9, 130

Kriegsgefangene 370, 457

Kriegsopfer und Hinterbliebene 240 f., 245, 253

Krise 20

Kritik 22, 65, 77, 106, 140

Kuba(-Krise) 462

Kultur/kulturell 33, 41 f., 61 f., 128, 135, 208 f., 212, 218, 232, 257, 281, 284, 289, 294 f., 310, 312, 329, 335, 340, 354, 371, 404, 427 f., 430, 437, 441 f.

Kunst 41

Kuratorium Unteilbares Deutschland 275

L

L'Epoca 148

Landtag(swahlen) 85, 98

Landwirtschaft/landwirtschaftlich 222, 224, 226, 231, 234, 249, 254 f.

Laos 460

Lastenausgleich/Lastenausgleichsgesetz 238, 241, 243, 245, 253

Le Figaro 25, 62, 73, 329, 344, 397

Le Monde 150, 309, 336

Leben, politisches 32, 203, 358

Lebensweisheit (siehe: Weisheit)

Legislaturperiode 83

Lehrerberuf 231

Leitungsgremium 77

Lohn-Preis-Spirale 248, 253

Londoner Empfehlungen 450

Londoner Protokoll vom 3.10.1954 161, 412

Londoner Schuldenabkommen 243 f., 246, 455

Londoner Sechs-Mächte-Konferenz 450

Luxemburg 118, 294, 313, 320, 325, 352, 356, 453 f.

Luxemburger Abkommen (siehe auch: Wiedergutmachung) 54, 348, 352, 455

M

Maariv 94, 353

Macht 29, 49 f., 56, 83, 86, 90, 94-98, 112, 114, 123, 136, 210, 217, 235, 287, 357 f., 374 ff., 382, 408, 421, 436

Sachregister   487

Machtkonzentration (in der Wirt-
    schaft) 49, 85 f., 98, 217 f., 228,
    439
Machtmißbrauch 50, 56
Machtstreben 19
Machtverteilung 49
Mann in der Zeit 216
Maßhalten 28
Mäßigung 56
Materialismus/materialistisch 38 f.,
    112, 114, 379, 424, 426-430, 435 f.,
    439 f.
Mathematik 41
Mauerbau durch Berlin am 13.8.1961
    169 f., 461
Mehrheit 76, 79, 93 f., 331
Meinung, öffentliche/unabhängige
    74, 410, 432
Meinungsverschiedenheiten 76, 139,
    261
Menschenrechte 18, 222
Menschenverächter 73
Menschenwürde 33, 36, 42, 74, 95,
    97, 217, 424, 440
Menschheit(sgeschichte) 17, 32, 36,
    94 f., 114, 117, 216, 302, 402, 413,
    423 ff., 428 f., 432 ff., 437, 442
Metaphysik/metaphysisch 35
Militarismus 203
Militärregierung, britische 111
Minderheit 76
Mißtrauen 18, 259 f., 294, 388
Mitbestimmung (siehe auch: Betriebs-
    verfassungsgesetz) 235, 239
Mitläufer 113
Mittelalter 82
Mittelschicht/Mittelstand 102, 104,
    126, 223, 226, 233, 431
Montanunion (siehe: Europäische
    Gemeinschaft für Kohle und
    Stahl)

N

Nachkriegszeit 10, 129, 243 f., 246,
    267, 339, 367
Nächstenliebe 25
Nation 295, 301
National Press Club 67, 82, 294 f.,
    339, 350, 381
Nationale Volksarmee (NVA) 197
Nationalgefühl/national 80, 104, 119,
    136 f., 174, 294, 296, 304, 387, 401
Nationalismus/nationalistisch 101,
    113, 116, 119, 136, 166, 285, 291,
    293 f., 322 f., 335, 428
Nationalsozialismus/nationalsoziali-
    stisch 9, 80 f., 87, 99, 105 f., 111 f.,
    115 ff., 119 f., 122 f., 126, 137 f., 217,
    222, 257, 259, 269, 321, 323, 340,
    346-350, 352, 354, 364, 391, 415, 455
Nationalsozialistische Deutsche
    Arbeiterpartei (NSDAP) 117 f.
Nationalstaat/nationalstaatlich 102,
    296, 371
Nationalversammlung 167
Naturrecht 34, 42, 100
Naturwissenschaften 41
Neue Zeitung 99
Neuordnung, staatliche 131
Neuseeland 362
Neutraler Gürtel in Europa 184 f.,
    188 f.
Neutralisierung Deutschlands 11, 127,
    142, 177-189, 377
New York Herald Tribune 26, 333, 421
News Chronicle 110
Niederlande 118, 186, 282, 294, 310,
    313, 320, 325, 356, 453 f., 461
Niedersachsen 237
Nihilismus 65
Nordatlantikpakt (siehe: North Atlan-
    tic Treaty Organization)

Norddeutscher Rundfunk (NDR)   67

Nordrhein-Westfalen   56, 98, 449

Nordwestdeutscher Rundfunk
(NWDR)   16, 19, 51f., 54, 81, 96,
112f., 145ff., 153f., 202f., 206, 256,
258, 261, 281, 294, 328, 348, 378,
408

North American Newspaper Alliance
(NANA)   23

North Atlantic Treaty Organization
(NATO)   125, 158f., 161, 173, 183,
187f., 201, 206-209, 211, 214, 216,
335, 343, 391, 413, 418f., 451, 456

Norwegen   311, 459

Nouvelles Équipes Internationales
(NEI)   289, 376f., 407, 426f.

Nukleare Waffen   168, 187, 206, 210,
215, 267, 306, 393, 411, 416, 421,
437

O

O Globo   48

Obrigkeitliches Denken   105f.

Oder-Neiße-Linie   150, 152f., 171, 178

Öffentlichkeit   93, 198, 230, 357, 410

Opposition   77ff., 82, 87, 89f., 92f.

Optimismus   16

Ordnung (christliche/politische/staat-
liche/wirtschaftliche)   23, 35, 42,
49, 81, 100f., 104, 131, 165, 202,
205, 209, 285f., 331

Orientierungslosigkeit   41

Orly (Flughafen)   337

Ost-West-Gipfelkonferenz (Mai 1960)
334

Ost-West-Konflikt   34, 38, 121, 144,
146ff., 150, 153, 168, 179f., 182, 184,
200, 202, 206, 260, 264, 267, 287,
296f., 380, 382, 384ff., 453, 460

Ostasien (siehe: Ferner Osten)

Ostblock/Osten (siehe auch: Satellitenstaaten)   124, 127f., 138, 174,
179f., 182, 193f., 201f., 209, 225,
229, 294, 309, 328, 368-371, 373, 378,
385, 390, 392, 398, 409

Ostdeutschland (siehe: Deutschland)

Österreich   184f., 289, 372, 456,
458f.

Osteuropa   365-372, 449

Ostzone (siehe: Sowjetische Besatzungszone Deutschlands)

P

Pakistan   362, 403

Panslawismus   379

Paris Match   64

Pariser Verträge   161, 185

Parlament/Parlamentarier   78, 81,
84, 88-94, 106, 140f., 144, 156, 233,
307, 315, 330

Parlamentarischer Rat   107, 124, 141,
161, 167, 192, 451

Parlamentarismus   74, 330f.

Partei   18, 58, 66, 79, 145, 176

Parteidisziplin   76

Parteiengesetz   88

Parteifreunde   63, 87

Parteigremium   63

Parteiinteresse   78

Parteimitglied   76, 93

Parteipolitik   50, 75, 106, 273

Parteitag der CDU der britischen
Besatzungszone   50, 121, 123f.,
191, 219, 257, 284, 286, 321, 357,
406

Passiver Widerstand

Patriotismus   206

Pazifismus   202

Sachregister   489

Perfektionismus 58, 84, 302

Pflicht(erfüllung) 20, 33, 39, 41, 75f.,
    83, 87, 113, 117, 169, 200, 218, 224,
    345, 349, 408, 435, 438

Philosophie 41, 312

Polen 144, 160, 189, 365-372, 374, 390,
    457

Politik, Wesen der 49-74

Politik der Stärke 213, 387f.

Politisch-Soziale Korrespondenz 102,
    164, 186, 386, 388

Politische Union (siehe: Europäische
    Politische Union/Gemeinschaft)

Politisches Handeln 49-74

Pontificium Collegium Germanicum
    426

Portugal 459

Potsdamer Abkommen 109, 133,
    149f., 261, 449

Potsdamer Konferenz 108, 110, 449

Presse (siehe: Zeitungswesen)

Presse- und Informationsamt der
    Bundesregierung (siehe: Bundes-
    presseamt)

Pressedienst des Einzelhandels 222,
    243, 431

Pressedokumentation des Deutschen
    Bundestages 14

Pressefreiheit (siehe: Zeitungswesen)

Preußen 95, 112, 114, 338

Privateigentum (siehe: Eigentum)

Propaganda 89, 170

R

Rapallo-Vertrag 381

Rassenwahn 36

Rationalisierung 227, 239, 242

Realeinkommen 248

Realismus 51, 70

Recht(sordnung) 19, 26, 32, 35, 37,
    41, 44, 50, 96f., 100, 103, 121, 123,
    163, 200, 208, 286, 358, 453

Rechte, unveräußerliche 74, 97

Rechtsbruch 44

Rechtsstaat 134

Regierung (siehe: Bundesregierung)

Regierungsarbeit 90, 135, 438

Regierungsbildung 461

Regierungschef (siehe: Bundes-
    kanzler)

Regierungskrise 135

Regierungsmehrheit 77

Regierungsparteien 78, 89, 152, 154,
    162, 166, 173, 204f., 208, 300f.,
    340, 401

Regierungszeit Konrad Adenauers
    10, 452

Reichspräsident 94

Reichtum 25, 28, 227, 255, 273, 298,
    408

Renten(reform) 228, 249f., 457

Rheinischer Merkur 267, 409

Rheinland 16, 50f., 74, 79, 96, 114f.,
    177, 200, 217, 220, 235, 281f., 324,
    375, 426, 448f.

Rheinland-Pfalz 239

Rias Berlin 48, 350

Richtlinienkompetenz des Bundes-
    kanzlers 83

Romantik 96

Römische Verträge 308, 458, 462

Rotchina (siehe: China, Volksrepu-
    blik)

Royal Institute of International
    Affairs 80, 100, 201, 241

Ruhe 23f.

Ruhr-Nachrichten 167, 250

Ruhrkampf 320, 448

Rumänien 144, 373

Rußland (siehe: Sowjetunion)

490   Anhang

S

Saar 164 f., 329, 452, 456 f.

Satellitenstaaten 158, 160, 177, 180 f.,
    260, 366 ff., 371, 375, 379 f., 381, 383,
    390 f., 422

Schicksalsgemeinschaft 96, 341

Schöneberger Rathaus, Berlin 30,
    70

Schule/Schulwesen 218, 251, 418,
    442

Schumanplan 204, 288, 292, 454

Schweden 255, 459

Schweiz 122, 459

Schwyzer Nachrichten 323 f.

Selbstbestimmungsrecht der Völker
    160, 168, 173, 197, 199, 398 f., 461,
    463

Selbstvernichtung 32

Selbstverwaltung 79, 81, 98

Sender Freies Berlin (SFB) 135, 161

Sicherheitsgarantien für die UdSSR
    388, 398

Sicherheitspolitik (siehe: Verteidi-
    gungspolitik)

Siegermächte, vier 108, 110, 133, 142,
    149, 151, 155, 180, 387, 450, 454,
    456 f.

Skandinavische Staaten 289, 313

Sklaverei 30, 145, 151, 166, 208, 367,
    424

Solidarität aller Menschen 35, 58

Souveränität der Bundesrepublik
    Deutschland 131, 133 f., 156 f., 159,
    201, 204, 410, 453-456

Sowjetische Besatzungszone Deutsch-
    lands (SBZ) 109, 124, 143, 145, 151,
    154 f., 157 ff., 162, 164 ff., 169 f., 172,
    176, 178, 189, 191, 193 ff., 197 f., 199,
    201, 215, 253, 365, 368, 372, 374, 383,
    397, 401

Sowjetunion (UdSSR) 11, 58, 95, 108
    bis 111, 124, 129, 131 f., 142-147,
    149 ff., 154 f., 158 ff., 162-171, 173,
    175-185, 187 f., 190 ff., 194-197, 201,
    203, 206, 212, 216, 240, 260 f., 266,
    274, 287, 292 f., 302, 305 f., 314, 318,
    321, 326, 333, 335, 338, 365 f., 368 f.,
    371-407, 409 f., 413 f., 416 ff., 420 ff.,
    441, 449 f., 452, 454 f., 458-462

Sowjetzone (siehe: Sowjetische Besat-
    zungszone Deutschlands)

Sozialdemokratische Partei Deutsch-
    lands (SPD) 85, 143, 145, 154, 185,
    210, 236, 252, 328, 340, 387, 406,
    464

Soziale Marktwirtschaft 224, 236 ff.,
    245, 451

Sozialpolitik 134, 138, 152, 201 ff.,
    208, 212, 217, 219 f., 224, 227, 233,
    235-255, 259, 294, 306, 310, 315, 345

Spanien 464

Sprache, Verwilderung der
    deutschen 26

Sputnik I 395, 413 f., 458

Staat 33 f., 42, 80, 82, 95-107, 112 ff.,
    119, 125 f., 131, 134, 140, 155, 157, 161,
    163, 179, 186, 205 f., 217, 220 f., 224,
    226 f., 229 f., 237, 243, 297, 322, 362,
    391, 397, 411, 413, 423, 441, 455

Staatsbürger 10, 41, 97 f., 100, 103-
    106, 296

Staatsform 140, 391

Staatsführung 106

Staatsgedanke 105

Staatsgefühl 97, 104

Staatsgesinnung 105

Staatsgewalt 102 f., 155

Staatsgründung 99

Staatsmacht 105

Staatsmann 52, 55, 58, 80, 145, 227,
    297, 334, 340

Sachregister 491

Staatsomnipotenz 35, 95
Staatsrecht 116
Staatsverfassung 125
Staatswesen 157, 397
Städteplanung 218, 220, 232
Stalinismus 274, 389, 439
Steuerpolitik 84, 227, 237, 247
Stiftung Bundeskanzler-Adenauer-
    Haus 14
Studenten 225
Subventionen 237
Südamerika 418
Südwestfunk Baden-Baden (SWF)
    156, 165, 258
Swarthmore College Peace Collection,
    Pennsylvania 14, 113, 404

T

Tarifpolitik 251, 253
TASS 395
Technik, Entwicklung der 291, 428,
    434, 438, 440
Teilung Deutschlands 125, 142f., 150,
    155f., 161, 163, 388
Terror, kommunistischer 47, 166, 169
The New York Times 27, 29, 40f., 63,
    91, 171, 188, 308, 312, 351, 400, 419,
    423, 441
The Reporter 137f., 398
The Times 89, 184
Time 172, 277, 315, 362f., 371, 421
Time & Life 423
Toleranz 345
Totalitarismus 431
Tradition 35, 87, 125, 291, 362
Tschechoslowakei 144, 160, 189, 366,
    373
Türkei 405, 449
Twen 31, 43, 442

U

Überseetag 383
Ulbricht-Regime 170, 197
Umwelt 17
Unfreiheit 154, 162, 368
Ungarn 144, 366-369, 371f., 390, 457
Uniformität 16
Unions-Presse 26, 65
United Nations Educational, Scientific
    and Cultural Organization
    (UNESCO) 429
United Press International 133, 207,
    310f., 336f., 343, 410
Universität(en) 251, 430
Untergang Europas 33
Unzufriedenheit 29
US News and World Report 27, 48,
    68, 168, 223, 277f., 400
US-Senat 55, 61, 166, 214

V

Vaterland 55, 106, 121, 145, 154, 165,
    277, 310, 435
Verantwortung 20, 35, 56f., 64, 68,
    79f., 83, 96f., 103, 122, 334, 429,
    432, 439
Verein Berliner Kaufleute und
    Industrieller 199, 277
Verein der Auslandspresse 19, 101,
    259, 270, 291, 378
Verein der Opfer des Stalinismus
    274, 439
Vereinigte Staaten von Amerika
    (USA) 82, 108, 122, 127, 137, 146,
    154, 162, 171f., 179, 181, 183f.,
    186ff., 194f., 211f., 214, 255, 280,
    286f., 291, 295, 302, 305, 308f., 316,
    318, 321, 327, 334, 357, 363f., 375,

382 f., 386, 388, 391, 393 ff., 400,
404-423, 437, 440, 449 f., 452,
454 ff., 458 ff., 463

Vereinigte Staaten von Europa
146, 281, 283, 295, 314, 356, 358,
372

Vereinigtes Europa 11, 341, 360,
442

Vereinte Nationen (UNO) 156, 172,
372, 462

Vergangenheit 11, 17, 45 f., 48, 56, 75,
98, 108-142, 323, 348, 353, 355, 364,
371

Verhandlungsgegner 72

Vermassung 221, 233, 265, 426, 428 f.,
431, 434, 436, 440

Vermögensbildung, Förderung der
255

Versailler Vertrag 447

Verteidigungspolitik 57, 103, 139, 174,
200-216, 234, 291, 300, 374, 408,
453 f.

Vertragsgegner 72

Vertrauen 16, 18, 36, 41, 53, 56, 61 f.,
71 f., 77, 82, 139 f., 164, 227, 243,
262, 266, 268 ff., 278 f., 323, 405

Vertriebene/Vertiebenenfrage (siehe
auch: Flüchtlinge) 126, 156, 238,
240, 253, 383

Viermächte-Vereinbarungen von 1945
157, 456

Viermächtestatus von Berlin 170,
194, 451, 458, 461

Vietnam 423

Volk, deutsches 28, 35, 78 f., 82, 90,
95, 98, 106, 112-115, 119 f., 121 f.,
125 ff., 129, 132, 134, 136, 138-141,
143 f., 151 f., 154, 160, 163, 168, 174,
179 f., 206, 209, 213, 218, 220 ff.,
225, 231, 242, 256, 259 f., 263, 265,
268 ff., 278, 345-350, 354 f., 366,

398 f., 406, 410, 424, 426, 430, 434,
436, 439, 455

Völkergemeinschaft (siehe: Gemeinschaft der Völker)

Völkerrecht 131, 155, 196, 349

Volksaufstand vom 17.6.1953 151, 162,
197 f., 398, 455

Volkswirtschaft 243, 308

Vorkriegsschulden (siehe: Londoner
Schuldenabkommen)

W

Wahlen/Wahlkampf 13, 69, 83 f., 89,
92, 144, 156, 414

Wahrhaftigkeit 72, 259

Wahrheit 15, 26, 32, 72, 89, 125

Währungspolitik 152, 227, 242, 244
bis 247, 331

Währungsreform vom 21.6.1948
450 f.

Warschauer Paktstaaten 170

Washington Post 27, 63, 188, 312, 351,
419

Wasserstoffbombe (siehe: Nukleare
Waffen)

Wehrmacht 108, 119, 122, 207,
449

Wehrpflicht 212

Weimarer Republik 80, 94, 105, 113,
120, 125, 135, 285, 340, 404

Weisheit 16, 31, 368

Weizmann-Institut 353

Welt am Sonntag 31, 163

Weltanschauung/weltanschaulich
34, 41 ff., 49 f., 74, 96, 112, 114, 128,
202, 236, 424, 428

Weltbild 19, 431

Weltkonflikt (siehe: Ost-West-Konflikt)

Sachregister 493

Weltmacht/Weltmächte 102, 183, 186, 215, 287, 318, 413, 437

Weltmarkt 238, 418

Westalliierte (siehe: Alliierte)

Westdeutscher Verband der Katholischen Arbeiter- und Knappenvereine 33

Westdeutschland (siehe: Deutschland)

West-Echo 322, 374

Westeuropa (siehe: Europa)

Westeuropäische Union (WEU) 161, 412, 456

Westfalen 16, 50f., 79, 177, 220, 305, 375, 393, 426, 438

Westmächte/westliche Welt 109f., 124, 131, 139, 143f., 146, 150, 157, 161, 167f., 179f., 182, 191, 195, 206, 208, 211, 215, 222, 260f., 263, 267, 277, 280, 302, 377, 381, 384, 386, 388f., 397, 400ff., 415, 437, 450, 453

Westzonen 124, 356, 450

Wettrüsten 146, 173

Wiederaufbau Deutschlands 122, 141, 218, 238, 246, 406

Wiederbewaffnung Deutschlands 200f., 210

Wiedergutmachung 54, 120, 345-350, 352

Wiedergutmachungsabkommen mit dem Staat Israel und der Conference on Jewish Material Claims against Germany 54, 246, 348, 455

Wiedervereinigung Deutschlands 11, 106, 108f., 121, 124, 127, 131, 133, 141-176, 186, 196, 198f., 208, 284, 327, 329, 335, 377, 380, 385, 387, 398, 450f., 453, 456ff., 463

Wiener Kongreß 425

Wille, freier 36

Wirtschaft(spolitik) 20, 23, 28, 32ff., 38, 49, 59, 65, 69, 86, 98, 103f., 110, 123, 126f., 131f., 135f., 138, 141, 165, 180, 183f., 188, 192-195, 206, 212, 216ff., 220, 223f., 226ff., 231, 233 bis 256, 263, 265, 270, 274, 280-284, 288, 291, 294, 296f., 299f., 303, 305-308, 311-314, 318, 320, 324, 327, 331, 337, 346, 352, 356, 360, 362, 366, 372f., 380, 384f., 397, 400, 402, 404, 409, 416ff., 421f., 429, 438ff., 455

Wissenschaft 22, 41, 295, 354, 440

Wohlfahrt 290, 296

Wohlstand 33, 55, 323, 421

Wohnungsbau 219f., 241

World Brother Hood von Nordamerika 437

Wort und Wahrheit 42

Wunschdenken 64

Würde des Menschen (siehe: Menschenwürde)

Y

Yale University 388

Z

Zeitung(swesen) 12, 26, 30, 65, 93, 229f., 361, 403, 419, 431f.

Zentrale Kontrollkommission 109

Zentralismus 98, 100

Zentralverband des Deutschen Handwerks 88, 136, 233

Zerstörung(en) 28, 126, 138, 435

Zufriedenheit 20, 23f.

Zukunft 38f., 45f., 48, 53, 55f., 98,

108-142, 179 ff., 201, 227, 256, 291,
312, 322, 341, 343, 350, 395, 424, 426
Zusammenarbeit, internationale 58
Zusammenballung von Macht (siehe:
Machtkonzentration)
Zusammenbruch Deutschlands 28,
33, 39, 109 f., 119, 125 f., 131, 133, 136,
140, 165, 180, 327, 331 f.

Zuverlässigkeit 56, 263
Zweiter Weltkrieg 9, 105, 115, 119 f.,
126, 130, 138 f., 209, 291, 299, 301,
340, 349, 370, 411, 419, 425, 435,
462
Zweites Deutsches Fernsehen (ZDF)
31, 70, 72 f., 175, 279, 316, 341, 343,
461

Band 61387

Anneliese Poppinga

»Das Wichtigste ist der Mut«

Gerade in die letzten fünf Jahre der Regierung Konrad Adenauer fielen dramatische Phasen nationaler und internationaler Politik: vom Kalten Krieg und dem Mauerbau über die Kuba-Krise und die Spiegel-Affäre bis zum deutsch-französischen Vertrag. Erst nachdem die Sperrfrist für amtliche Dokumente und Akten abgelaufen war, konnte die langjährige Sekretärin und Assistentin des ersten Bundeskanzlers ihre eigenen persönlichen Beobachtungen aus dieser Zeit ergänzen.
Entstanden ist ein anschauliches und spannend erzähltes Geschichtswerk, dessen Bezug zur Gegenwart überall spürbar ist. Viele der damaligen Probleme sind nach wie vor aktuell oder stellen sich heute von neuem. Indem die Autorin die Grundsätze seiner Politik darlegt – besonders in Hinblick auf die von ihm stets geforderte Wiedervereinigung – wirft sie auf das bisher bekannte Bild Konrad Adenauers ein neues Licht.

Band 61381

Eduard Ackermann

Mit feinem Gehör

Vielen galt er als eine der bestinformierten Personen dieser Republik. Man nannte ihn »Seele des Kanzleramts«, »Kohls Blitzableiter« oder dessen »Frühwarnsystem«.

Eduard Ackermann, geboren 1928, betrat bereits im Alter von 29 die Bühne der Bonner Politik. 24 Jahre lang war er Leiter der Fraktions-Pressestelle der CDU/CSU, bis ihn Helmut Kohl 1982 als engsten Berater und Leiter der Abteilung für Öffentlichkeitsarbeit ins Bundeskanzleramt holte. Bis 1994 lenkte Ackermann den Informationsfluß zwischen Kanzler und Journalisten.